かたちは思考する

芸術制作の分析

平倉圭
HIRAKURA Kei

東京大学出版会

HOW FIGURES THINK:
Studies of Art Making
Hirakura Kei
University of Tokyo Press, 2019
ISBN978-4-13-010143-1

口絵1　ロバート・スミッソン《部分的に埋められた小屋》1970年

口絵２　ポール・セザンヌ《サント＝ヴィクトワール山とシャトー・ノワール》
1904-06年頃，66.2×82.1cm，アーティゾン美術館蔵

口絵3　パブロ・ピカソ《アヴィニョンの娘たち》1907年，243.9×233.7cm，
ニューヨーク近代美術館蔵

口絵 4　アンリ・マティス《夢》1940年，81.0×65.0cm，個人蔵

口絵５　菱田春草《落葉》（上：右隻・下：左隻）1909年，六曲一双，各157.0×362.0cm，永青文庫蔵／熊本県立美術館寄託

口絵６　パブロ・ピカソ《ラ・ガループの海水浴場》1955年，80.0×190.0cm，東京国立近代美術館蔵

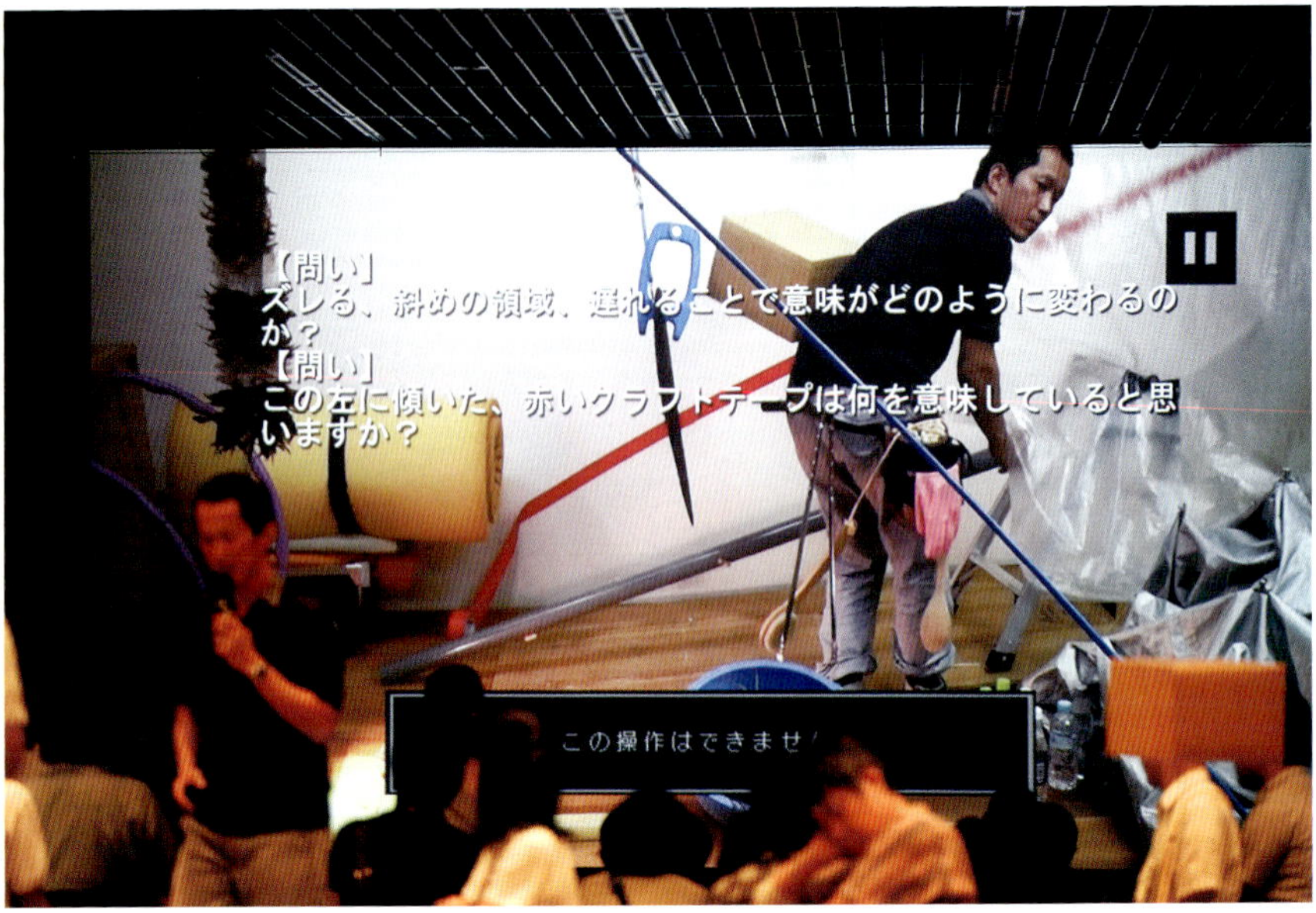

口絵7　小林耕平《タ・イ・ム・マ・シ・ン》「14の夕べ」2012年9月5日東京国立近代美術館
撮影＝前澤秀登

口絵8　ジャン＝リュック・ゴダール『さらば言語よ』（2014年）撮影風景

III　身振りの複数の時間

本文デザイン＝山田和寛＋平山みな美（nipponia）

序章

布置を解《ほど》く

1　力と思考

形は思考する。形には力がある。

紙の上に線を引く。線はすでに私を巻き込んでいる。感触が心を奪い、記憶が引き出され、予感が動き出す。手は予感に従い、あるいはそこから逃れて新たに線を引く。線と線の間に関係が生まれる。引かれるたびに、線と線の関係は緊張度を変える。他でもありえた、しかし他ならぬ一つの形。半ば直感的に、緊張を壊すように、また緊張を新たにつくりだすように線が引かれる。なぜそこだったのか？　理由ははっきりとは見えない。ただ具体的な形のうちに、そこで排された諸可能性を背景として、思考が物体化していく。

他でもありえた可能性を背景として、特定の一つの形が実現するとき、形自体のなかに思考がある。形はときに周囲の者を捉え、巻き込み、揺り動かす。形は、その具体的な姿を通して力を放つ。

この本で私がおこなうのは、形に物体化された思考と力を、形それ自体から具体的に明らかにすることだ。分析の対象とするのは、主に芸術と呼ばれる形だ。

芸術とは何か？　さまざまな人がさまざまな意味で用いる「芸術」という言葉を包括的に定義することは難しい。芸術と呼ばれれば何でも芸術だ、美術史や美術館といった制度の中に置かれれば何でも芸術だということがしばしば言われる。だが私はこの説明に関心を引かれない。

いまスケッチブックを持ってきて絵を描き始める。それは芸術だろうか？　制度に認められていないから芸術ではないかもしれない（たしかに）。作り手が芸術と見なされることを期待して作っていれば芸術かもしれない（それはしかし、つまらない話だ）。描いている私にとって重要なのは、しかしそのことではない。絵具を置く。線を引く。そのたびごとに絵の全体の姿が変わる。強くなったり曖昧になったりする。結果は完全には予測できない。一筆ごとに絵の惹きつける強さが変わる。つまり形には「力」がある。形を構成する諸要素の具体的で特定の配置――これを「布置[★1]（disposition）」と呼ぼう――とともにある、力だ。この力が十分に強くなるとき、形は芸術と呼びたくなるものに変わってくる。私が芸術という言葉で捉えたいのは、この力をもつ形のことだ。力をもつ形、それは何だろうか。それはどのように作られるのだろうか。

これを探求するために本書では、芸術を次のように定義することにする。芸術とは、人を捉え、触発する形を制作する技、またその技の産物のことだ。これはもちろん、定義としては過剰に広い。そこには通常、芸術とは呼ばれない多くの形が含まれうる（たとえば、挑発的な壁の落書き）。だがそれでかまわない。開放性は意図されたものだ。本書は芸術と呼ばれうる形、必ずしもまだ芸術とは呼ばれていない形の力が生成してくる過程にこそ関心をもつからだ。

本書は芸術の制度的定義を取らない。つまりアートワールドに関わる人々が「芸術」と見なして制作し、鑑賞に供し、それについて語りあう人工物としては芸術を考えない。[★2] また芸術の歴史を一つに局限しない。すなわち一八世紀ヨーロッパにおいて職人技から分離され、諸々の表現形式を一つにまとめ、さまざまな制度的装置（美術館、芸術家伝、美と芸術の哲学、美術批評……）とともに作り出されたという西洋近代の「芸術」に、芸術概念を代表させない。[★3]

芸術の輪郭は実際、歴史的にも地理的にも固定しえない。人類学者アルフレッド・ジェルは、西洋近代的「芸術」の概念や制度がない地域や時代にも芸術のようなものがあり、それを考えるために芸術の制度的定義は適用できないと指摘する。[★4] ジェルが代わりに採るのは、芸術的物体を「社会的作用を媒介する物体」とする見方だ。[★5] たとえば呪いを媒介する藁人形を芸術として考えること。これは芸術的物体を社会的な作用者（agent）として扱うことを意味している。[★6]

私にとってジェルの議論のおもしろさは、芸術の「作用者性（agency）」、つまり「力」の造形的発生を論じていることだ。ジェルはトロブリアンド諸島の「クラ交易」に使われる、遠洋航海カヌーの舳先装飾（図1）を例として挙げている。装飾は、海で出迎えるクラの相手を魅惑し、圧倒し、気力を挫く。それは取引を有利にする心理的「武器」である。[★7]

装飾のこの力はどのように発生するのか。ジェルの仮説はこうだ。複雑な装飾を見る者は、それがどのように作られたかを遡行的に辿ろうとする。しかし途中で追いつけなくなる。いかにして制作されたかが辿りきれないその複雑な物体は、それを制作した者の強大な力の徴となり、見る者の心を支配する。[★8]

ジェルはさらに、物体の布置そのものが力を生むことを論じている。[★9] 例として挙げられるのは南インドで玄関前の地面に描かれる、「コーラム」と呼ばれる吉祥と魔除けの紋様だ（図2）。一見複雑なこの紋様は、同一のパターンを九〇度回転しながら四回重ねることで——いわば四声のカノンのように——得られている。だがそのことを知って見たとしても紋様を視覚的に分解しきることはできない。目は複雑な布置に巻き込まれて迷い続ける。ジェルによればコーラムは、まさにその解読困難性自体によって悪魔を惹きつけ、解《ほど》けぬ線の絡まりの中に捉える力を持つ[★10]。

このとき形は力を発揮するだけではない。同時に、描く人の頭の中だけでは保つことができない思考を、形自体のうちに実現している。頭の中でコーラムの複雑なパターンを思い描けなくとも、要素をなすパターンを回転させながら地面に重ねれば、外的環境において複雑なパターンを統合することができる。このとき地面は、描く人の身体の外に拡がる思考体の一部をなしている。

より即興的な例を挙げよう。ジャクソン・ポロックの《秋のリズム（ナンバー30）》（一九五〇、二六六・七×五二五・八cm、図3）。背丈を超える巨大な画面にまき散らされた絵具が複雑に絡まりあい、波のように立ち上がる。線の布置は一見ランダムだが、しばらく見ると横方向に約五〇センチメートル間隔の周期で絵具が色ごとに粗く凝集していることがわかる。カンヴァスの縁を移動しながら描く画家の歩行と絵具投擲のリズムが、変換された形で保存されているのだ[★11]。投擲シークエンスは複数回重ねられ、画面に多層的な絡まりをつくる。細く伸びる絵具は他の絵具をつかみ、あるいは布の繊維をつかんで、微視的なリズムの絡まりを細部に広げる[★12]。絵具の群れは、その複雑な絡まりの中に見る者を捉える。同時に、画家が頭の中だけでは保持しえない思考を、パターンの多層的重なりのうちに実現している[★13]。

右から
図1——トロブリアンド・カヌーの舳先装飾
図2——吉祥と魔除けの紋様「コーラム」

このとき「思考」とは何だろうか？　思考も芸術同様に包括的な定義が困難な言葉だが、探求に輪郭を与えるために粗く理論的に定義してみよう。表現は少し複雑になるが、含意は追って説明する。

思考とは、外から捉えれば、環境とのギャップに際した一つないし集合的な知覚行為体が、潜在的な諸可能性を背景としつつ、特定の形を選択的に実現していく過程である。たとえば何も描かれていない画布は、描く人の前に広がる未規定のギャップ（＝問い）であり、他でもありえた潜在的な諸可能性から、特定の布置が実現していく過程自体が思考である。

この定義は以下のことを含意している。

第一に、思考は非意識的・非言語的でありうる。たとえば山を登るとき。どこに足を置き、どこを手でつかむか、複数の可能性を背景としながら特定の動きを実現することで環境とのギャップを越えていく身体の姿勢は、それ自体が、登山という問題を局所的に解き続ける思考である。[★14]そこに意識的な思考は必ずしも必要ない。

第二に、思考は集合的でありうる。複数人が集まって考えるときだけではない。思考する個人はしばしば、外的事物とともに集合的な思考体を構成する（例：複雑な計算をするときの紙と鉛筆）。[★15]思考する人はまた、内的にも集合的だ。たとえば物をつかむとき、手の腱の複雑なネットワークは、意識的思考とは独立に適切な形態を生成し続ける。それはサブパーソナルな（個人というスケール以下で働く）思考体だ。[★16]

第三に、思考体は非人間（人間以外のもの）でありうる。変動する環境に応じて生長する植物は、他でもありえた可能性を背景としつつ特定の形を実現していく点で、本書の観点からは思考していると言われうる。[★17]

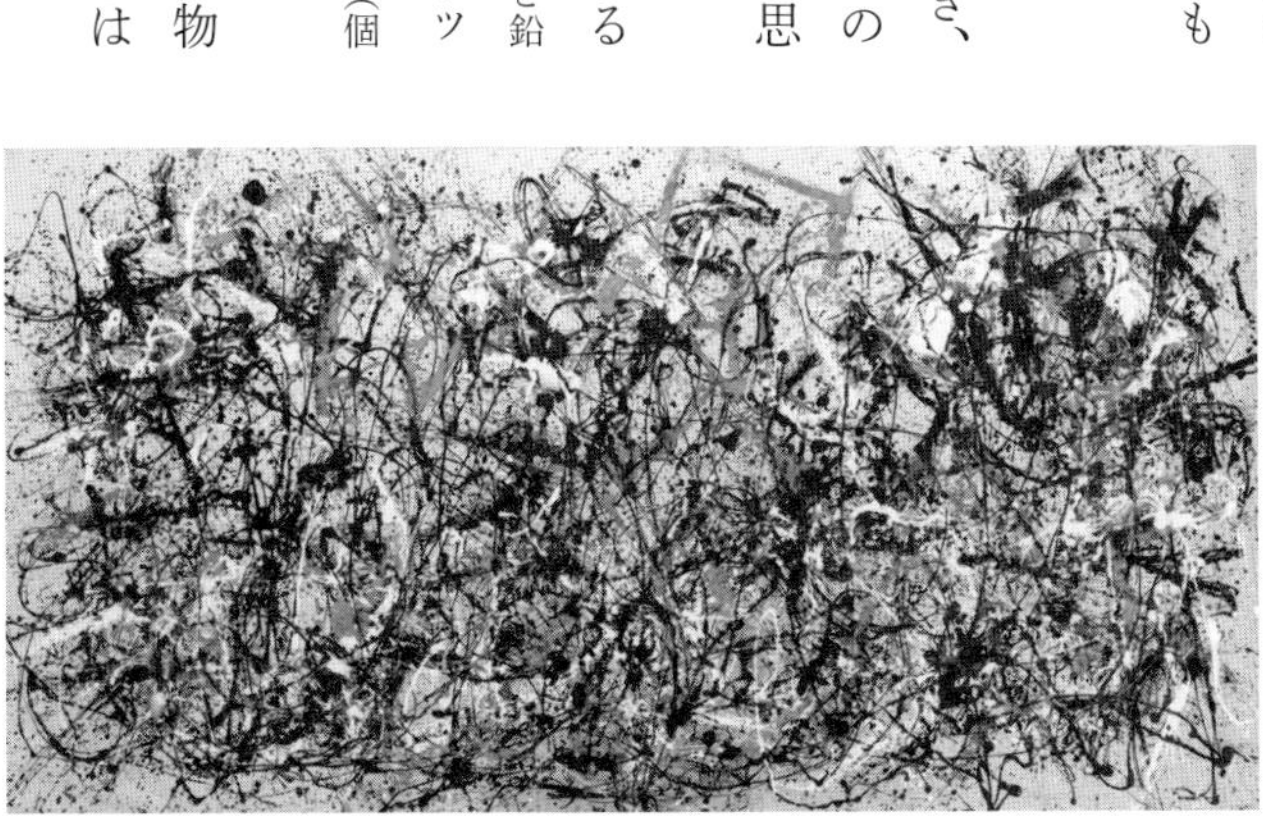

図3——ジャクソン・ポロック《秋のリズム（ナンバー30）》（一九五〇年、メトロポリタン美術館蔵）

第四に、思考の背景をなす諸可能性は、必ずしも現前しない。食堂のメニューから一つを選ぶとき、選択の可能性は目の前に一覧されるが、絵画をどのように描きうるかの可能性は事前に見通すことができない。

最後に、思考は問いを必ずしも解かない。問い、すなわち環境とのギャップに直面して混乱し、もつれ、ともかく実験的に一つの形をとり続ける過程は、思考である。[18]

「思考の集合性」という、第二の含意をさらに掘り下げよう。紙の上に鉛筆で計算をおこなうとき、計算の記号過程は、紙の繊維とグラファイトの粒子の間で生じる物的過程からいわば「隔離」されている。つまり線のかすれは計算結果に影響しない。対してカンヴァスに絵具で描くとき、絵具と画布の繊維の間で起こる物的過程は、絵画の思考の内的な一部をなしている。だが絵具と繊維の間で生じる出来事の細部を、画家が全的に意識できるわけではない。絵画の思考は部分的に非意識的であり、画家の生物学的身体の外で起こる物質的過程に開かれている。

アルフレッド・ノース・ホワイトヘッドは『科学と近代世界』（一九二五）において、一七世紀に哲学者フランシス・ベイコンが物的対象の「知覚（perception）」を論じていたことに注目している。[19] ホワイトヘッドが引くのは、ベイコンの『森の森、または自然誌』（一六二六）第九センチュリー冒頭である。

> あらゆる物体は、よし覚識（sense）を持たないにしても、知覚（perception）を持っている、ということは確かである。なぜなら、一つの物体が他の物体に出会うとき、好ましいものを抱き、好ましからぬものを排除または排斥する一種の選択が行われる。〔……〕たと

えば、晴雨計は、われわれが発見しないのに、寒暑の極めて微細な相違を発見する。またこの表象は接触した場合だけでなく、時には距離をおいて得られることがある。たとえば、磁石が鉄を引きつけたり、あるいは焔がバビロンの揮発油を相当離れたところから引きつける場合などである。[★20]

意識を欠く物体もまた「知覚」する。ベイコンの言うこのような知覚（＝影響受容）を、ホワイトヘッドは「抱握（prehension）」という概念で呼び換えている。[★21] 物体は互いを知覚＝抱握する。絵画で言えば、画家は、画布上の事物たちの知覚＝抱握過程と協働しながら、思考している。非生命的な物体どうしの作用もまた、集合的な思考過程の一部をなすのだ。

集合的思考は、内から捉えれば、物的・心的な抱握過程による記号の連鎖からできていると考えることができる。ここで「記号」とは、何らかの仕方で他の形を部分的に変換して伝える形のことだ。抱握する形は抱握される形の記号となる。絵具のにじみ（抱握する形）は、画布の繊維構造（抱握される形）を部分的にうつす記号である。生物の知覚（抱握する形）は、外的環境（抱握される形）を部分的に抽出して変換する記号である。現在の私の思考（抱握する形）は、過去の私や他の者たちの思考（抱握される形）を変換して継続する記号である。[★22] 生物の関わらない事物連鎖——風に吹かれて舞う砂、水流に削られる岩など——もまた、ある事物のパターンが他の事物のパターンに抱握され部分的に変換されている点で、物的な記号過程として考えることができる。生物の心的記号過程はそれら物的記号過程と連続し、分かちがたく絡まりあっている。[★23]

この観点から、「アースワーク」と呼ばれる野外彫刻で知られるロバート・スミッソンの作品《部分的に埋められた小屋》（一九七〇−、図4／口絵1）を見てみよう。ケント州立大学キャンパス内に放置されていた農作業用の小屋に、スミッソンと学生たちは、地元の建設業者と協力して小屋の梁が折れるまで土を載せた。小屋がゆっくりと崩れ落ちる過程自体が作品だ。

図4の写真が撮影されたのは土を載せてから一四年後の一九八四年だ。この間の歴史は錯綜している。[★24] スミッソンの制作から約四か月後の一九七〇年五月四日、大学キャンパスにおいて米軍のカンボジア爆撃に反対するデモ隊に州兵が発砲し、四人の学生が射殺された。その夏、小屋の窓枠に「MAY 4 KENT 70」と事件の日付が落書きされる（図4でも一部見える）。

一九七三年七月、スミッソンは事故で亡くなる。その頃、大学の新しい景観計画が立ち上がる。計画には小屋の撤去が含まれていたが、大学の芸術委員会は作品の保存を決める。しかし一九七五年三月、何者かの放火により、小屋は土に覆われていた右半分を残して燃え落ちる。これを受けてスミッソンのパートナーであったナンシー・ホルトは「風化による緩慢な自然老朽化と火事による急速な自然老朽化［……］は、ロバート・スミッソンの美学に完全に合致する」として、作品の全体的保存を学長に訴える。[★25] しかし芸術委員会は燃え落ちた左半分を解体することを勧め、「残骸」が撤去されてしまう。大学の新しい玄関口に面していた小屋はその後、成長の早い常緑針葉樹を周囲に植えて隠され、一九八四年二月には完全に撤去されている。

図4の写真に私たちが見るのは撤去直前の姿だ。[★26] 崩れた土壁からのぞく板がばらばらに風にさらされ、傾いた屋根は砕け、その上に草が根を生やし、光を浴びている。右奥の柱はま

図4——ロバート・スミッソン《部分的に埋められた小屋》（撮影一九八四年、ケント州立大学図書館アーカイヴ蔵）

だいくらか重みに持ちこたえ、内部の暗がりを包んでいる。右手前にカーブをなして小屋を包む地面は、土が盛られた当初の姿をいくらか伝えている。画面左奥には高さのそろった針葉樹が並び、小屋を目隠しするように囲う。私の目は写真の上を辿りながら、小屋の内外に働く複数の抱握を読みとる。

　この小屋を「芸術」と呼ぶべきかどうかは、美学的、制度的、かつ政治的な争点だ。スミッソンがケント州立大学に作品を寄贈したときの文書には「この芸術作品の全体は風化作用にさらされ、そのことは作品の一部と考えられるべきだ」とある。[★27] ホルトはこれに基づいて作品全体の保存を主張し、対して大学側は「作品」はすでに破壊されたと見なして撤去した。だがここで芸術の境界を見定めることは私の関心ではない。「MAY 4 KENT 70」という落書きともに、射殺事件の記憶を否応なく巻き込みながら崩れ落ちていく不穏な小屋は、それを芸術と見なす者と見なさない者とをともに捉え、触発し、揺り動かす。

　小屋はその内外で、心的かつ物的な抱握関係を更新しながら特異な形で崩れていく。崩壊の過程で「MAY 4 KENT 70」という落書きとそれが指し示す事件に抱握され、火に抱握され、大学制度に抱握され、同時にそれらすべてのものを抱握し、他でもありえた潜在的諸可能性から、他ならぬ一つの形を実現しながら小屋は「思考」し、消えていく。この過程の公式の作者はスミッソンだが、ここには元の小屋を建てた者、土を載せた建設業者、学生たち、落書き者、放火者、景観計画者、芸術委員会、学長、撤去業者、反対者、撮影者、そして何より小屋自体の物的崩壊と植物の繁茂という複数の人間的・非人間的抱握過程が、スミッソンの死を超えて継続する形に作用している。複合的過程の結び目をなすのは、作家ではなく、形象（figure）だ。

形象とは何か。figureという語には図形、数、人の姿、比喩表現という複数の意味がある。ダナ・ハラウェイはさらに、「形象化（figuration）」に「キメラ的ヴィジョン」という古い語義があることに触れたうえで、次のように言う。「形象というのは、［……］多岐にわたる実体と意味が互いをかたちづくる物質的‐記号論的な結節点ないし結び目である」★28。本書もこれに倣おう。形象とは、多数の人間的・非人間的作用が絡まりあう、心的‐物的な記号過程の結び目をなす形である。

形象を実現する心‐物複合的な記号過程の中心をなすのは、生物としての作家ではない。形象である。なぜなら第一に、作家の最も複雑な思考は頭の中ではなく形象自体に現実化しているからであり、第二に、制作された形象はその力によって、生物としての作家の生死を超えてさらなる心的‐物的記号過程を取り集めるからだ。この事態を指して、「形象は思考する」あるいは「形象の思考」と表現することにしよう。形象に結ばれる複合的思考過程を、人間ではなく形象を中心として表すのだ。

形象の思考は、人間と事物が集合的に織りなす多重多階の抱握過程からなる。絵具が繊維をつかむ。盛り土が屋根をつかむ。生じたパターンが他のパターンをつかむ。抱握の各水準は半ば独立しつつ重層的に絡まりあい、特異な一つの形象となって見る者をつかみ、揺り動かす。心‐物複合的な抱握を通して、形象は思考し、力を放つ。

2　モワレと巻込

このような形象の思考に、一般的論理は存在するだろうか？　言語による思考には、それを統制する理性の論理がある。では形象の思考を内的に統御する「論理」はあるだろうか？　――ない、というのが第一の答えだ。形象の思考は、それぞれ特異で具体的な形の布置自体のなかにある。形象の思考を明らかにすることは、この特異で具体的な布置を解《ほど》き、内側から理解すること以外ではない。

だがそのうえで、たとえば詩が、それぞれに異なる姿をもちつつも共有する「韻」のシステムのような、形象の思考を導く基本的な形式を想定することはできるだろうか？　人類学者グレゴリー・ベイトソンはその一つの候補を挙げている。「モワレ」である。

モワレとは、二つの周期的パターンが重ねられるときに現れる第三のパターンのことを指す。ベイトソンはこれを、芸術をおこなう精神の基本構造と結びつけている。『精神と自然』（一九七九）から引用しよう。

> 例えば韻文、舞踏、音楽といった美的経験の本質に迫る疑問。これらのリズミックな現象は非常に古い時代から――恐らく散文以前に――人間と共にあった。というより、たえまなく変奏されゆくリズムの中にあるという点こそ、太古的な行動と知覚の特徴なのである。人間ならずとも数秒の記憶を有する生物であれば、二つの異なった時間上の出来事を重ね合わせて比較することができるはずだ〔……〕。世界中のどの民族にも見られる芸術、詩、音楽の現象が、何らかの形でモワレと結びついているということはありえないだろうか。もしそうだとしたら、個々の精神《マインド》は、モワレ現象の考察がその理解の助けとなるような、非常に深いレベルで組織されているということになりそうである。〔……〕「モワレの形式数学すなわち〝論理〟は、美的現象をマップする土台として適切なトート

ロジーを与えるものだ」と言えるかもしれない。[★29]

ベイトソンはここで、複数のリズムパターンが重なって生まれるメタパターン＝モワレを、美的現象に適切な説明を与えうる形式論理として捉えている。それは極度に一般化された芸術の「思考」の論理だ。

『精神と自然』においてこのアイディアは素描されるだけで、具体的分析は展開されない。だが私たちは一九六七年の論文「プリミティブな芸術の様式と優美と情報」に、その素材を見出せるかもしれない。ベイトソンが取り上げていたのは、バリ島バトゥアン村の絵師イダ・バグス・マデ・ジャータスーラが一九三七年に制作した水彩画（図5）だ。一枚の葉が多重に塗られてグラデーションをなし、その葉が差異を伴いながら増殖し、葉のグループが差異を伴いながら反復し、同じ塗り方がなされる人間の四肢が入り乱れ、その人間がグループをなし、人間のグループが差異を伴いながらくり返され……。全体として絵画は、スケールの異なる多数の周期構造で満たされる。そのそれぞれが、葉の「繁茂する沸きたち」とそれを抑え込む「厳正な筆の運び」、あるいは下部人物たちの「激しい動き」と上部人物たちの「静けさ」のように、「沸きたつもの」と「静かなるもの」との平衡状態を反復する。[★30] その平衡状態はさらに、絵画の外で、ベイトソンが「バリ的性格」と呼ぶものに見出す「プラトー」のパターン——クライマックスを欠いたまま一定の強度で持続する緊張状態——と共鳴するだろう。[★31] ベイトソンはここで「モワレ」という語こそ用いていないが、複数の周期的パターンを重層的に重ねる絵画のモワレ構造を具体的に示している。

ベイトソンは娘メアリー・キャサリン・ベイトソンとの共著で死後出版された『天使のお

それ』(一九八七)においても、前言語的な思考の論理を、モワレ構造をなすものとして描いている。それは古典的な「バルバラの三段論法」と対比して「草の三段論法」と呼ばれる。
バルバラの三段論法とは次のような形だ。

人は死ぬ
ソクラテスは人である
ソクラテスは死ぬだろう

対してベイトソンの言う「草の三段論法」は、次のようなものだ。

草は死ぬ
人は死ぬ
人は草である

草の三段論法は、主語が属するカテゴリー「人」の同一性ではなく、「死ぬ」という述語の同一性によって人と草を同一視してしまう。述語による統合が草の三段論法の論証原理だ。
草の三段論法は、いわゆる「フォン・ドマルスの原理」——精神医学者E・フォン・ドマルスが統合失調症患者に見出したと考えた、述語の同一性に基づいて異なる対象を同一視するという思考の原理——を拡張したも

図5——イダ・バグス・マデ・ジャータスーラ《火葬儀礼》(一九三七年)

のだ。[32] ベイトソンによれば、詩、芸術、ユーモア、宗教は「草の三段論法びいき」であり、またすべての動物行動、反復性をもったすべての解剖学的構造、すべての生物学的進化は、草の三段論法によってそれぞれの中で結び合わされている。[33]

ここで重要なのは、草の三段論法が前言語的であることだ。ベイトソンは書く。

> バルバラの三段論法を立てるためには、同定された諸々のクラスを持たなければならない。そうすることで諸々の主語と諸々の述語は差異化される。ところが、言語を離れたところには、名づけられたクラスというものもなければ、主語 - 述語関係というものもありはしない。したがって草の三段論法こそ、あらゆる前言語的領域において、観念のつながりを伝えあう主要なコミュニケーション様式にちがいない。[34]

言語を離れたところには「人」・「草」・「死ぬ」のようなカテゴリーも、その同一性も存在しない。草の三段論法は、前言語的世界に現れるパターン間の関係を、むりやり人間の言語に書き下したものだ。実際には、前言語的世界では「主語」と「述語」は区別されず、動的パターンの中で一体化している（例：植物の運動（述語）からその植物（主語）は区別されない）。また草の三段論法において、複数の事象を結びつけるのは言語的同一性ではなく、類似したパターンの反復である（例：くり返し産出される葉。別の植物にそって絡みつく蔓《つる》植物）。つまり草の三段論法の論理とは、同一の述語の下に複数の事象を包含することではなく、複数の非言語的パターンが差異を伴いつつ重なりあい、「モワレ」を生むことなのだ。その「論理」は線的ではなく、重なりあうパターンの至るところで同時双方向的に、さまざまな度合いで働く。このパターン間の同時双方向的で度合いをもった結び合いが、前言語的な形象の思考を内的に統御している。

モワレ的論理をめぐるベイトソンの思考は、「結び合わせるパターン（the pattern which connects）」の発見という形をとる。

> カニをエビと結びつけ、ランをサクラソウと結びつけ、これら四つの生き物を私自身と結びつけ、その私をあなたと結びつけるパターンとは？★35

> ヒナギクに見とれている者は、ヒナギクと自分との類似に見とれているといえるのではないか。★36

一見まったく異なると思われた複数種のパターンが重ねあわされるとき、モワレが生まれ、カニとエビ、あるいはヒナギクとヒトが共有する構造が見えてくる。それは差異のなかに隠された類似だ。ヒナギクとヒトは種を超えて「韻」を踏むのだ。

前言語的精神《マインド》は、理性（reason）ではなく、韻（rhyme）を通して思考する。形象の思考の論理はモワレであり、モワレから現れる韻である。韻とは、複数のパターンを共鳴させるあざやかな結び目のことだ。本書で私は、このモワレないし韻の論理を、形象の思考を分析する際の手掛かりとして使用していく。

二点留保しよう。(1)形式論理への強い傾きをもつベイトソンの理論においては、歴史的特異性が十分に考慮されない。ベイトソンが「プリミティブな芸術の様式と優美と情報［強調引用者」」で分析した水彩画は、実際には、オランダ植民地下で西洋の絵画とモノクロ写真に触れていたバリ島人が、一九三〇年代に新たに発明した混淆的スタイルである。[37] 形象の分析においてはこのような、異なる文脈の流入、衝突、感染といった歴史的過程の分析を除くことはできない。これは異質なパターンの出会いをどう捉えるかという第二の点につながる。

(2)ベイトソンの全体論的な宇宙では、諸々のパターンは現に調和的に結びつき、あるいは調和的に結びつくべきものと見なされている。そこから、生態系全体でグローバルに結び合うパターン群が生み出す、超個体的な（個々の生物を超える）精神《マインド》が見出される。しかしこれは、個々のローカルな精神《マインド》が生きる局所的パターンの経験とはそぐわない。パターン間の関係は、全体ではなく局所から見れば、破壊的・闘争的・簒奪的なものでありうる。生きている局所的パターンはただ「結び合う」のではなく、互いを奪い、引き込みあう。トロブリアンド・カヌーの舳先装飾は、クラ交易の相手から自己のコントロールを奪いとり、強い力でそのリズムをずらす。すなわち「韻」は、形象の思考の論理であるだけでなく、見る者のパターンをそこに引きずり込んで変形する、力の原理でもあるのだ。

たとえばカラヴァッジョの最初の《メドゥーサ》（一五九七—九八頃、図6）。振り返る途中で切り落とされて叫ぶその顔を見るとき、私の顔にもその驚愕と恐怖がうつる。丸く膨らむ楯に描かれたその顔は、曲面の効果により、顔を近づけるとギイイッと不均等に引き伸ばされ、驚愕の強度を増すように見える。盾を斜めに遠ざけると、恐怖に歪んだ表情をさらに撓《たわ》める。[38] 見る私の動きはメドゥーサの顔の動きに巻き込まれ、私の顔はメドゥーサの情動と共鳴し始める。メドゥーサの顔は、見る私を先取りするようにして私の顔と「韻」を踏み、歪んだ鏡となって私の未来を奪う。[39]

《メドゥーサ》の経験に生じることは、程度の差はあれ他の形象を見るときにも起こることだ。見る者は形象に近づき、また遠ざかりながら、形象を複数の眺めから抱握し、その眺めに自分自身がくり返し抱握され、形象と多重の「韻」を踏む。形象が十分に強く造形されるとき、見る者もまた波及的に「造形」される。そうして見る者の心身は、形象の思考を外的に延長する記号過程の一部となる。形象の思考は、見る者が形象によって変形されることで、見る者において引き継がれる。

形象と見る者との間に起こるこの関係を、「巻込（convolution）」と呼ぼう。「巻込」とは巻き込みであり、巻き込まれだ。見る者は自身の動きと知覚に形象を巻き込み（形象は巻き込まれ）、形象は自身の特異な布置のなかに見る者を巻き込む（見る者は巻き込まれる）。

「形を構成する諸要素の具体的で特定の配置」を意味するものとして前節で導入した「布置（disposition）」という語には、物の空間的配置という意味の他に、人の気質、事物の傾向性（〜しやすさ）、軍の配備（潜勢力をもつ配置）という意味がある。これらをまとめて「態勢」と呼ぶなら、形象に巻き込まれることは、形象の「布置」に捉えられることで、見る者自身の「布置＝態勢」が変形させられることだ。この変形作用が、見る者において形象の力として経験される。力によって変形される私の布置＝態勢において、形象の思考は延長される。

見る者が全体として形象に似るというのではない。私は全体として《部分的に埋められた小屋》に似てはいないが、小屋の局所的眺めがそのつど身体に働きかけてくる★40。形象の全体を同時に見通す一つの視点、形象の全体と対応する一つの身体は私にはない。形象の諸局所には、そこを視点として、そこから周囲を眺めたときに現れる特異な抱握のパターンがある。一度に見渡すことができないその複数の局所的眺めを自身に重ね描きするようにして、巻込

図6——カラヴァッジョ《メドゥーサ》（一五九七－九八年頃、個人蔵）

は進行する。

　巻込はなぜ起こるのか？　その理由と機構を探ることは本書の範囲を超える。基底的には、人間の発達過程における周囲の環境の巻き込み／巻き込まれを考える必要があるだろう。たとえば母語の獲得がそうだ。人は周囲で交わされる音声や身振りのパターンに巻き込まれ、またそれを巻き込みながら自己を形成する。巻込は、自己形成に侵入する強制力ある「模倣」である。

　ヴァルター・ベンヤミンはこの「模倣」を、個人の幼少期に顕著な「個体発生」上の問題であると同時に、人類の歴史に関わる「系統発生」上の問題であると考えていた。ベンヤミンは書いている。「類似を見てとるという人間のもつ才能は、似たものになるように、また似た振舞いをとるように強いた、かつては強大であった力のその痕跡にほかならない。［……］この能力には、しかし、ひとつの歴史が、しかも個体発生論的な意味におけるのと同様、系統発生論的な意味における歴史がある」★[41]。形象を見るとき、形象と似たものになるよう強いる「古い」力が私たちに働く。風車や汽車を真似る「子供の遊び」に見られるその力は、ベンヤミンによれば、過去の人類が宇宙の諸事象と交わしていた魔術的な「交感《コレスポンデンツ》」の残滓である★[42]。

　形象を深く見ることは、この「模倣の能力」（ベンヤミン）を介して目の前の形象を巻き込み、それに巻き込まれつつ、形象を内側から解《ほど》いていくことだ。ベンヤミンの言葉をさらに聴こう。模倣はその最深部において、「まったく書かれなかったものを読む」ことになる。

> 「まったく書かれなかったものを読む」。この読み方が最古の読み方である。つまりそれは、すべての言語以前の読み方であり、内臓から、星座から、舞踊から読み取ることに

ほかならない[★43]。

前言語的領域において私たちは、内臓や星座と「似る」ことでそれらを「読む」。それはいわば、内臓や星座のパターンとともに「踊る」ことである。しかし私たちはそのとき、いったい何を読んだことになるのだろうか。内臓や星座に巻き込まれるとき、読まれたパターンはその意味をいかにして確保するのか。形象の読解に取り憑くこの不確定性を、くり返し問題化した一人の著者がいる。エドガー・アラン・ポーだ。

3　大地語

ポーの奇妙な長編小説『ナンタケット島出身のアーサー・ゴードン・ピムの物語』（一八三八）の終盤、孤島に漂着したピムたちは原住民から逃れて脱出を図る。脱出の過程で、彼らは不可思議な四つの洞窟に出会う。彼らはその一つの洞窟の奥に、特異な形で剥がれ落ちている壁を発見する。ポーはその洞窟の平面図と剥がれた壁の形を小説の中に図示している（図7）。

一人が、この剥がれた跡は何らかの「文字」を表していると推理する。しかしその推理は、洞窟の地面に、ちょうど剥がれた壁の形とぴったり合う石灰土の破片が発見されることで即座に否定される。たまたま文字のように見える形で壁が剥がれ落ちただけだったのだ。この奇妙なエピソードを通過したあと、命からがら島を抜け出したピムたちは、しだいに暗さを増していく南極海上で超自然的な「白い」存在に出会い、いきなり絶命する。ピムの手記として語られた物語はそこで唐突に終了する。

断ち切られた物語の最後には、別の者による「注釈」がつけられている。そこで注釈者は次のような推理を展開する。彼らが出会った洞窟はやはり「文字」だったのではないだろうか。というのは注釈者によれば、洞窟の平面図はエチオピア語系の「暗くなる」という動詞の語根の形をしており、剥がれ落ちた壁の左端は「南方に向けて腕を伸ばす人の姿」、中央はアラビア文字の動詞の語根で「白くなる」、右下はエジプト文字で「南の領域」を意味する語にそっくりだったからだ[44]。すなわち暗くなる南の海上で、白い存在と遭遇するピムたちは、洞窟を辿ることでその暗号を知ることなく踊り、踊ることで身をもって解読し、絶命するのだ[45]。

注釈の最後には本文との関係が不明な一つの引用文が記されている。「余が文字を丘陵に刻み、塵《ひと》への復讐を岩に刻んだのだ[46] *(I have graven it within the hills, and my vengeance upon the dust within the rock)*」。「it」を丘陵に刻まれた文字かつ洞窟として、「the dust」を旧約聖書的に「人」と解すなら、洞窟＝文字の暗号は、岩に復讐を書きつけた神的巨人の「意図」の下で解読される[47]。だがたんなる偶然の一致、塵がただの塵であった可能性は残り続ける。あるのは岩の亀裂パターンと諸言語の文字列パターンの形態的類似だけだ。「まったく書かれなかったものを読む」ことの可能性を、ポーは本文と注釈、注釈と引用文の間で宙吊りにする。

ポーはここで、形象読解の不確定性をメタレベルで問題化している。形象をかたちづくる物的記号過程と心的記号過程の境界は見えない。素材の物性は形象の現れを内的に拘束するが、そのどこまでが心的意図でコントロールされたのか（何が「書かれた」のか）、そもそも心的意図がそこに介入していたのかどうかは判別がつかない。判別がつかないまま形象は、心-物の境を不確定に横断するパターンによって、見る者の意識を半ば飛び越え、「呪い」をかける。

ロバート・スミッソンは自身の論稿「心《マインド》の堆積――アース・プロジェクツ」（一九六八）のなかで『アーサー・ゴードン・ピムの物語』を取り上げて「卓越した美術批評」と呼び、その洞窟＝文字に、「アースワーク（earthworks）」をもじった「大地語（earthwords）」という名を与えている。[★48]「大地語」とは、誰かによって書かれたのではない語、物的過程と混ざりあった（非）心的な記号、たえず塵へと砕けていく（非）意図的な思考の文字列である。

大地語は、物的記号過程と心的記号過程の間で引き裂かれている。そして大地語の読解が超越的「作者」の「意図」の解読になるとき、読むことはオカルト化する。犠牲獣の内臓の布置が「神々」の意向を知らせる。洞窟に入った亀裂が世界の超越的「作者」の意図を知らせる。あるいは、そのような意図は何ひとつ存在しない。

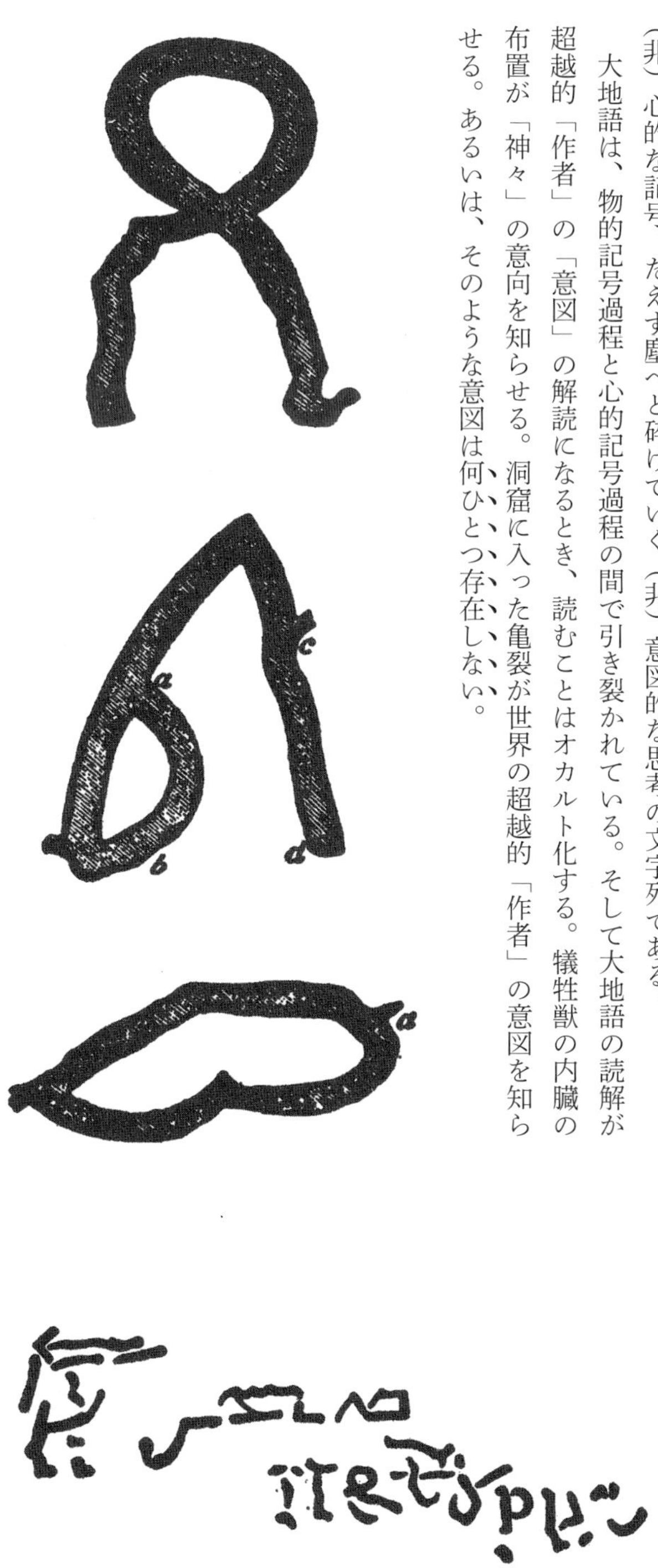

図7――エドガー・アラン・ポー『ナンタケット島出身のアーサー・ゴードン・ピムの物語』（一八三八年）より洞窟の平面図（上）と剥がれた壁の形（下）

ポーは、神なき世界における形象読解のこの分裂面を、くり返し問題化している。たとえば短編『黄金虫』がそうだ。羊皮紙に浮かび上がる謎の記号列。それをアルファベットの生起頻度と対応させると一意に解読され、解読された地点の岩に腰掛けるとおのずと姿勢が一つに定まり、そこから望遠鏡を覗くとちょうど木の枝の先に髑髏が見え、その髑髏の左眼から紐を垂らした点と木の幹を結ぶ線を延長した地点を掘ると財宝が現れる――。「黄金虫」の推理を導くのは、完全に明晰で一貫した諸記号の線的な抱握関係だ。その線的抱握の系列から遡行的に、すべてを貫く制作者の「意図」の存在が――羊皮紙に暗号を記入したキッド船長の「意図」が――合理的に推察される。

だが物語のそもそもの初めに羊皮紙に黄金虫がスケッチされたこと、たまたまその裏面のまったく同じ位置に同じ形で髑髏が描かれていたこと、二つのパターンの偶然の暗合に宿命を見出さずにいられないことは、狂気と隣接した「押韻」の感知である。狂気の押韻は、知的な暗号解読の全行程に取り憑いており、小説中では特に理由なく紐の先に結びつけられている髑髏模様の黄金虫が、先導する狂気を形象化している。[★49]

形象の解読は、この狂的な押韻感知を避けることができない。形象的思考の少なくとも一部は、韻の論理によって構成されているからだ。形象を読むとは、身をもって韻を辿り、辿ることで踊り、踊りながら自ら形象と似ることだ。だがその「韻」は本当に存在したのだろうか？　たんなる偶然、勘違いではなかったのか？　――これは形象の学につきまとう拭いがたい不安である。私が形象のうちに見出したパターンは、本当に意味をもつパターンなのだろうか？

形象の学に取り憑くこの根源的不安は、現実的には、周辺資料との突き合わせによって部分的に回避される。制作物をめぐる歴史的諸資料、制作者のそれまでの仕事や発言、制作にまつわるメモやスケッチ、同時代の社会的・文化的文脈、先行する研究者らによる読解に触れることで、自身の発見は相対化され、より確からしいパターンが探索される。形象の学の根拠は、まずはこのレベルで確保されなければならない。押韻の感知は多かれ少なかれ、感知されたパターンのなかに見る者を閉じ込める。早すぎる押韻の感知はしばしば、形象のなかに自己の鏡像を見出すことでしかない。「韻の論理」と「理性の論理」との葛藤は、形象の学がつねに維持すべきものだ。

そのうえで私は次のように言う。形象を深々と見ることなく読む者、形象を見ずに済ませる者、見ることの根源的不安に沈まぬ者、形象の思考をあまりにも容易に言葉に置き換え、形象の論理を注意深く辿ることなく出来合いの言葉に流し込み、既存の言葉のネットワークの中で理解してしまう者たちに対しては、激烈に抵抗しなくてはならない。形象の意味不明瞭なパターンを見ずに飛ばし、既存の言葉との一致点を選択して「解読」することは、社会的に共有された理解の鏡像を形象に映し出すことでしかないからだ。形象の学は、形象をとりまく言葉を、形象自身を通してたえず問い直さなければならない。

偶然の物的過程は、形象の思考の構成的な一部をなしている。制作者の心的意図の実現は物的把握過程と一体化しており、境目は引きがたい。制作者の「意図」が重要でないというのではまったくない。むしろ制作の「意図」の実現を、部分的に物的で非意識的な、集合的過程として捉えることが重要なのだ。形象の制作には、心事か物事か定めがたい多数の過程が折り重なっている。このような過程を、形象に即して分析するにはどうすればよいだろうか？

「模倣の能力」についてあらためて非超越的に考えよう。星座を見るとき、異なる時・異なる距離に発した複数の光を、いま・ここの私が結びつけている。これは形象経験の喩になりうる。形象には異なる時点で意識的・非意識的に生み出された複数のパターンが重なっている。形象を非超越的に分析するとは、その重なりを、時間を遡るように分解していくことだ。すなわち心的‐物的な記号過程が絡まりあう、形象自体の思考過程を遡行的に分解すること。

　遡行的分解はしかし、完全にはできない。形象の生成過程は、たとえば絵画ではパターンの積層関係から部分的に解明されうる。だがたとえば舞踊では、異なる時点に成立した振りのパターンは同じ一つの身体に同時にあり、成立の順序は見定めがたい。そのとき分解とはむしろ、身振りに感知される複数の時間、分岐しうる複数の動きのシークエンスを、内側から見分けていくことになるだろう。

　まとまりをもつ形象を時間的に逆撫でし、潜在的な諸可能性に開き、そこから特定の形が実現してくる思考過程そのものを再構成すること[★50]。形象を遡行的に分解することは、形象をその思考過程に差し戻すことと同じである。分解の有効性は、実践的には、分解された過程を紙上で「再起動」したときに効果的に働くかどうかによって測られる。これは形象の力と思考を構成的に、作ることで理解しようとすることだ。「呪い」の分解的再構成と呼んでもいい。それはジェルとポーによって示唆される態度でもある。

　ポーはその詩論「構成の哲学（The philosophy of composition）」において次のように書いている。「自分の作品のどれか一つが最終的に完成するまでの過程を逐一詳細に記録するつもりになれば、どれほど興味ぶかい論文が出来上がることだろうか[★51]」。「〔……〕結論に到るまでの自作の創作過程を逐一逆にたどって開陳して見せるような芸当ができる作家はめったにいないものらしい。［……］だが、わたし自身について言うなら、［……］自作の創作過程を逐一思い出すのにいささかの難儀も感じない」[52]。そうして自身の傑作「大鴉」の制作過程を――その「意図の達成」[53]に必要な詩の長さ、調子、特異なリフレインと韻律の選択を――ちょうど「黄金虫」の暗号解読をするように完全に明晰に、線的に順序立てて解説する。

外連《けれん》であろう。私の考えでは、ポーの詩もまた一種の「大地語」であり、明晰に説明された制作過程の裏面には、一つの意識的意図には還元できない（少なくとも明示的には解説されない）、物的で非意識的な過程がはりついている。実際「構成の哲学」は、「大鴉」の謎を完全には解明しない[54]。

本書の方法は、ポーを書き換えて言えば「布置の哲学（The philosophy of *dis*position）」と呼ぶことができる。一つの意識的意図のもとで統御される「構成（com-position＝共に‐置くこと）」ではなく、多数の分散的な心的‐物的過程からなる「布置（dis-position＝離れて‐置くこと）」へと形象を差し戻すこと。形象を、それが成立した複数の時間へと分解すること。

4　模倣体

だが、分解の相を強調するだけでは足りない。分解されたものは、その内的構造が意識された状態で、再び統合されなければならない。これは対象をよく見ることである以上に、見る「私」を作り変えることだ。

十分に複雑な形象は、同時に通覧しがたい多数のアスペクト（外観・相貌）を含んでいる。分解的再構成とは具体的には、一度に見渡すことができない多数のアスペクトの絡みあいを、何らかの仕方で圧縮記述した複数の図式に分解し、その複数の図式を、目の前の形象と重ねつつ再統合することだ。このとき図式は、形象の複雑なパターンを捉えることを助ける（メガネのような）認知的補綴体となる。

図式は文やダイアグラムとして外化することができ、外化することで生身の認知能力を超えて複雑にできる。形象から一つのパターンを取り出し、紙に記述する。記述を紙の上に保持しつつ、もう一つのパターンを取り出して同じ紙に記述する。すると二つのパターン間の関係を紙上で把握することができる。複雑な構造を目で見て頭の中だけで吟味することは困難だが、外化された記述の上ではこれができる。それは生身の認知と一体になって作動する「外化された模倣体」である。

外化された模倣体を構築することは、たんに客観的な記述をおこなうことではない。それは一つの新たな身体を作ることだ。そのつど異なるアスペクトを捉える複数時の「私」が形象の局所的眺めから引き出す図式を、外化し、重ねあわせ、読みうる記述として再統合すること。そこに「私」の新たな形式が破裂的に、かつ統合的に生まれる。[★55]

破裂的にというのは、複数時の局所的眺めを尽くす記述は、生身の「私」の限界を超えて、その外に立てられるからだ。統合的にというのは、しかし記述は限られた時間内に読みうるパターンとして統合されなければならないからだ。記述はつねに選択的圧縮であり、そうでなければならない。詳細すぎる記述は見渡すことができず、有限な認知能力しかもたない「私」にとって意味をなさない。だが複数回の記述を重ね、それを有限の時間内に読みうる圧縮された模倣体として再統合するとき、「私」はその統合性を足掛かりとして、形象の思考を重層的に感知する新たな身体を構築することができる。

外化された模倣体とは典型的には、形象をいくらかの度合いで抽象化した記述文や模型やダイアグラムであり、本書においては、文とダイアグラムと写真図版のハイブリッドである。写真図版は形象を圧縮して紙面に写し、ダイアグラムは選択的に明瞭化された知覚図式を展開し、文は言語的に意識化された複数の記述を実行する。それらを踏破することは、踊りがたい複数の時間をまたいで踊ることだ。

二つの危機がある。一つは、ロジェ・カイヨワが「伝説的精神衰弱」と呼んだ強制的擬態化の状態だ。★56 それは形象と自己との共鳴が強くなりすぎ、区別が失われて客観的距離が消滅することだ。それは再統合なき破裂、形象の学に取り憑く魅惑的で破壊的な死だ。もう一つは分析者が自己の習慣的パターンに固着して動けなくなる「疲労」だ。疲労において、形象の記述は単層化し、既知のパターンだけがくり返される。これは日常的に訪れる紋切り型化の危機である。

すなわち、本書の基本的方針はこうだ。伝説的精神衰弱と疲労の間で、外化された模倣体を構築し、それを足掛かりとして、新たな身体の布置＝態勢を生み出すこと。模倣体はそれ自体が形象であり、読む者を巻き込んで新たな身体を生成しうるだろう。本書は、これを使用する読者に宛てられている。

5　本書の構成

本書は長い時間かけて書かれた独立した論考をまとめたものだ。全体は三部からなる。すべてを貫くのは、形象はどのように思考するのかという問いである。

第Ⅰ部「形象の生成」では特に絵画を対象として、形象の生成プロセスと、そこに生まれる力と思考を具体的に分析していく。第1章はセザンヌの後期絵画を特徴づける描法を「クラスター・ストローク」と名づけ、それが画面の多重周期構造を生んで観者の身体を巻き込むことを論ずる。第2章はピカソ《アヴィニョンの娘たち》の制作過程を、特に画面右下の「しゃがむ女」の顔に注目して分析し、顔の力を生み出す配置の論理を解き明かす。第3章はマティスが写真で記録した絵画の制作過程を観察し、複数の時間の重なりとそのずれから生まれる飛躍に絵画の思考をみる。第4章は菱田春草の屏風画が、屏風の折れ構造を用いて、画面と観者の距離に働きかける絵画を実現していたことを論ずる。第5章は、映画に記録されたピカソの絵画制作プロセスから、物体的に生長する意図と、複数の人間・非人間の絡まりからなる「合生的形象」の思考を分析する。

第Ⅱ部「大地と像」は、文字通りあるいは比喩としての「大地」と、それを抱握し抱握される形象、およびそれを写す映像の思考を扱う。第6章は、極限的な難工事であった熱海線丹那トンネルの工事記録写真が伝える、形象の技術的・集合的生産を分析する。この章の対象は芸術作品として作られたものではないが、本書の問題系に直結している。第7章はスミッソンのアースワーク《スパイラル・ジェッティ》とその生成過程を記録した文章と映画を分析し、心と物を横断して働く複合的な記号過程を明らかにする。第8章はジル・ドゥルーズの映画哲学における比喩形象としての「大地」が、諸々のイメージを変換していくドゥルーズの思考を可能にするとともに、それを内側から崩壊させていることを論じる。

第Ⅲ部「身振りの複数の時間」では、彫刻・映画・パフォーマンス等における形象の「身振り」の意味と、そこに孕まれる複数の時間性を分析する。第9章は身振りの意味の不確定性を、赤塚不二夫が描く呪いの人形、ウィトゲンシュタインが論ずるデッサン、橋本平八の石の彫刻を通して考える。第10章は、小林耕平らによる彫刻／パフォーマンスがさまざまな時間的ずれを抱えながら、体外の事物へと拡張された思考のネットワークを作り出すことを示す。第11章はcore of bellsらによるパフォーマンスにおいて、ずれを伴いつつ重なりあう複数の周期構造が、不確かなグルーヴを生んで観客を巻き込むことを論ずる。第12章は岩渕貞太・八木良太・蓮沼執太によるパフォーマンスを、特に岩渕の動きに注目して高解像度で分析し、身体の内外で働く自己差異化が駆動する踊りの論理を解明する。第13章は、ジャン＝リュック・ゴダールらの3D映画『さらば言語よ』における分裂的な視聴覚経験を通して、異なる種に接近する身体の変容を見る。最後に第14章は、山縣太一らによるパフォーマンスを、言語／身体／記憶の習慣を揺り動かす、群舞状の思考として分析する。

全体を通して私は、それぞれの形象的思考の特異性を具体的かつ多層的に記述し、そこに巻き込まれる身体の変容を描き出そうと努めてきた。各章は、異なる形象との出会いを通して引かれた複数の特異な渦であり、紙上に仮固定され、い、い、こうして、他の身体に向けて投げられる。

★1——disposition概念については以下を参照。柳澤田実編『ディスポジション：配置としての世界——哲学、倫理、生態心理学からアート、建築まで、領域横断的に世界を捉える方法の創出に向けて』現代企画室、二〇〇八年。

★2——芸術の制度的定義については以下を参照。私の書き方は簡略化されている。ジョージ・ディッキー「芸術とはなにか——制度的分析」今井晋訳『分析美学基本論文集』西村清和編・監訳、勁草書房、二〇一五年、三六—六二頁。

★3——西洋における「芸術」の発明については以下を参照。Larry Shiner, *The Invention of Art: A Cultural History*, The University of Chicago Press, 2001.

★4——Alfred Gell, *Art and Agency: An Anthropological Theory*, Clarendon Press, 1998, pp. 5–10.

★5——「芸術人類学（the 'anthropology of art'）」を「「社会的作用を媒介する物体の近傍における社会的関係（social relations in the vicinity of objects mediating social agency）」の理論的研究」とする定義の一部。Ibid., p. 7.

★6——Ibid., p. 7.

★7——Ibid., pp. 68–72.

★8——Ibid., pp. 69–71.

★9——Ibid., p. 76.

★10——Ibid., pp. 83–86.

★11——ポロックの歩行リズムと結合した描画法については、T. J. Clark, "Pollock's smallness," *Jackson Pollock: New Approaches*, edited by Kirk Varnedoe and Pepe Karmel, The Museum of Modern Art, New York, 1999, 特にpp. 29–30. および、沢山遼「ジャクソン・ポロック——隣接性の原理」『Art Trace Press』第一号、二〇一一年、四四—六〇頁を参照。

★12——ポロックの画面で複雑に応答しあう素材の物理的特性については以下に詳しい。キャロル・C・マンクーシ＝ウンガロ「ジャクソン・ポロック——対話としての応答」近藤學訳『Art Trace Press』第一号、六二—七五頁。

★13——絵画制作を拡張された認知システムとして論じるアンディ・クラークの議論を参照。アンディ・クラーク『生まれながらのサイボーグ——心・テクノロジー・知能の未来』呉羽真・久木田水生・西尾香苗訳、春秋社、二〇一五年、特に一一九—一三一頁。

★14——本書における「思考」概念には、由来の異なるいくつかのアイディアが総合されている。世界との関わりの中に潜在する可能性を実現していく身体の動き自体を「思考」と捉えることについては、以下を参照。マクシーン・シーツ＝ジョンストン「動きという形の思考」瀧一郎訳『芸術としての身体——舞踊美学の最前線』尼ヶ崎彬編、勁草書房、一九八八年、一八一—二〇四頁。

★15——外的事物へと拡張された思考については、クラーク『生まれながらのサイボーグ』九三—一三九頁参照。

★16——Andy Clark, *Supersizing the Mind: Embodiment, Action, and Cognitive Extension*, Oxford University Press, 2008, pp. 211–212. およびそこで参照されている、F. J. Valero-Cuevas, Jae-Woong Yi, D. Brown, R.V. McNamara, C. Paul, and H. Lipson, "The tendon network of the fingers performs anatomical computation at a macroscopic scale," *IEEE Transactions on Biomedical Engineering*, 54(6), 2007, pp. 1161–1166を参照。

★17——環境中における非人間の運動が示す思考については以下を参照。佐々木正人「ダーウィン的方法」『ダーウィン的方法——運動からアフォーダンスへ』岩波書店、二〇〇五年、二二—五六頁。

★18——思考の「実験性」については以下を参照。ギルバート・ライル「考えることと言うこと」信原幸弘訳『思考について』みすず書房、一九九七年、一五五—一七九頁。

★19——アルフレッド・ノース・ホワイトヘッド『科学と近代世界』ホワイト

ヘッド著作集第六巻、上田泰治・村上至孝訳、松籟社、一九八一年、五四―五五頁。

★20――Francis Bacon, *Sylva Sylvarum: Or, a Natural History in Ten Centuries*, Kessinger Publishing, 1997, p. 109. 訳文はホワイトヘッド『科学と近代世界』五四―五五頁における引用を参照。ただしperceptionの訳語は「知覚」とした。

★21――ホワイトヘッド『科学と近代世界』九二―九三頁。

★22――ここで私は、記号と思考についてのチャールズ・サンダース・パースの考えを参照している。パース『パース著作集2　記号学』内田種臣編訳、勁草書房、一九八六年、一七九―一八二頁（5.283–5.286）。

★23――パースのアイディアを展開し、森にはたらく異種混淆的な記号過程を描いたエドゥアルド・コーンの議論を参照。コーン『森は考える――人間的なるものを超えた人類学』奥野克巳・近藤宏監訳、近藤祉秋・二文字屋脩訳、亜紀書房、二〇一六年。特に五〇―一一三頁。

★24――この作品が辿った歴史については以下に詳しい。Alex Gildzen, "'Partially Buried Woodshed': a Robert Smithson log," *Arts Magazine*, May 1978, pp. 118–120. および、Dorothy Shinn, *Robert Smithson's Partially Buried Woodshed*, Kent State University School of Art Galleries, 1990.

★25――Gildzen, "'Partially Buried Woodshed': a Robert Smithson log," p. 120における引用。

★26――"*Partially Buried Woodshed* by Robert Smithson," photographed by Doug Moore in 1984, Kent State University Libraries. Special Collections and Archives, https://omeka.library.kent.edu/special-collections/items/show/3506/（二〇一九年六月一八日アクセス）

★27――Gildzen, "'Partially Buried Woodshed': a Robert Smithson log," p. 118における引用。

★28――Donna J. Haraway, *When Species Meet*, University of Minnesota Press, 2008, p. 4.（ダナ・ハラウェイ『犬と人が出会うとき――異種協働のポリティクス』高橋さきの訳、青土社、二〇一三年、一二頁）。

★29――Gregory Bateson, *Mind and Nature: A Necessary Unity*, Hampton Press, 2002, p. 75.（グレゴリー・ベイトソン『精神と自然――生きた世界の認識論』改訂版、佐藤良明訳、新思索社、二〇〇一年、一〇九―一一〇頁、一部訳語改変）。「トートロジー」とはここでは諸命題（パターン）間に妥当な結びつきを与える形式のこと。

★30――Gregory Bateson, "Style, grace, and information in primitive art," *Steps to an Ecology of Mind*, The University of Chicago Press, 2000, pp. 147–152.（グレゴリー・ベイトソン「プリミティブな芸術の様式と優美と情報」『精神の生態学』改訂第二版、佐藤良明訳、新思索社、二〇〇〇年、特に二二三―二二九頁）。

★31――Gregory Bateson, "Bali: the value system of a steady state," Ibid., pp. 107–127.（グレゴリー・ベイトソン「バリ――定常型社会の価値体系」『精神の生態学』一七二―一九八頁）。

★32――E. Von Domarus, "The specific laws of logic in schizophrenia," *Language and Thought in Schizophrenia*, edited by J. S. Kasanin, The Norton Library, 1964, pp. 104–114. 後の研究では、この種の思考は必ずしも統合失調症に特有のものではないと考えられている（Brendan A. Maher and Manfred Spitzer, "Delusions," *Symptoms of Schizophrenia*, edited by Charles G. Costello, John Wiley & Sons, 1993, pp. 104–105参照）。

★33――Gregory Bateson and Mary Catherine Bateson, *Angels Fear: Towards an Epistemology of the Sacred*, Hampton Press, 2005, pp. 26–27.（グレゴリー・ベイトソン＋メアリー・キャサリン・ベイトソン『天使のおそれ――聖なるもののエピステモロジー』新版、星川淳訳、青土社、一九九二年、五三―五四頁）。

★34――Ibid., p. 27.（前掲書、五四―五五頁。訳文一部改変）。強調引用者。

★35――Bateson, *Mind and Nature*, p. 7（ベイトソン『精神と自然』九頁）。

★36――Ibid., p. 119.（前掲書、一七三頁）。

★37——以下に詳しい。Hildred Geertz, *Images of Power: Balinese Paintings Made for Gregory Bateson and Margaret Mead*, University of Hawaii Press, 1994.

★38——鼻の軸に対して下顎をずらす特異な描写は、三層重ねられた描画過程を通して、以前の層の顔から下顎をずらすようにして発明されたようだ。曲面の効果は、顔のこの内的分裂にさらに動きを与える。*The First Medusa | La Prima Medusa: Caravaggio*, edited by Ermanno Zoffili, 5 Continents, 2011, pp. 110–117のX線写真分析図を参照。

★39——内山田康は、ジェルが*Art and Agency*で取り上げる《アスマットの楯》が、カラヴァッジョの《メドゥーサ》と同じ構造をもつことを指摘し、次のように書く。「自分の恐怖に震える顔を見せられた獲物や敵は、他者の身体と他者の情動と折り重なった（交叉が起きている）自分の鏡像と増幅された情動の反復を受けて、自己の境界がすでに変わっていること、それが急速に変わりつつあることを知り、さらに恐れるだろう」。形象は見る者を巻き込み、巻き込むことで奪い、力を放つ。内山田康「芸術作品の仕事——ジェルの反美学的アブダクションと、デュシャンの分配されたパーソン」『文化人類学』第七三巻二号、二〇〇八年、一七三頁。

★40——近代的美術史学の祖ハインリッヒ・ヴェルフリンは学位論文『建築心理学序説』において、身体のフォルムが全体として建築のフォルムに対応するという「感情移入論」を展開した。「力強い柱は、私達の内にエネルギッシュな刺激を引き起こし、呼吸は空間的諸関係の広さや狭さに従い、私達は、自らが支える柱であるかのような刺激を受け、胸は、そのホールのように広いかのごとく、深く一杯に呼吸する。非対称は、しばしば肉体の痛みとして認められ、私達にとっては、肉体の一部が欠けるか、怪我をしているようなものである」（ハインリッヒ・ヴェルフリン『建築心理学序説』上松佑二訳、中央公論美術出版、一九八八年、一三—一六頁、強調引用者）。本書の考えはこれと異なる。形象と見る者は、全体として対応はしない。折れた小屋の梁が私の背骨に、土壁からのぞく小幅の板が筋繊維に、潰れた室内が肺に対応するのではない。むしろ視点を変えるたびに新たに結びなおされる、多層的で互いに通約されない、複数のスケールの局所的共鳴がある。

★41——ヴァルター・ベンヤミン「模倣の能力について」内村博信訳『ベンヤミン・コレクション2　エッセイの思想』浅井健二郎編訳、ちくま学芸文庫、一九九六年、七六頁。強調引用者。

★42——前掲論文、七六—七八頁。

★43——前掲論文、八一頁。「まったく書かれなかったものを読む」はホーフマンスタールに由来する言葉。「痴人と死」富士川英郎訳『フーゴー・フォン・ホーフマンスタール選集1　詩・韻文劇』、河出書房新社、一九七四年、一四〇頁参照。

★44——ポーはこれらの文字を、ヴィルヘルム・ゲゼニウスが編纂したヘブライ語辞典から得たようだ。Burton R. Pollin, "Notes and comments," *Collected Writings of Edgar Allan Poe, The Imaginary Voyages*, Twayne Publishers, 1981, pp. 361–362参照。

★45——エドガー・アラン・ポー「アーサー・ゴードン・ピムの冒険」巽孝之訳『E・A・ポー』鴻巣友季子・桜庭一樹編、集英社文庫、二〇一六年、特に七一九—七二四、七四二—七四五頁。

★46——巽孝之による翻訳。前掲書、七四五頁（Edgar Allan Poe, "The Narrative of Arthur Gordon Pym. Of Nantucket," *Collected Writings of Edgar Allan Poe, The Imaginary Voyages*, p. 208）。

★47——Pollin, "Notes and comments," pp. 362–363参照。

★48——Robert Smithson, "A sedimentation of the mind: earth projects," *Robert Smithson: The Collected Writings*, edited by Jack Flam, University of California Press, 1996, p. 108.

★49——エドガー・アラン・ポー「黄金虫」丸谷才一訳『E・A・ポー』二〇一六年、一八三—二四一頁。

★50——田中純は、歴史を「逆撫で」し、原-歴史に潜在した複数の可能性を露呈することを、「まったく書かれなかったものを読む」歴史叙述の方法として論じている。田中純『過去に触れる――歴史経験・写真・サスペンス』羽鳥書店、二〇一六年、特に四〇七―四三八頁、および四九三―五〇〇頁参照。

★51――エドガー・アラン・ポー「詩作の哲学」『ポオ評論集』八木敏雄訳、岩波文庫、一六一頁。

★52――前掲論文、一六二頁。

★53――前掲論文、一六〇頁。

★54――たとえば「大鴉」に多量に反復する「r」音と、カラスとの結びつき。ポーが「最も長びかせることができる音」とだけ説明するr音（「詩作の哲学」一六八頁）は、実際のカラスの鳴き声に聴き取られるのではないか？「大鴉（raven）」という名は、「crow」や「カラス」と同じく、カラスの鳴き声に由来する擬音的な名だと考えることもできる（「大鴉」『対訳　ポー詩集――アメリカ詩人選(1)』加島祥造編、岩波文庫、一九九七年、一四〇―一四一頁、註23参照）。実際フランス語のrを発音する要領で口蓋垂を振動させながら大きく「アー」と鳴くとそれらしい響きをつくることができる。カラスの鳴き声を「Nevermore」と聴くこと――カラスの鳴き声と人間の語の間に「韻」を感知してしまうこと――は、「聴く」ことと「聴き間違う」ことの境界が不明化する「大地語」の経験である。

★55――複数時の私を重ねて新たな身体を構成するということの考えは、以下から影響を受けている。山本浩貴＋h「新たな距離――大江健三郎における制作と思考」『いぬのせなか座』第一号、二〇一五年、三八―八三頁。

★56――ロジェ・カイヨワ「擬態と伝説的精神衰弱」『神話と人間』久米博訳、せりか書房、一九八六年、九六―一三五頁。

第I部　形象の生成

第1章 多重周期構造
――セザンヌのクラスター・ストローク

1 写真絵画

セザンヌはときに写真を使って描いた。晩年のセザンヌと会話した画家エミール・ベルナールは、それを知って驚いている。「たいへん驚いたことには、セザンヌは、画家が写真を利用することに反対しなかった。セザンヌにとっては、自然を翻訳するように、この正確な複製を翻訳すべきであった。セザンヌはこの方法で何枚かの絵を描いており、それを私に示した」[★1]。私も驚いてしまう。写真に基づく絵画は、直接的に経験された自然がもたらす「感覚《サンサシオン》」を完全に「実現《レアリゼ》」するという、ベルナールとジョアシャン・ガスケが伝える晩年のセザンヌの基本的態度に反するように思えるからだ。[★2] そしてこのエピソードを知った後でも、セザンヌが実際に写真を使って描いた「風景画」を見るときの驚きは弱められない。ニューヨーク近代美術館が所蔵する《フォンテーヌブローの雪解け》（一八七九―八〇、図1）は、写真（図2）を基にして描かれている。[★3]

人物を描くときに写真を使用するのは、セザンヌにしばしばあることだ。[★4] だが風景画に写

図1――ポール・セザンヌ《フォンテーヌブローの雪解け》（一八七九―八〇年、R413、ニューヨーク近代美術館蔵）

真を用いるのは異例である。★5 このセザンヌの「写真絵画」について、美術史家リチャード・シフは注目すべきことを述べている。シフによれば、セザンヌのストロークはここで、ある種の「粒子（grain）」を構成している。その「粒子」は、木々の多数の細枝を概略化し、彩色された平行ストロークへと変換している。そこでは紙焼き写真の解像度の高い「粒子」と、筆跡《あと》という解像度の低い「粒子」との間のずれが調停されている。★6 シフはこの二種類の粒子間のずれを、「ケバ（fuzz）」と「ブレ（blur）」という概念を導入して説明する。「ケバ」は空間的解像度のずれによって生み出され、他方「ブレ」は時間的運動のずれによって生み出される。★7 写真と絵画の調停は「ケバ」を生む。だがシフによれば、セザンヌの絵画は「ケバ」以上に「ブレ」を産出している。なぜならセザンヌのストロークは何よりも画家の手の時間的運動であり、それは木々の運動とは一致しないからだ。「ブレ」を引き起こすセザンヌのタッチはまた、その一様な手の運動によって、前景の木と後景の空をカンヴァスの平面上に圧縮している。★8

　ストロークの「解像度」をめぐるシフの議論は示唆的であり、本論で私はその先へ進みたいと思う。そこへ行く前に、まず写真と絵画をもう一度比較しておこう。セザンヌはここで写真を横方向に九三パーセントほどに縮めているほかは、その形態をかなり正確にコピーしている。写真上で枝は分かれるたびに段階的に細くなるが、絵画上の枝はある水準以下に細くなった所からもはや描かれず、垂直方向に対して約二〇度傾く平行矩形ストロークに変換されている（図1画面最上部、右奥等）。その粗いストロークは、木々の細い枝と背後の空とを同時に圧縮している。ストロークの方向性は対象の構造に対して模倣的ではなく、むしろ近接するストローク間において相互拘束的である。ストロークの方向性はまた、筆を持つセザン

図2——撮影者不詳（写真、一八八〇年頃）

ヌの右手の運動にも拘束されており、同じ傾きを示すストロークが広範囲に分布する。ただし画面中央奥と左奥の密な木々を変換する平行矩形ストロークは垂直的、画面左下のストロークは垂直方向に対して約四〇度から水平に近い傾きを示す。平行矩形ストロークは地面の雪、岩、森の下生えにも同じように用いられるため、枝と空だけでなく、岩と雪、雪と草がそれぞれ一つのストロークの内部に圧縮されている。雪面のストローク列は画面右下で急傾斜をなして落ち込むが、この傾斜の変化も写真を模倣してはいない。

この絵画が描かれた一八七九年から八〇年は、それまで主として性的妄想に満ちた人物群像に使用されていた「斜めに傾く平行矩形ストローク」、いわゆるセザンヌの「構築的ストローク」（シオドア・レフ）が、現実の風景描写に転用され始める時期にあたる[★9]。つまりこの写真絵画は、当時セザンヌが開発しつつあった風景画の技法が、現実の、直に観察され踏み込める世界から独立してどのように作動するかをある程度教えてくれる。そこには一八八〇年頃における「セザンヌ・システム」の作動がある[★10]。風景はそこで、粗いストロークの粒子を単位として、選択的かつ圧縮的に「翻訳」されている。

この翻訳は可逆的ではない。つまり解像度の粗いストローク群による風景の圧縮的な「エンコード」はあるが、それを一意に「デコード」＝解凍することはできない。インターネット上の美術オークションサイトを検索すると、《フォンテーヌブローの雪解け》のいくつかの複製画が出品されていることがわかる。図3はその一つだ。落札額は二〇〇ドル。説明には「注意深く細部に至るまで再作成」とあるが[★11]、冗談かと思われるほどにオリジナルの絵画との違いは明白だ。中央の木が太く描き直されて「主題化」されているほか、枝と空を圧縮していた画面上半分の構築的ストロークが、曖昧な靄のように見える後景の「影」と、その手前

図3——制作者不詳《フォンテーヌブローの雪解け》（複製画、制作年不詳）

で不気味にうねる「極細の枝」とに分離されている。「密な木々の重なり」を圧縮していた画面左奥のストロークは、「黒々とした一つの斜面」として解読されている。つまりここでは、オリジナルの圧縮的ストロークを高解像度でデコードすることによって、まったく異なる風景が産出されているのだ。無論、プロの複製画家が間違いを犯すはずもなく、これはオリジナルよりも真実味をあげているわけだ。

真実？　そう、セザンヌは絵画における「真実」に疑義をもたらす[12]。端的に言って、セザンヌの絵画はデコードの困難な絵画である。とりわけ一八九五年以降の絵画——これを一九七七年ニューヨーク近代美術館の展覧会にならって「後期」セザンヌと呼ぼう[13]——は、しばしばそこに何が描かれているのかがわからない（たとえば《森の曲道》一九〇二—〇六、図4）。それゆえ記述的な意味において、絵画の「真実」が何であるのか確定できない。セザンヌの絵画は記述的ではない（枝・葉・地面・空という異なる事物／概念が、ストロークの内部で圧縮されている）。セザンヌの絵画は、世界とは異なる論理によって構造化されており、つまり世界に対して閉鎖されている。《フォンテーヌブローの雪解け》には、生涯にわたって深化していくセザンヌの絵画の閉鎖性が予告されている。

セザンヌの絵画は世界から閉鎖されている。それは技法に自覚的なセザンヌ絵画の必然的な帰結である[14]。だがその閉鎖性にもかかわらず、以降の風景画には、たしかに光と風とざわめきがあるように感じられる。とりわけ後期セザンヌの風景画を見るとき私は、輝く風景の真只中に巻き込まれて風景とともに震動し、あるいは炸裂するかのような強い感覚を覚える。世界から閉鎖されると同時に、何らかの仕方で見る者を強く世界へと巻き込むこと。それがおそらく、後期セザンヌの風景画における最大の謎である。《フォンテーヌブローの雪解け》

図4——セザンヌ《森の曲道》（一九〇二—〇六年、R889、個人蔵）

は、その謎の入口を開いている。

2　クラスター・ストローク

絵画が世界から閉鎖されているとはつまり、絵画が自律的な構造をもつことを意味する。画家・美術史家のローレンス・ガウィングはその高名な論文、「組織化された感覚の論理」において、セザンヌの絵画を組織する自律的な「論理」を、一定の順序で周期的に変化する色彩の「スペクトル」（紫－青－緑－黄－橙－赤）に見出した。セザンヌの色彩は、事物の固有色と明確な関係をもたない。つまり世界から一度切断されている。しかし世界から独立したその色彩は、ガウィングによれば、スペクトルの順序に従うタッチの規則的な「変調《モデュラシオン》」によって、事物に対する「視線の投射角の変化」を分析している。そうすることで、事物の奥行き＝投射角の変化が、色彩の法則的変調という「論理」を通して翻訳され、「感覚」が、たんなる再現ではない仕方で「実現」される。それが「感覚の論理」である★15。

《群葉の習作》（一九〇〇―〇四、図5）は、ガウィングが例として挙げる水彩画の一枚だ。そこでは細い青と赤のタッチによって縁取られた黄と緑のタッチが、反復する色彩のパターンを構成している。色彩は、事物の固有色から半ば独立している。だがその反復的な色彩の秩序が、現実世界の葉が示す奥行きの秩序を翻訳する。ガウィングは書いている。「［……］赤、エメラルド、ヴァイオレットの輝くような振動が、大きな紙面を横切って生じる色彩の結合のたびごとに反復され、現実それ自体の秩序としての、一つの完全な世界としての、色彩の対比による純然たる酩酊を映し出す★16」。セザンヌの水彩画の多くにおいて、色彩の変調にはこの

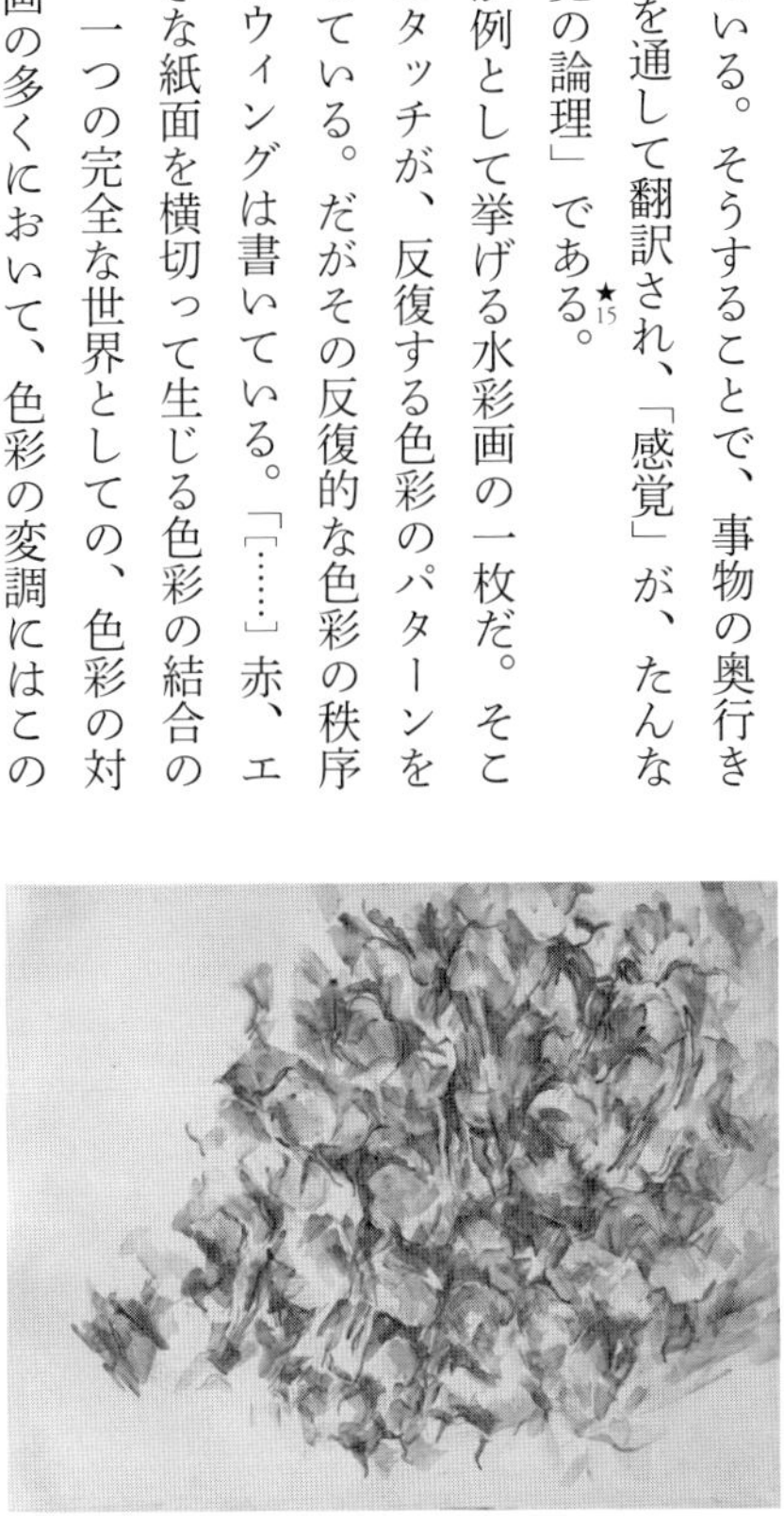

図5――セザンヌ《群葉の習作》（一九〇〇―〇四年、RWC 551、ニューヨーク近代美術館蔵）

種の高度に自律的かつ反復的な構造がある。この一貫した色彩変調の「論理」によってセザンヌは、世界から閉鎖されながら、それを「実現」する絵画を作り出す。

しかしこのガウィングが見出した「感覚の論理」は、セザンヌの絵画に完全には当てはまらないことが知られている。[★17] 特に油彩画に当てはまらない。なぜならそこで色彩は、必ずしも順序立ったスペクトル構造を示さず、またその色彩は事物の固有色から完全に切れているわけでもないからだ。ガウィングは行きすぎたのか？ つまりガウィングは、絵画を論理化しすぎたのだろうか？ いくらかはそうだ。だがガウィングのこの論文は、現在でも刺激的であり続けている。私は次のように考える。ガウィングはむしろ、「感覚の論理」を十分に捉えきれていなかったのではないだろうか？ 私はここで、もう一つの概念を導入することにしよう。

ガウィングの分析は主に後期セザンヌの絵画に向けられている。そこで色彩は、一ストロークを超える広がりをもつ小さな「面」として現れる。現在英語圏の美術史で、この小さな「面」を指すために使われる一般的な用語は、「パッチ（patch）」（小片、布の切れはし）であるようだ（ガウィング、マホトカ、[★18] シフほか）。セザンヌの言葉に由来する「面《プラン》（plan/plane）」という語もときに好まれる。[★19] 幾何学的反復を示唆する「切子面（facet）」も使われる。日本語では「色面」だろうか。それぞれ短くて良い語だ。たしかに一八九五年以降のセザンヌの絵画には、多数のカラー・パッチ＝色面が撒き散らされているように見える（図4）。しかし「パッチ」、「面《プラン》」、「切子面」、「色面」はどれも十分に正確な言葉ではない。その小さな面には、内部構造があるからだ。

晩年のセザンヌの傑作の一つ、アーティゾン美術館（旧ブリヂストン美術館）が所蔵する《サン

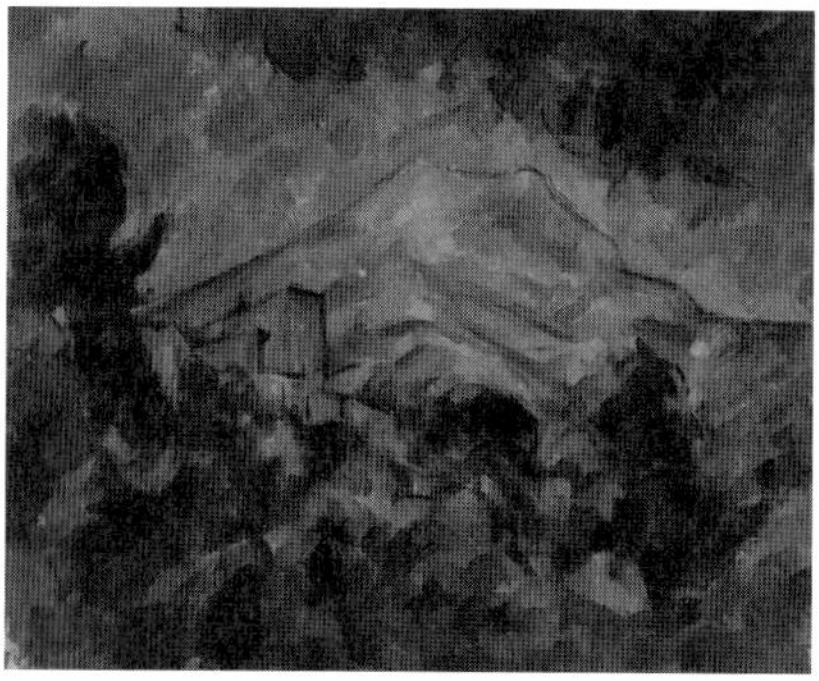

図6——セザンヌ《サント＝ヴィクトワール山とシャトー・ノワール》（一九〇四—〇六年頃、R939、アーティゾン美術館蔵）

ト＝ヴィクトワール山とシャトー・ノワール》（一九〇四―〇六頃、六六・二×八二・一cm、図6／口絵2）を見てみよう。画面下部の木々、そして上部の空と葉叢は、水平方向に対してその上端が約二〇～五〇度傾くパッチの群れで埋められている。パッチは縦約二～三×横約三～五センチメートルを基本型としてくり返される。山の表面も同様のパッチで塗られているが、傾きはより緩く、また横に長く縦に短い。これらのパッチはしかし、内部において一様な塗りではない。よく見るとそれらはすべて、小ストロークが五～八本程度並列してできていることがわかる。画面下部中央のパッチではさらに、並列する小ストロークの上端をなぞるようにして弧状のストロークが重ねられている。その各ストロークはカンヴァスに押し付けられており、筆跡の際《きわ》に絵具の盛り上がりや、十分に混色されていない白鉛絵具の跡を見せる。ストロークの脇に残されるこの弱い境界線を、「準フリンジ（縁）」と呼ぶことにしよう。パッチはその内部に、反復する小ストローク群の準フリンジをもっている。準フリンジを見せない

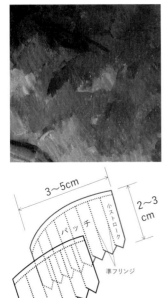

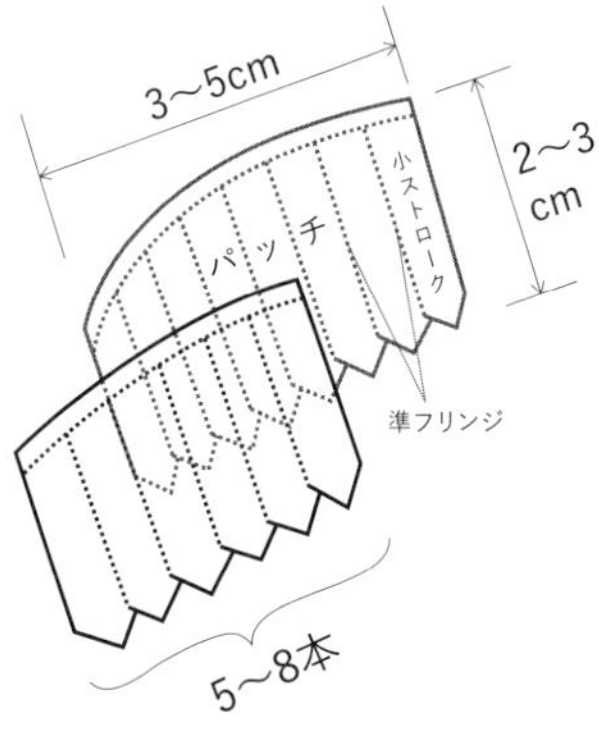

上から
図7――セザンヌ《サント＝ヴィクトワール山とシャトー・ノワール》（図6、右上部分）
図8――クラスター・ストローク模式図（著者作成）
図9――セザンヌ《レスタックの岩》（部分、一八七九―八二年、R442、サンパウロ美術館蔵）

上から
図10——セザンヌ《大きな松の木と赤い大地》（一八九〇—九五年、R761、エルミタージュ美術館蔵）
図11——セザンヌ《シャトー・ノワール》（一九〇四年頃、R919、個人蔵）
図12——セザンヌ《青い風景》（一九〇四—〇六年、R882、エルミタージュ美術館蔵）

平坦な塗りは画面左上隅に認められるが限定的だ。セザンヌは画面のほぼ全域で、準フリンジを残す筆遣いを選択している。「パッチ」と呼ばれているのは、この準フリンジを介して接続された複数の小ストロークのまとまりである（図7）。模式化すると図8のようになる。

レフが見出したセザンヌの「構築的ストローク」は、相対的に明確で規則的な縁によって区別される煉瓦状のストロークからなる（例：《レスタックの岩》一八七九—八二、図9）。「構築的ストローク」の構成単位はストローク単体であり、それが一様なリズムで反復する。だが、《サント＝ヴィクトワール山とシャトー・ノワール》のストロークはそうではない。そこでは複数の小ストロークが、まとまりをなすクラスター（房・群れ）へと組織されている。この特殊な構成単位を、「構築的ストローク」と区別して、新たに「クラスター・ストローク」という概念で呼ぶことにしよう。構築的ストロークが一八七五—八〇年代前半のセザンヌの絵画を特徴づけるのに対し、クラスター・ストロークは一八九五年以降の後期セザンヌの絵画を特徴づける。[20] それは枝にも葉にも、岩にも空にも用いられる。だがすべての対象を一様なリズムで均質化する構築的ストロークとは異なり、クラスター・ストロークは、クラスターと小ストロークとの二重リズム構造をもち、画面の解像度を離散的に二重化する。クラスター・ストロークはまた、しばしば重なりあうように布置されてそのリズム／解像度を多重化する。各クラスターのまとまりは、平行四辺形状の形態、クラスター間の隙間、あるいは色調の変化によって識別される。クラスター・ストロークは、その本数・長さ・自由度を変化させつつ、一八九五年以降の風景画の主要な構成原理をなしている（例：《大きな松の木と赤い大地》（一八九〇—九五、図10）、《シャトー・ノワール》（一九〇二—〇五、図11）、《青い風景》（一九〇四—〇六、図12）等）。つまりここには、一八九五年以降新たな段階に達した「セザンヌ・システム」がある。このシステムを、ガウィングの「感覚の論理」に接続するとどうなるだろうか？

3　多重周期構造

《サント＝ヴィクトワール山とシャトー・ノワール》（図6）をさらに分析しよう。クラスター・ストローク（以下、CS）は重なりあう複数の周期構造を構成している。(1)1小ストロークスケールの形態的周期性。画面は反復的に現れる無数の小ストロークで覆われている。(2)1CSスケールの形態的周期性。画面は反復的に現れる多数のCSで覆われている。(3)数CSスケールの色調の周期性。CSは、一個から数個を単位として濃いグリーンからグレーグリーンへ、あるいは濃いブルーから緑がかったブルーグレーへと色調を反復的に推移させる。(4)数十CSスケールの形態的周期性。CS群は数十個単位で見るとき、その上端の傾きと弧線の曲率を変化させている。画面下部中央では、CS上端の弧線は⌒状に膨らむが、画面右ではより直線的であり、画面左上では◡状に反り上がっている。(5)数十〜百CSスケールの色調の周期性。CS群はさらに大きなスケールで見ると、画面下半分で濃いグリーン、画面中央〜上で緑がかったブルーグレー、画面最上部で再び濃いグリーンになるという周期構造をもつ。つまり《サント゠ヴィクトワール山とシャトー・ノワール》のCS群は、少なくとも五つの「空間周波数」を画面に導入している。

「空間周波数」は、視覚刺激が空間的にどれだけ細かな周期性で分布しているかを表す単位である。[★21] 細かさは視角（visual angle）に対して定義され、かつコントラストに応じてその視覚的な感度を変える。つまり画面からの観者の距離に相関的である。《サント゠ヴィクトワール山とシャトー・ノワール》は、画面から三〜四メートル離れるときに最も安定した奥行き構造を示す。これはコントラストの低い(1)・(2)・(4)の形態的周期構造が抑圧され、かつ、(3)の色調の周期構造が、より大きい(5)の色調の周期構造に統合されることの効果である。画面に近づいていくと小ストロークの準フリンジは次第に目立つようになり、一メートル程に接近したところで(1)〜(5)すべての周期構造が明瞭化して、風景が巨大な震動体に変わるように見える。そのままさらに五〇センチメートル程まで顔を近づけると、ますます露わになる準フリンジ群の錯綜によって視界が内側から崩壊し、「風景が激昂する」とでも言えそうな破壊的感覚がもたらされる。とりわけ葉叢のように見える濃緑色の部分では、多数のCSが折り重なり、画面の周期構造を錯雑化している（図13）。この錯綜的なリズムの「もつれ」が、木々の物質的密度を翻訳している。

ガウィングの「組織化された感覚の論理」の問題はおそらく、色彩スペクトルの反復とい

図13——セザンヌ《サント゠ヴィクトワール山とシャトー・ノワール》（図6、右下部分）

う単一の周期構造しか見なかったことにある。後期セザンヌの絵画には、少なくとも五つの異なる周期構造が重ねられている。私の視線はそこで、複数の周波数のずれと干渉に巻き込まれる。それは空間的かつ時間的な断層の経験だ。私はたしかに横に進んだのだが、同じ場所にとどまっている。あるいは同じリズムで進んでいたのに、突如遠くに運ばれてしまっている。つまり色彩は変化しているのに、見えるのは同じ形のCSである。あるいは小ストロークの連なりを辿るうちに、いつの間にか異なるCSに突入している。《サント＝ヴィクトワール山とシャトー・ノワール》は、画面を一瞥するだけで視界が透明な地滑りを起こすような強烈な震動性をもっている。それは「多重解像度表現」[★22]、あるいは複数の空間周波数が重ねあわされた「ハイブリッド・イメージ」[★23]をなす画面において、視覚が複数の周期構造の間で引き裂かれることの効果である。[★24]

　多重化した周期構造をもたらすのはCSだけではない。山の中腹には、水平方向に対して約二五度傾く、横に長い直線的ストロークが引かれている。同じ傾きのストロークは約四センチメートル下方でもう一度くり返され、さらに四センチメートル下の丸い木のような形態の縁、またさらに下で右下に傾くストロークによって、角度を深めながら周期的に反復される。その右下がりのライン群は、画面右側から流れてくるCSの上端が生み出す左下がりのライン群と衝突してV字をなし、山の立ち上がりと対になる、雪崩れるような「重力」の感覚を作り出している（図6）。

「重力」はV字状構造から生まれている。だがそれを、かつてアール・ローランがおこなったように、線的ダイアグラムへと還元される「構図」として理解することは十分ではない。[★25]なぜならその「線」は、内部においても離散的な多重性をもっているからだ。最初に示した山の中腹の直線的ストロークは、詳細に見れば下から順に、ピンク、グレーグリーン、ブルーグレー、ブルー、黄味がかったグレー、黄味がかったグレーグリーンの細長いストロークが、前後左右に少しずつずれながら重なり合ったものである（図14）。セザンヌはそれらのストロークが互いを完全に覆い隠さないように筆をコントロールしている。そのミクロレベルの多重性は、絵画全体の多重周期構造と共鳴している。ローランのダイアグラムは、絵画の多重周期構造を明快な「構図」へと選択的に圧縮したものにすぎない。多重化へ向かうセザンヌの態度は徹底している。

同様に、シャトー・ノワールの右上角に塗られた深く強いブルーの「輪郭線」にもまた、複数のストロークが重ねられている。自身の上に多重化されたその「線」は、色彩の推移構造に急激な突出を挟むことで、サント＝ヴィクトワール山をカンヴァスの表面から奥へと押しやり、そうして山に、反発して迫り上がるような抵抗感を与えている（図6。この「線」を隠すと、山はすかすかに見える）。この強い塗りは、それが空間的に位置するシャトー・ノワールの属性のみを映してはいない。それは山のリズム構造の一部でもあるのだ。局所の塗りは、絵画全体の印象を変更する。なぜなら一つの塗りは、つねに絵画の周期構造全体への働きかけとなるからだ[★26]。

言い換えよう。後期セザンヌの風景画は、レイヤー状のパッチが重ねられていくテーブルのような空間ではない。それは、ストロークを投げ入れるたびにカンヴァスの全体に波紋を広げる水面に近い。「水面」という言葉が、最終的な波紋の沈静化（＝鏡面化）というニュアンスを帯びてしまうなら、ストロークを投げ入れるたびに熱く溶解して新たな波紋を記録するような、可塑性をもった特殊な液面を考えれば良い。多数のストロークが投げ入れられた液

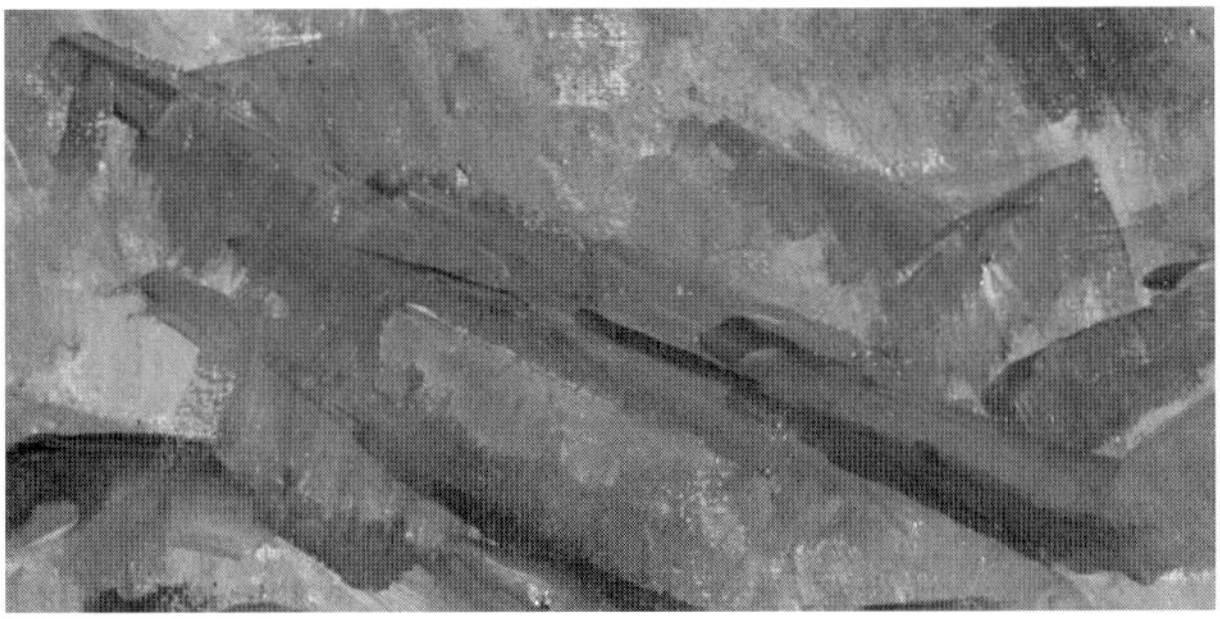

図14——セザンヌ《サント＝ヴィクトワール山とシャトー・ノワール》（図6、山の中腹部分）

面は沸き立ち、多重の波をつくる。後期セザンヌの多くの絵画において、「塗り残し」が積極的な構成素として働くのはそのためだ。数十個のCSが散りばめられた最晩年の《ローヴの庭》（一九〇六頃、図15）は、塗り残しにもかかわらず、むしろ塗り残しをその周期構造の一部として、輝きを増しながら沸騰している。

4 デコード

沸騰する絵画はしかし、この世界からほとんど切断されている。《大きな樹々》（一九〇二―〇四、図16）は、ローヴのアトリエの庭にあるアレッポ松を描き出している。[★27] 一見して、画面両側の太い樹々は、中央左寄りの細い幹によって示された先端部を持つ五角形の明快な「構図」をなしていることがわかる。だがその「構図」は、折り重なるCSに縁取られて多重化している。上部ではアレッポ松の枝もまたCSに巻き込まれるかのように多重化し、波打つ枝の反復的形態を展開している。[★28] 解読不可能なまでに混乱した左側の樹の幹と枝は、自らを反復しながら膨張する。右側の樹の幹は下部において半透明となり、「構図」の所在を不明化している。

現実には、このように不連続的かつ多重な樹々は存在しえない。複数の時間にまたがる枝の「運動」が不連続的かつ多重に記録されていると考えることもできない（そのような説明は、画面全体を拘束する周期構造を捉えることができない）。後期セザンヌの風景画は、世界の記録ではない。絵画は世界に対して閉鎖されている。にもかかわらずセザンヌが、これこそが「感覚」なのだ、ここに「感覚」が「実現」されているのだと言うとき、そこでは次のことが意味されて

図15――セザンヌ《ローヴの庭》（一九〇六年頃、R926、フィリップス・コレクション蔵）

いると考えることができる。デコードされるべきは描かれた諸々の対象の形姿や運動ではない。デコードされなければならないのは、むしろ私たちのこの身体である。

感覚し行為する私たちの身体は、進化と個体の歴史において、世界を特定の仕方でエンコードするよう形成されている。ガウィングが論じたのは、絵画が、世界を別の仕方で（奥行きをスペクトルの秩序で）エンコードする可能性を開くということだった。そこでは暗号的画面から、描かれた世界を復号することがいまだ問題となっていた。だが真に問題なのは、画面をデコードできるか否かにかかわらず、絵画が、それを経験しうる新たな身体を発生させるということだ。描かれた元の光景がどうであったかはわからず、しかしこの多重化した光景を十全たる世界として経験する新たな身体が発生する。つまりこの身体にはアナグラムのように、他なる身体が潜在しており、絵画がそれを実現する。私たちの身体こそが暗号なのだ。その身体はバラバラに砕かれ、デコードされ、新たな形式へと変換されなければならない。絵画の多重周期構造は、私たちの身体を破砕的デコードのプロセスへと巻き込んでいる。

図16——セザンヌ《大きな樹々》（一九〇二—〇四年、R904、スコットランド国立美術館蔵）

後期セザンヌの風景画を「見る」とは、見ることのただ中で視覚が砕かれていく経験である。私の視覚は、気がついたときにはすでに激しく震動するリズムに巻き込まれている。後期セザンヌの絵画は、強力な巻き込みの力を持つ。その力は、絵具の物質的な官能と、画面の多重周期構造に由来している。私は、その多重周期構造から、距離を取ることができない。そこではいわば、定位の任意性が欠けているからだ。単一の周期構造（縞）は定位も脱定位も容易である。だが複数の周期構造の重ねあわせ（モワレ）はそうではない。一つのリズムに乗ろうとした途端に、別の周期構造が現れる。あるリズムから足を洗おうとした途端に、別のリズムに呑み込まれる。定位の不確定性が画面を震動させる。震動は、それを意識したときにはすでに私を呑み込んでおり、絵具の物質的官能に吸い寄せられる私の身体を内側から激しく揺さぶっている。デコードが進行する。

　それは、絵画に目を向けるたびつねにすでに始まっているために「始まり」がなく、絵画から身を引き剥がすことによってしか中断されえないために「終わり」がない震動である。[★29] その震動は、行為から行為へ、「始まり」から「終わり」へと流れていく有機的な生の時間を吸収し、消滅させる。セザンヌの絵画を見るとき、そこでは過ぎ去るものとしての時間の感覚が消滅する。[★30] 始まりも終わりもないその震動の場を、私たちは、絵画的「永遠」と呼ぶことができるだろう。「われわれの芸術は、自然が持続しているということの戦慄を人に与えるべきなのだが、それは自然のあらゆる変化の要素や外見を駆使してなのだ。永遠なものとして味わわせてくれなければならない」[★31]。世界から閉鎖されたはずの絵画が、その始まりも終わりもない震動の永遠性において、世界の永遠性に並行する。画面に目を走らせるたびに組み替えられ、更新される永遠が、私の他なる身体を貫いて震動する。絵画の中で左を向く。すなわち新しき永遠だ……！　絵画の中で右を向く。すなわち新しき永遠だ……！

＊ 図版キャプションにつけられた記号・数字は以下のカタログ・レゾネにおける番号を示す。
R: John Rewald in collaboration with Walter Feilchenfeldt and Jayne Warman, *The Paintings of Paul Cézanne: A Catalogue Raisonné*, Thames and Hudson, 1996.
RWC: John Rewald, *Paul Cézanne: The Watercolours: A Catalogue Raisonné*, Thames and Hudson, 1983.

★1——Émile Bernard, "Souvenirs sur Paul Cézanne," 1907, *Conversations avec Cézanne*, édité par P. M. Doran, Macula, 1978, p. 69.（エミール・ベルナール「ポール・セザンヌの回想」P・M・ドラン編『セザンヌ回想』高橋幸次・村上博哉訳、淡交社、一九九五年、一二七頁）。

★2——「自然に基づいて描くこと、それは対象を模写することではなく、その諸感覚を実現することなのだ」（Émile Bernard, "Paul Cézanne," 1904, *Conversations avec Cézanne*, p. 36.（エミール・ベルナール「ポール・セザンヌ」、『セザンヌ回想』、七五頁））等。

★3——John Rewald, Walter Felichenfeldt and Jayne Warman, *The Paintings of Paul Cézanne: A Catalogue Raisonné*, vol. 1, The Texts, Thames and Hudson, 1996, pp. 273–274.

★4——《自画像》（一八六二—六四年、R 72）、《水浴する男》（一八八五年頃、R 555）等。

★5——リチャード・シフの指摘。Richard Shiff, "Cézanne's blur: approximating Cézanne," *Framing France: the Representation of Landscape in France, 1870–1914*, edited by Richard Thomson, Manchester University Press, 1998, p. 73. 秋丸知貴は、セザンヌの作品群における写真使用について以下で簡潔にまとめている。秋丸知貴「近代絵画と写真（三）——後印象派、新印象派を中心に」『近代絵画と近代技術——ヴァルター・ベンヤミンの「アウラ」概念を手掛りに』http://tomokiakimaru.web.fc2.com/modern_painting_and_the_photography_3.html（二〇一九年六月一八日アクセス）。

★6——Shiff, "Cézanne's blur," pp. 72–73.

★7——Ibid., pp. 69–70.

★8——Ibid., pp. 73–74.

★9——ジョン・リウォルドの指摘。Rewald, *The Paintings of Paul Cézanne*, vol.1, p. 274.「構築的ストローク」については以下。Theodore Reff, "Cézanne's constructive stroke," *The Art Quarterly*, 25(3), Autumn 1962, pp. 214–227.

★10——林道郎はセザンヌの絵画を、象徴主義的な体系からも自然の客観的データからも切り離された「システム」と呼んでいる。「システム」という表現はここから借りた。林道郎「後期セザンヌ：現象学を超えて」『鹿島美術研究』年報一二号別冊、一九九五年、四九五頁。

★11——"386: Cezanne - Melting Snow, Fontainebleau," *Live Auctioneers*, https://www.liveauctioneers.com/item/7438581_386-cezanne-melting-snow-fontainebleau（二〇一九年六月一八日アクセス）。

★12——「絵画における真実」は、セザンヌのベルナール宛の手紙に現れる言葉（Paul Cézanne, "Lettre à Émile Bernard," 23 octobre, 1905, *Conversations avec Cézanne*, p. 46（「ベルナール宛の手紙（一九〇五年一〇月二三日）」、『セザンヌ回想』、九五頁）。このセザンヌの言葉を、まるでセザンヌの絵画に対してであるように多重の翻訳可能性へと砕いてみせたのはデリダである。ジャック・デリダ『絵画における真理（上）』高橋允昭・阿部宏慈訳、法政大学出版局、一九九七年、一一一六頁。

★13——*Cézanne: The Late Work*, edited by William Rubin, The Museum of Modern Art, New York, 1977.

★14——林道郎は、セザンヌの風景画「技法」がそもそも師のピサロから借用されたものであることを指摘し、「自然」への視界を開くと同時に閉鎖する絵画言語の「他者性」に対する不安をセザンヌに見出している。

林道郎「セザンヌをめぐる十二章」『月刊百科』第四二九—四四〇号、一九九八—九九年。またT・J・クラークは、セザンヌの同じ閉鎖性について思考し、絵画の諸記号が単なる「説得」の技法であることを超えて「世界」へと与え返されることの（不）可能性に、セザンヌの「恐怖と高揚」を見ている。T. J. Clark, "Phenomenality and materiality in Cézanne," *Material Events: Paul de Man and the Afterlife of Theory*, edited by Tom Cohen et al., University of Minnesota Press, 2001, pp. 93–113.

★15——Lawrence Gowing, "The logic of organized sensations," *Cézanne: The Late Work*, pp. 55–71（ローレンス・ガウィング「組織化された感覚の論理」松浦寿夫訳『美術手帖』第五一一・五一二・五一四・五一五号、一九八三年）。

★16——Ibid., p. 61.（「組織化された感覚の論理（2）」、『美術手帖』、五一二号、一六九頁）強調引用者。

★17——Eric Michaud, "Les sensations de Cézanne," *Critique*, Vol. 35, Nº 390, 1979, pp. 959–961（ジャン＝クロード・レーベンシュテイン『セザンヌのエチュード』浅野春男訳、三元社、二〇〇九年、七五頁）、Françoise Cachin et al., *Cézanne*, H. N. Abrams and Philadelphia Museum of Art, 1996, p. 288. 等参照。なおこの論理が油彩画には直に当てはまらないことは、当初からガウィングが意識していたことである。Gowing, "The logic of organized sensations," pp. 59–60.（「組織化された感覚の論理（2）」、一六八頁）参照。

★18——パヴェル・マホトカは、セザンヌの「パッチ」が一八九〇年代中盤に形成されたと指摘し、その機能として⑴深さ、⑵リズム、⑶平面性、⑷統一性の四つを挙げている。Pavel Machotka, *Cézanne: Landscape into Art*, Yale University Press, 1996, p. 27. このマホトカの書はセザンヌの技法を詳細に明かした有益なものだが、「パッチ」の内実についてはさらに精密な分析ができるはずだ。

★19——たとえば次のようなセザンヌの言葉に現れる。「他方、諸面《プラン》は互いに重なりあっています。そこから一本の黒い線で輪郭を決めてしまう新印象主義が出てきますが、これは全力をあげて戦うべき欠陥です」（"Lettre à Émile Bernard," 23 octobre, 1905, p. 46（「ベルナール宛の手紙（一九〇五年一〇月二三日）」、九四頁）、「私には諸面《プラン》が重なって見え、ときどき直線が垂れ下がるように思われる」（Bernard, "Souvenirs sur Paul Cézanne," p. 79.（ベルナール「ポール・セザンヌの回想」、一四〇頁））これらの言葉は、「クラスター・ストローク」の重なりあいにも対応しているように思われる。

★20——萌芽的には一八八八年頃から認められる。たとえば《ピロン・デュ・ロワ》（一八八七—八八年、R 605）。マホトカは一八八八年をセザンヌの技法上の転機の一つに数えている。Machotka, *Cézanne: Landscape into Art*, p. 73.

★21——画像について言えば「空間周波数が高い」は「空間解像度が高い」にほぼ等しい。なお人の視覚系は、特定範囲の空間周波数に選択的に感度良く応答する特性をもつ。川人光男ほか『岩波講座　認知科学3　視覚と聴覚』岩波書店、一九九四年、一二—一三頁参照。

★22——「多重解像度表現」は通常、対象を複数の解像度で抽出して記述することを意味する（行場次朗「視覚パターン認知」『認知心理学1　知覚と運動』乾敏郎編、東京大学出版会、一九九五年、一二五頁参照）が、ここでは複数の離散的な周期構造が重ねあわされた画像表現を指す意味で用いる。この意味では、次の「ハイブリッド・イメージ」のほうが用語として正確である。

★23——「ハイブリッド・イメージ」はオード・オリーヴァらによって制作された一種の錯視画像。高空間周波数画像と低空間周波数画像が重ねあわされているため、画像からの距離によって劇的に異なる見えをもたらす。マリリン・モンローとアインシュタインが重ねあわされた画像（図17）が有名。Aude Oliva, Antonio Torralba and Philippe G. Schyns, "Hybrid

図17——マリリン・モンローとアインシュタインが重ね合わされた画像(Aude Oliva, Hybrid Images @MIT Marylin and Einstein)

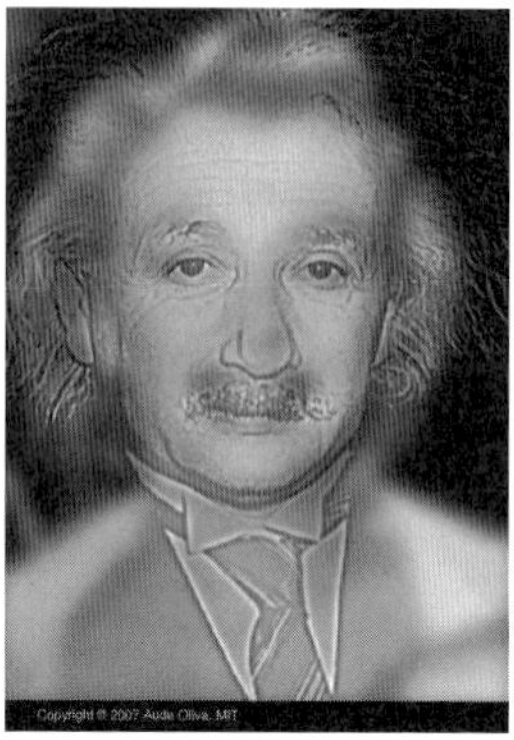

images," *ACM Transactions on Graphics*, 25(3), July 2006, pp. 527–532.

★24——セザンヌの水彩画においても、異なる空間周波数をもつ「鉛筆のハッチング」と「絵筆のストローク」の非同期的関係が、多重周期構造を作り出している。ドローイングと色彩の「非連携(non-alignment)」をめぐる以下の分析を参照。Matthew Simms, *Cézanne's Watercolors: Between Drawing and Painting*, Yale University Press, 2008, pp. 105–111.

★25——アール・ローラン『セザンヌの構図』内田園生訳、美術出版社、一九七二年。

★26——この観点から、塗り残しについてのセザンヌの次の言葉を再解釈することが可能である。「もし今日の午後、ルーヴルでの仕事がうまくいったら、たぶん明日にはこの空白を塞ぐための正しい色調を見つけるでしょう。もう少しよく理解してください、ヴォラールさん。もし私がいい加減に何かをそこに置いたら、この場所から出発して絵の全体をやり直さなければならなくなるでしょう!」(Ambroise Vollard, *Paul Cézanne*, 1914, *Conversations avec Cézanne*, p. 8.(アンブロワーズ・ヴォラール『ポール・セザンヌ』、『セザンヌ回想』、二七頁))。局所の塗りは、画面全体へ作用する。

★27——Derek Fell, "Cézanne's vision: the artist's spirit lives on in his untamed refuge in Aix-en-Provence," *The Architectural Digest*, 62(12), December 2005, p. 117.

★28——シフは、セザンヌの絵画に作動する一般的原理を「アナロジー」に見出している。私の考えでは「アナロジー」は、絵画の多重周期構造がもたらす諸要素の反復に由来している。Richard Shiff, "Cézanne's physicality: the politics of touch," *The Language of Art History*, Salim Kemal and Ivan Gaskell ed., Cambridge University Press, 1991, pp. 140–144.

★29——ここで私は、ルートヴィヒ・クラーゲスの「拍子(Takt)」と「リズム(Rhythmus)」の区別を念頭に置いている(ルートヴィヒ・クラーゲス『リズムの本質』杉浦實訳、みすず書房、一九七一年)。「拍子」とは意識によって分節された周期的時空間構造であり、「リズム」とはその発生に対して意識がつねに遅れるような、世界それ自体が産出する周期的時空間構造である。セザンヌのストロークは一次元的には「拍子」だが(=構築的ストローク)、重ねあわされるとき「リズム」となるのではないか(=クラスター・ストローク)。

★30——マックス・ラファエルがこの指摘をしている。Max Raphael, "The work of art and the model in nature," *The Demands of Art*, translated by Norbert Guterman, Princeton University Press, 1968, pp. 21–22.

★31——Joachim Gasquet, *Cézanne*, Bernheim-Jeune, 1921, p. 80.(ガスケ『セザンヌ』與謝野文子訳、岩波文庫、二〇〇九年、二一四頁)。

第2章

斬首、テーブル、反光学
――ピカソ《アヴィニョンの娘たち》

1　眼窩の解剖学

《アヴィニョンの娘たち》（一九〇七、図1／口絵3）の画面右下、ひとりの女が大股をひらき、こちらに背を向けてしゃがんでいる。だがその頭部は、豊かな胸と膣口を隠すピンク色の背部とは逆向きに、傍若無人な正面をこちらにまっすぐ差し向けている。

肥大した左掌《てのひら》の上に据えられたその顔面は、大きく引き伸ばされ、鼻梁によって左右に二分割されている。鼻から連続する眉のラインに白く輝く右目がはりつき、対照的に青く塗られた左目は、鼻梁の途中から植物の葉のように生えでている。口は鮮やかな鼻のラインに追いやられるようにして、顎の隅にちょこんとはりついている。肌を一様に塗りこめる過熱するようなオレンジは、鼻の左側面を暗くするスラッシュ状の黒とともに、顔面にほどこされた造形的暴力の印象を強めている。

この「しゃがむ女」の変形された顔面は、画面右上の「カーテンから現れる女」の顔面と

図1――パブロ・ピカソ《アヴィニョンの娘たち》（一九〇七年、ニューヨーク近代美術館蔵）

ともに、「アフリカ風」という漠然とした呼称でよばれてきた。だがいったいいかなる意味において「アフリカ風」なのか。ピカソ自身は、《アヴィニョンの娘たち》に対するアフリカ芸術の影響を否定している。[★1] ピカソ研究の権威として知られるウィリアム・ルービンは《アヴィニョンの娘たち》の起源と生成を論じた長大な論文の最後で、「しゃがむ女」に見られるような左右非対称的な顔の描写は、アフリカの仮面を含む「部族芸術」にはほとんど見当たらないことを指摘している。[★2] しかしそのうえでルービンは、一つの比較図版を載せている（図2・図3）。ルービンが提示するのは、「しゃがむ女」の顔面と、あるアフリカの「病気の仮面」との類似である。[★3]

「病気の仮面」は、アフリカ彫刻のなかでは例外的に左右非対称的な造形を示すものである。[★4] それは梅毒によって「変形」された顔面の姿を描きだしている。[★5] ルービンにとって重要なのは、しかし、たんなる左右非対称性の事実ではない。問題は「梅毒」である。ルービンの議論を背後で支えているのは、《アヴィニョンの娘たち》の初期構想スケッチに、手に「頭蓋骨」をたずさえた医学生の姿（図4）が描かれていたこと、それゆえこの絵が「メメント・モリ（死を想え）」の表象として——娼館の女たちがもたらす、当時は致死的であった「梅毒」の恐怖を伝えるものとして——構想されていたとするアルフレッド・バー・Jr.の解釈である。[★6] 梅毒による顔面の変形を描きだすアフリカの「病気の仮面」と「しゃがむ女」の顔があまりにも類似しているという事実は、ルービンにとって——実際にはピカソがこのアフリカの仮面を見たことはなかったにもかかわらず、むしろそれゆえにこそ——、《アヴィニョンの娘たち》が、実際の梅毒患者たちの顔を描きだしているということを証拠だてるものなのだ。《アヴィニョンの娘たち》は、ピカソが、制作以前にサン＝ラザール病院で目撃した、実際の梅

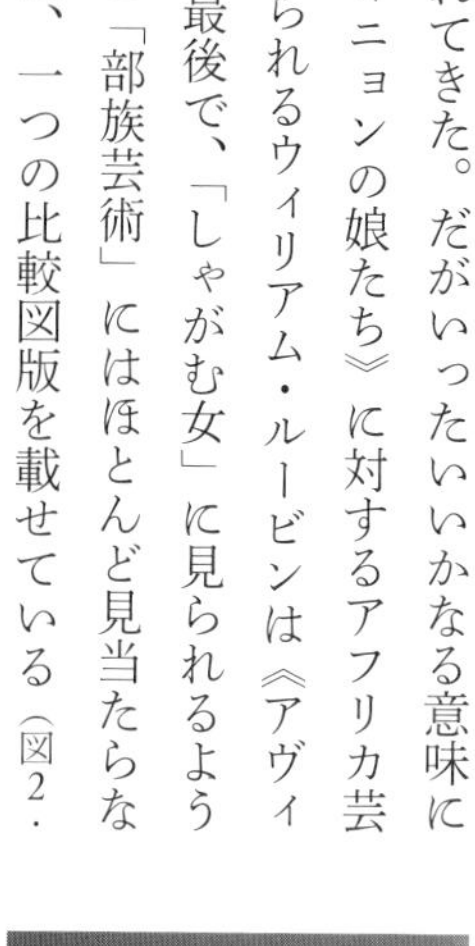
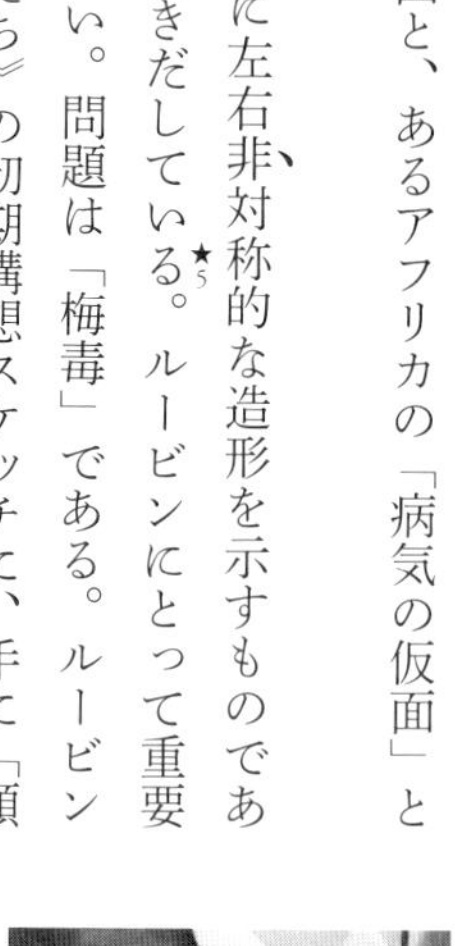

右から
図2——「病気の仮面」（ペンデ族の仮面、コンゴ）
図3——「しゃがむ女」の頭部（図1部分）

毒患者たちの「変形された」顔面の形態的記憶を反映している。[★7] いまや《アヴィニョンの娘たち》の造形的起源は、画家が制作中に訪れたというトロカデロ民族誌博物館のアフリカ彫刻の展示棚から、不治の身体を陳列する病棟のベッドへと移されるのだ。

証拠提出はさらに徹底される。註のなかでルービンは、梅毒が顔面を変形することはないとして疑義をとなえる美術史家デヴィッド・ローマスの指摘に答えて、梅毒はたしかに顔面の「変形（deformations）」に関わるのであると述べて、六人の梅毒患者の顔写真を提示している。[★8] そこには先天性梅毒によって顔面が無惨に崩壊した四人の幼児の写真が含まれている（図5）。証拠物件《ドキュメント》の衝撃的な列挙によって、造形的デフォルメは疾病による破壊に、絵画面の強度は性病と死に対する画家の恐怖に還元される。だがこれら証拠物件の執拗な提示にもかかわらず、ルービンの議論は、そこに挙げられた図版そのものによって裏切られてはいないか。「病気の仮面」によっても、梅毒患者の写真によっても説明がつかないこと。それは「しゃがむ女」の両目が、大きく上下に引き離されているということである。

ルービンが提示した梅毒患者たちの顔面は、激しい荒廃にもかかわらず、両目の位置の左右対称性を保持している。「病気の仮面」においても、仮面をかぶる者の視野を保つためか、眼窩の左右対称性は変更されてはいない。そのことは、まさに「仮面」をかぶったような姿で描かれている右上の「カーテンから現れる女」の顔と比較するとき、より明らかとなる。荒々しい描線で汚された野蛮な印象とは裏腹に、「カーテンから現れる女」の眼窩の位置の対称性は壊されてはいない。「アフリカ風」という曖昧なカテゴリーでまとめあげられてきたにもかかわらず、「カーテンから現れる女」の仮面的造形と「しゃがむ女」の乱配置された顔面が展開する造形的問題はまったく異なるものである。「しゃがむ女」は、眼窩の解剖学を拒絶

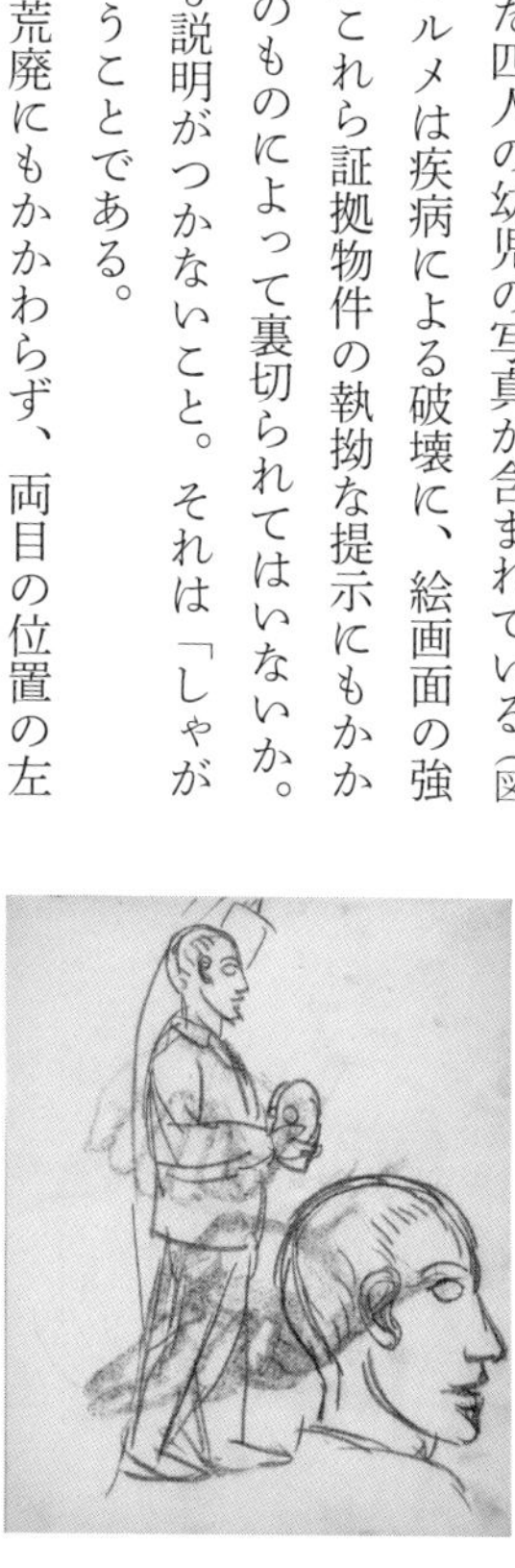

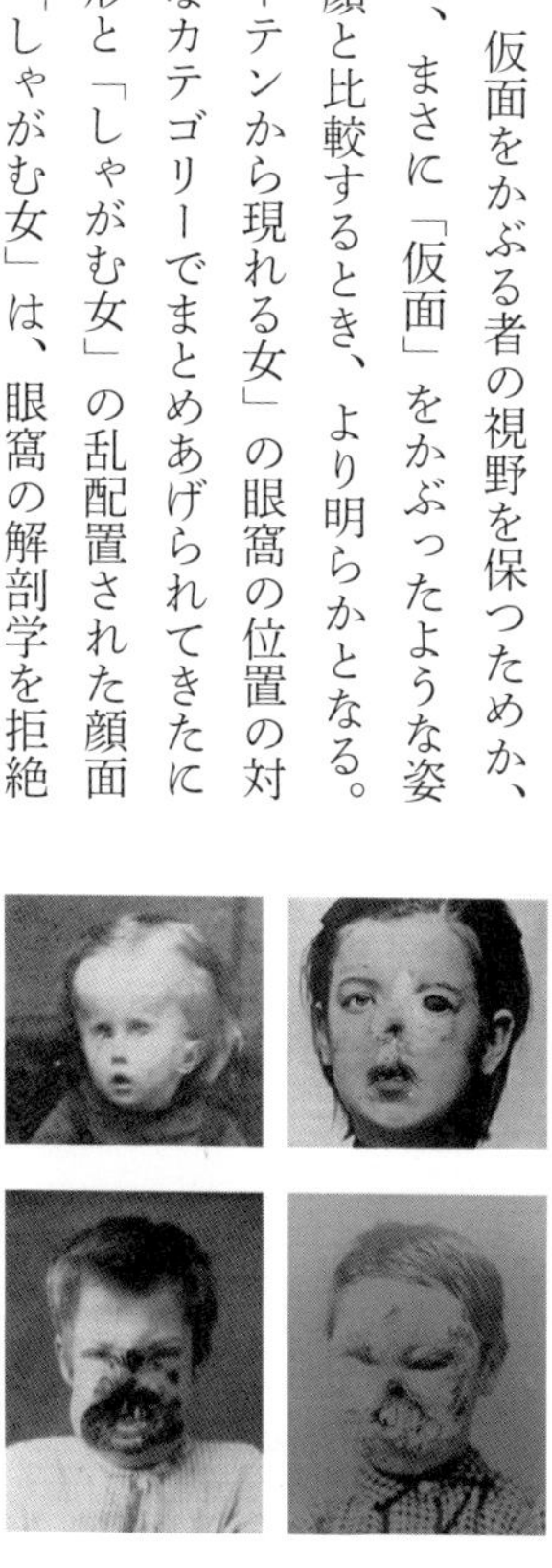

右から
図4――ピカソ「頭蓋骨を手にもつ学生」（一九〇七年三月、パリ・ピカソ美術館）
図5――先天性梅毒の幼児（一八七〇―一九〇一年撮影）

するのだ。

完成作の画面において「頭蓋骨」をもつ学生の像が削除されたのは、ルービンが考えるように「メメント・モリ」の主題が、描かれた女たちの顔面の疾病的変形に内在化されてしまったからではない★。それはむしろ、「しゃがむ女」の造形的達成が、まさに頭蓋骨を駆逐しているという事実に対応している。「しゃがむ女」の頭部は頭蓋骨をもたない。その両目は眼窩の内側から生えでてきたものとはみえず、その小さな口とともに、骨格の構造を無視して皮膚の上を動きまわる。「しゃがむ女」の顔面は、絵画から解剖学的な現実性を追放するとともに、頭蓋骨を介した死の説教を無効化するのだ。死を知らぬ娼婦の顔が画面を跳梁する。その顔はアフリカ彫刻に還元されないのと同様に、梅毒患者を目撃したという画家の挿話的経験には還元されえない。造形は記録《ドキュメント》ではない。

では「しゃがむ女」の造形において真に問題となっているのは何なのか。絵画から遠近法的奥行きを追放するのと同じように、解剖学的な立体性を放棄することだろうか。だがそもそも、顔を「変形」するとは、いったいいかなる絵画的実践なのか。それを知るためには、私たちは、《アヴィニョンの娘たち》の起源と生成を、形の展開において辿り直さなければならない。

2　斬　首

一九〇七年六月から七月の間に完成された《アヴィニョンの娘たち》の画面は、殺到するような正面性によって特徴づけられる。正面性とは、描かれた像が絵画空間の中で閉じられず、像の正面に立つ観者に向かってまっすぐに現前する様態のことだ。そこでは二メートル近い巨人として描かれた女たちだけではなく、鋭い円弧で描きだされたカーテンや画面下部のテーブルを含むカンヴァスの全領域が、いっせいに立ち上がって観者を包囲し、向かってくるかのように見えるのだ。

しかしこの強い正面性は当初から計画されていたものではない。同年三月から四月にかけて制作された《アヴィニョンの娘たち》習作（図6）には、五人の裸の女たちのほかに、中央のテーブルにつく水夫と、画面左端からカーテンを持ち上げて登場する学生が描かれている。[★10] 女たちの顔はすべて、場違いな姿で現われた学生のほうに向けられている。舞台は突然の闖入をめぐって取り交わされる左右方向の視線の交換によって閉じられており、観者は、その

上から
図6——ピカソ《アヴィニョンの娘たち》のための習作（一九〇七年三—四月、バーゼル市立美術館蔵）
図7——ピカソ《アヴィニョンの娘たち》のための習作（一九〇七年五月、バーゼル市立美術館蔵）
図8——ピカソ《アヴィニョンの娘たち》のための習作（一九〇七年六月、フィラデルフィア美術館蔵）

自足した物語的ないし寓意的場面を遠くから覗き見るにすぎない。

しかし五月の習作（図7）では、学生はカーテンを支える裸の女に姿を変え、その奥に描かれていた女の像が削除される。画面は横方向に圧縮されて求心性を増し、右側三人の娼婦たちの顔は、こんどは中央のテーブルに肘をついて座る水夫のほうに向けられている。場面は水夫の位置を中心とし、「しゃがむ女」の背中と、カーテンに背を向けて立つ女たちの背中によって切り閉じられる円筒状の空間として構成されている。ただそこで中心となっている水夫と、その隣で片腕を上げて寝椅子に横たわる女の顔は、不明瞭ではあるが観者のほうに向けられているようにも見え、その画面は閉じられた物語空間というより、視線によって観者を舞台に招き入れるバロック絵画の「演劇的」（マイケル・フリード）な空間構成を感じさせる。

さらに六月の習作（図8）にいたると、水夫の姿も消し去られ、中央にあったテーブルは画面下部前景にまで追いやられている。「しゃがむ女」と画面中央の二人の女たちの視線は、ここで初めて、はっきりと観者のほうに向けられることになる。構想を通じて、女たちの視線は何かを追い求めるかのように次々と向きを変えていくのだ。

レオ・スタインバーグは、《アヴィニョンの娘たち》の解釈を一新した記念碑的論文「哲学的な娼窟」において作品の制作過程を詳細に分析し、次のような議論を展開している。当初の《アヴィニョンの娘たち》のコンポジションは、男女の性交渉にまつわる何らかの寓意的ないし物語的場面を、描かれた人物たちの視線の交換によって構成していた。しかし、

《アヴィニョンの娘たち》においては、この伝統的物語芸術の規則は、反‐物語的な対抗原理に取って代わられる。つまり、隣りあう人物像は、共通の空間も共通の行為ももっ

てはいない。お互いに連絡することも相互作用することもない。しかしその一つ一つが、直接的に、見る者と結びつくのだ。お互い同士が明らかに分裂していることは、アクションを統一する責任を、観者の主観的反応に負わせるための手段である。出来事、顕現、とつぜんの入場、それがいまだテーマではある。――しかしそれは、絵画の反対の極として想定された観者のほうへ、九〇度回転させられている。[★11]

当初の構想では、娼婦たちは画面左から入場する学生を迎え入れていた。しかし構想を通じて場面は「九〇度回転」し、学生の入場していた場所を観者が占めることになるのだ。アクションが観者に直面するよう九〇度回転するとき、画面は一人か二人の男たちによって楽しまれている冒険の表象であることをやめ、代わって私たちの経験に、すなわち、この絵画自体の経験になる。[★12]

いまや娼婦たちに迎え入れられているのは、画面の前に立ちすくむ私たち観者である。水夫のために供されていたテーブルは、部屋の中央から画面の下部へ、すなわち絵画空間と観者の空間との境が曖昧になる画面の縁へと追いやられ、そこに半分だけ姿を見せることで、異質な二つの空間をつなぐ「蝶番」として機能しはじめる。そして相互に無関係に見える娼婦たちの視線は、観者を虚焦点とすることで構造的な自律性を獲得する。正面性とは、この虚焦点構造が絵画面によって切断された様態にほかならない。

先の引用文において、「反‐物語的な対抗原理」にもとづく絵画の前例としてスタインバーグが挙げているのは、相互にコミュニケーションをもたない人物たちがばらばらにこちらを見つめる一六世紀オランダの集団肖像画と、ベラスケスの《ラス・メニーナス》（一六五六、図9）である。特に同じスペインの画家であるベラスケスの画面が、《アヴィニョンの娘たち》を描いた若き画家の想像力に影響を与えたことは疑いえない。「《ラス・メニーナス》のなかの九、十、あるいは十二人の人物たちは、まとまらず、ばらばらになっているように見える。彼らはただ、一緒になって観者の眼に対するときにのみ統合される。[……]《アヴィニョンの娘たち》においても《ラス・メニーナス》と同様に、どの二人をとってみても、私たちを無視して交流し合っている人物はいない。そして中央の三人の人物たちが惜しみない直接性をもって見る者に語りかけてくるのだ」★13。そしてスタインバーグは、《アヴィニョンの娘たち》こそ、西洋絵画史上において《ラス・メニーナス》に匹敵する強度で観者に語りかけてくる唯一の絵画なのであり、従来キュビスムとの関連でおこなわれてきたような、画面の形式的分析だけでは理解することができないと断言する★14。

しかしここで二つのことに注意しておこう。観者への直接的現前が問題であるなら、なぜ「しゃがむ女」は私たちに背中を向けたままでいるのだろうか？ スタインバーグが《アヴィニョンの娘たち》の前史として想定している《ラス・メニーナス》には、周知のとおり、背中を見せる人物は存在しない。鏡に映る国王夫妻ですら正面しか見せてはいない。正面性の支配、それがベラスケスの戦略であり、それはベラスケスが参照したヤン・ファン・エイクの《アルノルフィーニ夫妻像》（一四三四）――中央奥の鏡に夫妻の背中が映し出される――とはまったく異なる。

もう一つは、六月の習作（図8）から完成作にいたるまでの間に、「しゃがむ女」の頭部が

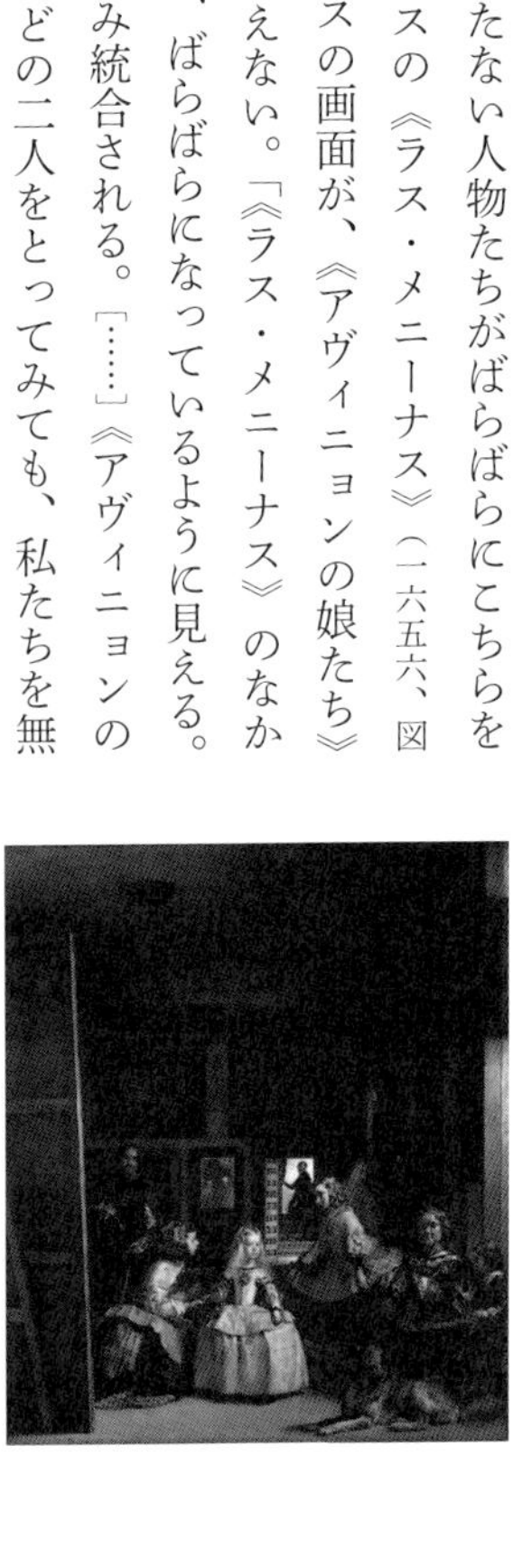
図9――ディエゴ・ベラスケス《ラス・メニーナス》（一六五六年、プラド美術館蔵）

不連続に切り離され、体軀とは逆に、完全な正面を向けて描かれたことである。観者を見つめることが問題であるなら、図8のようにたんに振り返るだけでもよかったはずだ。「しゃがむ女」の頭部の暴力的な切断の意味は、観者を虚焦点とする視線構造の要請だけでは説明がつかない。この、背面の残存とまったき正面性との唐突な接合を、どう理解すればよいのか。

「しゃがむ女」の生成過程をさらに詳しく追ってみよう。[15] ピカソは《アヴィニョンの娘たち》に登場するそれぞれの人物について、個別に執拗なスケッチをおこなっている。図10から図14は、六月の習作にいたるまでの「しゃがむ女」像の変遷である。そこに私たちは、正面性と背面性をめぐるピカソの葛藤を見出すことができるはずだ。図10では、「しゃがむ女」は筋骨隆々とした「背中」を見せて大股をひらく人物として描かれている。図11では、簡略化された描線の女が背中に髪を垂らして「振り返る」。それが図12では、図10とまったく同じ姿勢のまま、「正面」を向いた姿で描かれている。まるで正面性と背面性の差異とは、胸と臍

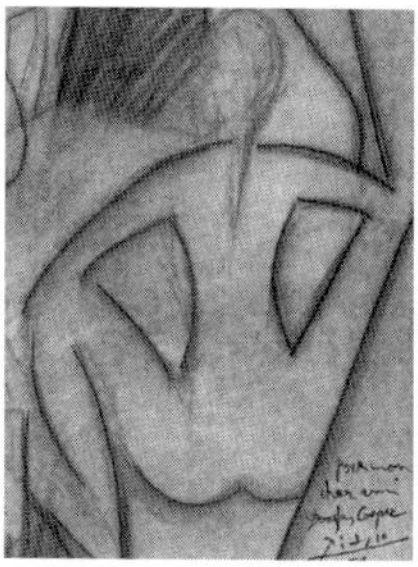
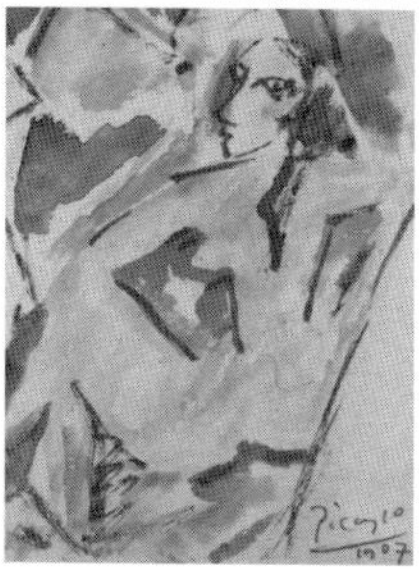

上から
図10——「しゃがむ女」のための習作（Carnet 3, 13R、一九〇七年三月、パリ・ピカソ美術館蔵）
図11——「しゃがむ女」のための習作（Carnet 3, 36V、一九〇七年三月、パリ・ピカソ美術館蔵）
図12——「しゃがむ女」のための習作（Carnet 3, 47R、一九〇七年三月、パリ・ピカソ美術館蔵）
図13——ピカソ《アヴィニョンの娘たち》のための習作（図7部分）
図14——ピカソ《アヴィニョンの娘たち》のための習作（図8部分）

と膣を描きこむかどうかの違いでしかないかのようだ。図13では女は完全に画面の内側を向き、後頭部から下がる鋭いポニー・テールだけを見せている（だがその頭部は消し去られており、決断が容易ではなかったさまをうかがわせる）。六月の習作（図14）にいたり、限界まで首を回転させて「振り返る」姿勢が再び採用されるが、それは正面性と背面性の激しい交錯の結節点に、いわば妥協的に形成されていると言えるだろう。

イヴ＝アラン・ボワはこの正面性と背面性の葛藤に性的誘惑とその抑圧という矛盾した運動の衝突をみて、そこに「去勢コンプレックス」の名を与えている。[★16]ボワの分析の妥当性は次節で検討する。ここでは「しゃがむ女」の生成過程をさらに追っていくことにしよう。

六月の習作の段階では、正面性と背面性は互いに衝突しあっていた。しかし六月末から七月初めにかけて、画家の構想スケッチに新たな形象が登場する。図15はおそらくその最初期の段階である。肩から背にまわされた左掌が巨大化し、その上に、完全な正面を向いた異様な顔面が据えられている。顔面は図16から図18にいたるような過程で変形し、当初は閉じられているとも開かれているともつかなかった目に、図19の油彩習作で瞳が描きこまれる。完成作（図1）にいたると、左掌はほとんどもう一つの関節と思われるまでに肥大化する。体軀の背面性と顔面の正面性がここにおいて唐突に接合される。いったい何が起きているのか。

スタインバーグは、「しゃがむ女」の「巨大なブーメラン状の手」が盃の形になって顔をおさめ、肩と頭の間の解剖学的推移を隠すことで、「身振りの突然さ」が表現されると論じている。[★17]だがここに起きているのは、たんに首を隠すことではない。ブーメランというより巨大な「鎌」と見まがうほどに鋭く肥大化した左掌は、むしろ、自らの首を斬り落としているのだ。背中向きの身体に正面を向いた顔面が据えつけられるのは、この炸裂的な「斬首」によってである。

斬首の形象的効果は、背面性と正面性の接合にとどまらない。図15では、顔が完全に正面を向くのと同時に、縦に大きく引き伸ばされている。続いて目や口の位置に異様な変更がほどこされる（図16・図17）。「しゃがむ女」の顔から眼窩の解剖学が失われるのは、斬首の形象が現れるのと正確に同時である。斬り落とされた頭部は、胴体との解剖学的連続性を失い、同時に頭蓋骨が抜き取られる。顔面の諸パーツの遊戯的な配置変更は、斬首によって初めて可

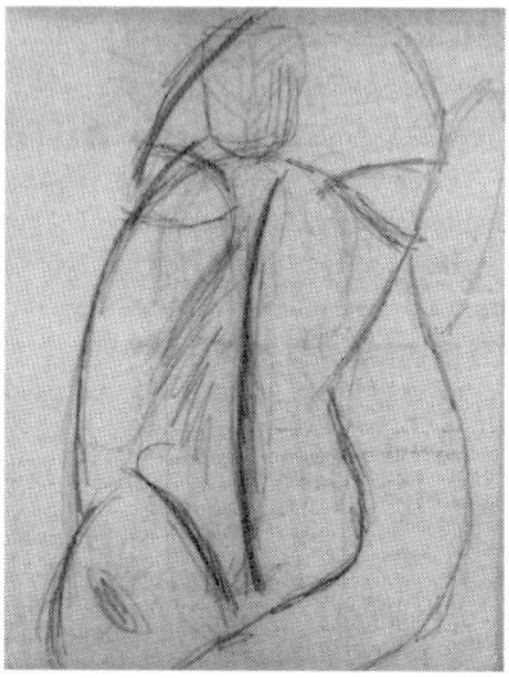
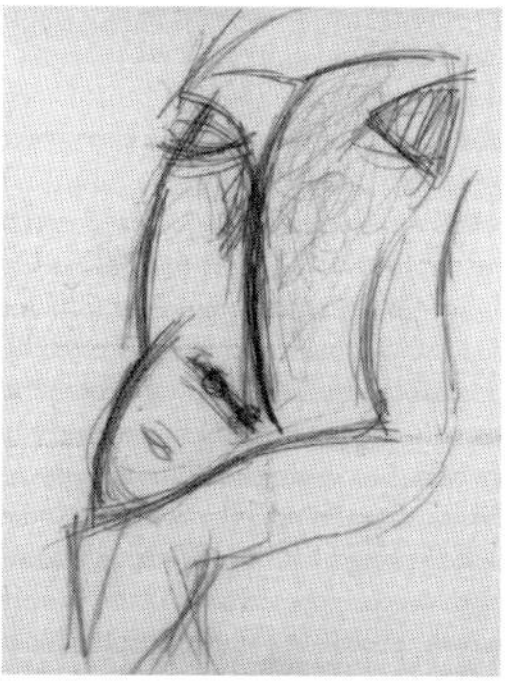

右上から下に
図15――「しゃがむ女」のための習作（Carnet 13, 8V、一九〇七年六月末―七月初、パリ・ピカソ美術館蔵）
図16――「しゃがむ女」のための習作（Carnet 13, 10R、一九〇七年六月末―七月初、パリ・ピカソ美術館蔵）
図17――「しゃがむ女」のための習作（Carnet 13, 11R、一九〇七年六月末―七月初、パリ・ピカソ美術館蔵）
図18――「しゃがむ女」のための習作（一九〇七年六―七月、パリ・ピカソ美術館蔵）
図19――「しゃがむ女」のための油彩習作（一九〇七年七月、バーゼル市立美術館蔵）

能にされているのだ。

同時にこの斬首とともに、背景のカーテンが空間の地であることをやめている。完成作の細部に注目しよう（図20）。前景にいるはずの「しゃがむ女」の髪の毛は、いささか無理矢理なかたちで後景の青いカーテンに巻きついている。カーテンが「しゃがむ女」の顔面のちょうど右端（観者から見て左端）ぎりぎりのところまで迫るように描かれているのは偶然ではない。「しゃがむ女」の頭髪は、画面奥のカーテンに絡みつき、炸裂的斬首とともにそれを巻き取るようなかたちで前面へと押し出すことによって、娼婦たちが位置する円筒状の内部空間を、正面に向かって圧縮するのだ。

それはしかし絵画空間のたんなる平面化ではない。「しゃがむ女」が背中を残している意味はここにある。「しゃがむ女」が背中を向けていることによって、当初の円筒空間の「内部性」は保持される。★18 そこはいまだ、何者かを中に招き入れることのできる「部屋」である。ピカソがここでとっている形象的戦略は、背面の残存によって円筒空間の内部性を保持しつつも、「しゃがむ女」の頭部においてそれを一挙にねじ切り、正面の観者に向かって殺到させるというものである。それは一つの身体にほどこされた斬首であると同時に、絵画空間全体の奥行きに対してほどこされた斬首なのだ。画面の内部性と正面性を同時に解放するその炸裂的斬首の瞬間は、「しゃがむ女」の頭部の唐突な分離に気がつく観者の目の中で、無限に再演されている。

「しゃがむ女」の上背部、ちょうど掌の屈曲部の下にあたるところに、黒い筋のような影が見える（図21）。それは五月の習作（図13）にみられたポニー・テールの痕跡である。その背面性の影を切り離すように、上から輝くような鉛白のインパストが、掌の真下のラインにそっ

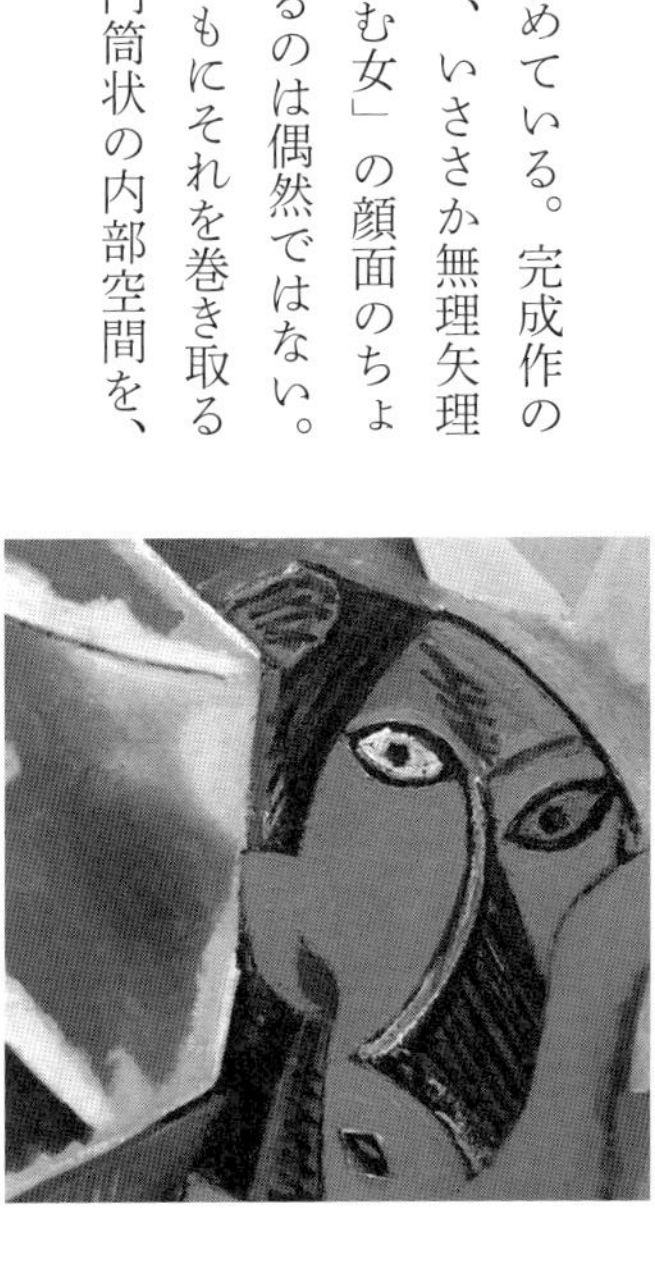

図20——「しゃがむ女」の髪とカーテン（図1部分、著者撮影）

てほどこされている。それは頭部を正面に向かってねじり切る斬首の瞬間を永遠に徴づける、閃光的なスラッシュである。

3　顔というテーブル

ポニー・テールが完全に塗りつぶされていないという事実は、ピカソの制作がかなりのスピードでおこなわれていたことを示唆している。一方で「しゃがむ女」の顔面が厚いオレンジで塗りこめられていることは、下層に描かれた顔を抑圧するための努力として理解されるだろう。その平面的な顔は、ちょうど画面の空間的深さが最大となるところに、つまり奥に開かれたカーテンの裂け目の真上に、奥行きの効果を封殺するようなかたちで置かれている。[★19] 構想段階から「しゃがむ女」の顔面がカーテンの裂け目の真上に配置されていたこと、しかもその位置が同時に、「カーテンから現れる女」の腰の真上であったことを考えあわせてみれば（図7）、ここに性的な、あるいは精神分析的な意味を読み込むことはさほど難しいことではない。

実際ルービンは、《ヴァギナ的環境》（一九〇二―〇三、図22）というピカソの一枚のスケッチを参照しつつ、《アヴィニョンの娘たち》の「全体に広がるバラ色の色調」、「織物（*tissus*）とその襞の、柔らかい、膜状の性質」を膣になぞらえ、画面下部から立ち上がるテーブルの角を男性器の象徴とみなしている。[★20]《アヴィニョンの娘たち》の画面に「斬首」の形象を認めた私たちは、「しゃがむ女」の頭部を、画面の裂け目に包み込まれて斬り落とされる男性器の象徴であると考えることもできるだろう。

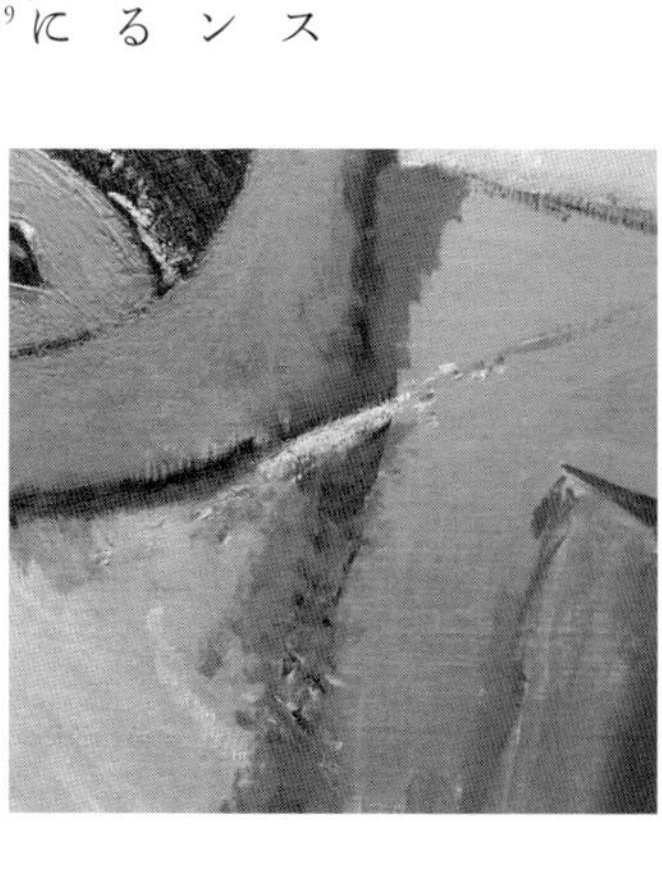

図21――「しゃがむ女」の上背部（図1部分、著者撮影）

図22――ピカソ《ヴァギナ的環境》（一九〇二―〇三年、個人蔵）

形象的連想をさらに進め、「しゃがむ女」の開かれた股の角度と、その上方で開かれるカーテンの角度がちょうど天地を逆転した形で形態的な韻を踏んでいることを認めるなら、カーテンの裂け目は、隠された「しゃがむ女」の股間を鏡のように反射して反復するヴァギナ的環境として構成されていると論じることができるのかもしれない。さらに「しゃがむ女」の口が、画面の女たちのなかで唯一開かれていることに気がつき、白いインパストで縁取られて不測のなまなましさを帯びるその小さな口に性的印象を読み込むなら、そこに抑圧された「裂け目」の回帰を見出すことすらできるだろう。中に歯をのぞかせるその小さな裂け目は、一九二五年以降のピカソの絵画にくり返し現れる「ヴァギナ・デンタータ（歯のある膣）」の系譜を予告していると言うことがおそらくできる。——だが、このような解釈にいったいどれほどの意味があるのか。ルービンが「柔らかい」「バラ色の」と呼ぶその画面は、実際には鋭い描線と、コバルト・ブルーとヴァーミリオンの激しい衝突から構成されている。多かれ少なかれ性的な衝動と関係することをやめない絵画という行為を、その主題ゆえに安易に精神分析的な議論のエコノミーへと回収し、実際の画面を置き去りにしたまま、きりのない解釈をくり広げることで、いったい私たちの絵画経験の何が豊かにされるというのか。

《アヴィニョンの娘たち》を《ラス・メニーナス》の視線構造になぞらえるスタインバーグの議論を引き継いだボワは、連想を広げ、フロイトのいわゆる症例〈狼男〉の夢に言及している。[★21]夜、寝ていると、足下の窓がひとりでに開き、窓の向こうのくるみの木の上に、六匹か七匹の白い狼が、ぴくりともせずに坐っており、じっと私を見つめている——。それは乳児期に目撃した両親の後背位性交（原光景）の変換された姿である。たしかに、ひとりでに開かれる窓＝カーテン、ぴくりともせずに見つめる視線、患者＝観者を襲う「食い殺されるのではないか」という恐怖感といった舞台設定は、《アヴィニョンの娘たち》の画面によく当てはまるようだ。ボワはさらに「メドゥーサ」をめぐるフロイトのテクストを参照し、観者をペニスのように石化させる娼婦たちの視線を、画家の「去勢不安」と結びつけている。[★22] なお、ボワはまったく述べていないが、「しゃがむ女」にほどこされた「斬首」の形象もまた、メドゥーサ神話の連想を支持するものであるはずだ。——だが注意しよう。ほんとうに「しゃがむ女」は私たちを見ているだろうか？

《アヴィニョンの娘たち》の画面をもういちどよく観察してほしい。——「しゃがむ女」の視線は観者に向けられてはいない。それどころか、その視線は、どこを見ているのかまったくわからない（図3）。

ここにはピカソにおける〈顔〉の問題を考えるうえできわめて重要な位相が現れている。実際には、《アヴィニョンの娘たち》の画面で私たちを直に見つめているのはわずかに中央の二人だけである。「しゃがむ女」の頭部に私たちが見ているのは、視線を欠いた顔の現前なのだ。精神分析その他の既存の理論のなかで説明の整合性をつけようとする批評的努力は、画面を画家の挿話的経験の記録《ドキュメント》に還元してしまう類の議論と同程度に、画面の実際の造形を見失わせてしまうだろう。「しゃがむ女」は、私たちを見てはいない。

注目すべきは、「しゃがむ女」の最終段階の油彩習作（図19）と、完成作（図1）の差異である。図19においてはまだ、女の視線は、観者に向けられているからだ。ここには意図的な変更がある。

視線にかんして変更された箇所は三つある。一つは瞳の位置である。右目の瞳は図19の油彩習作ではほぼ中央に据えられているが、完成作では観者から見てやや左に寄せられている。

そのずれの角度は、実は左目の瞳が示すずれの角度とほぼ同じなのだが、そもそも左目が右目に対して約六〇度傾けられているために、両目の瞳の向きが分散し、全体としてどこを見ているかがわからなくなっている。

もう一つは左目の位置の引き下げである。図19では左目尻と右目尻の高さはほとんど一致しているが、完成作では、左目尻が右目下端と同じところまで引き下げられている。

三つ目は、左目が濃い青色で塗り直されたことである。青く塗られた左目は、白い右目に対して現前性を下げる。私たちの視線をとらえるのはまず白い右目であり、次いで青い左目がやってくる。要するにここでは、顔の左半分に「影」がもちこまれているのであり、すなわち顔の端的な正面性が回避されているのだ。

顔の正面性を損なう変更は、目の周辺だけにとどまらない。図19の女の鼻の下辺には大きさの異なる二つの鼻孔が描きこまれており、斜めから見られた鼻の立体的奥行きが暗示されている。しかし完成作では、鼻は完全な側面像にいたるまで画面に平たく押しつぶされている。鼻梁を境にして顔を左右半分ずつ隠してみればわかるように、「しゃがむ女」の顔面は、「正面像」と「側面像」の結合として構成されているのだ。

正面像と側面像の結合というこの造形は、一九三一年以降のピカソの絵画において全面的に展開される。しかし一九三一年以降の絵画においては通常、口の位置が正面と側面をつなぐ蝶番として機能させられているのに対し（例：《鏡の前の少女》（一九三二、図23））、「しゃがむ女」では、口は正面像にあたる顔の隅に描きこまれており、そのことが観者の視線に動きをもたらしている。つまり私たちが「しゃがむ女」の顔に経験するのは、一九三一年以降の肖像画におけるような正面像／側面像の点滅的な交替——うさぎ‐あひる図のような——ではなく、

図23——ピカソ《鏡の前の少女》（部分、一九三二年、ニューヨーク近代美術館蔵）

白い右目に始まり、次いで青い左目に移り、鼻のラインをとおって口にいたり、再び右目に戻っていくという時計回りの運動——決して逆ではない——なのだ。私たちの視線は、正面像と側面像の間を、ゆるやかに回転しながら往復する。

「しゃがむ女」の顔は、画面のなかで、最も強い印象で現前している。だがそれは一挙に与えつくされるような現前性ではない。それは咀嚼できない抵抗性であり、観者の視線をそこに巻き込み、渦を巻かせるような、時間的に展開される現前性なのだ。「しゃがむ女」の〈顔〉の問題はそこにある。

もう一つの重要な差異は、掌のつけ根の位置である。図19の女の手のつけ根は、ちょうど顎の真下に位置していた。それは頭部の「重さ」を下方にまっすぐ伝える腕へとつながっている。女の左頬は頭の重みによってへこんでいるように見えるはずだ。しかし完成作では、掌のつけ根は顎先を通り過ぎて伸びあがり、そのことによって重力の印象を消去している。その腕は、頭部を支えてはいない。

ピカソには、「腕に支えられる頭部の系譜」というものが存在する（例：《シニョンに結った女》（一九〇一、図24）、《母と子》（一九〇五、図25）等）。いわゆる「青の時代」から「バラ色の時代」にかけてくり返し描かれたその形象は、疲労と重さ、眠りと無気力に結びついている。《アヴィニョンの娘たち》の構想スケッチに斬首の形象が現れた当初も、その掌は、あきらかに頭部の「重さ」を支えることと結びついていた（図17・図18）。しかし完成作の肥大した掌は、頭部の重さを横に受け流すことで、顔の内部に渦を巻くような運動の可能性を開いている。目や口はそこで、肉の重さに縛られることなく動きまわるのだ。

実際、《アヴィニョンの娘たち》の画面は重力の論理によって統制されてはいない。そこで

右から
図24——ピカソ《シニョンに結った女》（一九〇一年、ハーバード美術館／フォッグ美術館蔵）
図25——ピカソ《母と子》（一九〇五年、シュトゥットガルト州立美術館蔵）

はしばしば、大地に対して水平な形象の動きが、大地に対して垂直な動きと区別されない。——ちょうど、当初の構想では背の高い椅子に腰かけていた画面左から二番目の女が、椅子を消去されることで垂直に立ち上がったように。[★23] また画面下部のテーブルが、絵画面にぴったりとはりつくようにして立ち上がったように。[★24] それはカンヴァスの両義的な表面において、大地に対する水平性が、同時にカンヴァス面に対する水平性となるような空間である。

斬首は、顔を、絵画のこの両義的な表面へともたらしている。観者へ向けて振り返ろうとする運動のさなかに背中から切り離された「しゃがむ女」の頭部は、表象された体軀の連続性から、絵画の物質的な表面へと唐突に乗り移り、そこにぴったりとはりついたまま、顔の諸パーツの遊戯的な配置変更を開始する。視線が放棄されるのはそのときである。それは垂直に立ち上がった「テーブル」としての顔面である。

美術史家のクリスティーン・ポッジは、総合的キュビスム期のピカソのコラージュを「テーブル（table）」としての「タブロー（tableau）」、あるいはパラドックスに満ちた「ゲーム盤（gaming table）」として分析している。[★25] 諸形象が遊戯的に配置される総合的キュビスムの画面（図26）は、「タブロー（絵画）」の垂直面へと立ち上がった「テーブル」なのだ。ボワは《アヴィニョンの娘たち》に見られる女性像の様式的不統一を、総合的キュビスム期にいたって初めて顕在的に捉え返される「トラウマ」なのだと論じたが、[★26]「しゃがむ女」のこの顔の内部にもまた、総合的キュビスムのテーブル＝タブロー空間の論理が鋭く予兆されていると言いうるだろう。画面下部に垂直に立ち上がったテーブルの上では、滑り落ちまいとする果物たちが必死に結集している。しかし「しゃがむ女」の顔面はすでに、諸形象が水平に配置されるテーブル＝タブローの新しい局面を告げ知らせている。実際その顔面は、目や口といった顔面の諸パー

図26——ピカソ《ヴュー・マルクの瓶、グラス、新聞》（一九一三年、ポンピドゥー・センター・国立近代美術館蔵）

ツが福笑いのごとく動きまわる、コラージュの舞台のようではないか。

4　反光学

フランソワーズ・ジローは、自らの肖像画である《花の女》(一九四六、図27)がピカソによって描かれたときのことを、次のように回想している。

かれ[=ピカソ]は一枚の紙を空色にぬった。そして、このわたしの顔の感じに合わせて、さまざまな卵形に切り抜き始めた。最初にまん丸いのを二つ、次に横幅を広くというかれの考えに基づいたのをさらに三つ、四つ、切り抜いた。切り抜きが終ると、その一つ一つに眼と鼻と口の小さなしるしを描きいれた。それから、かれはそれらを順々に、右に左に上に下にと、かれの気に入るように少しずつ動かしては、キャンヴァスにピンで止めた。どれも最後まで、ほんとうにぴったりとは見えなかった。いろいろな場所にその他の切り抜きを全部試してみて、かれはそれをどこにおけばよいかを知った。そしてかれがキャンヴァスにそれをくっつけると、その形は、かれがくっつけた場所にまさにぴったりに見えた。それは完全に得心がいった。かれはそれを濡れたキャンヴァスに固定させると、離れて立って、言った。「やっときみの肖像になった」。かれは木炭でそっと輪郭をとると、切り抜きをはずし、それから切り抜きの上に描いた通りのものを、ゆっくりと慎重に描きこんだ。★27

図27――ピカソ《花の女》(一九四六年、トーマス・アマン・ファイン・アート・ギャラリー蔵)

切り抜かれた目と鼻と口の配置から、ジローの顔が浮かび上がる。この文字通りのコラージュ的描法は、マティスの切り紙絵への応答として採用されたと推定されている。[★28] しかし一九二七年の《人物像》（図28）や、《ゲルニカ》（一九三七）の画面下部で倒れる人物の顔などを見れば、「目」や「口」や「鼻孔」といった諸パーツの福笑い的な配置によって顔をとらえることは、ピカソの形象的想像力の根幹に由来していることが理解されるはずだ。

　諸形象の配置で絵画を構成すること。それは眼の論理に対して、手の論理を権利上優先させることである。物《モチーフ》を見て描こうとするなら、手は眼によって先導され、制御される。しかし配置的構成において諸形象は、それが置かれたときの効果を画家の眼に開示する前に手で動かされる。形象を次の位置へと移動させ、それを眺めて驚き、再び次の盲目的な一手を打つ。――実のところあらゆる絵画制作につきまとうこの〈眼と手の分裂〉という事態を、配置からなる絵画は、手の眼に対する優先という新たな問題として顕在化する。

　〈眼と手の分裂〉、あるいは描画の盲目性というこの問題は、すでに初期からピカソの絵画において主題化されていた。《盲者の食卓》（一九〇三、図29）を見てみよう。目を消し去られた盲目の男の右手が、テーブルの上の水差しに触れる。その右腕は身体の解剖学的構造を無視して肩から体の前方へと突き出されており、あたかも自律的な生き物であるかのようにテーブルの上を徘徊している。それはタブローの上を盲目的にまさぐる画家の右腕の姿と正確に対応している。[★29] コラージュ、すなわち諸形象の配置的構成とは、この「手」そのものに内在する盲目性と触知性の論理によって、あらゆる視覚的奥行きを触知しうる表面へと浮上させようとする試みにほかならない。

　ピカソがベラスケスと袂を分かつのは、この盲目性と触知性の論理が顔面の描写に導入さ

図28――ピカソ《人物像》（一九二七年頃、ポンピドゥー・センター・国立近代美術館蔵）

れる瞬間である。諸パーツを遊動させる「しゃがむ女」の顔は、観者へ向けて収斂するような「視線」の構造を前提としない。「見ること」と「見られること」の間で、奥行きの消失点を観者という虚焦点へと折り返すことで得られる《ラス・メニーナス》の光学的絵画構造は、たしかに《アヴィニョンの娘たち》の中央二人の女たちの視線によって引き継がれている。だが「しゃがむ女」の顔はそうではない。「しゃがむ女」の分裂した視線は、画面の光学的統一を台なしにする。代わりに現われるのは、カンヴァスの触知的表面で渦を巻く、諸パーツの反光学的な運動である。

《アヴィニョンの娘たち》の五〇年後にあたる一九五七年、ピカソは《ラス・メニーナス》をモデルとした連作を描いている（図30）。ピカソはそこでかなり周到な模倣を展開しながら、登場人物たちの両目の向きを分裂させ、あるいは黒く塗りつぶし、画面の虚焦点構造を破壊している。そこに私たちは、絵画を統一された「視線」の問題へと収斂させまいとする画家の執拗な態度を認めることができるはずだ。

マルガリータ王女の顔面に注目すると、顔の変形はここでもまた、「目」の位置変更によって行われていることがわかる。ピカソによる顔の変形とは、「目」や「口」といった名づけられる記号的諸パーツの配置変えであり、シャイム・スーティンやフランシス・ベイコンのような画家たちの肉の変形主義とは何の関わりもない。スタインバーグが指摘するように、ピカソの描く顔は地理的な連続体ではなく、興味のポイントを可動的記号によって配置する、巡礼者の図表なのだ。★30

顔の諸パーツは、解剖学的な現実性から切り離され、位置をずらされることで、自らを「記号」としてうちたてる。ロザリンド・クラウスとボワは、ピカソの分析的・総合的キュビス

右から
図29——ピカソ《盲者の食卓》（一九〇三年、ニューヨーク近代美術館蔵）
図30——ピカソ《ラス・メニーナス（ベラスケスによる）》（一九五七年、バルセロナ・ピカソ美術館蔵）

ムの画面を「記号」という観点から論じている。参照されているのはソシュールの言語学であり、記号の特質としてあげられているのは「恣意性」と「価値の示差性」[★31]（ボワ）、あるいは「不在の代理」と「差異の体系」（クラウス）である。[★32]だがコラージュを言語記号になぞらえて論じることは十分ではない。ピカソが扱っているのは当然ながら、言語記号ではないからだ。言語記号は潜在性のレベルで相互にネガティヴに差異化されている。しかし絵画記号が相互に区別されるのは、画面上のアクチュアルな距離によってである。[★33]そこで問題となるのは、記号の空間的布置が生み出す強度の効果である。

図19の女の顔と完成作との差異において私たちが見たのは、数センチメートル、あるいは数ミリメートル単位でおこなわれる配置の操作であった。わずかな配置の変更が顔の全体的な強度を変えてしまう。それが絵画の問題である。

だが、距離の強度だけでは「しゃがむ女」の顔を理解することはできない。その顔は、図28に見られるような諸パーツのたんなる福笑い的配置とは、異なる論理によっても貫かれているからだ。「しゃがむ女」の白い右目は、画面左端の女の顔にはじまり、中央の女の胸をとおってカーテンの襞につらなる、右下がりの線の正確な延長上に置かれている。その線は、鼻梁によって受け流され、耳の下から左下方に向かって直線的に突き出されるカーテンの下縁に引き継がれる。その角度は、「しゃがむ女」の傾けられた青い左目の角度と正確に一致する（図1）。「しゃがむ女」の顔は、その配置によってカンヴァスの他の領域を取り集める構造的必然性を獲得している。

それだけではない。顔を側面像と正面像とに裂き開く鼻梁の弧線は、斬首する左掌の弧線と響きあっている。腕、胸、太腿、カーテンの襞とも共鳴するその弧線は、ピカソが、手首、肘、あるいは肩を支点として筆を回転させることで残した自らの腕の軌跡にほかならない。物の形に制御されない衝動的な腕の回転が、首を斬りおとし、顔を断ち割り、カーテンの襞を刻む。その一様な切断の論理によって物の肉体性はバラバラに刻み落とされ、タブローのまったき表面に向かって縛りあげられる。「しゃがむ女」の顔を分裂させる距離の強度は、この弧線を通じて画面の全域に浸透するのだ。

《アヴィニョンの娘たち》を描いた二五歳の若きピカソがつかんだ根本的問題はここにある。奥行きの肉体性が断裂し、配置の記号性へと圧縮・転換されるとき、画面は観者の視線を着床させる深き褥であることを止め、見ることの統一性そのものを離散的諸要素の強度的関係によって問題化するタブロー＝テーブルの表面へと変貌する。「しゃがむ女」の顔はそこで、見る欲望の対象でも、見られる脅威の源泉でもなく、自らを裂き開くことで絵画面の全域を強度化する形象として現われる。

《アヴィニョンの娘たち》はあきらかに画面左から右へと描きすすめられている。★34 その横断の過程で、視線の虚焦点構造から配置の反光学へ、肉体の連続性から記号の非連続性への転換の瞬間を徴づけることにおいて、画面は過度に複雑な過渡性を帯びている。

★1——Christian Zervos, *Pablo Picasso*, vol.2-1, Cahiers d'Art, 1967, p. 10. ただし、この発言を文字通りに信じる理由はない。

★2——William Rubin, "The genesis of *Les Demoiselles d'Avignon*," *Les Demoiselles d'Avignon, Studies in Modern Art*, no. 3, The Museum of Modern Art, New York, 1994, pp. 115-116.

★3——Ibid., pp. 116-117.

★4——Ibid., p. 116.

★5——梅毒をあらわす「病気の仮面」と《アヴィニョンの娘たち》の関係は、ルービンの以下の論文において初めてとりあげられた。William Rubin, "From narrative to 'iconic' in Picasso: the buried allegory in bread and fruit-dish on a table and the role of *Les Demoiselles d'Avignon*," *The Art Bulletin*, December 1983, p. 634. この主張は、一九八四年九月からニューヨーク近代美術館で開かれた展覧会「二〇世紀美術における「プリミティヴィズム」——部族的なものとモダンなものの親縁性」における、両者の「親縁性」を示す展示に結実し（図31）、仏語版のカタログ表紙も飾った（図32）。同展カタログでルービンは、両者の親縁性は「アフリカ彫刻を全体として特徴づける諸原理を芸術家がどれほど深く把握していたか」を示すものであり、ピカソが「「部族社会」の人々の芸術の原理と性格を普遍化して吸収しただけではなく、それらの人々と精神的に深く一体化したことを反映」するものだと論じた（"*Primitivism*" *in 20th Century Art: Affinity of the Tribal and the Modern*, volume I, edited by William Rubin, The Museum of Modern Art, New York, 1984, pp. 264-265.（ウィリアム・ルービン「ピカソ」米村典子・小林留美訳『二〇世紀美術におけるプリミティヴィズム——「部族的」なるものと「モダン」なるものとの親縁性』淡交社、一九九五年、二六四—二六五頁）。人類学者ジェイムズ・クリフォードは、ルービン／ニューヨーク近代美術館が展開する「普遍」を志向する「親縁性の寓話」が、実際には、自らの都合に合わせて他者を「領有」し「救済」しようとする西洋近代の構築物にほかならないことを鋭く批判している（ジェイムズ・クリフォード『文化の窮状——二十世紀の民族誌、文学、芸術』太田好信・慶田勝彦・清水展・浜本満・古谷嘉章・星埜守之訳、人文書院、二〇〇三年、二四五—二七二頁）。クリフォードは同展シンポジウムにおける人類学者クリフォード・ギアーツの指摘を踏まえ、親縁性ではなくむしろ「彼［ピカソ］らの芸術を部族的なモデルから分け隔てる差異」、「彼らの芸術が非西洋の形態から離れてきたり、それに新たにひねりを加えたりしたやり方」から学ぶ可能性を示唆する（同書、二四九頁、強調原文）。本論が注目するのも、この差異・ひねりである。

上から
図31——「二〇世紀美術における「プリミティヴィズム」」展会場風景
中央奥の壁に「病気の仮面」、その下に比較パネルが見える。
図32——「二〇世紀美術における「プリミティヴィズム」」展、仏語版カタログ表紙

★6——Alfred H. Barr, Jr., *Picasso: Fifty Years of His Art*, The Museum of Modern Art, New York, 1946, p. 57.

★7——Rubin, "The genesis of *Les Demoiselles d'Avignon*," pp. 57-58, 116.

★8——Ibid., pp. 131–132. ローマスの批判は、一九八八年にピカソ美術館でおこなわれた大規模な《アヴィニョンの娘たち》展にあわせてルービンが発表した論文において、顔面悪性腫瘍の写真が誤って梅毒の写真として用いられていることを指摘するもの。William Rubin, "La genèse des *Demoiselles d'Avignon*," *Les Demoiselles d'Avignon*, vol. 2, Musée Picasso, Paris, 1988, pp. 420–423. および David Lomas, "A canon of deformity: *Les Demoiselles d'Avignon* and physical anthropology," *Art History*, 16(3), September 1993, pp. 433, 445参照。

★9——Rubin, "The genesis of *Les Demoiselles d'Avignon*," p. 58.

★10——この時点で、学生がもっていた頭蓋骨は、知を象徴すると考えられる「本」に変えられている。学生の左腕は体から奇妙に切り離されており、後の画面を予告している。

★11——Leo Steinberg, "The philosophical brothel, part 1," *Art News*, 71(5), September 1972, p. 21.（レオ・スタインバーグ「哲学的な娼窟〈1〉」岩原明子訳『美術手帖』第四二七号、一九七七年一一月、六一頁）。

★12——Leo Steinberg, "The philosophical brothel, part 2," *Art News*, 71(6), October 1972, p. 40.（レオ・スタインバーグ「哲学的な娼窟〈2〉」岩原明子訳『美術手帖』第四三〇号、一九七八年二月、二三八頁）。

★13——Steinberg, "The philosophical brothel, part 1," p. 22.（スタインバーグ「哲学的な娼窟〈1〉」六二—六三頁）。

★14——Ibid., p. 20.（前掲論文、五七—五八頁）。

★15——この過程についてはルービンが詳細な解説をおこなっている。Rubin, "The genesis of *Les Demoiselles d'Avignon*," pp. 80–90参照。

★16——Yve-Alain Bois, "Painting as trauma," *Art in America*, June 1988, p. 137.

★17——Steinberg, "The philosophical brothel, part 2," p. 44.（スタインバーグ「哲学的な娼窟〈2〉」二五〇頁）。

★18——スタインバーグもまた、背面と正面の「視覚的二重性」が「身体」の観念を再創造すると論じている。本章が論じるのは、その二重性が、一つの身体を超えて、「部屋全体」の内部性を波及的に生み出すということである。Ibid., p. 44（前掲論文、二四九頁）参照。背面と正面の結合という問題は、以降のピカソの絵画にくり返し登場するテーマである。スタインバーグによる以下の詳細な分析を参照。Leo Steinberg, "The Algerian women and Picasso at large," *Other Criteria: Confrontations with Twentieth-Century Art*, Oxford University Press, 1972, pp. 125–234.

★19——Steinberg, "The Algerian women and Picasso at large," p. 172参照。

★20——Rubin, "The genesis of *Les Demoiselles d'Avignon*," pp. 126–127, note 105. 強調原文。テーブルを男性器の象徴とみなすこの解釈は、スタインバーグによっても共有されている。Steinberg, "The philosophical brothel, part 1," p. 23.（スタインバーグ「哲学的な娼窟〈1〉」六五頁）。

★21——Bois, "Painting as trauma," p. 137. 参照されているのは、ジークムント・フロイト「ある幼児期神経症の病歴より」『フロイト著作集』第九巻、小此木啓吾訳、人文書院、一九八三年、特に三六七—三八六頁。

★22——Bois, "Painting as trauma," p. 137. 参照されているのは、ジークムント・フロイト「メドゥーサの首」須藤訓任訳『フロイト全集』第一七巻、岩波書店、二〇〇六年、三七一—三七二頁。

★23——Steinberg, "The philosophical brothel, part 1," p. 24.（「哲学的な娼窟〈1〉」七〇頁）。

★24——Ibid., p.23.（前掲論文、六五—六七頁）。

★25——Christine Poggi, *In Defiance of Painting: Cubism, Futurism, and the Invention of Collage*, Yale University Press, 1992, pp. 86–88.

★26——Bois, "Painting as trauma," p. 140.

★27——フランソワーズ・ジロー、カールトン・レイク『ピカソとの生活』瀬木慎一訳、新潮社、一九六五年、一〇〇頁。

★28——イヴ＝アラン・ボア『マチスとピカソ』宮下規久朗監訳、関直子・田平麻子訳、日本経済新聞社、二〇〇〇年、一八九頁。ただしボワによれば、切り紙の中に「線」で記号を描きこむ点で、ピカソはマティスから離脱している。

★29——《盲者の食卓》に見られる、体から分裂して自律する手の形象は、《アヴィニョンの娘たち》にも見られる。画面左端、カーテンを持ち上げて絵画面を開くその腕は、頭上から、解剖学的に不可能な角度で突き出されている。その顔は、どこを見るともなく盲目的に自閉する。

★30——Steinberg, “The Algerian women and Picasso at large,” p. 166.

★31——Yve-Alain Bois, “Kahnweiler’s lesson”, *Painting as Model*, MIT Press, 1993, pp. 65–97.

★32——Rosalind Krauss, “Re-presenting Picasso,” *Art in America*, December 1980, pp. 90–96.

★33——スタインバーグはピカソにおける絵画記号の空間的「間隔（intervals）」に注目している。Steinberg, “The Algerian women and Picasso at large,” p. 166. なお、記号論的・構造主義的絵画批評を開始したルイ・マランの論文「画像の描写」は、分析的な言説が意味を分節するときに素通りさせてしまう、絵画記号の空間的「距離」に触れている。ただしマランにとって、そのような素通りは、絵画の「読解」を可能にする条件であった。ルイ・マラン「画像の描写——プッサンのある風景画をめぐって」矢橋透訳『崇高なるプッサン』みすず書房、二〇〇〇年、一六一一七頁参照。

★34——画面右の「しゃがむ女」と「カーテンから現れる女」は画面の他の領域より後に完成した、というピカソの証言がある（Barr, *Picasso: Fifty Years of His Art*, p. 257）。ロバート・ローゼンブラムとスタインバーグも、画面の「左から右への」様式変化を論じている（Robert Rosenblum, *Cubism and Twentieth-Century Art*, Harry N. Abrams, 2001, p. 16; Steinberg, “The philosophical brothel, part 2,” p. 44.（スタインバーグ「哲学的な娼窟〈2〉」二五一頁）。

第3章

マティスの布置

——一九四五年マーグ画廊展示における複数の時間

一九〇八年一二月、アンリ・マティスは「画家のノート」という文章を発表して自らの制作方法を表明した。そのなかに、「布置（disposition, disposer）」という語が二度現れる。

私にとって、表現とは顔に溢れる情熱とか、激しい動きによって現される情熱などのなかにあるのではない。それは私のタブローの布置（disposition）の仕方全体のうちにある——人体が占めている場所、それらを取りまく余白の空間、釣合いなど、そこでは一切が役割をもっている。構図（composition）は画家が自分の感情を表現するために布置する（dispose）さまざまな要素を装飾的な仕方で整えるわざである。[★1]

「布置（disposition, disposer）」という語が「画家のノート」のなかで使われるのはこの二か所のみだ。それは頻度において、「構図（composition）」や「表現（expression）」といった語のはるか後方に位置するマイナーな用語でしかない。しかしマティスにとって、この「布置」という操作は原理的な意味を持っている。

白いカンヴァスの上に青、緑、赤などの感覚をまき散らすと、一筆加えるごとに前に置かれた（posées）タッチはその重要さを失ってしまう。室内を描くとする――私の前には戸棚があり、実にいきいきした赤の感覚を私に与えている。そして私は満足のいくような赤を置く（pose）。この赤とカンヴァスの白との間にある関係が生まれる。そのそばに緑を置き（pose）、黄色で寄せ木の床を表現しようとする。［……］だが、これらのさまざまな色調はお互いを弱めてしまう。私が使ういろいろな記号はお互いを殺さないように釣合いがとれていなければいけない。★2

マティスは、白いカンヴァスの上に、赤、緑、黄の「感覚」をまき散らす――ばらばらに置いていく（poser）。ばらばらに置かれた諸感覚を、後から装飾的な仕方で整えていく技が、「構図（com-position）」である。だが、筆が加えられるたびに全体の構図は一つのまとまりに向かう一方、まき散らされた個々の感覚は「その重要さを失ってしまう」。いったい一つの画面として完成しており、同時に、そこにまき散らされた感覚のそれぞれもまた生彩を失わないような絵画はいかにして描きうるのか？　すなわち一つであると同時にばらばらであるような絵画はいかにして描きうるのか？

　たんに一つにまとまっているだけの絵画なら、どんな凡庸な画家でも描きうる。問題は、一つであると同時にばらばらであること、画面に置かれた諸感覚の離散的な自立性を、絵画の最終状態にまで持ち込むことだ。「布置」、すなわち「離れて‐置く（dis-poser）」という語が指しているのは、この離散化の操作である。マティスのあらゆる「構図」すなわち「共に‐置く（com-poser）」ことの基底には、「離れて‐置く」ことのアナーキーな運動がうごめいている。

「画家のノート」は、六点の作品図版とともに『グラン・ルヴュ』誌上で発表された。そのいちばん最後にマティスが載せているのは、《ボウル遊び》（一九〇八、図1）という作品である。[★3] 青と緑の色帯からなる抽象的な風景。そこに配された三人の裸の男たちが、緑色のボウル――というより、円い緑の色面――を、間合いをはかりながら地面に並べている。いままさに、三番目のボウルが地面に向かって放たれようとするところだ。その身振りは、地面すなわちカンヴァスの表面にいくつかの色面を離れて‐置いていく、マティス自身の絵画行為をなぞっている。そのように見るとき私たちは、三つのボウルが、三人の男たちの円い頭部と形態的な韻を踏んでいることにも気がつくだろう。男たちもまた、地面に置かれるボウルのように、抽象的な風景の中に離れて‐置かれている。ここにあるのは、自らの布置を布置する絵画なのだ。

絵画を離散的な「布置」として扱うことにはしかし、二つの危機が存している。一つは、画面に置かれるあらゆるものを等しい感覚的強度にもたらすことによって生ずる「図‐地の崩壊」である。「画家のノート」が書かれた一九〇八年から数年の間にマティスは、この「図‐地の崩壊」を絵画の新しい原理として追求している。《赤のハーモニー》（一九〇八、図2）における果物と装飾模様の知覚的地位交代、《セビリアの静物II》（一九一〇―一一、図3）における花鉢と背景装飾の一体化は、その顕著な例だ。そこでは、レモンや鉢を見ようとすれば背景の支えが失われて流れ出し、逆に背景に目を向けるとレモンや鉢といった中心的モチーフが見えなくなるということが生じてしまう。[★4]

もう一つの危機は、離散的な「布置」の絵画が、マティス晩年の切り紙絵（図4）についてしばしば言われるように（切り紙絵は布置の操作だけで成り立つ絵画だ）、未決定性あるいは再操作可能

図1――アンリ・マティス《ボウル遊び》（一九〇八年、エルミタージュ美術館蔵）

上から
図2——マティス《赤のハーモニー》（一九〇八年、エルミタージュ美術館蔵）
図3——マティス《セビリアの静物II》（一九一〇—一一年、エルミタージュ美術館蔵）
図4——マティス《礁湖》（一九四六年、ポンピドゥーセンター・国立近代美術館蔵）

性の感覚へと開かれてしまうことだ。[★5]——この赤い色面はここにも置かれえたし、あそこにも置かれえただろう。いったい、他ならぬここに置かれなければならない理由は何なのか？そのような問いに対して布置の絵画は、自らの布置の効果以外のなかに回答を持たない。それゆえ論理的には、布置の最終性は決して明らかにされず、再操作可能性の危機は回避されない。その危機が、絵画の原理的な問題として前面に現れたのが、マーグ画廊における展覧会だ。

一九四五年一二月、マティスはパリのマーグ画廊において、六枚の油彩画と、その制作プロセスを記録した写真を額装して展示した（図5）。画家自身が「教育的展覧会」と呼ぶその展示は[★6]、しばしば簡単な即興で描かれたとみなされてしまうマティスの絵画が、いかに多くの描き直しの後に実現されているかを示している。マティスは描き直す際、不要な箇所をしばしば溶剤できれいに拭き取ってから描くため、制作の手数の多さが物質的な積層としては画面にあまり残らない。マーグ画廊に展示された記録写真は、薄く明るく完成した画面に代わって、それが通過してきた労苦の厚みを目に見えるものにしているのだ。

しかしマーグ画廊で展示された記録写真は、完成までの労苦を見えるようにする一方、完成作の「完成性」を、再操作可能性へと開いてしまうような効果を持っている。記録写真に示されているように、画面全体のバランスをたえずとりながら描き進めていくマティスの制作プロセスにおいては、画面の各段階はつねにある意味で「完成」しているようにも見えるからだ。そしてそのどの段階が決定的な「完成」であるのかは見定めがたい[★7]。マティスの絵画において、作品に絶対的な「完成」はなく、ただ「中断」があるだけなのだと言ってもいい。

実際、近年のマティス研究では、記録写真に残された画家の制作プロセスや、画面に残された描き直しの跡、あるいは画家が多数制作したヴァリエーション作品等に注目することで、一枚の作品を絶対的に「完成」させる「近代的巨匠」としてのマティス像を解体する試みがおこなわれている[★8]。しかし注意しなければならない。すべての画面が並置されうるヴァリエーション作品とは異なり、マーグ画廊に展示された記録写真においては、すでに描かれたものから、消去され、新たに描き足されるものに向かって、明らかに不可逆的なプロセスが進行している。たしかにプロセスの終点は明らかではない。だが、プロセスの各点が置き換え可能なものとして経験されるわけではない。

マーグ画廊の展覧会の三年前、マティスはこう書いていた。「[……] 紙片の上をたどる私の

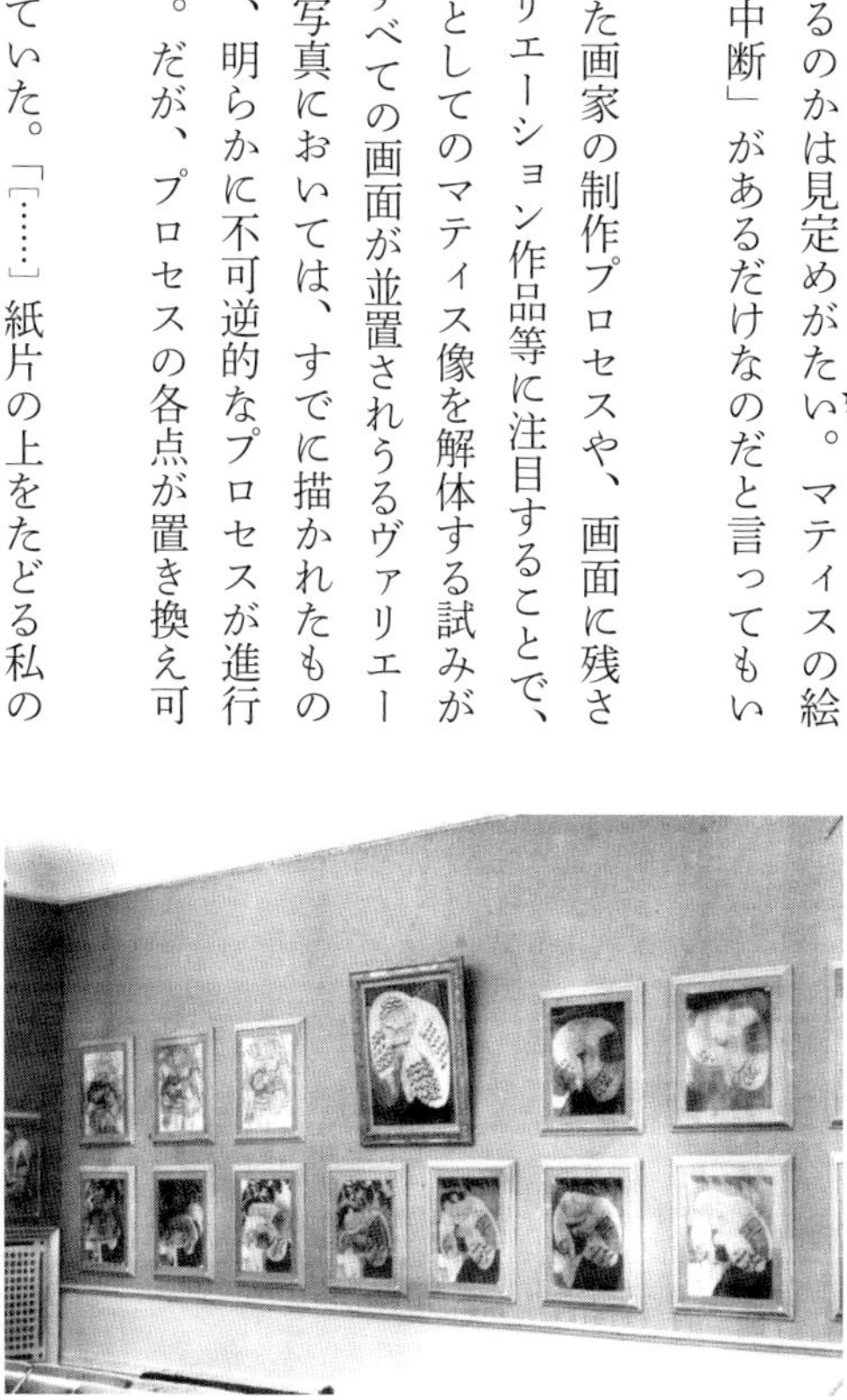

図5——マーグ画廊におけるマティス展、会場風景（一九四五年、マルク・ヴォー撮影）

鉛筆の道のりは、暗闇のなかをまさぐり進む人間の動作とどこか似たところがある。つまり、私の行路は全く予測されたものではない。私は導かれるのであって、私が導くのではない」[★9]。布置が完了することになるその場所を、画家はあらかじめ「見る」ことはできない。しかし果たされるべき作品の予感をまさぐり、無数の筆を置いていく過程において、もはや画家自身が持ちこたえられなくなるほどに画面が衝撃的な飛躍を示してしまうことがある。画家が息絶え絶えになりながら署名を決断するのは、そのような飛躍の瞬間に対してだろう。プロセスだけを強調するときに見失われるのは、この質的飛躍の問題である。プロセスのすべての段階において画面が「完成」していた、ということが驚きなのではない。すべての段階において「完成」した布置があったにもかかわらず、ある特定の布置においてのみ最終的な「完成」が決断されたということが問題なのだ。マティスの絵画をプロセスへと開くだけでは十分ではない。そのプロセスにおいて、いかなる質的飛躍が生じたのかが分析されなくてはならない。

　マーグ画廊に出品された作品の一つである、《夢》（一九四〇）の制作プロセスを見てみよう（図6〜図14）。画面は眠る女の比較的写実的な描写から始まり、完成作ではその姿が単純化されている。だが、問題はたんなる形態の単純化ではない。分析しよう。

① 眠る女の横顔は（図6）、消去され（図7）、次いで肥大化した右肩のなかに沈められる（図8）。

② 顔をもう一度右肩の上に浮かび上がらせる（図9）。

③ 顔を一度消去する（図10）。今度は少しずつ、右肘の高さを引き上げていく。それにあ

わせて、まるで右肘にへばりついて引き寄せられるかのように、テーブルが奥行き方向からカンヴァスの表面に向かって立ち上がり始める。右腕と上背部が肥大化する（図11）。

④ テーブルの立ち上がりの完了とともに、左肘が極端に下げられる。同時に、肥大化した左肩が背中を隠す。左手は顔のすぐそばに寄せられる。顔は、眠る頭部を斜め上から見た姿で描かれる（図12）。

⑤ 右肘の角度が緩められるとともに右腕全体がさらに肥大化し、ドーナツ状の丸まりを

図6　1940年1月13日

図7　1940年1月17日

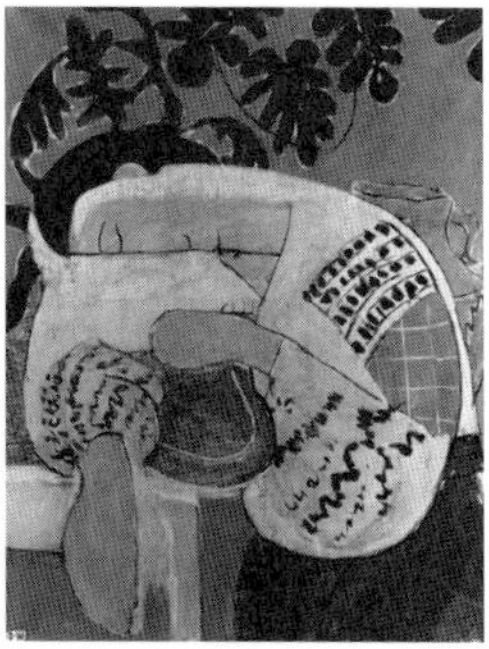
図8　1940年1月18日

図9　1940年3月7日

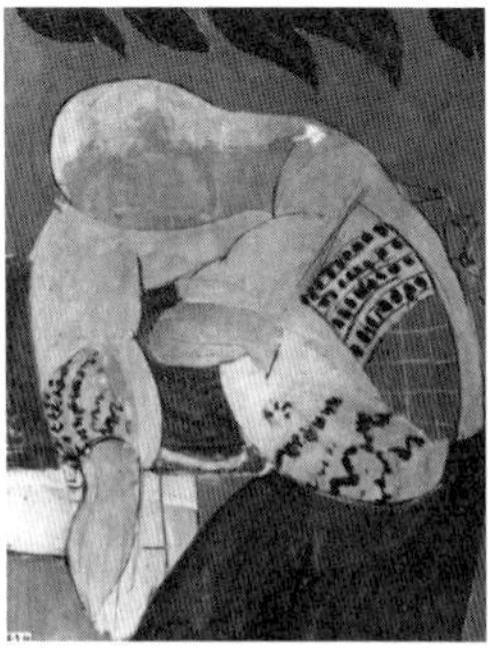
図10　1940年3月8日

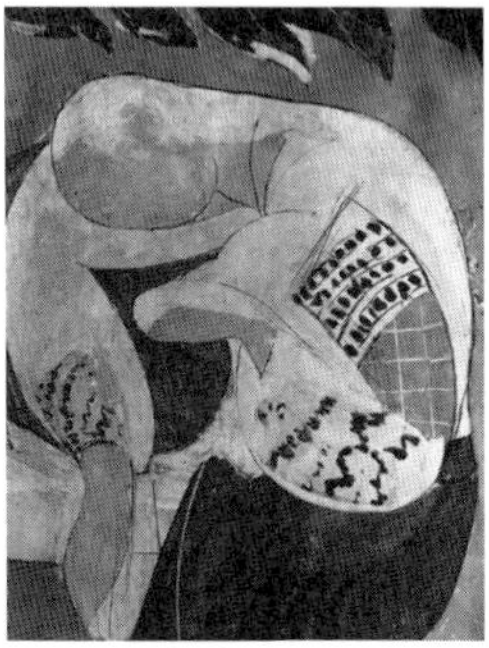
図11　1940年3月9日

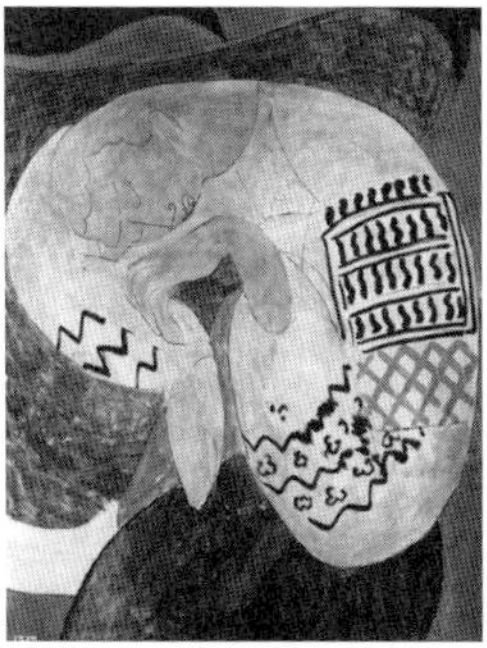
図12　1940年9月16日

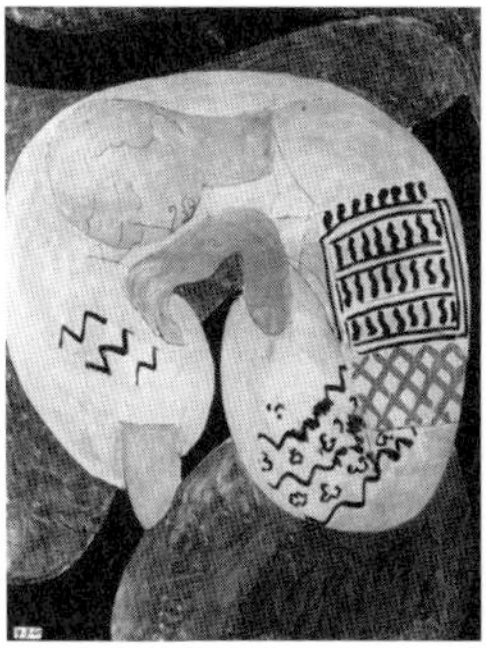
図13　1940年9月19日

図6～図13——マティス《夢》（一九四〇年）の制作プロセス記録写真

つくる（図13）。

⑥ 細く描き直された右腕が、頭よりさらに高く持ち上げられる。一方頭部は、完全な側面像で描き直される。左手が顔から引き離されるとともに、左肩が画面中央に引き寄せられ、背中を見せる。その結果、背中は「斜め後ろ」から、顔は「真横」から、カンヴァスの表面に向かって立ち上がった右腕とテーブル表面は「真上」から眺められるという分裂した印象がつくり出される。斜め後ろから眺められた背中は、黒く塗りつぶされたスカートに引っ張られるように、「下」に向かう重さを定着している。しかし右肩を境に、カンヴァス表面に向かって立ち上がる右腕にそって、身体が重力の効果から離脱している（図14／口絵4、完成作）。

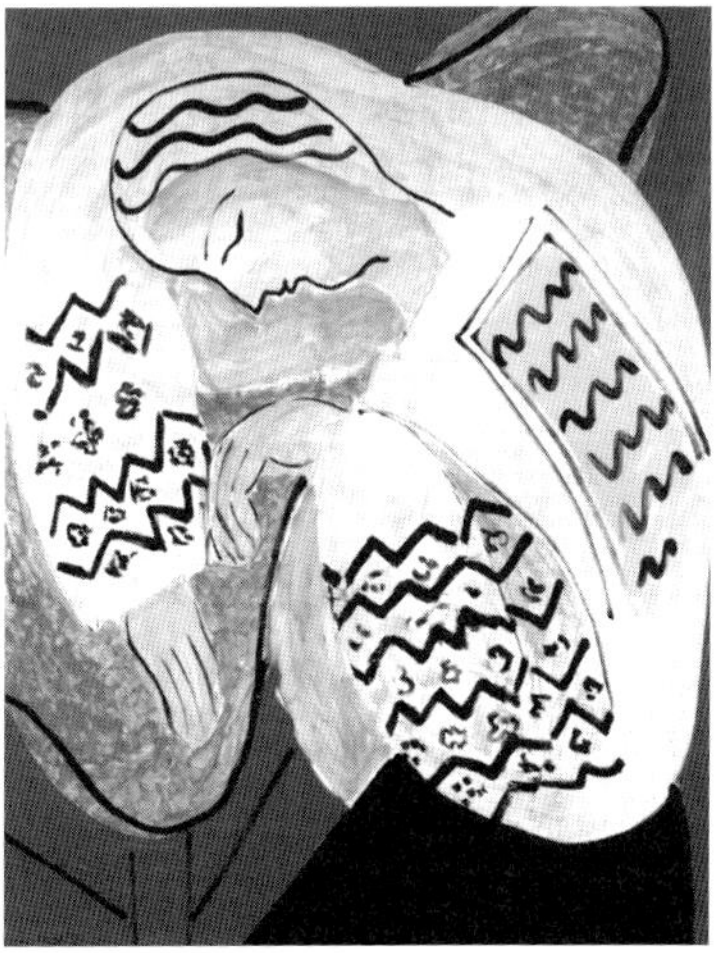

図14——マティス《夢》（一九四〇年、個人蔵）

いったいこのプロセスには何が起きているのか。図6においてマティスは、眠りに支配された女の身体の重さを外側から描いている。そこではうなだれる頭部の重さが、右腕とテーブルに支えられているように見える。しかし図7から図11にいたる過程で、マティスは女の身体を風船のように徐々に膨らませ、身体それ自身の内的な膨張力によって頭部の重さを支えてみせるようになる。身体の膨張は図12・図13において限界に達するが、座布団のようなその形態は、自らの膨満感によってむしろ重苦しさを与える。「飛躍」が生じるのは図14である。そこでマティスは、テーブルから脱落する胴体と伸び広がる右腕との間に分裂を導き、カンヴァスの表面へと立ち上がる右腕の「ねじれ」において、脱重力的な領域へと身体が引き込まれていくような知覚的効果を定着している。観者はそこで、右腕の描写にそって、見ている自分の身体からも重力が抜き取られていくかのような感覚を覚えるはずだ。

ここで起きているのは、たんなる形態の単純化や平面化ではない。背中から頭部を貫いて右腕にいたる∩字状の経路を確認する観者の視線は、「斜め後ろ」から「真横」そして「真上」へと不連続的に視点を移動させつつ、脱重力化された眠りの内部へ、すなわち「夢」の領域へと突入する。ここには、「画家のノート」のなかで若き日のマティスが理想として掲げていた、労働者たちの「疲れ」（すなわち「重さ」）を癒すための「肘掛け椅子」としての絵画が、★10まさに知覚的に実現されている。作品の最終的な完成は、観者の知覚を巻き込みながら重力を解消して「夢」の領域を開くという、この分裂した「布置」の発見に応じて決断されているのだ。

マティスはこの絵の五年前にも《夢》（一九三五）と題された作品を制作し、その制作プロセスを記録している。三つの段階に絞って分析しよう。

① 左腕に乗せられた大きな頭部に向かって、背中のラインが単調な弧線を描く。右肘から右手首のラインはソファーの膨らみに対応する（図15）。

② 頭部が縮められる。それを包むように上背部が肥大化し、首のラインが消去される。丸みを帯びた右腕が斜めに配され、左手の甲とともに巨大な胸を隠し、画面中央に大きな肉の塊を形成する。臀部のラインは高く引き上げられ、右胸からウエストにいたるラインを絞り込むことで、画面左奥から身体が突出するような印象をつくりだす。険しい表情で描かれた顔は左腕に向かって突っ伏している。右手首のラインはやや直線化され、奥行きを暗示するソファーの形態から分離される（図16）。

上から
図15——マティス《夢》（一九三五年）の制作プロセス記録写真
図16——マティス《夢》（一九三五年）の制作プロセス記録写真
図17——マティス《夢》（一九三五年、ポンピドゥー・センター・国立近代美術館蔵）

③　頭部が左腕からわずかに持ち上げられ、穏やかな顔の表情を見せる。背中のラインは、右肩甲骨を丸く持ち上げ、臀部の角度を緩めることでほぼ水平に整えられる。さらに胸を縮め、首に簡素な水平のラインを描くことで、胴体を画面上半分の空間に安定させる。一方、右肩が細められたことで、右腕は異様に長くなり、胴体から画面下部前面に向かって、腕がだらりとぶら下がるような印象をつくる。顎の下の胸は削られてソファーの青い布地を見せ、左手の甲と、長い右腕で囲まれた三角形の空間を開放する。画面奥の最上部では、ソファーが幾何学的な立ち上がりを見せる（図17、完成作）。

一九三五年の《夢》の画面には、分岐する三つの形態的系列《セリー》がある。画面上半分で安定する〈胴体-首の水平的形態〉、胴体と画面下部前面をつなぐ〈ぶら下がる腕の形態〉、そして画面右下四分の一のところから最上部に向かって暗示される〈ソファーの奥行き形態〉である。それらの形態は、プロセスの各段階において分散的に成長し、最終的にそのどれ一つにも視線を集中させることのない均衡した布置をつくりだしている。腕のぶら下がりを見るとき、私たちは胴体の場所を感じることができず、胴体を見るとき、ソファーの立体的形態を知覚することができない。

三つの形態に囲まれた画面中央の三角形の空間は、一見するとソファーの表面に帰属しているように思われる。しかしじっと見ていると、眠る女の右手首がソファーの形態と対応していないため、また布地の格子模様が奥行き方向への収縮を示さないために、どこにも帰属することのない純粋な青の空間として浮遊しだすかに見える。マティスが筆を止めたのは、この「どこでもない場所」が顔と腕とソファーの間から出現し、現実から遊離するその非場所性において、「夢」に落ちる感覚が画面に定着されたそのときだろう。

通常の意味で、私たちは他人の夢を描くことはできない。「眠る人」の姿を外から描くことができるだけである。[★11] 他人の夢を見ることはできないからだ。しかし二枚の《夢》の作品においてマティスは、分裂し分岐する諸形態の布置のなかから、不可視の、それゆえ形態《フォーム》としては同定しえない、「夢」の感覚が浮かび上がる地点を探り当てている。そこでは、一つでありかつばらばらな諸形態が離れゆく仕方そのもののなかで、見えないものの感覚が描き出されているのだ。

一九四〇年の《夢》の記録写真はマーグ画廊において、ほぼ時系列順に、横に並べて展示されている（図5）。そこでおこなわれた「教育」とは、プロセスとして示された諸画面の差異から、形態なき感覚が出現する瞬間を見えるようにすることだと言えるだろう。

しかしマーグ画廊に展示された他の作品の記録写真は、必ずしも時系列順には並べられてはいない。順序の無視は、《ルーマニアのブラウス》（一九四〇）の展示において最も極端なかたちで現れている（図18、写真に振られた番号は著者により、制作順序を示す）。横に展開されようとするプロセスの時間的順序は、そこでは完全に断ち切られ、かき混ぜられているのだ。その不可解な配列は、何か秘密の暗号を記すものでもあるかのようだ。一枚一枚の写真は、《夢》（一九四〇）の展示壁面よりも間隔を広く取って並べられており、そのことによって各画面が、個別に正面から向かってくるかのような印象が作り出されている。

当時の会場写真では不鮮明で確認しづらいが、本論を書くにあたりマーグ画廊の展覧会を再現するマケットを作ってみてわかったのは、《ルーマニアのブラウス》の完成作両脇に配された二枚の写真が与える強い印象である。まっすぐに観者を見据えるその二枚の分身的な女性像は、視線の攻撃的な正面性によって、《ルーマニアのブラウス》が飾られた壁面の全体を観者に向かって殺到させるような効果をもたらしている。それはマティスが、ピカソの《アヴィニョンの娘たち》（一九〇七）に対する回答として描いたと言われる、《音楽》（一九〇九—一〇、図19）の画面が与える効果におそらく近い。壁を思わせる《音楽》の巨大なカンヴァスにおいて、《ボウル遊び》と同様の抽象的な風景の上にほぼ等間隔に布置されて観者を見つめ返していた五人の分身的な少年像は、マーグ画廊の壁面においては、等間隔で布置された一二人の分身的な女性像として姿を現しているのだ。★12

しかし《ルーマニアのブラウス》の展示には、そこに「写真」が混ざることによる特異な効果がある。マケットから推測して言えば、完成作両脇に掲げられた二枚の写真に捉えられ

図18——マーグ画廊におけるマティス展、会場風景（一九四五年、マルク・ヴォー撮影、番号は著者による）

るとき私たちを襲うのは、「〈過去〉が私を見つめている」、「取り返しのつかない〈過去〉が直に私を見つめている」とでも言うべき衝撃的な感覚である。同じ一つの身体を描きだしているはずの描画の連続的プロセスは、写真に撮られ、ばらばらにかき混ぜられることで離散的な複数の身体として自立し、〈過去〉そのものの眼差しをもって完成作の周囲からこちらに殺到してくる。

　言うまでもなく、およそ絵画を見るとは過去の殺到を見ることだ。私たちは一枚の絵画を見るとき、カンヴァスの上にさまざまな時点で重ねられた過去の手数が、一挙同時に表面の現在へともたらされるさまを眺めている。完成した《ルーマニアのブラウス》（図20）の右腕（観者から見て左）を見ると、途中ですっぱりと塗り消されたブラウスの模様と、後から描かれた腕の輪郭線との間に形態的なずれを感じることができる。それは描画プロセスの別の段階に属する異なる身体が同じ画面の中に残されたことによって生じたずれであり、現前する諸形態のずれが、描かれた時間のずれをそのままコード化しながら、それを形態の膨張力に変換している。

　《ルーマニアのブラウス》の展示がおこなうのは、そのような膨張を一つの身体に提供するために廃棄されたものたちに、再び異なる全身を与えて並べることだ。並べられているのは、諸々の身体というより、諸々の身体の差異である。だがいったいどの身体がどの身体に先立ち、どの身体が後続したのかは明らかではない。この順序の不明性において、各画面は来るべき不可視の身体を胚胎する先触れと化し、《ルーマニアのブラウス》の展示壁面全体を、画家が制作を通じて潜り抜けたはずの盲目的な予感の時間と似たものに変えることを可能にしている。

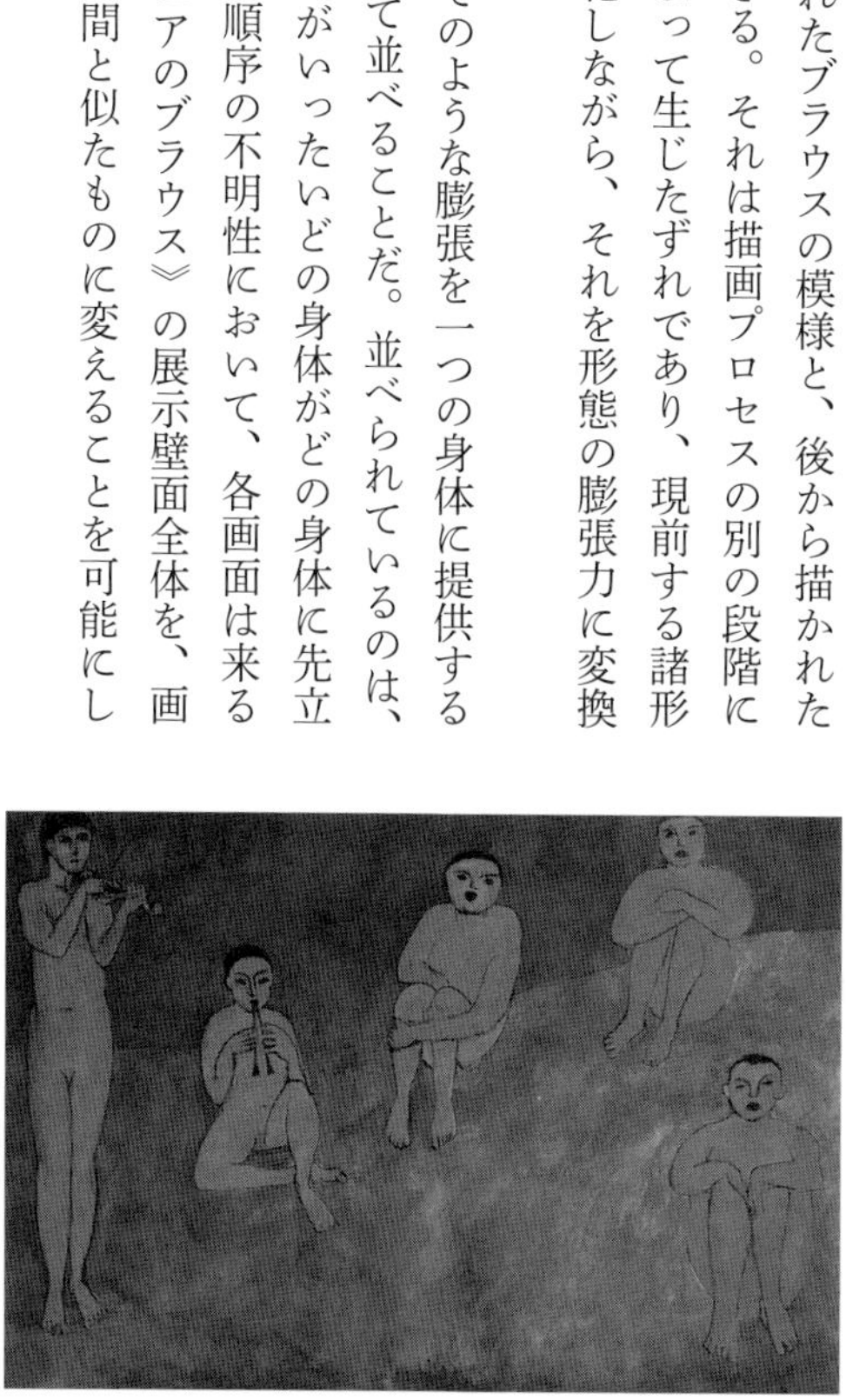

図19――マティス《音楽》（一九〇九―一〇年、エルミタージュ美術館蔵）

図20——マティス《ルーマニアのブラウス》（一九四〇年、ポンピドゥー・センター・国立近代美術館蔵）

もちろん制作のすべての行程はすでに踏破されている。《ルーマニアのブラウス》の記録写真は、順に指で辿れば、壁面を反時計回りに約三周する螺旋状の経路で完成作に向かって並べられていることがわかる（図18）。しかしその水平的な循環の経路は、各画像の自立性と眼差しの攻撃的な正面性によってたえず垂直に断ち切られ、画面の次なる行方を不明にする。[★13] 私たちは、《ルーマニアのブラウス》の模様とその腕の輪郭線を同じ一つの身体の中に押さえ込んでおくことができないように、異なる時間からやってくる《ルーマニアのブラウス》の各画面を、一つの時間の中にまとめておくことができない。見るものとしての私はそこで、見ることをたえず断ち切られながら、私の同一的な現在から溢れ出していくだろう。先触れとして告げられた諸々の過去に向かって。あるいは端的に、夢の時間に向かって。マティスが布置しているのはそのような、複数の時間にほかならない。

★1――アンリ・マティス「画家のノート」二見史郎訳『マティス　画家のノート』みすず書房、一九七八年、四一頁。ただしdispositionの訳語は「配置」から「布置」に変更した（Henri Matisse, "Notes d'un peintre," *Écrits et propos sur l'art*, Hermann, 1972, p. 42.）。

★2――前掲書、四四―四五頁（Ibid., p. 46.）。

★3――大久保恭子『アンリ・マチスの「誕生」――画家と美術評論の関係の解明』晃洋書房、二〇〇一年、一二三頁参照。

★4――マティスの絵画がもたらすある種の「盲目性」については、複数の論者がすぐれた分析をおこなっている。ジョン・エルダーフィールドは、マティスの絵画を覆いつくす装飾模様が、画面のあらゆる場所で視覚を要求するために、逆に焦点化が不可能になると指摘している。John Elderfield, "Describing Matisse," *Henri Matisse: a Retrospective*, The Museum of Modern Art, New York, 1992, p. 38. イヴ＝アラン・ボワは、絵画の中心的モチーフを識閾下に埋没させてしまうマティスの描法が観者に課す「知覚的低速」を分析している。Yve-Alain Bois, "On Matisse: the blinding," translated by Greg Sims, *October*, 68, Spring 1994, pp. 79, 89. 岡崎乾二郎は、マティスの作品では一つの画面内に複数の異なる「論理階型」が重ねられているため、画面の全体を同時に見ることができないと指摘している。『ルネサンス　経験の条件』筑摩書房、二〇〇一年、一六―一七頁。

★5――マティスは油彩で静物画を描くときにも、彩色された紙をモチーフの形に切り取ってカンヴァスの上に並べ、布置を検討するためのマケットとして使用していたことが知られている。結果として生み出されるのは、諸要素がばらばらに「浮遊」するような画面である。田中正之の指摘を参照。『マティス展』カタログ、国立西洋美術館、二〇〇四年、七四―七五頁。

★6――天野知香「マーグ画廊におけるマティス展覧会――一九四五年一二月七日―一二月二九日」前掲カタログ、一二九頁参照。

★7――近藤学の指摘を参照。「マティスと制作プロセスの写真による記録／提示――一九四五年マーグ画廊における展覧会をめぐって」『鹿島美術研究』年報第一九号別冊、二〇〇二年、五〇五―五〇八頁。

★8――天野知香「過程にある絵画」『マティス展』カタログ、八―二四頁参照。

★9――マティス「素描シリーズ『主題とヴァリエーション』についてのマティスの覚え書」『マティス　画家のノート』一八九頁。

★10――マティス「画家のノート」四七頁。

★11――マティスは図6とほぼ同じ姿の、（外側から見られた）眠る女の姿を別の作品の形で完成させている。その作品は《夢》ではなく、《眠る女と静物》（一九四〇）と題されている。

★12――イヴ＝アラン・ボワは、《音楽》の少年たちの眼差しが、観者の視線を捉えて離さず、画面の全体を見ることを不可能にすると指摘し、そこにマティス絵画のもう一つの「盲目性」を見出している。ボワはそこで、少年たちの眼差しの不気味さをフロイトのいわゆる症例〈狼男〉になぞらえて説明しているが、その議論はむしろ《ルーマニアのブラウス》の展示――思い出すことのできない〈過去〉が私を見つめている――によく当てはまるだろう。Bois, "On Matisse: the blinding," pp. 109–112.

★13――近藤学は《ルーマニアのブラウス》の「時間錯誤的」な配置が、絵画の「複数性」を解放すると論じている。「マティスと制作プロセスの写真による記録／提示」五〇七―五〇八頁。

第4章

屏風の折れ構造と距離
——菱田春草《落葉》《早春》を見る

菱田春草《落葉》（一九〇九、永青文庫蔵、口絵5）を右方から見る（図1）。すると、木々が消えてしまったように見える。右方から見られた屏風、すなわち両隻偶数扇には、手前の右隻第二扇を除くと目立つ木の幹が描かれていない。最奥の左隻第六扇右側には細い木の幹が二本描かれているのだが、右方から見ると、第四扇の縁に隠れて見えない。

屏風の前を通り過ぎ、左方から見る（図2）。今度は木々が詰まっている。左方から見られた屏風、すなわち両隻奇数扇には、目立つ木々が描かれている。木の列は垣のように各扇を塞いで視線を通さない。右方から見た時は葉を覗かせるだけだった左隻の橡《とちのき》、右隻の杉の若木が、各隻第五扇の前面に立ち上がる。

屏風に目を向けながら、もう一度左から右へ歩いていく。すると再び、扇の縁《へり》から、奥に隠されていた広がりが現れる。扇の縁を越えるたびに現れる木々の新たな景色が、屏風の前を過ぎる私の歩行にリズムを与える。《落葉》については、画面の中に描かれた「奥行き」と装飾的な「平面

図1——菱田春草《落葉》（一九〇九年、永青文庫蔵／熊本県立美術館寄託）右方から見る（著者撮影）

性」との拮抗という点から、従来多くが語られてきた。だがそれだけでは足りない。描かれた奥行きには、屏風の扇がかたちづくる、立体的な「折れ構造」が重ねられているからだ。山折れになった扇の境は視界に鮮やかな縁《へり》をつくり、縁を越えたところに新たな風景を開く。ちょうど林を散策する者が、木の幹を過ぎるたびに新たな空間の広がりや狭《せば》まりに出会うように。《落葉》には、屏風の折れ構造がもたらす散策的な経験がある。

屏風から一度遠ざかる。降りしきる落葉は、無限へと立ち昇る一枚の地面を標すようだ。再び屏風へと歩み、扇に顔を近づける（図3）。一枚のレイヤーをなすと見えた落葉は、輪郭あり／なし、葉脈あり／なしによって深さ方向数階にほどけ、輪郭ある葉は、扇の傾きに沿って手前へ奥へ、足の着かぬ空白で風に吹かれるかに見える。色面の段階的推移で描かれた木の幹は、細密な線で縁取られた葉と解像度に差をなすため、近距離では幹と葉に同時に焦点を合わせることができない。そのことが、見る者をさらなる「散策」に向かわせる。

一九〇九年一〇月、文部省美術展覧会出品中の《落葉》について、美術史家の瀧精一（節庵）は『東京朝日新聞』にこう書いている。

尚茲《なおここ》に一つの問題とすべきは、此画が果《はた》して如何なる距離より観望せらるべきものなりやの一事なり。［……］此「落葉」に至つては実に人をして甚だしく観望の距離に惑はしむ。接近して之《これ》を見れば、如何にも細密に画かれたれど、全体観得《みう》べき位置よりすれば健全なる眼力にてもその細密相の

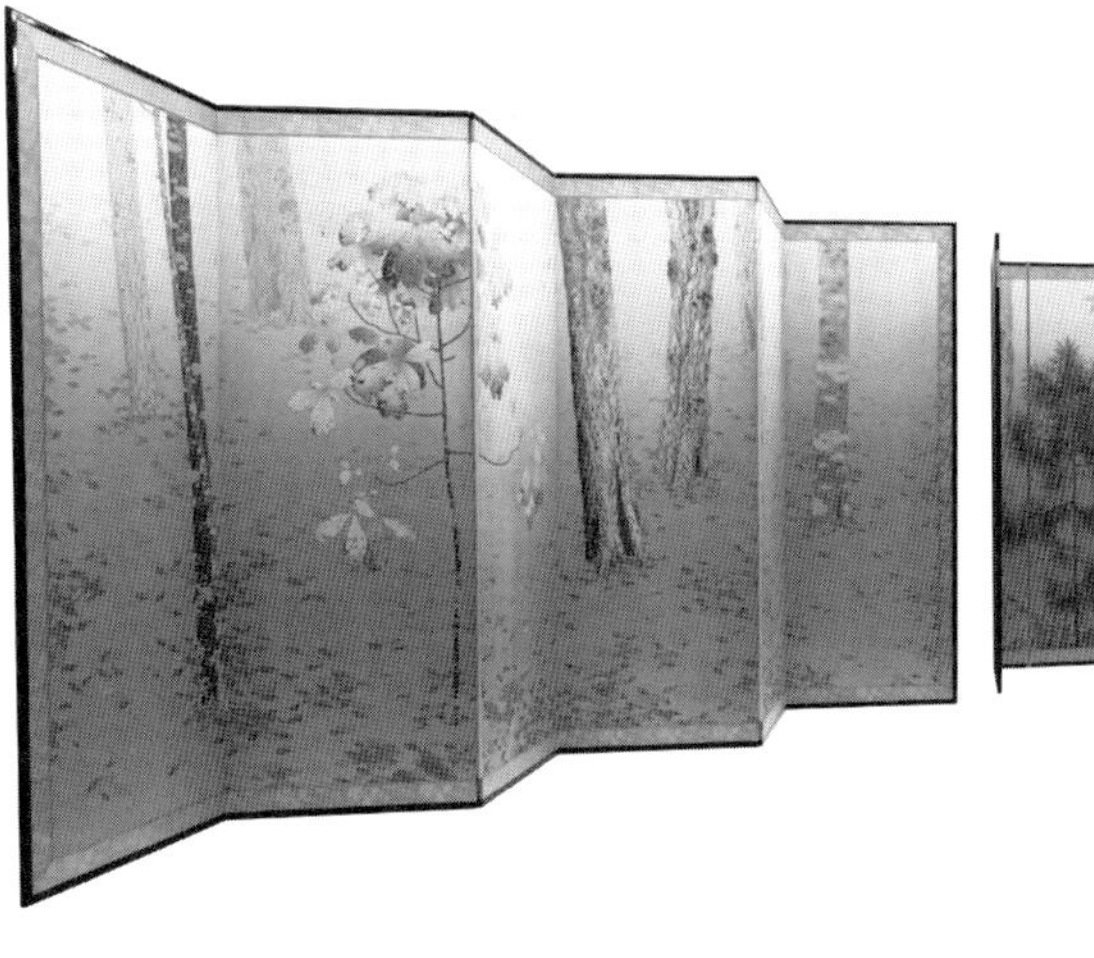

図2——菱田春草《落葉》（一九〇九年、永青文庫蔵／熊本県立美術館寄託）左方から見る（著者撮影）

全く看取され能《あた》はざるもの甚だ多し。〔……〕そも西洋画は之を画面の最大対角線の二倍の距離より観望するを通則となせるが、日本画にも直に此規則を応用して可なるや否やは別として、古来日本画にも相当距離を要することは明白にして例へば画幅を懸くる為に床の間を作るは一には距離を得るの必要にも基くと見るべし。さるを近頃に至つて日本画はその観望の距離を注意せざること甚だしく是《これ》は大いに作家の反省を要するものなり菱田氏の「落葉」の如きは大紙面の屏風なるが故に猶更《なおさら》遠く見るを要するものならずや。[★1]

瀧は《落葉》の「観望の距離」が定まらないことに苦言を呈す。だが「距離」を定められないことこそ、《落葉》の魅力の核ではないだろうか？

瀧の評の四か月半後に春草は『時事新報』で述べる。

〔……〕それにつけても速かに改善すべきは従来ゴツチヤにされて居た距離といふことで、これは日本画も洋画と同様大に攷《かんが》へねばなるまい。自分も是《こ》れまで始終この事は注意してゐた積《つも》りだが、この大切な法則が動《やや》ともすると画の面白味といふことゝ矛盾衝突するところから、遂《つ》ひそれの犠牲になつて了《しま》ふ「落葉」にもさうした場合が多かつた、決して頭から此の法則を無視した訳ではなかつたのであるが……。[★2]

ここで春草が用いる「距離」という言葉は従来、画中に描かれた空間の「奥行き」を意味すると解釈されてきた。[★3] しかし「日本画」と「西洋画」の比較、「通則」と「法則」といった

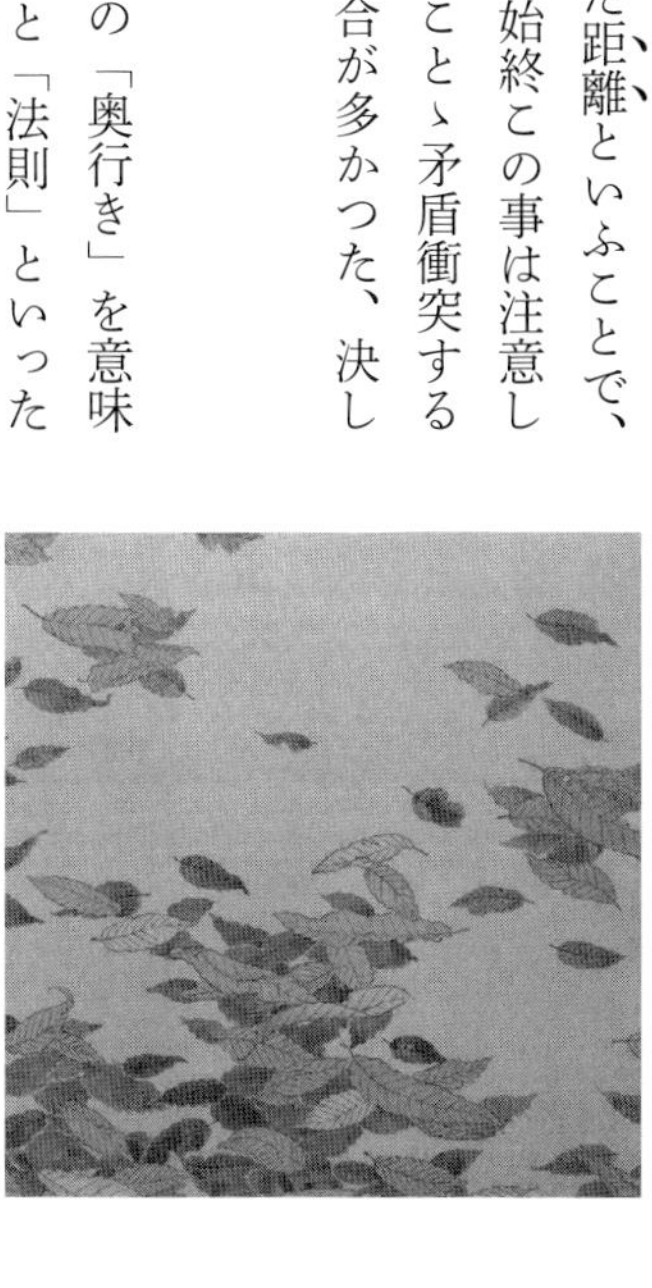

図3――菱田春草《落葉》左隻第二扇（部分）

用語の近さを考慮すれば、春草はむしろ瀧の「観望の距離」論にこそ応じていたのだと考えることができるだろう。――画には全体を捉える適切な「観望の距離」がありうる。だがその適切な距離の法則を「犠牲」にし、斜めから、あるいは近づき、遠ざかりして見られる「画の面白味」もまたあるのだ、というように。屏風は正面から遠望されるだけの平面ではない。

この見方で、福井県立美術館蔵の《落葉》（一九〇九―一〇）を見てみよう。福井の《落葉》は、一九〇九年十一月に受注されたようだ。[★4] 瀧の評の翌月だ。影響は不明だが、その木々は全体として大きな左右対称構図を取り、まさに瀧が言うところの「遠く」の観望に適している。ただ、正面から見ると中央の空白が間延びして弱い。では、斜めから見るとどうだろう？ 空白は、左方から見るとき左隻第一・第三扇、右方から見るとき右隻第四・第六扇のみに鮮やかに集中し、そこだけ不意に林の外に抜けたかのような劇的な感覚が現れる。屏風の折れ構造は、複数の「観望の距離」から現れる複数の空間を折り畳んでいるのだ。[★5]

最後の屏風となった《早春》（一九一一、図4）では、屏風の折れ構造が、ヒヨドリの動きと重ねられる。左右対称に配された南天からヤツデに向かって、ヒヨドリが飛び立つ。右隻第二扇の南天と第五扇のヒヨドリは、屏風を折ると対蹠的に面を背け合う位置にあり、ヒヨドリを近くから見るとき、南天は視界の外に隠れる。そのことが、後を見ぬ飛び立ちの鮮やかさを作る。

右隻のヒヨドリは左下を、左隻のヒヨドリはより低い位置で左上を向く。ヒヨドリは数回羽ばたいては滑空し、上下に「波状飛」をする鳥だ。それゆえ両隻のヒヨドリは一つの波状航跡を描くように感じられる。

南天の実は秋冬に赤く熟し、ヤツデの実は春に黒く熟す。画面ではヤツデの実はわずかに

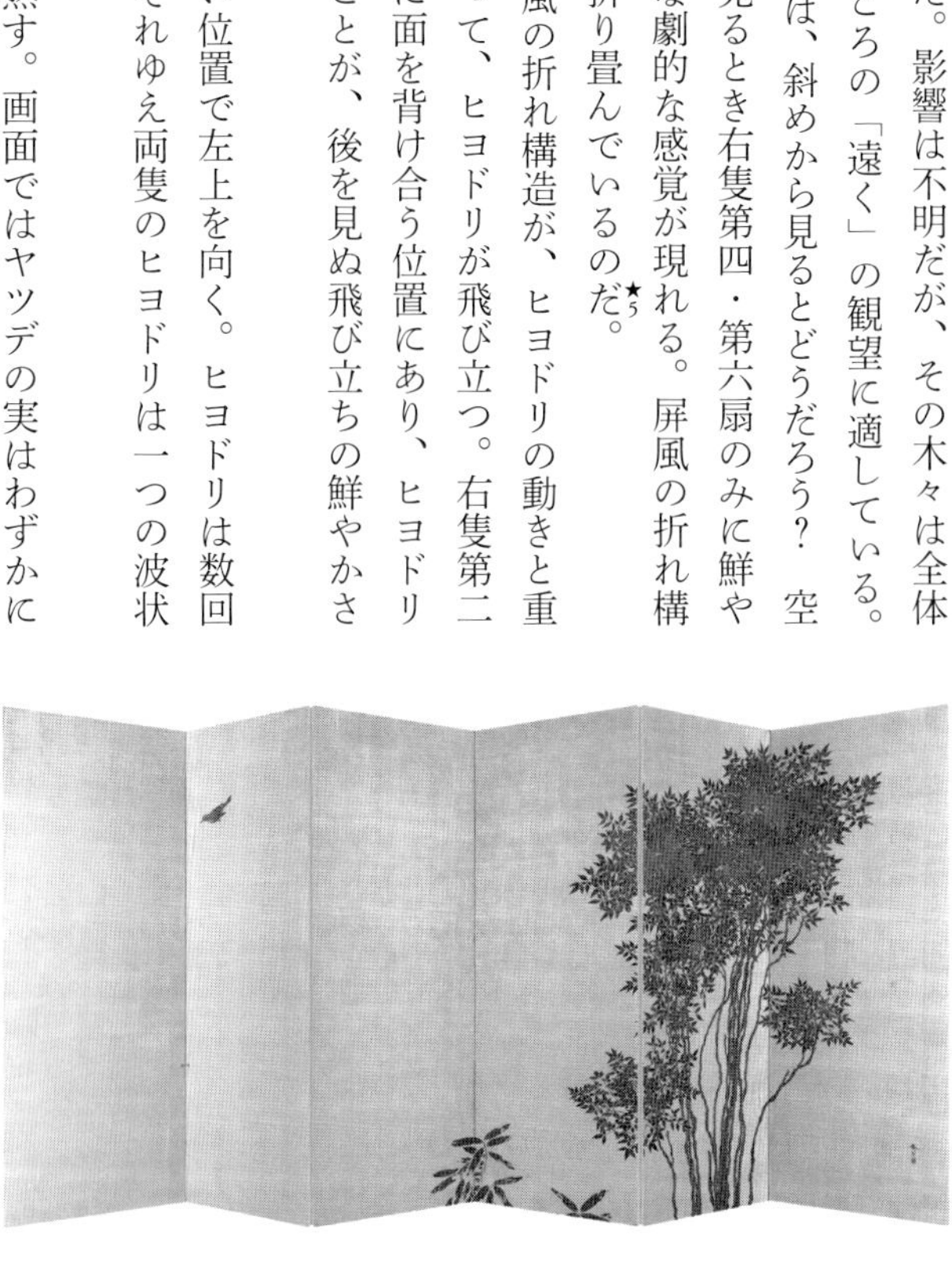

図4――菱田春草《早春》（一九一一年、個人蔵）屏風を折った状態の模式図（カタログ図版より著者作成）

黒味を帯び始めており、ヒヨドリはそれを目指して飛ぶようだ。ヒヨドリの空間的な移りに、冬から春への移行が重ねられる。屏風の折れとヒヨドリの飛行という直交する二つの波に、「早春」の時が折り畳まれる。

ヤツデの葉に注目しよう。輪郭を塗り残す「掘塗り」で描かれたその葉は、ぽってりと厚く盛り上がるように見えるが、実際の塗りは薄い。葉はそれぞれ微妙に異なる調色がなされた単色で塗られ、斑《むら》状に透ける金地が葉を視覚的に膨らませている。

ほぼすべての葉が正面を向く。そのことはヤツデの葉としては必ずしも不思議ではない。異様なのはその葉の夥しい重なりだ。おそらく奥や横に広がっていたヤツデの葉をすべて正面向きに起こして描き、かつ奥行き方向の階層を押し潰したためだろう。画面は琳派的な平面性に近接している。しかしそれだけではない。

左隻第四・五扇最下部のやや明るい緑の葉叢に顔を寄せる。そこから左上方を見ると、第五・六扇の葉叢は、照らされた金地との対比で一様に暗く見える。立ち上がり、今度は視界中央を葉で覆うように第五・六扇上部の谷折れに顔を近づける（図5）。すると一様に暗く見えた葉叢の内側から色が現れてくる。見つめる目の前で、色の差は次第に現れ、増殖する。まるで目の内側から色が生まれてくるかのようだ。

金泥で引かれた葉脈は、特に第五・六扇において一葉を越えて連なるように配され、葉の金の縁と交錯しながら網状の光を放射する。その眩《くら》みの影から、新しい葉色がくり返し現れる。葉は次から次に光を求めて誕生する。金地の力を内に吸って放つ葉の群れが、扇に溢れて光を浴びる。《早春》には平面的という言葉では尽くされない、至近距離で差異化する色の力がある。ここでも「観望の距離」は複数化されている。

一九一一年三月に《早春》を完成させた後、眼病を悪化させた春草は、同年八月には失明の際《きわ》まで行き[★6]、回復することなく翌九月一六日にこの世を去った。だがその屏風には、見ることを内側から突き動かす強い力が描かれ、折り畳まれている。畳まれた力は葉のように、見る者の目の中でくり返し生まれ出て光を求め、已《や》むことがない。

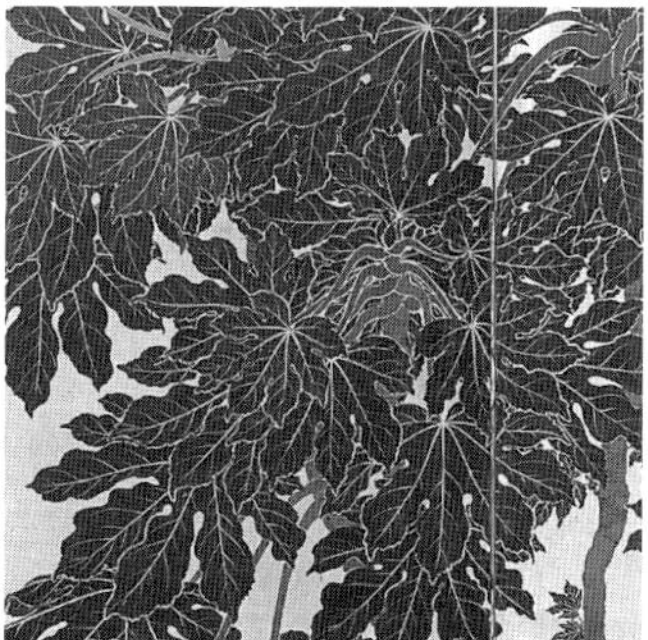

図5——菱田春草《早春》左隻第五・六扇（部分）

★1――節庵（瀧精一）「文部省美術展覧会評（四）」『東京朝日新聞』一九〇九年一〇月二三日、六面。強調引用者。なお本章の引用において旧字体は新字体に改め、必要に応じてルビを振った。

★2――菱田春草「画界漫言（下）」『時事新報』一九一〇年三月八日、七面。強調引用者。

★3――高階秀爾はこの「距離」の語に注目し、「春草の語る「従来ゴッチャにされて居た距離」というのは、常識的に言えば、遠近、ないしは奥行き、すなわち、画面の空間構成ということと考えてよいであろう」と論じた。そのうえで高階は、西洋の遠近法的空間表現では消失点と対応する画家の視点があり、その画家の視点と重なる形で「作品と観者の「距離」があらかじめ論理的に決定されている」と述べる（「菱田春草」『日本近代美術史論』ちくま学芸文庫、二〇〇六年、三〇六―三〇七頁）。つまり高階の読解において「距離」概念は、⑴画面内に描かれた「奥行き」すなわち「空間構成」と、⑵「画面と観者の距離」との二重の意味を潜在的にもつ。しかし続いて高階は、本章で扱った瀧精一による『東京朝日新聞』の批評を引用したうえで、「むろんこの批評は、西欧の絵画と同じような遠近法的表現をかならずしも表立って求めているわけではないにしても、しかし西洋画を引き合いに出していることからも明らかなように、画面に明確な空間構成を要求している」と述べ、「距離」概念を⑴の意味に収斂させてしまう（同書、三〇八―三〇九頁）。本論は、「距離」概念のこの二重性を腑分けし、むしろ⑵の「観望の距離」の意味で用いられた可能性を強調する。なお、春草の「距離」概念を⑴の「空間の奥行き」の意味で読む従来の解釈については、以下も参照。三輪健仁「《落葉》の「無‐地（non-ground）」について」『菱田春草』展カタログ、東京国立近代美術館、二〇一四年、一九五頁。同カタログの諸論稿は⑴の解釈を基本的に踏襲している。

★4――鶴見香織「作品目録・解説」前掲カタログ、図版〇九二解説、二二二頁参照。

★5――春草の他の屏風の中では、《黒き猫》（一九一〇）が折れ構造への意識をはっきりと感じさせる。右隻では、柿の幹を扇の境に半分だけ引っ掛けて折ることで、幹のねじれを効果的に表している。左隻では、猫の体を扇の境で割って時空間的なシークエンスをつくり、ユーモラスな驚きを与える。

★6――「［……］僅か五日計りの間に全く真の暗みの如く只僅かに障子を開くと日中外の光を只何となしにあるかの如くなきかの如く感受いたし、又白衣、白き毛布等白き瀬戸物の如き外の光を受けて反射するものは一二尺の距離に於て僅かにボーと煙の如く感じ［……］」（菱田春草、菱田為吉宛書簡（菱田千代代筆）、一九一一年八月二九日、「書簡」『菱田春草　続』菱田春夫編、大日本絵画、一九七八年、四八頁）。

第5章

合生的形象

——ピカソ他《ラ・ガループの海水浴場》の物体的思考プロセス

1　問題の設定

本論は、映画『ミステリアス・ピカソ——天才の秘密（Le Mystère Picasso）』（アンリ＝ジョルジュ・クルーゾー監督、一九五六年。以下MPと表記）が記録する、《ラ・ガループの海水浴場（La Garoupe）》（一九五五、図1／口絵6）の制作プロセスを、生物学的身体の外に物体化された思考過程として、またピカソを一要素とした作用者群（ピカソ他［Picasso *et al.*］）による集団的制作として分析し、そこで何が起きているのかを明らかにする。

ピカソは、自身の思考過程を記録することにこだわった。MPはその最も徹底した試みだ。絵画において画家はどのように思考するか。それは絵画の制作プロセスを辿ることで部分的に明らかにされる。しかしMPにおいて話は単純ではない。映画に撮影され、編集されることは、アトリエに独り篭って制作することとはまったく異なる複合的過程だからだ。いったいそこでは何が起きているのか。そこで考えているのは、いったい誰・何たちなのか。

MPは一九五五年七月から九月にかけて、酷暑のニースにあるステュディオ・ドゥ・ラ・

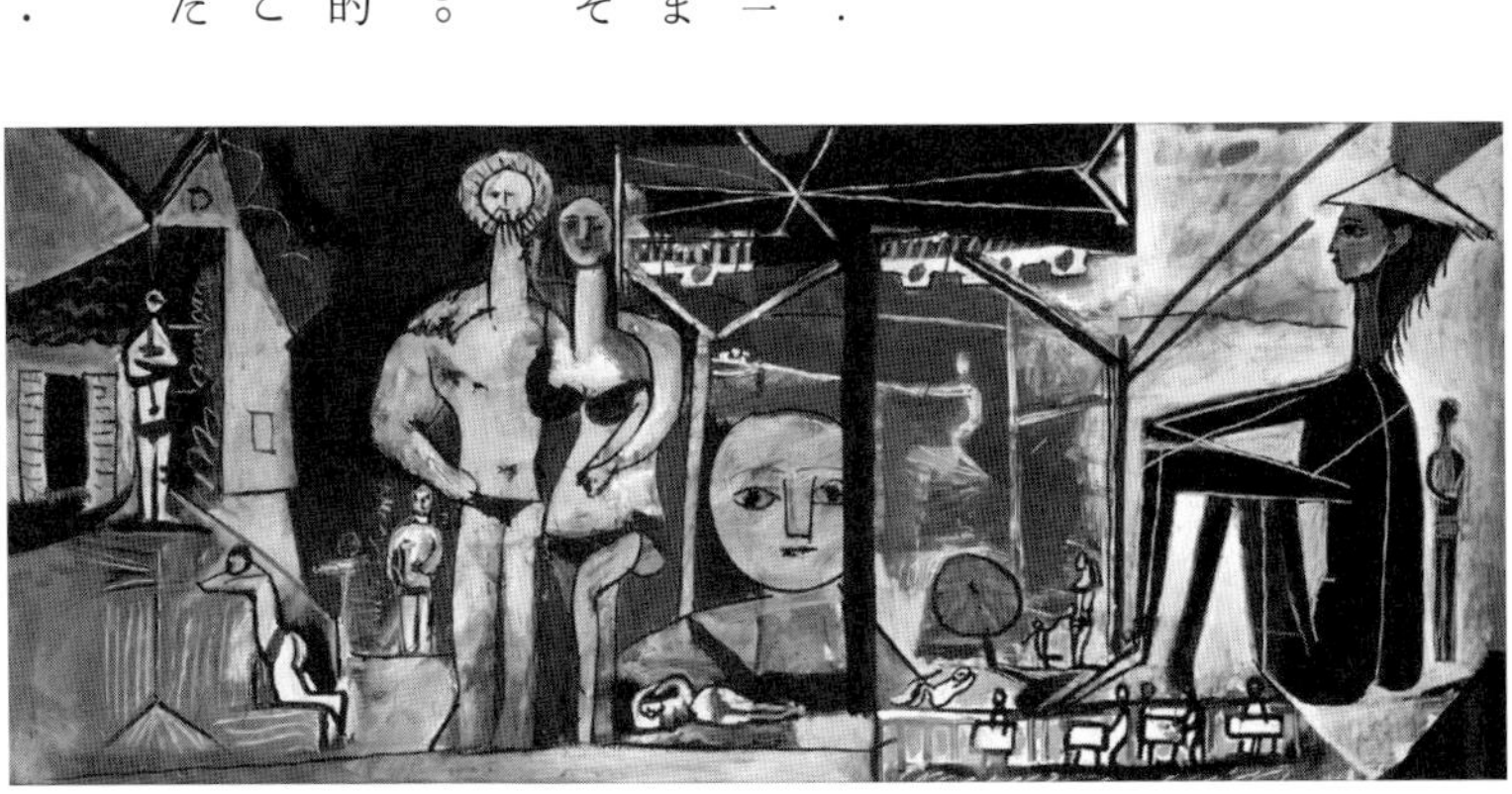

図1——パブロ・ピカソ《ラ・ガループの海水浴場》（一九五五年、東京国立近代美術館蔵）

ヴィクトリーヌで撮影された。撮影はクロード・ルノワール（画家オーギュストの孫、映画監督ジャンの甥。このことはピカソを喜ばせた）。編集はアンリ・コルピ。一九五六年一月にジョルジュ・オーリック作曲の映画音楽が演奏・録音された。一九五六年五月カンヌ映画祭で上映され、審査員特別賞を受賞。映画は全体で約七八分。最初モノクロ・スタンダードサイズで始まり、次いでカラー・スタンダード、最後から約二二分のところで上映途中にスクリーンが広がり、カラー・シネマスコープになる。《ラ・ガループの海水浴場》の制作過程はシネマスコープのシークエンスの最後、最も長く、最も多くのショットを使って描かれる映画の「クライマックス」にあたる。

《ラ・ガループの海水浴場》は映画の中で続けて二枚描かれる（《ラ・ガループの海水浴場I》、《ラ・ガループの海水浴場II》。以降前者をG1、後者をG2と呼ぶ）。ともに八〇・〇×一九〇・〇センチメートルのカンヴァスに油彩だ。ピカソにあってかなり珍しい比率の横長カンヴァスは、シネマスコープの縦横比に従っている。映画は、ピカソが筆を入れ→ピカソが退き→画面を撮影し→また筆を入れる、という断続的過程で撮影された。画面にピカソの姿は映らず、絵画が自動的に自己産出していくかのように見える。

MPに記録されたG1は、ピカソの制作プロセスを詳細に示す貴重な資料だ。しかしこれを対象にした先行研究は少ない。[★1] 特に映画が示す時間解像度での分析は従来おこなわれていない。本論はそれをおこなう。

そもそもこの映画には、撮影後にすべての絵画が破壊されたという誤った噂がついて回ってきた。[★2] 実際にはG1は東京国立近代美術館が所蔵する（一九八三年収蔵）。画面には多数のピンホールと、厚紙と絵具で補修された破れが見られ（図2）、これらはコラージュを含む制作過

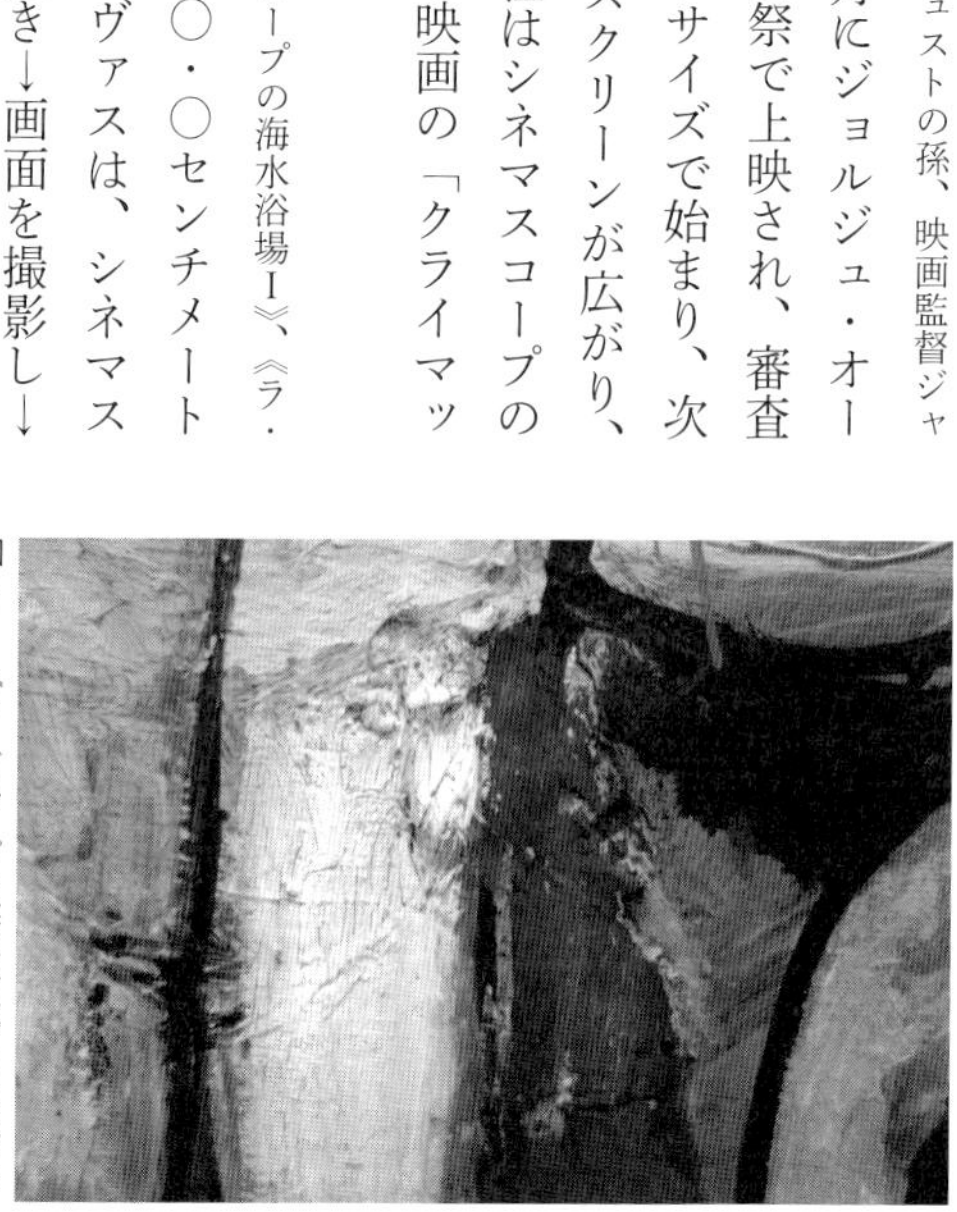

図2——《ラ・ガループの海水浴場》の厚紙補修（図1部分、著者撮影）

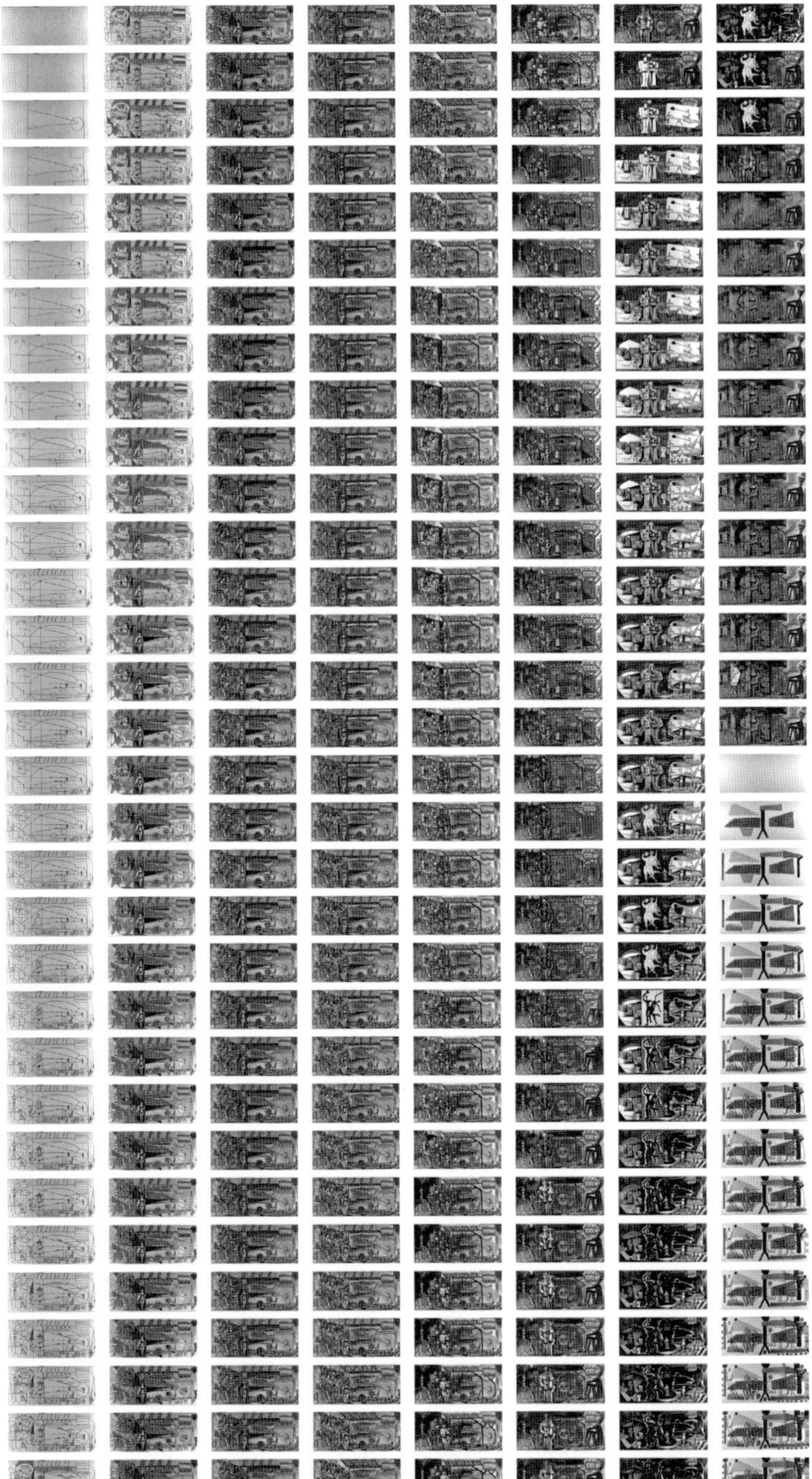

図3——《ラ・ガループの海水浴場I》（G1）と《ラ・ガループの海水浴場II》（G2）描画プロセスの全体

程でついたものだと考えられる。艶のない塗面を特徴とし、画面下部を中心にカンヴァスの地がのぞく。G2は個人蔵である。

G1は映画の中で約八分四七秒・計二四七ショット、[★3] G2は約五八秒・計一六ショットを使って描かれる（図3）。以降ショットの番号は、G1 s245のように表記する（s = shot）。本論の分析は、G1の制作過程に集中する。[★4] 分析資料には、『ミステリアス・ピカソ——天才の秘密』（発売 シネマクガフィン、販売 株式会社ポニーキャニオン、二〇一六）を使用する。

2　思考の体外生産

MPのテーマは映画冒頭、クルーゾーによって次のように述べられる。

> 「酔いどれ船」を書いていたときランボーの頭の中で何が起きていたのか［……］。創造者を危険な冒険へと導くこの秘密のメカニズムを、人は何としてでも知りたいと思ってきた。それは詩や音楽では不可能だが、幸運にも、絵画では可能なのだ。画家の頭の中で何が起きているのかを知るには、その手を追いかければ充分なのだ。

描画を辿ることで「頭の中」を探るというこの発想にはピカソ自身のアイディアが強く響いている。一九三五年に画家はこう述べている。

> 絵の各段階ではなく、その変容を写真で保存するのはとても興味深いだろう。ひょっと

したら人は、夢を物体化する際に脳が辿った道筋を見つけるかもしれない。[★5]

このアイディアは《ゲルニカ》(一九三七)の制作過程を記録したドラ・マールの写真にまず実現された(図4)。一九四三年、写真家ブラッサイとの会話では次のように言われる。

> なぜきみはぼくが自分の描いたものの一切に、日付をつけると思うかね?[……]いつ彼がつくったのか、なぜか、どのようにか、どんな環境でかをも知る必要がある。おそらくいつの日か一つの科学が生れ、人はそれを多分《人間の科学》と呼ぶだろう。[……]私はよく、この科学のことを考える。私はできるだけ完全な参考資料をぜひとも後世に残したい……。[★6]

生産の時空間の詳細な記録が、画家の秘密を解き明かす。MPのピカソは「映画」によって、日付や写真記録よりもさらに時間的に高解像度の資料を「人間の科学」に残そうとするようだ。

しかしこのアイディアをピカソ単独の文脈で考えるのは適当ではない。背景には、ハンス・ネイムスによるポロックの記録映画(一九五一)をはじめとして、一九五〇年代に頻繁に撮影された画家たちの「アクション」がある。ジョルジュ・マチューは『ライフ』誌等に向けて絵画パフォーマンスを行い、日本では具体美術協会の白髪一雄らがその行為を映像で記録した。「アクション」の画家たちをピカソは評価しなかったが、[★7]同時代性がある。

大きな違いは、MPには描画する画家の身体がほぼ映し出されないことだ。一九五〇年四

図4――《ゲルニカ》の制作過程(一九三七年五月一一日、ドラ・マール撮影)

月、ポール・エゼール監督の『ピカソ訪問』では、ピカソはガラスの裏側で描く身体を見せ（図5）、同年秋に撮影されたネイムスの映画を先取りしていた。エゼールとネイムスに影響を与えたと推察されるのは、写真家ジョン・ミリが一九四九年に撮影し、一九五〇年一月『ライフ』誌に掲載されたピカソの光‐ドローイング写真だ[8]（図6）。

これらの試みと異なり、MPのピカソは描く画家の身体を消去することを求めている。[9]それはまず映画前半、アメリカで新開発された浸透性フェルトペンを用いることで実現される。[10]紙に透けたインクを裏側から撮るのだ（図7）。では透けないカンヴァスではどうするか？　この問題が映画後半、油絵の「コマ撮り」という労苦の多い作業により解決される。結果生み出されるのは、絵画が絵画を生む「自動性」の印象だ。映画批評家アンドレ・バザンは、MPをアニメーションの伝統に結びつけている。[11]

画家が画面から消え去り、絵画がアニメイトされるとき、主要な作用者性《エイジェンシー》は少なくとも見掛け上、絵画それ自体の展開に与えられ、画家／観客は受動的位置に置かれる。「絵画は私より強い。絵画はその望むところを私にやらせる」という後のピカソの有名な言葉が[12]、文字通りに上演されるかのようだ。

かつてロザリンド・クラウスはピカソのこの言葉に現れる受動性に注目し、それを機械的な「ビート」と結びつけて論じていた。[13]クラウスによれば、晩年のピカソのパラパラ漫画的描画を駆動するのは、形態を変容させ、共不可能なものを重ねあわせる、諸形態の潜在的母型《マトリックス》としての「ビート」である。クラウスはそれを、マックス・エルンストによるゾーイトロープのコラージュと共鳴させている[14]（図8）。

本論が批判的に注目するのは、クラウスがこのビート・メカニクスをフロイトの「死の欲

図5――『ピカソ訪問』（ポール・エゼール監督、一九五〇年）

図6――光でドローイングするピカソ（ジョン・ミリ撮影、『ライフ』一九五〇年一月）

動」理論と結びつけて心的装置とのアナロジーに置き、いわば体内化していたことだ。憑かれたようにパラパラ漫画的スケッチを続けるピカソの前で、「窓が開くだろう、そして魅了され、そこに捉えられた画家の目の前で何かが起こるだろう——ちょうど症例〈狼男〉のように、窓は、その彼方で何かが起こる場へと開かれる」[★15]。そのように書くクラウスは、心的「窓」が開くことと外的スケッチブックをめくり続けることを無媒介化している。この無媒介性を仮設することにより、クラウスの文章はそれ自体、幻惑的効果を発揮している。

だがG1はじめMPの油彩画生産の場において、ピカソの仕事は同じようには作動しない。

上から
図7——『ミステリアス・ピカソ』（一九五六年）より前半のドローイング撮影シーン
図8——マックス・エルンスト『カルメル修道会に入ろうとしたある少女の夢』（一九三〇年）より
図9——G1制作風景（エドワード・クイン撮影）

撮影空間はより即物的に体外的な、複数の作用者からなる複合的装置だからだ。そのビートを特定の人物が体内化することはできない。ピカソはゾーイトロープの内部で幻惑される少女の位置ではなく、苛酷な労働環境下で無数の差異化された図像を描き続けるアニメーターの位置にいる（図9）。ピカソの欲動のビートは、そこで寸断され、疎外される。

　疎外は第一に、強烈な灯下での描画にある。照明の熱は、酷暑の屋外さえ「シベリアのように」感じさせた。七三歳のピカソは極限的疲労により撮影後一か月間完全に休養している。[★16]

　第二の疎外は、寸断された描画のタイムフレームだ。証言によれば、G1・G2の撮影は八日間、正午から夜八時までおこなわれた。[★17] 最終日はG1完成後にG2が続けて描かれ、朝二時に終了した。[★18]

　仮にG1の二四七ショットを機械的に分割すると、二四七ショット／八日間＝約三一ショット／日となる。これで一日の作業時間を割ると（最終日はG2の分延びたと仮定）、八時間（四八〇分）／三一ショット＝平均約一五分／ショットだ。ここから撮影時間と休憩時間が引かれる。絵具の反射を避けるためか、ランプとファンで強引に乾燥させたという証言も踏まえると、[★19] 一ショット分の描画は平均一〇分程度で寸断されていたと推定される。徹底した非没入だ。

　思考の自然な流れは、撮影の必要、絵具の乾燥特性、フィルムの残量等に拘束されて数百回切断される。G1の「思考」は、この疎外的・寸断的環境において生産される。そこには映画MPを含む戦後メディアが神話化した、溢れ出る自発的天才としてのピカソの姿はない。「人間の科学」の対象はここにない。あるのは、ピカソをその一要素とする人間・非人間の複合的システムの作動である。これを「ピカソ他（Picasso *et al.*）」の思考と呼ぶことにしよう。

　映画が言うように、画家の「思考」は頭の外、紙やカンヴァスの上に現れうる。絵画制作において思考はカンヴァスや絵具へと拡張され、筆跡パターンの物質的累積が、頭の中だけでは成しえない重層的構造をもつ画面を可能にする。[20] ピカソ／クルーゾーのアイディアには、現代哲学における「拡張された心」理論（アンディ・クラーク＋デヴィッド・チャーマーズ）との親和性がある。[21]

だがG1が示すのは、たんに物体へと拡張されたピカソの思考ではない。ピカソ他の思考は、絵画を取り巻く諸技術者、諸技術装置とその制限から構成されているからだ。それは複数の人間的・非人間的アクターからなる異種混淆的な「集合体」（ブルーノ・ラトゥール）の「思考」であり、[22] それが絵画面に結節している。まずはこの絵画の内部構造を分析しよう。

3　意図の発達についてのオブジェクト指向モデル

G1をはじめとするMPの油彩画カンヴァスは、角材と直角三角形の板からなる簡易フレームで壁に垂直に設置された（図10）。フレームはおそらく写り込みを避けるため黒く塗られた。手前に絵具・缶・ボウル・パレット・筆等を置くための簡易台があり、床にはテレピン油を入れたと思われるワイン瓶と、ボール箱、吸殻が散らばる（図9）。ピカソは立って仕事をしている。

カンヴァスのサイズはピカソの身体より一回り大きい。その縦横比（1:2.35）はシネマスコープ（1:2.35）に従って決定されている。これは《ゲルニカ》（1:2.22）や一九四六年の《生の喜び》（1:2.08）に比べても横に長く、ピカソの全画業において例外的だ。

横長の画面は一般的に、画面内諸形象の関係を散漫化し、絵画の統合を困難にする。[23] MP

図10——G1制作風景（エドワード・クイン撮影）

ではG1・G2以外の油彩画については、画面いっぱいに広がる横長テーブル、横臥する人物、または横臥する人物と動物の体の緊密な組合せによって、つまり画面内形象の横長化と（準）単体化によって統合が実現されている（例：《闘牛》、図11）。しかしG1にはこれがない。G1の特徴は、先に図式的フレームを引き、そこに多くのバラバラな「小キャラクター」を棲みつかせたことにある（図12）。映画では、この散在的構図がG1の統合を最後まで困難にしているように見える。

MP撮影の半年前、一九五四年一二月から一九五五年二月に描かれた《アルジェの女たち》連作についてのレオ・スタインバーグの分析に従えば、当時のピカソの問題は以下二つであった。(1)背面と正面の平面的統合、(2)自然主義スタイルと図式的スタイルの統合★24。言い換えれば、まったき平面性と内奥性の統合だ。この関心はMPにも見られ、特にG1では図式的フレームと具象的人物・風景の統合という問題として現れる。だが統合は、ピカソの同時代の絵画のようには実現されていない。

G1の画面構成はピカソの全画業において特異である。遠近法を無視してサイズの異なる人物が入り乱れているからだ（図1）。言うまでもなく、一人物の身体を内的に矛盾するパースペクティヴに裂くことはピカソにおいて常套である。だが複数の人物間の空間的関係、特に縮尺の一貫性を破綻させることはピカソにおいて極めて異例だ。ピカソの絵画では、人物の縮尺の遠近法的一貫性はほとんどつねに維持される。例外は一九三〇年の《磔刑》（図13）である——空間的奥に見える小さな百卒長の長槍が手前のイエスの脇腹を刺す。ただこれは、降架に先行する時間的過去が空間的遠景として描かれるという、異時同図法の変種

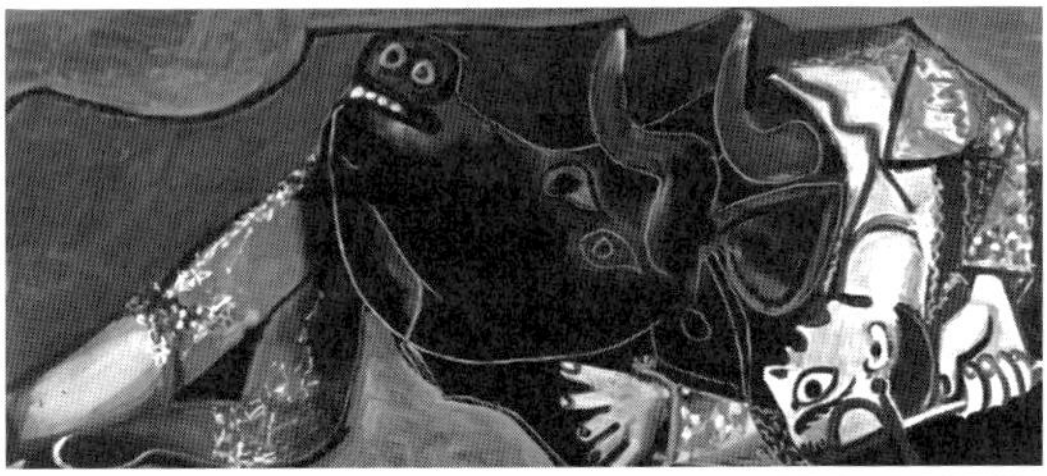

上から
図11——『ミステリアス・ピカソ』より《闘牛》
図12——G1 s24

であろう。

一方、G1ではサイズの異なる多数の人物が入り乱れ、空間の一貫性・統一性は見つからない。不統一を説明する一つの方法は、ここに海岸の情景と「映画館的構造」の混淆を見ることだ。すなわちスクリーンに映し出された巨人を小さい観客が見上げるというように。G1 s12からs182まで描かれる画面右下「入口」から階段を降りてくる人物の姿は、海岸よりむしろ映画館にふさわしい（図29・s82参照）。すなわちカンヴァスのサイズだけでなく、絵画の構成自体にスクリーンの経験が混入していると推測しうるのだ。だが全体的説明には遠い。

MPは映画としての高評価に反し、映画内絵画については、ピカソの熱心な擁護者たちによって批判されてきた。「玩具だ――そして新しくない。私たちの子供時代の幻灯機の類。クルーゾーはそれを公衆の面前における傑作の誕生だと信じている――なんて愚か！」（ジャン・コクトー）[★25]。「［……］時間は圧縮される［……］。結果として彼がおこなう絶え間ない変更は映画の中で、漫画の意味での「アニメーション」に見える。［……］私たちはなぜピカソが絵の中にあるものを絶え間なく修正し変化させるのかについて手掛かりをもたない、それゆえ修正と変化の背後にある奮闘のすべてが無意味となる。描かれた像たちは動き回り、自らを再配置する――くつろごうとする犬たちのように」（ジョン・バージャー）[★26]。これら不評の一部を、「映画のための絵画」の不純性・異種混淆性に求めることはできるだろう。だが本論は、むしろこの不純なシステムの作動にこそ関心をもつ。映画装置と接続したピカソ他は、「純粋」絵画に集中するときとは異なる問題に取り組んでいる。シネマスコープの横長画面はその最たるものだ。では問題はどのように解決されるのか。

コラージュが剥がされて画面が「完成」に至る、描画プロセスの最終段階に絞って分析を

図13――ピカソ《磔刑》（一九三〇年、パリ・ピカソ美術館蔵）

おこなおう。何が起きているのか。s244→s245（図22→図23）で、画面右の△帽人物の喉元に向から横線右端が水平からやや下方に曲げられ、構造的性質を弱める。そのことで、横線と交叉する黒Yが相対的に自立する。この黒Y左側と△帽人物の足先の斜線∠は、中央右寄りの黒太垂線を挟んで対称的に、中央の大きな丸顔人物（以降「海坊主」と呼ぶ）の胸から右肩に上がる黒斜線╲と、その右肩から背後に立ち上がる白Y右側を結ぶ「六角形」を作る。

この六角形は描画の最終段階で初めて現れたものだ。s240→s241（図18→図19）において、海坊主の両肩との間で菱形を閉じていた中央最下端の∨が消去される。画面中央に残っていた黒枠（コラージュを塗る際にはみ出したもの。s234→s235（図14→図15）参照）が、s242→s243（図20→図21）で黒太垂線┃として引き直される。黒太垂線はs245（図23）で、海坊主の肩紐として斜め╲に延長され、白Y・黒Y・足の∠とともに六角形を形成する。同時に画面右下端に白い▽が描かれ、△帽・黒Y右側とともにもう一つの潜在的六角形を右につくる。

海坊主の周囲の奥行き構造に注目すると、奥から順に、海・水上スキーを引くボート・白Y・海坊主の顔と肩・肩紐〜黒太垂線・寝転ぶ小人物たちとなる。寝転ぶ小人物たちの「脚」はs244（図22）・s245（図23）で描き足されて背後の層（肩紐〜黒太垂線）から分離され、縮尺の矛盾を異なるレイヤーに振り分ける。

画面左側に注目すると、s237（図17）で単純な描線で肩を組む男女が描かれた後、s240（図18）で男の背後を閉じる壁⊔とs241（図19）で女の左肩に刺さる垂線がこの領域を狭く閉じるが、s242（図20）で男の背後が広く黒く塗られ、s244（図22）で女の肩の垂線が弱められることにより奥へと開放される。s245（図23）で赤い半円、s246（図24）で白い半六角形（バッカス的男女）が貼られて空間は一旦混雑するが、s247（図25、完成ショット）で再び外される。最終的に画

図14〜図25——G1の描画プロセス（s234〜s247）

図14　G1 s234

図15　G1 s235

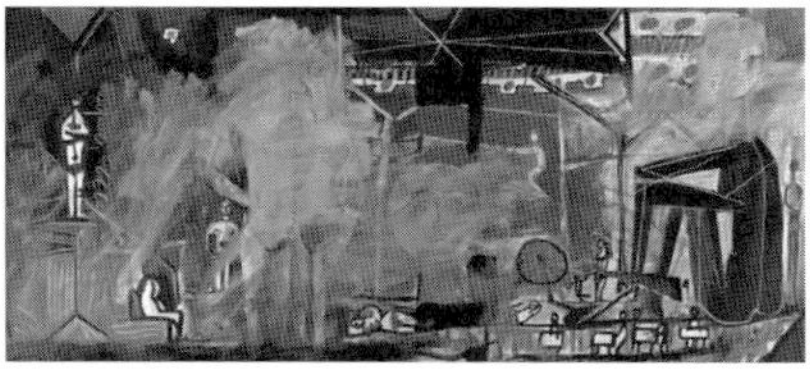
図16　G1 s236

図17　G1 s237

図18　G1 s240

図19　G1 s241

図20　G1 s242

図21　G1 s243

図22　G1 s244

図23　G1 s245

図24　G1 s246

図25　G1 s247

面左半分は、六角形を縦に割った二つの亀甲括弧〔〕を左上・右下に拡げて肩組み男女とその背後の広がりを囲む形をとり、その間で艶消しの黒と青が空間を奥に開く。奥行きは左端の腕組み人物を縁《ふち》として、再び手前で閉じる（s247）。

この腕組み人物はs24（図12）で初登場し、その後位置をまったく変えないが、たとえばs163（図31）では画面右側の構造からほぼ切り離されているのに対して、s247では全体の構造に織り込まれている。それを可能にするのは画面を横方向に統合する、潜在的六角フレームの連鎖である（図26、s247＋著者によるダイアグラム）。

この統合フレームを「六角連鎖構造」と名付けることにしよう。絵画は六角連鎖構造の成立をもって、完成ないし中断されている。この構造はいったいどこで成立したのか？　六角連鎖構造にたんに平面的ではない奥行き統合性を与えているのは中央右寄りの黒太垂線であり、これはコラージュの塗りはみ出しを強調して引き直したあと（図20→図21）、既存の白Yフレームに接続して再解釈したものだ（図22→図23）。これが六角連鎖構造に、ちょうど屏風の折れ構造のような前後の奥行きを与えている（図26）。

では六角連鎖構造ないし屏風状折れ構造の要素となる「斜線」はどのように成立したのか？　あらかじめ見通しがあったわけではない。s5（図27）で左端のY＋逆さY（このうち上のVだけがs238で構造的に強調、図18参照）、s9（図28）で左の／、s82（図29）で右下階段下の⊿（後にs189・s219で強調）、s138（図30）で黒く突き出す／柱、s163（図31）で二本の黒Y（後にs237（図17）・s243（図21）で一本化）、s184（図32）で右人物の足先∠、s194（図33）で白Y、s237（図17）で右人物の△帽、s243（図21）で黒Y右枝／を△帽へ延長、s245（図23）で△帽を反転する下端の▽、同時に海坊主の肩紐╲が引かれ、このとき、異なる時点で局所的に蓄積してきた斜線群が一挙に架橋され、

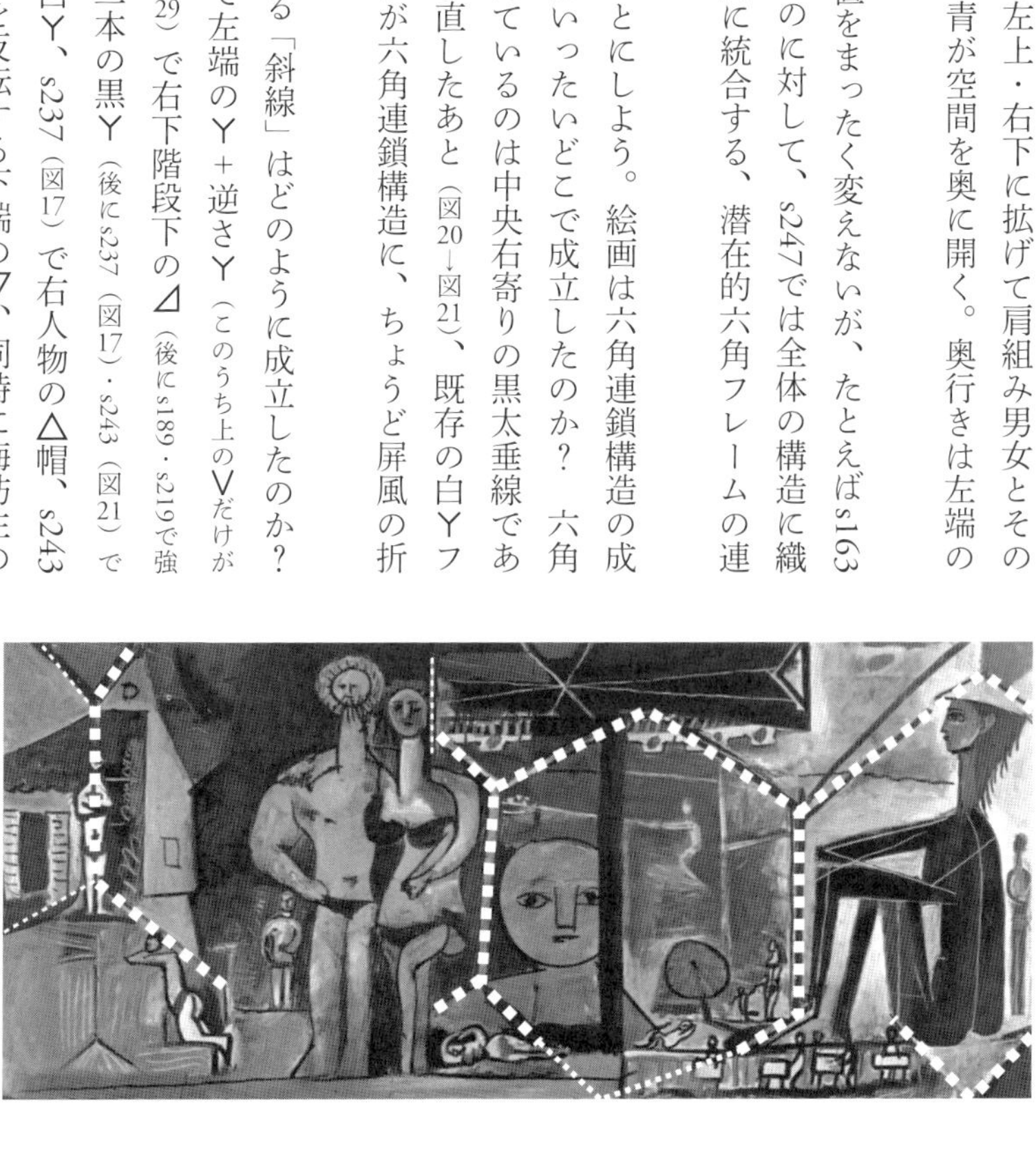

図26——G1 s247＋著者によるダイアグラム（白点線）

反復性をもつ大域的な六角連鎖構造へと総合される。図式的フレームは、大小の記号的人物を織り込んで分解に抵抗する固さと内部性と「力」を獲得し[27]、シネマスコープの横長画面を統合する。

　ここで議論の水準を一段階メタ化しよう。このような記述はどの程度説明力を持つのだろうか？「六角連鎖構造」は本当に在るのか？在ると言いうるなら、誰が・いつその構造を「意図」したのか？

　観察者つまり本論の著者がそれを構成したという回答をいったん保留し、二種類の回答法を検討しよう。(1) s245（図23）のピカソが意図した。(2)意図は絵画表面に潜在的・物体的に生長し、s245で遡行的に意識された。

図27〜図33——G1の描画プロセス（s5〜s194）

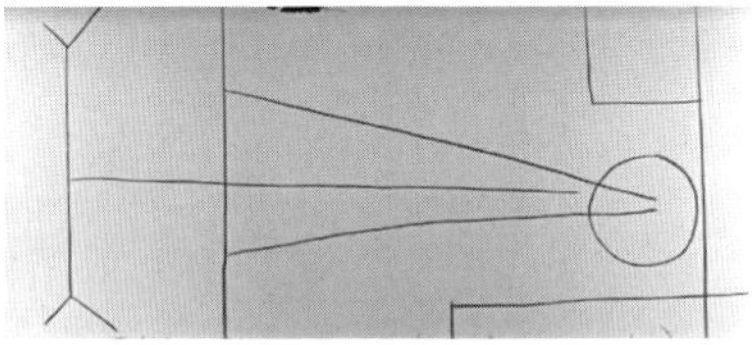
図27　G1 s5

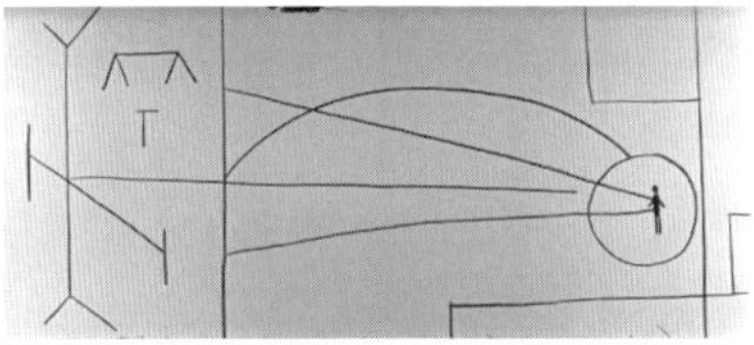
図28　G1 s9

図29　G1 s82

図30　G1 s138

図31　G1 s163

図32　G1 s184

図33　G1 s194

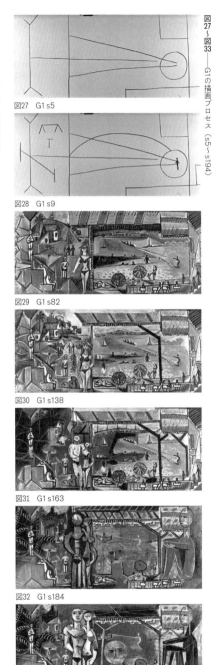

回答(1)は常識的だが、ピカソは絵画を自身の意図で作るという方法をしばしば否定しているため、説明として十分でない。「私の考えでは、探すことは絵画において意味をなさない。見つけること、が問題なのだ。［……］芸術において意図は充分ではない［……］。何をするかが重要で、する意図を持つことではない」[28]。だがピカソは非意図的偶然に頼るわけでもない。むしろ、部分的に絵画が考えるのだ。「絵画は私より強い。絵画はその望むところを私にやらせる」。絵画は（筆算がそうであるように）計算の重要な一部を物質的に担い、「私」はそれを事後的に見つけるのだ。

では、回答(2)をとるとどうなるか。——絵画の「意図」は、画家の生物学的身体の外、絵画面上に時間的・空間的に分散しながら物体的に生えてくる。意図は、異質な要素の統合へと向かう概括的な意識の傾向を背景としつつも、具体的細部においては、外的物体の布置に非意識的に予兆＝前形成（prefigure）され、あるとき観察者＝制作者の発見を介して遡行的に意識され実現される。これは意図概念の日常的用法に反するが、それを日常言語から切り離して使用することを本論は提案する。

提案は美術史家マイケル・バクサンドールが『意図のパターン』において素描した理論を、「拡張された心」理論と異種混淆的「集合体」理論を背景にして敷衍するものだ。バクサンドールは書く。「私が取り組む意図は、実際の、特定の心理的状態のことではなく、ベンジャミン・ベイカーやピカソの頭の中にある心的出来事の歴史的セットのことでさえない。［……］意図とは事物の前傾した姿である」[29]。すなわち、「「意図」はここでは、画家よりも絵画に関係する」[30]。

もちろん画家が絵画を描くとき、意識的意図の概括的な方向性はある。一九五五年のピカソの場合、それは平面性と内奥性をはじめとする大きな隔たりを持つものの統合だ。だが具体的画面は一筆ごとに変わり、画家が行為を差し向ける状況はそのつど変貌する。それゆえ過程には「一つの意図があるのではなく、意図が発達していく諸瞬間の無数のシークエンスがある」[★31]。必ずしも意識的でない物質的展開の諸シークエンスは、作品の完成／中断時に、遡行的に制作者の意識的意図へと統合される。これを物体側に寄せて強く言えば、絵画における「意図」は部分的に物体において非意識的に生長し、完成／中断時に制作者の意識的意図の下で遡行的に我有化される履歴的《ヒストリカル》なオブジェクトである[★32]。

分析美学者のペイズリー・リヴィングストンは、バクサンドールが提起した「人工物に内在する非心理的な意図」というアイディアを、心的特性と志向的行為を人工物に帰属させる非自明な議論として一蹴している[★33]。だがここで本論が目論むのは、意図概念を理論的に改訂し、体外の物体的環境へと拡げることで、絵画的思考の特性を照らすことだ。

そもそも意識的意図は、ミクロレベルでも行為の起点をなしてはいない。行為に際する脳活動の開始は、意識的意図に数百ミリ秒先行する[★34]。生理学者のベンジャミン・リベットが観察した事実だ。意識的意図は行為の唯一の起点をなさない。行為を開始する非意識的意図は身体全体・脳神経系全体に時空間的に分散しており、行為開始後に、遡行的に意識的意図に統合される[★35]。G1はその非意識的意図の育ちの場を、体外の物体へと拡げて見せている。

G1の思考は、異なる時点に絵画上に現れて蓄積する形態群を架橋することで実現される。これは、各回の試行の成否が毎回意識にフィードバックされる「試行錯誤モデル」とは異なる。概括的意図の下でなされるローカルな問題解決が、それ以上の規模での反省的総合を介さぬまま物質的に蓄積し、ある段階で相転換するように突如グローバルに架橋されるということだ。これを、「意図の発達についてのオブジェクト指向モデル」と呼ぶことにしよう。

保留した回答に戻る。「六角連鎖構造」は特定の観察者から独立して在るのか？　哲学者ダニエル・デネットは論文「リアル・パターン」において、ある配列の記述をビットマップ（無圧縮の逐次記述）よりも圧縮可能であるとき、記述されたパターンは実在すると論じた。[★36]絵画的パターンも同様だ。六角連鎖構造の構成素は粗く反復的であり、異質な要素（図式と人物）を横断し、相互に接続・応答的であり、作品の「完成」に同期し、絵画記述をよく圧縮する。それゆえ何らかの水準で実在する、と言われうる。

では構造とともに生長し遡行的に実現されたという「意図」はどうか？　それは本論による構成を離れて在るのか？　シークエンスは大枠としてピカソの描画プロセスであることが映画のナラティヴ上了解されており、形態の完成／中断を画家の物体的「意図」の実現に結びつけることは概ね不可能ではない。

だがここでは短絡を避け、議論をもう一段階拡張しよう。注意すべきは、実際のピカソの描画プロセスは前節で見たように、徹底して疎外的・寸断的なものだったことだ。絵画面の擬似連続的な変化のみに集中し、「意図」の形成を「生長」的に、かつ突如の飛躍を伴うものとして、いわば生命的に充実させて記述することは、ピカソの身体が消去された後の「アニメイト」された映画の印象に対応している。すなわち本節での「意図」の描像は、実際の絵画ないし絵画的意図の形成過程に対して強すぎる。あるいは、映画外で描かれる絵画としてのG1と、映画内で生長する絵画としてのMP–G1は区別される。後者は編集によって高速化され、また音楽によって強調され、観客の意識上で再生された合成物である。本論は以降後者、複合的存在としてのMP–G1を分析の対象とする。注目すべきはサウンドトラックである。

4　合生的形象

MPに付されたオーリックによる音楽は公開当初から不評だった。「ただし、ジョルジュ・オーリックによる音楽は受け入れがたいものであり、安易な心理主義的やり口の数々を驚くべき大胆さではねつけてきたクルーゾーが、ここでは逸話的要素、耳目を引く要素に譲歩したことを明白に示している」[★37]（バザン）。「なぜ彼［クルーゾー］はジョルジュ・オーリックに、耳を聾するオペラ・コミックのメドレーの代わりに『詩人の血』に値するスコアを書くよう依頼しなかったのか？」[★38]（フランソワ・トリュフォー）。ピカソ自身も音楽はあまり気に入らなかったようだ。「P［ピカソ］は以前私たちに、それについてはあまり満足でないと言った――うるさすぎ、押しつけがましい」[★39]。

オーリックはインタビューにおいて、MPの音楽はオーリック自身の感情の表現であると強調している。「［……］私はコメンタリーであるだけでなく、カンヴァスに描かれた美と壮麗に直面した私自身の感情を表現する音楽を作曲しなければならないと悟った。だから観客は音楽と絵画の比較に直面するだろう。私はいかなるときも、私の楽譜をカンヴァスに生じる形態に縛りつけようとはしなかった」[★40]。オーリックの音楽は絵画から過剰に分離されて耳に障る。これは絵画に対して概ね模倣的に振るまう、ポロックの記録映画におけるモートン・フェルドマンの音楽とは対照的だ。

だが、すべてが分離されているのではない。最終部、コラージュが剥がされていくMP–G1

s232以降のショットの切れ目を楽譜上に記してみる。[41] するとショットの切れ目は音楽に同期して「拍」を刻んでいることがわかる（図34）。s239以降は切断＝強調される拍の位置は変動し、MP–G1の最終展開に視聴覚的な「グルーヴ」を与えている。つまりオーリックの音楽（コルピの編集）はここで、カンヴァス上の形態にではなく、編集（音楽）のタイムフレームに応答しているのだ。[42]

フィルムを編集したコルピによると、基本的なフィルム編集は音楽に先行し、撮影と同時に進められ、音楽録音後に最終的な調整がなされた。[43] 油絵シークエンスの編集についてコルピは次のように述べている。「［……］絵画の各瞬間に二〇コマから四〇、あるいは六〇、一〇〇、あるいはそれ以上のコマの間で変動する、心理的かつドラマティックな持続が与えられた[44]」。MP–G1のショット持続時間をグラフにすると図35のようになる。相対的に安定した冒頭一八ショットの後、持続時間は乱高下する。数値的に操作された心理的・ドラマ的な情動は、一種の「時間的地勢」をなすのだ。

オーリックの音楽とコルピの編集は、少なくとも部分的には、互いに梯子を掛けるようにしてこの情動の時間的地勢を構成している。MP–G1にとって、絵画は唯一の構成的中心ではない。

この地勢を編集するにあたって主要な技術的問題は、ショットをまたいで絵画を静止＝持続させることにあった。シネマスコープの大スクリーンに投影された絵画が二四七ショットの間持続して見えるためには、「一／一〇〇〇㎜」精度のつなぎ（スプライシング）がなされなけ

図34——MP–G1 s232〜s245のショット分割と拍

ればならない。[45] わずかなつなぎのずれが絵画面を激震させる。だが当時それを可能にする技術は存在しなかった。そのような問題は、発明以来約六〇年の映画史の中で提起されたことがなかったからだ。

サン＝クルーにあったL・T・Cラボの技術者がこの問題に取り組むためアメリカに渡るが解決を得ず、再び同ラボにおける多数の試行錯誤の後、投影時に感知されない精密なつなぎ技術が開発された。ラボはこれを「プレス・ピカソ」と命名している。[46] MP–G1の「自動性」の印象は新技術の開発に支えられたのだ。

次のようにまとめられる。映画内で生長するMP–G1の「思考」は、複数の人間と非人間的技術装置が絡み合い、互いに梯子を掛け合うようにして実現された。これを新しい共在性（togetherness）の産出を指すホワイトヘッドの用語である「合生（concrescence）」を借りて、[47]「合生的形象」と呼ぼう。MP–G1の二四七ショットに渡る音‐映像が示すのは、「ピカソ他」による合生的形象の産出である。映画の最終ショットではいくつかのカンヴァスに混ざり、「カメラのレンズケース」と「照明の支柱」と「絵画のイーゼル」をピカソが即席で組み合わせたというケンタウロスの彫刻が画面右に映る[48]（図36）。すなわち合生性のエンブレムだ。

分析をもう一段階進めよう。合生的形象としてのMP–G1の展開は、ピカソとクルーゾーによる画面についての反省的会話がアフレコされることで、部分的に「主観化」されている（表1、［ ］内はクルーゾーの台詞）。コラージュ導入が宣言されるs199から、剝ぎ取りが宣言されるs231だ。会話は制作の実時間を反映せず、アニメーション的に高速化された画面変化に即して当てられ、いわば合生的主観性を構成している。ピカソ他の主観である。ショットの切れ目は概ね文の切れ目と同期し、台詞の展開と画面の変化を時間的に強く結合している。「月」

図35——MP–G1ショット持続時間の推移

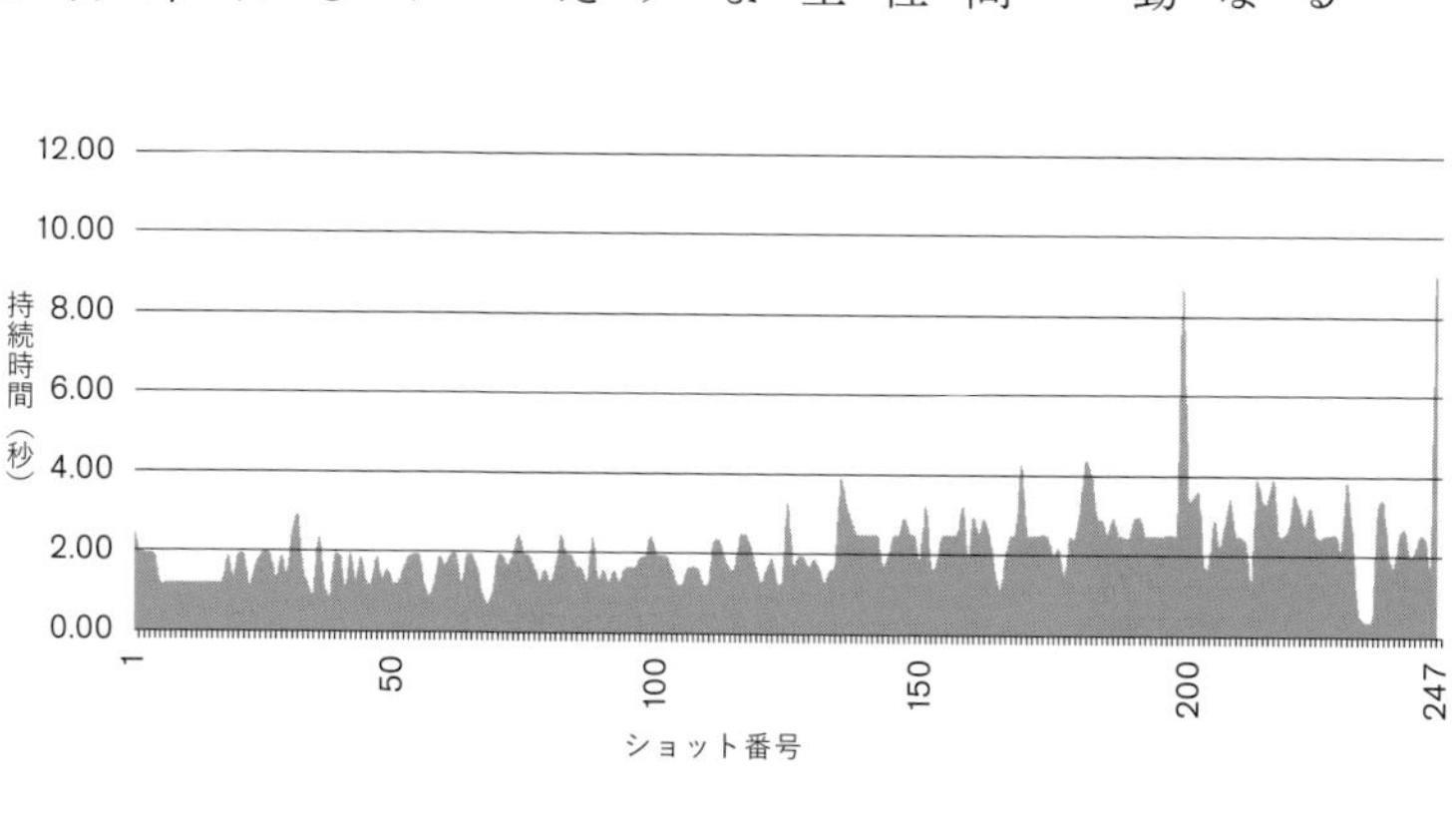

とピカソが言う（s226）——すると赤い半円が現れる（s227）。アフレコによる「創造」だ。だがこのとき絵画面全体の構造は、もはや統合が考えられないほど破壊されていく。

「観客のことはまったく考えていなかった」（s219–s220）という画家の台詞とは裏腹に、このシークエンスは観客に強力な経験をもたらす。高速化された画面展開についてのピカソ他の反省的「意識」が、画面に対する観客自身の反省的意識と同期して混ざり、あるいはそれを先取りして奪うように感じられるからだ。ピカソ他の合生的主観性とは端的に、観客＝私のリアルタイムの意識の場を借りて再生される主観性である。[★49] それゆえ観客＝私の意識は、ピカソ他の思考の産出的基胎となり、かつそれによって揺り動かされる。

シークエンスを通じて、画面はコラージュが重ねられるたびに混乱・散漫化し、破壊と創造の境が決定不可能になる「アイコノクラッシュ」的性格を帯びていく。[★50] 画家は言う。「これは悪い。とても悪い。とてもとても悪い」（s211–s213）。二秒から遅くとも四秒以内でとめどなく更新されていく画面は、観客の目の前で「悪く」なり、「悪く」なるたびに、観客の自己保持の感覚を揺り動かして「力」を放つ。[★51] 観客は、合生的形象の展開を自身の知覚を通して再生し、生まれるそばから破壊されていくその形象の力に奪われる。人類学者アルフレッド・ジェルの概念で言えば、観客は映画を知覚的に再生することで初めてアニメイトする基胎的「作用者《エイジェント》」であると同時に、アニメイトされた映画に摑《つか》まれ揺さぶられる「被作用者《ペイシェント》」である。[★52]

作用者《エイジェント》／被作用者《ペイシェント》（以下、A／P）関係が作動するのは、観客と映画の間だけではない。筆を入れ、現れた絵の姿に驚かされ、再び筆を入れる画家は、絵画面との間でA／Pの交替的連鎖を生きている。[★53] 画家はまた、映画の全体がその行為のために捧げられる特権的アクター＝

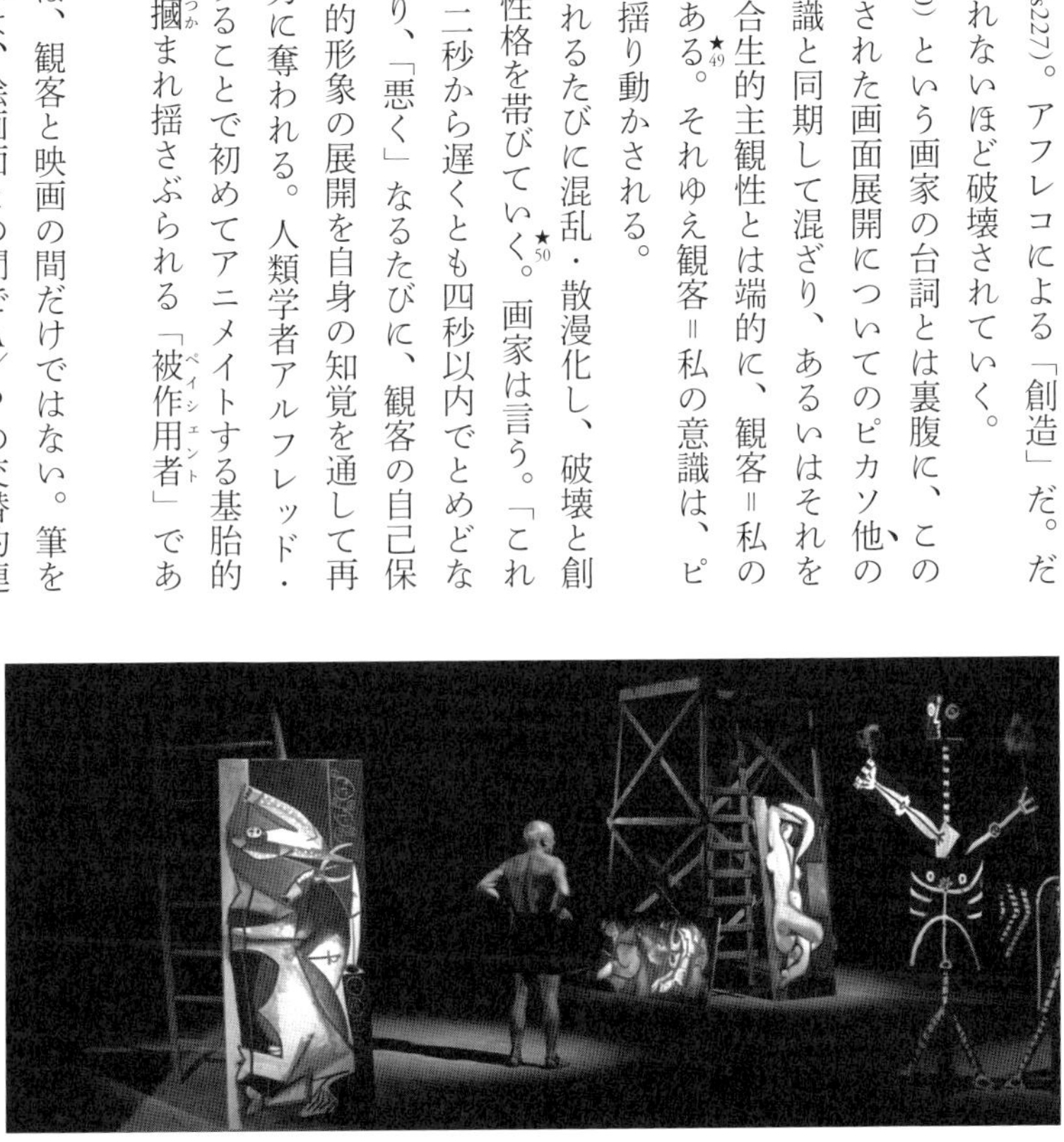

図36——『ミステリアス・ピカソ』より最終ショット

作用者《エイジェント》であると同時に、撮影のために行為の連続性をずたずたに切り裂かれる被作用者《ペイシェント》である。撮影を通じてA／Pは目まぐるしく入れ替わる。

A／P連鎖の時間的集積である二四七ショットは撮影後、全体として一つの作用者《エイジェント》となり、編集者と作曲家に受け渡される。両者は被作用者《ペイシェント》として情動的に反応し、各々の編集的／音楽的作用者性《エイジェンシー》を発揮する。ミキシングされた映画は全体として再び一つの作用者《エイジェント》となり、被作用者《ペイシェント》としての観客は揺り動かされるとともに、基胎的作用者性《エイジェンシー》において映画を再生し実現する。

さらに絵画の内部には、描かれた形態間のA／P関係がある。ピカソはMP公開と同じ一九五六年のインタビューで述べている。「一つの線は他の線を引きつけ、引きつけ合いが最大となる点で線はその点に向かって曲がり、形が変えられる」★54。線は互いに引きつけ合い、変形しあう。六角連鎖構造が成立したのも、複数の線が互いのアトラクターとして働くゆえだろう。合生的形象としてのMP-G1は、内外において多数のA／Pの絡み合いであり、そこで絵画ー映画の物体的思考は形成される。観客の意識はその絡み合いに巻き込まれている。

行方の見えないコラージュのシークエンスで画家

表1――MP-G1 s199〜s231の台詞とショット持続時間

ショット	番号	持続(秒)	台詞
	199	9.09	Je fais comme je frais si j'étais chez moi, je ne m'occupe ni du cinéma, ni de rien. Je vais essayer avec des morceaux de papiers.
	211	2.38	Ça va mal,
	212	0.96	ça va très ma-
	213	4.05	l, ça va très très mal.
	214	3.34	Tu t'inquiètes hein? (souffle)
	215	3.34	Tu as tort de t'inquiéter parce que ça peut finir encore beaucoup plus ma-
	216	4.00	l. Pourquoi fais-tu cette tête là?
	217	2.54	Tu voulais du drame, eh bien tu l'as!
	218	2.50	[À la fin du film c'est embêtant!] Pour-
	219	2.67	quoi? [Pour le public.] Je me suis j-
	220	3.63	amais occupé du public, je ne vais pas commencer maintenant à mon âge.
	221	3.21	Et puis, au fond, c'est ça que je voulais montrer: l-
	222	2.63	a vérité surprise au fond du puits.
	223	3.34	(souffle) L-
	224	2.54	a nuit tombe.
	225	2.42	Et tombe de plus en plus.
	226	2.54	La lune.
	227	2.54	Les étoiles.
	228	2.59	L'étoile filante.
	229	1.96	
	230	4.00	C'est très mauv-
	231	2.75	ais. J'arrache tout.

の声が言う。「君はドラマを求めていただろう?」(s217)。この「ドラマ」という語は、ピカソにおいて特別な意味を持つ。[55] フランソワーズ・ジローの本からピカソの発言を引こう。

いいかね、私にとって、絵画は、一つのドラマティックなアクションであり、その過程において現実はばらばらに分離するのだ。[……]純粋な造型的行為は、私に関する限りは、第二義にしか過ぎない。重要なのは、その造形的行為のドラマであり、宇宙がそれ自体からとび出してそれ自身の破壊に遭遇する瞬間だ。[56]

また次のようにも言う。

私はある人々が自分の伝記を書くような方法で、絵画を描く。絵画は完成しても未完でも、私の日記のページなのだ、そしてそれ自体は空虚なものだ。[……]私は岸近くに生えた木や、だれかが投げこんだのかもしれない死んだ子牛や、あるいはそのなかで生長したいろいろな種類の微生物を引きずって流れて行く河のようなものだ。私はそれらすべてを自分と一緒に運び、流れて行く。私に関心があるのは、絵画の動きだ、一つの努力から次の努力へと移るドラマティックな動きだ[57][……]。

ここでいう「ドラマ」は、そのままMP-G1の破壊=創造の過程にも似るだろう。ただしMP-G1においてピカソは不可欠な展開器官ではあるが、「河」ではなく、河に呑み込まれる要素の一つであり、体外を取り囲む諸装置群と絡まりながら押し流されていく。MP-G1は変容する絵画面に絡め取られた多重のA／P群の濁流である。観客はその濁流に侵され、かつ濁流を可能にする「岸」となって、合生的形象のドラマを身の上で産出する。美術館で私たちが見る絵画としてのG1は、この「ドラマ」の残骸である。

＊《ラ・ガループの海水浴場》の作品調査にあたっては、東京国立近代美術館・三輪健仁氏の協力を得た。記して感謝する。

★1——代表的なものは以下の三つ。映画撮影過程を写真で記録した、Edward Quinn and Roland Penrose, *Picasso at Work*, Doubleday & Company, 1964. クインの写真を元にした先駆的な制作過程研究である、松本透「所蔵作品研究　「画面」とその変容——P・ピカソ作〈ラ・ガループの海水浴場〉（一九五五年）をめぐって」『東京国立近代美術館研究紀要』二号、一九八九年、七—三三頁。ピカソにおける水浴図の系譜を調査した、Ina Conzen, "'Suspended motion': Picasso's bathers," *Picasso: Bathers*, Staatsgalerie Stuttgart, 2005, 特に pp. 133–157.

★2——たとえば Leonard Klady, "Return of the centaur," *Film Comment*, 22(2), 1986, p. 22. 記事には監督の妻、イネス・クルーゾーがこれを保証したとある。

★3——ただし G1 s212 はコラージュの影の変化のみ。

★4——「完成」を二重化する G1 と G2 の関係については別稿を要する。G2 では G1 の主要「キャラクター」が単純な色面とともにより平板に描かれ、画面は稀薄化する。同じキャラクターはピカソの同時期の素描にも現れ、マンテーニャやプッサンを思わせる「バッカナーレ」をくり広げる。

★5——Christian Zervos, "Conversation avec Picasso," *Cahiers d'Art*, 7–10, 1935, p. 173.

★6——ブラッサイ『語るピカソ』飯島耕一・大岡信訳、みすず書房、一九六八年、一三五頁。

★7——フランソワーズ・ジローによれば、マティス家でポロックの複製画を見たピカソは次のように述べた。「絵画のアクションに完全に熱中する——そこには、わしを極度に不愉快にするなにものかがある」（フランソワーズ・ジロー、カールトン・レイク『ピカソとの生活』瀬木慎一訳、新潮社、一九六五年、三三四頁）。一方『アンリ・マティス』（フランソワ・カンポー監督、一九四六年）に記録されたマティスの筆の動きについては、ピカソは MP 公開の同年にこう述べている。「絵画は知性の産物だ。［……］知性のアクションが、マティスの映画では可視化されている。マティスが描き、躊躇い、そして彼の考えを確かな筆致で表現し始めるのを人が見るときに」（Alexander Liberman, "Picasso," *Vogue*, November 1, 1956, p. 134）。マティスの筆が示す「思考」については以下も参照。モーリス・メルロ＝ポンティ「間接的言語と沈黙の声」粟津則雄訳『間接的言語と沈黙の声』木田元編、みすず書房、二〇〇二年、五一—五二頁。ジャック・ラカン『精神分析の四基本概念』ジャック＝アラン・ミレール編、小出浩之・新宮一成・鈴木國文・小川豊昭訳、岩波書店、二〇〇〇年、一四九—一五一頁。

★8——Michèle Coquet, "Le double drame de la création selon *Le Mystère Picasso* (1956) d'Henri-Georges Clouzot," *Gradhiva*, 20, 2014, p. 145 による。

★9——Felix Thürlemann, "The paintings make the painter: remarks on *Le Mystère Picasso*, a film by Henri-Georges Clouzot," *OJO: Le journal*, 20, December 2012, http://www.picasso.fr/us/journal/clouzot/texte_article.php., p. 2 参照（二〇一六年八月アクセス）。

★10——André Verdet, *Picasso à son image*, Galerie H. Matarasso, 1956, pp. 8–9 参照。

★11——アンドレ・バザン「ベルクソン的映画」『ピカソ 天才の秘密』」『映画とは何か（上）』野崎歓・大原宣久・谷本道昭訳、岩波文庫、二〇一五年、三三九頁。

★12——スケッチブック（No. 171, 一九六三年）のバックカバー内側に書かれた言葉。*Je suis le cahier: The Sketchbooks of Picasso*, edited by Arnold Glimcher and Marc Glimcher, The Atlantic Monthly Press, 1986, p. 346.

★13——Rosalind E. Krauss, *The Optical Unconscious*, The MIT Press, 1998, pp. 196–240.（ロザリンド・E・クラウス『視覚的無意識』谷川渥・小西

信之訳、月曜社、二〇一九年、二八四―三四六頁)

★14――Ibid., pp. 204–209.(前掲書、二九四―三〇二頁)。引用されているのは、マックス・エルンスト『カルメル修道会に入ろうとしたある少女の夢』巖谷國士訳、河出文庫、一九九六年、八七頁。

★15――Krauss, *The Optical Unconscious*, p. 236.(クラウス『視覚的無意識』三四一頁)。

★16――Elizabeth Cowling, *Visiting Picasso: The Notebooks and Letters of Roland Penrose*, Thames & Hudson, 2006, p. 135.

★17――Henri Colpi, "Comment est né "*Le Mystère Picasso*"," *Cahiers du cinéma*, 58, avril 1956, p. 6, 8.

★18――Pierre Cabanne, *Le Siècle de Picasso, 3, Guernica et la guerre (1937–1955)*, Nouvelle édition, Denoël, 1992, p. 413.(ピエール・カバンヌ『続 ピカソの世紀――ゲルニカと戦争、そして栄光と孤独 1937–1973』中村隆夫訳、西村書店、二〇一六年、五一六頁)。なおカバンヌは、G2は「一四時間」かけて描かれたとも書いているが、これはG1に続けてG2が書かれたという記述に矛盾する。本論では、G1最終段階とG2あわせて一四時間で描かれたという解釈をとる。

★19――Quinn and Penrose, *Picasso at Work*, p. 88.

★20――アンディ・クラーク『生まれながらのサイボーグ――心・テクノロジー・知能の未来』呉羽真・久木田水生・西尾香苗訳、春秋社、二〇一五年、特に一二〇―一二二頁。

★21――Andy Clark and David J. Chalmers, "The extended mind," *Analysis*, 58(1), January 1998, pp. 7–19.

★22――ブルーノ・ラトゥール『科学論の実在――パンドラの希望』川﨑勝・平川秀幸訳、産業図書、二〇〇七年、特に二二三―二七五頁。

★23――Rudolf Arnheim, *The Genesis of A Painting: Picasso's Guernica*, University of California Press, 1962, p. 26.《ゲルニカ》についての指摘。

★24――Leo Steinberg, "The Algerian women and Picasso at large," *Other Criteria: Confrontations with Twentieth-Century Art*, Oxford University Press, 1972, pp. 125–234.

★25――Jean Cocteau, *Le Passé défini*, tome IV, journal 1955, Gallimard, 2005, p. 175 (15 juillet 1955). ラッシュを見ての感想。

★26――John Berger, "Clouzot as Delilah," *Sight and Sound*, 27(4), 1958, p. 197.

★27――アルフレッド・ジェルは図像の「力」の由来を知覚的分解への抵抗によって説明している。Alfred Gell, *Art and Agency: An Anthropological Theory*, Clarendon Press, 1998, pp. 66–95.

★28――Pablo Picasso, "Picasso speaks," *The Arts*, May 1923, p. 315.

★29――Michael Baxandall, *Patterns of Intention: On the Historical Explanation of Pictures*, Yale University Press, 1985, pp. 41–42. 強調引用者。

★30――Ibid., p. 42.

★31――Ibid., p. 63. 強調原文。

★32――履歴的なオブジェクトとしての意図については以下から示唆を得た。梶智就「輪郭線という背理」『現代思想』四一巻一号、二〇一三年一月、一八八―二〇二頁。

★33――Paisley Livingston, *Art and Intention: A Philosophical Study*, Clarendon Press, 2005, p. 19, n. 45.

★34――ベンジャミン・リベット『マインド・タイム――脳と意識の時間』下條信輔訳、岩波書店、二〇〇五年、特に一四三―一八四頁。

★35――小泉義之『生と病の哲学――生存のポリティカルエコノミー』青土社、二〇一二年、二三―三四頁参照。

★36――Daniel C. Dennett, "Real patterns," *The Journal of Philosophy*, 88(1), January 1991, pp. 27–51.

★37――バザン「ベルクソン的映画、『ピカソ 天才の秘密』」三四五頁。

★38――François Truffaut, "Henri-Georges Clouzot: *Le Mystère Picasso*," *Les Films de ma vie*, Flammarion, 1975, p. 226.

★39――Cowling, *Visiting Picasso*, p. 162.

★40——"Film of Picasso's work: music by Auric," *The Times*, January 4, 1958, p. 9.

★41——ピアノ用に編曲されたGeorges Auric, *Le Mystère Picasso*, Éditions Choudens, 1957, pp. 62–63を基に作成。

★42——この発見は徳永綸氏の示唆による。記して感謝する。

★43——Colpi, "Comment est né "*Le Mystère Picasso*"," p. 5, 8.

★44——Ibid., p. 5.

★45——Ibid., p. 5.

★46——Ibid., p. 5–6.

★47——A・N・ホワイトヘッド『過程と実在』一、平林康之訳、みすず書房、一九八一年、三〇、三一〇—三一一頁参照。

★48——素材は、以下の記事に引かれたコレクターで彫刻の元所有者であるデヴィッド・ウォルパーの言葉に拠る。Aljean Harmetz, "Museums reviving 'Picasso' film, a failure in '57," *New York Times*, February 11, 1986, C11.

★49——合生的主観性は、任意の観客ではなく、意識の経験主体である「私」において再生される。それゆえ「私」の使用が理論的に要請される。

★50——破壊的アイコノクラズム（聖像破壊）と区別される「アイコノクラッシュ（聖像衝突）」については、Bruno Latour, "What is iconoclash? or is there a world beyond the image wars?," *Iconoclash: Beyond the Image Wars in Science, Religion, and Art*, edited by Bruno Latour and Peter Weibel, ZKM Center for Art and Media, 2002, pp. 14–37.（ブリュノ・ラトゥール「聖像衝突」『近代の〈物神事実〉崇拝について——ならびに「聖像衝突」』荒金直人訳、以文社、二〇一七年、一四九—二一九頁）参照。

★51——Gell, *Art and Agency*, p. 31 参照。この「力」の経験についてエリック・ロメールはこう書いている。「彼［＝ピカソ］はたえず［……］最初のひと筆という純粋な宝物を汚し、壊し、きたなくし続ける。「もう十分だ。やめてくれ。」と叫びたくもなる」（エリック・ロメール「アンリ＝ジョルジュ・クルーゾー『ピカソ——天才の秘密』」梅本洋一訳『美の味わい』勁草書房、一九八八年、一七二頁）。

★52——Gell, *Art and Agency*, pp. 12–95 参照。

★53——Ibid., pp. 45–47 参照。

★54——Liberman, "Picasso," p. 134.

★55——ピカソにおける「ドラマ」概念の重要性については以下に教えられた。T. J. Clark, *Picasso and Truth: From Cubism to Guernica*, Princeton University Press, 2013, p. 176.

★56——ジロー、レイク『ピカソとの生活』四九頁。一人称「わし」は「私」に変更した。

★57——前掲書、一〇五頁。

第Ⅱ部　大地と像

第6章 断層帯を貫く
——『熱海線丹那隧道工事写真帖』

1 動く大地

丹那トンネルは伊豆半島北部、滝知山と丹那盆地の下を貫き、東海道本線熱海駅と函南駅の間を結ぶ。全長七八〇四メートル。一九一八（大正七）年に着工、一九三四（昭和九）年に完成。一六年間という長大な工事期間に「トンネル工事上、凡《およ》そ想像出来るあらゆる種類の事故」を生じている。[★1] 極限的な難工事となったのは、トンネルが伊豆半島北部の断層帯を貫いて建設されたからだ。

丹那トンネルは事前のボーリング調査なしに掘り始められた。「工事着手当時にあつては、土木技術者は地質といふ事には、大して関心を持つて居」なかった。[★2] 当時の地質学者は丹那盆地の外見を観察し、盆地は火山爆裂口の跡であり、「安山岩の如き硬い岩石で満され」ているため掘削に問題はないと判断した。[★3] 近代的な地質学とトンネル工法が確立される以前の話だ。実際には、伊豆半島北部は主断層である丹那断層をはじめとして、多数の断層が折り重なるように走り、地盤を破壊していた。破壊の跡には粘土や細かく砕かれた礫が詰まってお

写真1

り、隙間の多い地質に厖大な地下水が貯えられていた。トンネルはそこに穴を開け、芦ノ湖三杯分、約六億立方メートルの泥水を噴出させることになる（写真1）。工事はしばしば、地下水が滝のように降る中で進められた（写真2）。一九三〇（昭和五）年一一月二六日には、丹那断層を震源とする北伊豆地震が起き、断層は約二・五メートル横にずれて坑道を切断し、内部に「断層鏡面」を出現させた。トンネルは不安定な、動きやすい大地を貫いて建設されたのだ。

丹那トンネルは完成までに六七人の死者を出している。このうち一六人は、崩落して閉じられた空間に地下水が満ちたことによる溺死である。当時の土木技術者には、「地質学者は何時も地の底をもぐつてきた様な事を言ふから、こんな事になると地質学者を笑ふものがあ」った。★4 地に潜る前にその内側を見ることはできない。トンネル工事には、大地に対する視線の不可入性が立ちはだかっている。丹那トンネルの工事では、一九二三（大正一二）年に初めてボーリングが使用された。ボーリングは大地から細く長いサンプルを物理的に取り出して地中を「見る」ことを可能にする技術だが、断層が複雑に重なりあっている場合、複数回のボーリングをおこなっても地中構造を捉えるだけの解像度に達することは難しい。大地の内部は、掘ることで初めて視界に開かれる。不完全で断片的な情報からなされた推論はそこで、実際に「見る」ことへと移行する。しかし丹那において見ることへの移行は極端に困難であり、開かれた空間はしばしば崩落し、坑夫たちを巻き込みながら埋め戻された。困難に応じて新しい諸技術――水抜き坑、セメント注入工法、シールド工法、圧縮空気工法――が導入されていった。

工期半ばにあたる一九二六（大正一五）年一二月、鉄道省熱海線建設事務所は『熱海線丹那

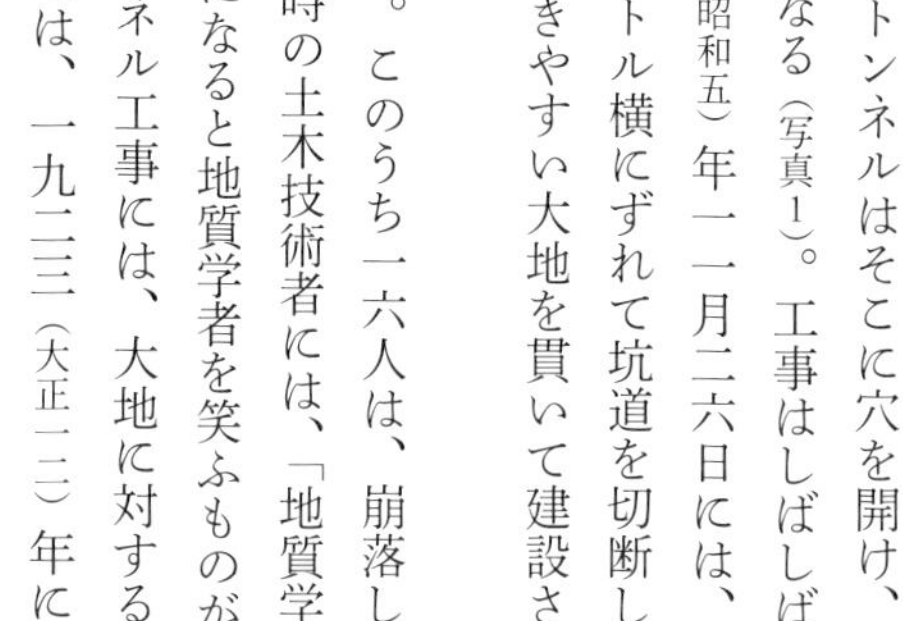
写真2

隧道工事写真帖』（以下、『写真帖』）をまとめ、翌一九二七（昭和二）年四月に出版した。[★5]『写真帖』は東口と西口の二冊に分かれ、東口一〇六点・西口一一一点の写真を収めている。[★6]難工事区間を中心に、トンネルの施工状況、事故、および復旧作業を、技術的観点から記録したものだ。当時東西両口で工事は難航しており、底設導坑[★7]の掘削に限ると、一九二六年を通してその進行は東口でゼロメートル、西口で約一〇一メートル（一〜五月、八〜一〇月はゼロメートル）である。[★8]『写真帖』はおそらく、難所突破の参考資料となることを期待されている。

写真には工事の過程が、予測不可能性を孕んだまま写し出されている。予測できないのは次のことだ。——大地は動く。複数の時間的スケールで。断層運動、地盤の膨張、突然の崩落、地下水の噴出。坑夫たちは、掘ることで大地の複数の時間と接触しながら、それらを貫通していく。トンネルを掘ることは、複数の時間で動き続ける大地の内部に、一貫した時間と空間を得ようとすることだ。そこにおいて物と技術と人の身体がせめぎあう。写真はそのせめぎあいを、内側から記録している。

2　内側の写真

内側から。それがトンネル工事の記録である『写真帖』の特徴をなす。西口『写真帖』から三枚の写真を取り上げよう。カギ括弧内は写真に付されたキャプションを示す。

写真3「坑内四、八六〇呎《フィート》附近底設導坑ノ状況ニシテ鉄管並《ならび》ニ軌條《レール》ヲ用ヒテ支保工《しほこう》ヲ施セリ」[★9]

上から　写真3　写真4　写真5

写真4「坑内四、九四〇呎底設導坑ノ状況　掘鑿《くっさく》ハ断層帯ニ当リ強大ナル土圧ヲ受ケ又湧水多量ナリ、従ツテ加背《かせ》ヲ縮メラレ掘進困難ニ陥リタリ支保工ノ柱ニハ内径六吋《インチ》鋼管中ニ混凝土《コンクリート》ヲ填充シ押木《おしき》ニハ七五封度《ポンド》軌條三本ヲ組ミ合セ矢ニハ六〇封度軌條ヲ使用ス」[★10]

写真5「四、九五〇呎断層個所ノ底設導坑支保工状況（大正十三年二月ノ湧水事故後大正十五年九月写ス）」[★11]

写真3から写真5にかけて、土圧に対して掘削断面を確保するための仮設構造である「支《し》保《ほ》工《こう》」の密度が上がっていく。わずか九〇フィート（約二七メートル）を進む間に土圧が急激に

増大したことがわかる。

丹那トンネルでは当初、松丸太の支保工が用いられていた。写真3のキャプションは、松の代わりに鉄管と鉄道用レールのI形鋼が使われ始めたことを教える。写真中では支保工は奥と右手前にわずかに見えている。湧水を避けるための波板等が周囲を粗く覆い、その隙間から水が落ちている。

写真4では金属製支保工の密度が増す。丸い鋼管の上にI形鋼でできた「押木《おしき》」が横に走り、その上に、奥行き方向に向かう「矢」の端部がずらりと並んでいる。写真の焦点面は奥の暗い空間にあり、被写界深度は浅く、画面の大半はぼけている。焦点のずれや露出不足は『写真帖』にしばしば見られ、判明な撮影ができない状況——湧水、高湿度による結露、光量不足、足場確保の難しさ——をうかがわせる。画面奥と右手前に水が落ちている。キャプションは、強大な土圧と多量の湧水のため「加背《かせ》」（坑道の断面積）が縮められたこと、支保工の柱には鋼管の中にコンクリートを充填したものが、押木と矢には太い鉄道用レールが用いられたことを伝える。

写真5は一見して異様であり、支保工の上部にI形鋼の矢が詰め込められるだけ詰められている。その様子は、技術的な対応能力を超える事態が生じていることを示しており、空間自体がパニックを起こしているかに見える。支保工は湧水事故により泥で汚れ、左の柱は内向きに湾曲し、右の柱は下端が内側にずれている。奥の右側壁には、支保工ないし足場板の一部と思われるものが刺さり、下にも散らばっている。

工事の経過を記録した『丹那トンネルの話』と『丹那隧道工事誌』を読むと、次のことがわかる。西口から約一五一〇メートルの地点においてトンネルは断層帯に達し、坑夫たちは

写真6

そこで「温泉余土《よど》」と呼ばれる特異な粘土層に遭遇した。火成岩中の隙間を温泉が絶えず循環することで形成された温泉余土は、空気に触れると膨張する性質を持ち、その強烈な土圧によって支保工は曲がり、へし折られた（写真6）。「此《この》粘土は掘つてから三日たち四日立ちする中に上下左右、どの部分も膨れ出してきて、矢板は弓の様に曲る、押木は押される、柱は内側に出てきて、遂には坑道も車が通れない程小さくなつてしまふ」[12]。「土圧の大なる為、柱が曲げられるので、六吋《インチ》鉄管の中に四吋引抜鋼管を入れ、両端に厚さ二分の一吋の鉄板をつけて、樹てたが之《これ》も同じく曲げられるので、最後には此の中に混凝土《コンクリート》を詰めた。しかし尚、曲げられるので、添柱《そえばしら》を樹てる為めに柱が隙間なく並ぶ様になつた」[13]。写真4と写真5が写しているのはこの区間である。

これらの写真において、支保工は写真そのものの可能性を支えている。言い換えれば支保工は、視覚的かつ物理的に写真の「フレーム」をなしている。支保工によって空間が確保されなければ視覚は可能ではなく、撮影も可能ではないからだ。ここでは視覚的認識の可能性の条件が、周囲の土圧に抵抗する技術の物理的実践に埋め込まれている。そのことがひるがえって、事物の客観的な記録であるこれらの写真に、一種の「身体化された主観性」を与えている。つまり支保工は、その内部に置かれた身体の存在可能性に直結しているため、半ば身体化され、情動性を帯びているように見える。写真を見る私もまた、撮影者の視界と接続するかぎりで支保工と連結し、自分が圧されるような息苦しさを感じている。

もちろん、圧迫されうるのは撮影者や坑夫であってこの私ではない。そして写真に写るのは変形されたモノであって、圧力それ自体ではない。海中写真に水圧は写らず、写真を見る私が溺れ死ぬことはないのと同様に。だが写し出された支保工の布置と変形は、空間が支えきれなくなりうることを伝えており、可能ではなかったかもしれないこれらの写真の内部に、強い受動性の感覚を与えている。支保工の変形は、視界を押し潰しうる見えない土圧のインデックスである。私はそのインデックスを仮説的《アブダクティヴ》に読むことで、[★14] 空間に働く土圧の気配を感覚する。

トンネル内において、身体は物理的な押し潰され可能性にさらされている。最初の落盤事故について『丹那トンネルの話』はこう伝えている。「救助隊の人々は其の当時、烏賊《いか》の丸煮［……］などは食べられませんでした。何故烏賊の丸煮や何かが喰べられなかつたかと云ふと、これも悲惨な話ですが、埋没圧死者のH君は、支保工材に頭の頂点を垂直に押され、為に頭も顔もみな両肩の中に嵌め込まれて仕舞つて、丁度烏賊の丸煮の様な工合になつてゐたのです」[★15]。人間は決してモノではない。だが同時に人間は、特定の大きさと形をもつモノでしかありえない。トンネル工事はモノとしての人間に直面させる。

トンネル内の写真に写る人物たちは、狭い空間の一部を占める特定の大きさと形のモノとして現れ、他のモノたちと同種化する（写真7・写真8）。写真の四囲はこの狭さに押されている。

写真7

写真8

3 切羽の分岐

丹那トンネルに導入された諸技術の焦点は、

空間を押し潰そうとする物の威力を抑え、逸らすことにある。写真はそれを記録している。それゆえ『写真帖』の全写真は、技術の侵入によって解放される自然の威力を美的に消費するモダンな芸術写真の対極にある。大地から威力を引き出すのではなく、威力が表-現（ex-press）されることを遅らせ、それを抑え込み、逸らし、回避すること。回避に失敗すれば、空間は埋没される。

一九二四（大正一三）年一一月、今度は東口から約二五〇〇メートルの所で底設導坑が断層帯に達し、温泉余土が現れた。粘土層は背後に厖大な地下水を貯えており、すさまじい土圧と湧水のため工事は一時中断された。これを回避し、堅固な地質を通して水を抜くために迂回坑が掘られたが、堅い地層がどこにあるかは不明であり、迂回坑はときに噴出する土砂で埋め戻された。

この区間の写真から三枚取り出そう。

写真9「底設導坑八千二百呎《フィート》ニ至リ断層ニ出会シ左側迂回坑通ヲ掘進シ再ビ青色粘土層ニ逢着セリ（大正十三年十二月写ス）[★16]」

写真10「底設導坑八千五百四十七呎ニ至リ粘土層ニ出会シ湧水アリ因テ切端《きりは》ニ土留工《どどめこう》ヲ施シ一旦掘進ヲ中止ス（大正十四年三月二十日写ス）[★17]」

写真11「東口第二左側坑道ノ八千七百六十呎附近ヨリ同上左分岐抗ノ分岐点。写真中右側ハ第二左側坑道。左側ハ同上左分岐坑ナリ　左分岐坑ノ掘進五十呎ニテ断層ニ出会シ湧水ト共ニ土砂ヲ噴出シ防御ノ為メ「セメント」嚢ヲ用ヒテ堰止メタル状況（大正十五年九月十四日写ス）[★18]」

写真9は断層を回避して掘られた迂回坑の「切羽《きりは》」（トンネル掘削の最先端部）を示す。正面、「緑色集塊岩」と書かれているのは、迂回坑に再び現れた温泉余土である。右端に男が立ち、画面のこちら側ではなく切羽の方を見つめている。男が着る長く重たそうな外套は、湧水中を掘るために丹那トンネルで初めて開発されたゴム合羽だ。[★19] 頭には湧水を避けるつば付き帽。足元には掘削機らしきものが置かれている。

写真10。木製支保工で囲まれた浅く狭い空間の奥が板で塞がれている。キャプションは、新たに出現した粘土層から湧水を認めたため、切羽に「土留工《どどめこう》」（土圧・水圧を抑える仮設構造物）

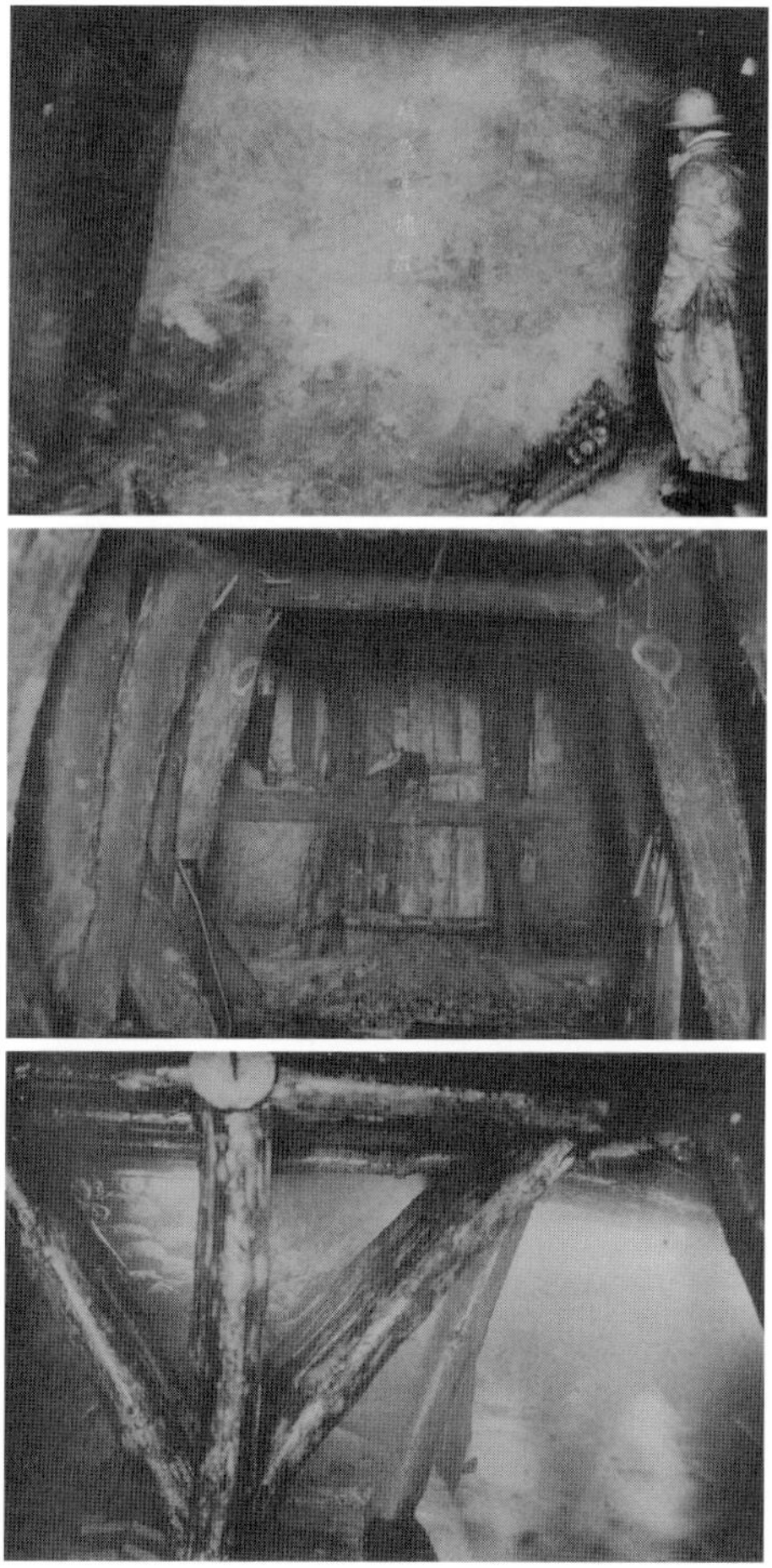

上から　写真9　写真10　写真11

をほどこしたと伝える。板壁はこちらからの視線を遮っているのではなく、向こうから噴出しようとするものを押さえ込んでいる。

写真11は迂回坑の分岐点を示す。画面右、水に浸され白く飛んでいるのは東口第二左側坑道。画面左、逆三角形状の支保工の奥に見えるのは、第二左側坑道をさらに左側に分岐させる坑の入口である。安定した地質を求めて坑道は幾度も分岐した。キャプションによると、画面左奥の分岐坑は約一五メートル掘ったところで断層に達し、湧水と土砂を噴出したため、セメント嚢を積んで堰き止めている。写真の焦点面はこのセメント嚢の壁に当てられている。

図1は、東口七七二八フィート〜九一二七フィート区間における地層断面図（上）と掘削途上のトンネルの平面図（下）である。写真の撮影地点をキャプションから推測すると、平面図上の★印の位置になる。左から写真9、写真10、写真11。写真9の迂回坑は湧水と温泉余土の膨張によって掘進不能となり、後に埋め戻されたため平面図には描かれていない。[★20] 断面図を見ると、硬い安山岩の間に断層が幾重にも走っていること、また途中に厚い温泉余土の層があることがわかる。トンネルは断層に出会うとそれを手前から回避し、温泉余土の地帯を回りこみ、蟻の巣穴のように分岐していく。

実際の掘削工事においては、図1のような通覧可能性はあらかじめ存在しなかった。掘る前に大地の内部構造はわからない。掘る前に切羽の向こう側を見ることはできない。だが切羽の向こう側をわずかでも先取りすることができなければ、事故は避けえない。切羽はこれから現れる地質のインデックスであり、掘る者はそれを仮説的《アブダクティヴ》に読むことで掘削可能な未来を確保しようとする。写真9の端にじっと立つ坑夫が——あるいは坑夫だけでなく、掘削機や、支保工や、それを記録する写真群もまたその一部であるような、人と物と諸技術の集合

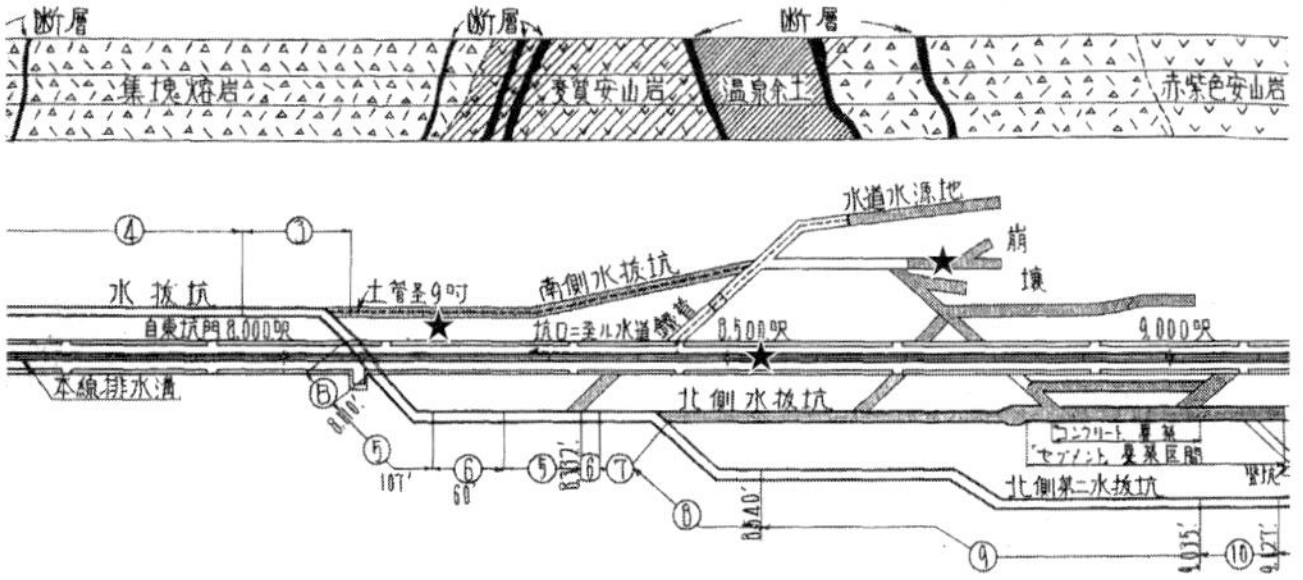

図1——地層断面図（上）・掘削平面図（下）、丹那トンネル東口七七二八〜九一二七フィート区間（『丹那隧道工事誌』「丹那隧道竣功図　其ノ6」より著者作成）

からなる〈掘削の共同体《コレクティヴ》〉[21]が——切羽の奥に見ようとするのは、世界が分岐する可能性である。

写真9の地点は撮影後、隆起して埋め戻された。写真11の地点は工事誌によると、撮影同日の午後から山鳴りを始め、三日後、左奥のセメント嚢上部から土砂濁水を噴出し、画面右の坑道も含め漸次崩壊した。[22]写真には、これらの来るべき光景が写ってはいない。写真は、空間的であると同時に時間的な内部に閉ざされている。その閉鎖性は、可能な複数の未来をそこから分岐させうる切羽の閉鎖性に並行している。切羽の写真は、分岐する諸世界の見えない圧力を押さえ込んでいる。

4 モノたちの命運

だが坑夫たち、あるいは〈掘削の共同体〉は、空間的‐時間的に有限な自らの視界の内部にたんに閉ざされているわけではない。技術は切羽の奥の地質構造に直接働きかけることを可能にするからだ。丹那トンネルで効果を発揮したセメント注入工法は、隙間が多く崩れやすい地質に管を挿し、セメントと薬液を直接注入することで地質を改善する技術である。注入の成果は、切羽に現れ出る徴から推測される。写真12では、矢印で示された箇所に薬液が内側から滲み出て凝結している。掘削は徴を観察し、仮説的に読み、次の技術的実践をおこなうという〈インデックス→アブダクション→プラクティス〉のループを通して進行する。そこでは認識と技術的実践は分離できない。主観の領域とモノの領域は深く連結して作動している。

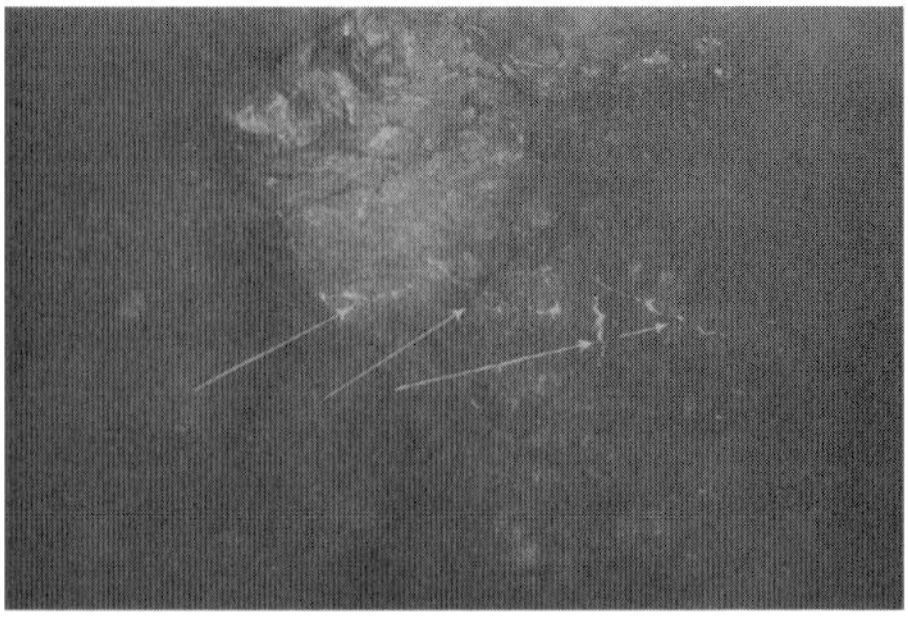

上から　写真12　写真13　写真14　写真15

身体は諸技術と連結する。東口『写真帖』には、当時期待が懸けられていた「シールド工法」と「圧縮空気工法」の写真が多く掲載されている。シールドは坑夫の身体を落盤から守る円筒状の構造物であり、坑夫たちはその内部で安全に切羽を掘り進めることができる。写真13は坑道内で組み立てられつつあるシールドを示す。その強固な幾何学的形態は、坑内にかかる圧力の印象を視覚的にも消去している。画面左下隅に写る人物は、その顔を円筒の中心軸に向け、これから完成するシールドの延長上で包《くる》まれ、守られうるモノとして現れている。シールドはしかし丹那トンネルでは機能せず、数か月後には埋没して放棄されている。

シールドと共に導入された圧縮空気工法は、坑道を「エアーロック」（空気閘門）（写真14）で塞ぎ、坑道内の空気圧を高めることで湧水を押し返し、掘削を容易にするためのものだ。人間は高圧下でも、体内外の圧力をゆっくり一致させればある程度まで作業可能である。しかし圧縮空気内から外に出るとき、血液中に溶けていた窒素が一挙に気泡化して血管を塞ぐ危険が生ずる（ケーソン病）。写真15に写るのは、これを再加圧して治療するために造られた「ホスピタルロック」である。

セメント注入、シールド、エアーロック、ホスピタルロックはいずれも、モノとしての身体と空間に物理的に働きかけて形を保つ技術である。モノとしての身体と空間をともに操作・維持することで掘削は継続され、視界は開かれる。トンネル掘削において人はモノであり、諸々の技術と結合して作動する。ゴム合羽や救護所もまた、モノとしての身体の可能性を確保する諸技術集合の一部である。これらの全体が〈掘削の共同体〉をなしている。

トンネルを貫通しようとする主体は、特定の個々人でなく共同体である。掘削の共同体は、その部分をなす機械や資材やときに個々人の身体を埋没させながら進んでいく。共同体の作動は非個人的で組織的である。工事の客観的資料たる『写真帖』の視線もまた非個人的であり、そこでは特定の人物は注目されない。屍体や弔いの場が写ることもない。しばしばゴム合羽のフードに顔が隠れた坑夫たちの名を、『写真帖』から知ることはできない。

にもかかわらず写真には、埋没することもありえた特定の具体的な体が、名を欠いたまま受肉している。『写真帖』の一枚の写真の視線は誰のものでもないが、しかしその写真には、特定の身体の存在可能性が、空間の可能性自体に浸透するようにして確かに写っている。空間が確保されていることのうちに、身体の存在可能性が滲んでいる。非個人的な諸技術集合の一部でありながら特定の身体、壊れうるモノでありながら感覚し認識するモノ。『写真帖』に私たちが見るのは、そのようなモノたちの推移である。共同体の一部をなし、支保工に支えられた、かけがえなきモノたちの命運である。

＊『熱海線丹那隧道工事写真帖』に注目するよう私に促したのは、photographers' galleryに所属する写真家、米田拓朗氏である。米田氏からは資料の提供も受けた。記して感謝したい。

★1――アーチバルド・ブラック『トンネルの話』平山復二郎訳、岩波書店、一九三九年、一八九頁。

★2――『丹那トンネルの話』鉄道省熱海建設事務所、一九三三年、四一頁。以下、工事の事実関係は同書と、『丹那隧道工事誌』（鉄道省熱海建設事務所、一九三六年）に拠る。引用の際、旧字体は新字体に改めた。ルビは引用者による。

★3――『丹那トンネルの話』四一頁。

★4――前掲書、四二頁。

★5――『熱海線丹那隧道工事写真帖 東口』および『熱海線丹那隧道工事写真帖 西口』鉄道省熱海線建設事務所、一九二七年。

★6――『熱海線丹那隧道工事写真帖』は以下に抜粋・複製されている。『photographers' gallery press』第一一号、二〇一二年、一一三―一二六頁。

★7――トンネル全断面を同時に掘ると崩れるため、掘削は断面をいくつかの部分に分けておこなわれる。「底設導坑」はその底部にあたる。

★8――『丹那隧道工事誌』二六二、二六四頁。

★9――『熱海線丹那隧道工事写真帖 西口』（六）頁。

★10――前掲書、（八）頁。

★11――前掲書、（一三）頁。

★12――『丹那トンネルの話』一二七頁。

★13――『丹那隧道工事誌』三〇〇頁。

★14――インデックス、アブダクションはともにC・S・パースの用語。インデックスは物理的・現実的な結合関係を基礎とする記号であり、アブダクションはすべての根拠が与えられていない状況における仮説的な推論である。インデックスの読み取りには一般にアブダクションが必要とされる。あるインデックスを観察するとき、観察者には、インデックスを形成した物理的結合関係のすべてが与えられているわけではないから。Alfred Gell, *Art and Agency: An Anthropological Theory*, Clarendon Press, 1998, pp. 13-16参照。

★15――『丹那トンネルの話』七五頁。

★16――『熱海線丹那隧道工事写真帖 東口』（三一）頁。

★17――前掲書、（三六）頁。

★18――前掲書、（四四）頁。

★19――当初は茅製の蓑が用いられたが水に弱くまたカンテラの火が燃え移るため、紀州の棕櫚《シュロ》蓑、陸軍の払下げのラシャ服を蓑に重ね着したもの、帆布製の合羽、桐油を引いた合羽、防寒のためそれに綿を詰めたもの、毛布製の合羽等、さまざまな素材が試された。最終的に生ゴム製の合羽に裏地をつけたものがつくられ、「水がはいらぬ様、袖口は折り返しにして紐でしめ、襟には裏をつけ、材料をかつぐ肩には厚いゴムをはりつけ、腹はバンドで締める様にし、ボタン穴も水がはいらぬ様返りゴムを貼り、ポケットも水がはいらぬ様内側にする等」さまざまな改良がほどこされて完成した。『丹那トンネルの話』九九―一〇二頁。

★20――『丹那隧道工事誌』三一〇頁。

★21――非人間と人間の複合体としての「共同体」については以下を参照。ブルーノ・ラトゥール『虚構の「近代」――科学人類学は警告する』川村久美子訳・解題、新評論、二〇〇八年、特に一六―一七頁。

★22――『丹那隧道工事誌』三一八―三一九頁。

150 —— 151

第7章

異鳴的うなり
――ロバート・スミッソン『スパイラル・ジェッティ』

1　空撮と死

一九七三年七月二〇日、テキサス州アマリロでアースワークの建設予定地を空から撮影していたロバート・スミッソンは、飛行機の墜落によりパイロット、撮影者とともに死亡した。★1三五歳だった。

スミッソンの映画『スパイラル・ジェッティ』(一九七〇)を観るとき、墜落を考えずにいることは難しい。映画の後半、ユタ州グレートソルト湖に建設されたアースワーク《スパイラル・ジェッティ》を撮影するヘリコプターは、突堤の先端に、時にすれすれまで接近する。フレームに岩が迫る。破局は巧みな操縦で回避される。それでも「死」が連想されるのは、スミッソンの思考に取り憑く否定性ゆえだ。

一九六五年から六九年にかけてスミッソンは、批評・旅行記・イメージ分析・詩が渾然一体となった驚くべきテクスト群を『アートフォーラム』誌等に次々と発表する。そこには、退化・消耗・不活性・欠如・停止・忘却・無益・脱差異化……といった否定的な語が満ちている。[★2] スミッソンの好む語で言えば「エントロピー」だ。人間を摩滅・衰退・崩壊へと差し向け、そのプロセスを異なる時空間スケールにおいて、文明の廃墟化・種の絶滅・地質学的崩壊に重ねるのがスミッソンの基本的想像力だ。そこには「人間中心主義」への批判とともに、岩石のように風化し「絶滅」する人類というヴィジョンがある。[★3] だが時間のスケールを人間個体から外してしまえば、緩慢に死ぬことと急速に死ぬことの差は相対的だ。

一九六九年頃、書くことへのスミッソンの情熱の一部は映画制作に移行する。[★4] 中心をなすのは「空撮」だ。スミッソンにおいて空撮は二つの仕方で機能する。第一に、〈スケール変換によるダイアグラムの生産〉。空撮は、高度の変化とともに被写体のスケールを変える。[★5] 地上においてゴロゴロした岩の集合であったものは、ヘリコプターの上昇とともに二次元的な螺線図形に圧縮される。物体から抽象されるこの螺旋図形を、以降「螺旋ダイアグラム」と呼ぶことにする。下降すれば、螺旋ダイアグラムは再び岩の集合へと分解＝解凍される。

第二の機能は〈航跡によるダイアグラムの生産〉だ。『スパイラル・ジェッティ』では、ヘリコプターは突堤を上空から二度なぞり――一度目は螺旋をなぞりながら上昇／下降し、二度目は突堤の上を走るスミッソンを背後から追尾する――、航跡によって空に螺旋ダイアグラムを描く。

このアイディアは、翌年オランダで建設されたアースワーク《ブロークン・サークル／スパイラル・ヒル》（一九七一）の撮影計画（未実現）では、さらに複雑化される。(1)アースワーク上でのヘリコプターの「上昇／下降」。(2)丘と突堤を巡る飛行機の「8の字」飛行、(3)突堤の上で行われる「四つ葉のクローバー」ループ[★6]（図1）。撮影計画を示すドローイングは、突堤と水溝からなる地上の円環ダイアグラムと、空中に描かれる三次元ループのダイアグラムを統合している。

どちらの作品においても、機体は墜落しない限りで、抽象的ダイアグラムを空に広げる。地に描かれたダイアグラムは機体とカメラによってフレーミングされ、フレームを通して空のダイアグラムへと巻き込まれる。[★7] 地の物体に触れない限りで。

物体的干渉は消されていない。『スパイラル・ジェッティ』後半では、追尾するヘリコプターが螺旋の中心に至ったスミッソンに接近する。爆音が迫り、シャツの背がばたばたとはためき、水面に多重の波紋が広がる。もう少し高度が落ちれば、すべてがメチャクチャに破壊されるだろう。スミッソンの空撮は、現在のドローンを用いた滑らかな空撮のようには脱物質化されていない。スミッソンの映画は、物質的破局と、非物質的ダイアグラム生産との間にかろうじて置かれている。それはいったいどういう場なのだろうか？　物質的破局すなわち死と、非物質的ダイアグラムとの間で、いったい映画は何をおこなうのか？　それが本論の基底的問いだ。

先行研究を簡単に整理しよう。クレイグ・オーウェンスは一九七〇年代末から『オクトーバー』誌に発表された一連の高名な批評において、「ポストモダン」芸術の祖としてのスミッソン評価を決定づけた。[★8] オー

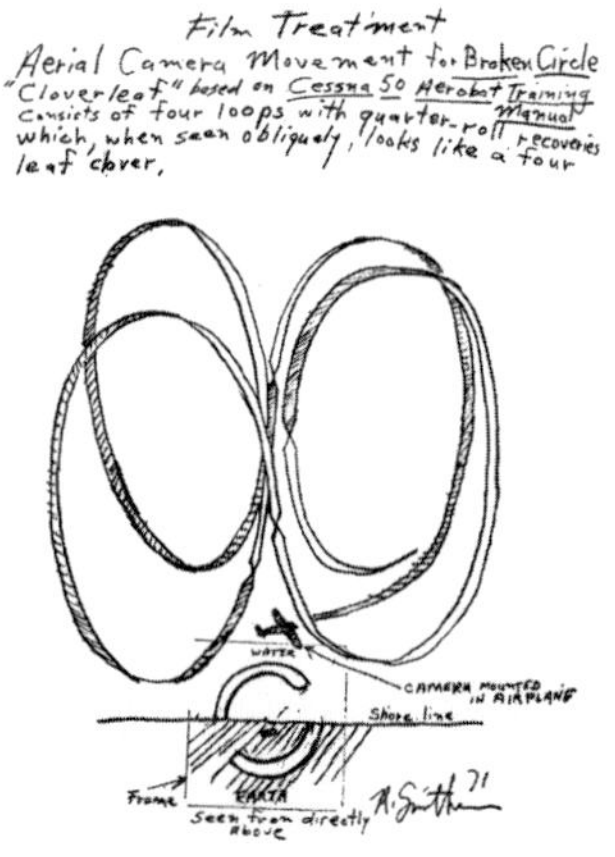

図1――「四つ葉のクローバー」ループ（《ブロークン・サークル／スパイラル・ヒル》（一九七一年）の撮影計画より）

ウェンスが指摘したのは、複数のメディアを横断するスミッソンの「多声性」、廃墟と断片に向かう「アレゴリー性」、共時構造を通時構造に投射する「詩的言語性」だ。いま読めばあまりに「構造主義的」なオーウェンスのスミッソン評にはしかし、衝突して砕けるような文字通りの物質性は欠けている。二〇〇四年ロサンゼルス現代美術館で行われた大規模な回顧展に合わせて発表された三つのモノグラフでは、オーウェンスの構造主義的批評が相対化されるとともに、スパイラル・ジェッティの歴史的・政治経済的・地質学的コンテクストへの埋め込みがなされた。[★9] また同時期に、ジル・ドゥルーズの映画論を援用して『スパイラル・ジェッティ』の地層的時間性、およびダイアグラム性についての分析が発表されている。[★10] より最近では、芸術制作の社会学の観点から《スパイラル・ジェッティ》の物質的生産プロセスが分析されている。[★11] これらを踏まえた上で本論が問うのは、「物質」と「ダイアグラム」と「映画」という三者の関係だ。最終的な焦点は映画『スパイラル・ジェッティ』の準破局的な空撮シークエンスである。いったいそこでは何がおこなわれているのか?

　前提になるのは、スパイラル・ジェッティには、アースワーク、映画、二年後に発表されたテクストという三つの形態があることだ（括弧の種類で区別する）。[★12] 分析はこの三者を織り合わせるものでなければならない。本論は第一に、アースワークとしての《スパイラル・ジェッティ》の生産過程を追う。そこには複数の人間的・非人間的作用者の交渉から現れる、物とダイアグラムの混淆がある。第二に、物からダイアグラムを生み出すスミッソンの「抽象的地質学」をスパイラル・ジェッティ以前のテクストから分析し、それが物体化された「思考のムーヴィング・ピクチャー」へと展開されることを見る。第三にテクスト「スパイラル・ジェッティ」を哲学者チャールズ・サンダース・パースの記号論を通して考察し、物とダイアグラムの二重系列の交叉による「思考」の可能性を示す。第四に映画『スパイラル・ジェッティ』の空撮シークエンスを分析し、心‐物複合的パターンが不一致＝異鳴的な「うなり」を生むことを明らかにする。最後に、映画の拡張された容器《コンテイナー》についてのスミッソンの未実現のアイディアに触れる。

映画『スパイラル・ジェッティ』は仮に三部に分けられる。概要は次の通り。[★13]

(1) 呼吸音に合わせて太陽が膨張・収縮しながらフレアを噴く。荒れ地を進む車の前に広がる道。千切られた地図のページが、崖の岩とひび割れた大地の表面に降る。車の後部から見られた道と塵煙。グレートソルト湖の現在と古代を重ねる地図。湖に現れる巨大な渦の伝説が語られる。道。鏡の上に載せられた五冊の本（コナン・ドイル『失われた世界』ほか）。道。アメリカ自然史博物館「後期恐竜のホール」が赤いフィルター越しに撮影される。反響する打音。ベケット『名づけえぬもの』の一節が朗読される。道。古大陸を示す地図。現在のユタ州の地図の上をカメラは滑り、グレートソルト湖へ。

(2) さざ波を打つ湖面。ピンク色の水。防水服を着た男が杭と紐を使って湖に螺旋を描く。突堤を建設する重機の映像が、静かな湖面の映像と交替する。ステゴサウルスの絵。ダンプトラックの荷台から崩れ落ちる岩と土。重機が岩をスクリーンに向かって押す。湖面。ツノトカゲの写真。リッパーが突堤を掘り返す。

(3) 完成した突堤をヘリコプターが上空からなぞる。機体の影。太陽の反射。ヘリコプターは反時計回りに上昇し、次いで時計回りに下降する。岩のクロースアップ。塩結晶。泡立つ水。再びヘリコプターが、突堤の上を走るスミッソンを追尾する。ヘリコプターは螺旋の中央にスミッソンを残して浮上、曲芸的に旋回し、湖面に反射する太陽の光をくり返し螺旋の中央に追いやる。突然のカット。スタジオに置かれた映画の編集台。フィルムのリールと突堤が螺旋形の韻を踏む。

2 物質的生産過程

まずアースワークとしての《スパイラル・ジェッティ》の生産過程を追うことにしよう。スミッソンは、映画の二年後にジョージ・ケペッシュ編『環境の芸術』に発表されたテクスト「スパイラル・ジェッティ」の中で、かなり細かいエピソードとともにその過程を語っている。生産過程は、映画『スパイラル・ジェッティ』の第一部・第二部でも形を変えて描かれる。スパイラル・ジェッティは自らの起源と生成をくり返し問題にするのだ。

テクストによれば、起源をなすのは螺旋ではなく「赤い色」だった。一九六八年、カリフォルニア州のモノ湖という塩湖で作品を制作していたスミッソンは、ボリヴィアの塩湖についての本に出会う。それによると、ボリヴィアの塩湖はバクテリアの作用で赤く染まっているという。赤い湖のヴィジョンに取り憑かれたスミッソンは、「ボリヴィアは遠く、モノ湖は赤い色を欠くので」、ユタ州にある塩湖、グレートソルト湖を調査することに決める。[★14]

スミッソンはニューヨークからユタ州公園開発局に電話をかけ、グレートソルト湖を二分するルーシン短絡線の北側で、湖が「トマトスープの色」をしていることを知る。パートナーのナンシー・ホルトとともに地元の人物たちを訪ねたスミッソンはそこで、塩湖の腐食作用に出会う。この時点でスミッソンはまだ螺旋の形に至っておらず、ボートと艀《はしけ》で「島」を作るつもりだった。[15]最終的にスミッソンらは、ローゼル・ポイントと呼ばれる場所に向かう。

ハイウェイ83を西へ、午後遅くドライヴしながら、私たちはコリンヌを通り過ぎた。次いでプロモントリーへと続いた。ゴールデン・スパイク・モニュメント、それは最初の大陸横断鉄道の線路が出会ったことを記念したものなのだが、そこをちょうど過ぎたところで、私たちは土の道を広い谷へと降りた。[16]

スミッソンは映画第一部の最後で地図を映し、同じルートを辿っている。「廃線」と書かれた地図上の点線をカメラが追う。「ゴールデン・スパイク・モニュメント」の文字が過ぎる。アメリカ横断鉄道は一八六九年にゴールデン・スパイクで開通した。だが一九〇四年に、より平らで直線的なルートを通るルーシン短絡線ができたことで、元の路線は廃止される。

長らく荒廃するままであったゴールデン・スパイクは、映画の前年にあたる一九六九年、開通一〇〇周年を記念する式典で突如賑わうことになる。このことをスミッソンはまったく語らないが、地図はその文脈を暗に示していると考えることができる。式典では、横断鉄道の結合《マリッジ》地点に再敷設されたレール上にオリジナルの機関車レプリカ二台が向かい合わせに置かれ、当時の衣装を身に着けた白人たちが、最後のスパイク（線路を枕木に固定する犬釘）を打ち込む儀式を毎日再演していた。[17]それはベトナム戦争テト攻勢（一九六八）後に激しく分裂していくアメリカを、「起源」において再び結合しようとするローカルな儀式でもあっただろう。イベントを見学したスミッソンは、突堤の建設中、「ゴールデン・スパイク・モーテル」という名の宿を選んでいる。[18]《スパイラル・ジェッティ》への道程には、失われたアメリカの夢が絡みついているのだ。

ゴールデン・スパイクを過ぎて谷に降りると、そこには見たこともない風景が広がっていた。

旅を進めるにつれ、谷は、私たちがこれまで見たことのある他のどんな風景にも似ない不気味な莫大さへと広がった。地図上の道はダッシュの網となった。他方、遥か遠くにはソルト湖が中断された銀の帯として存在していた。丘々は溶けた固体の姿を取り始め、琥珀の光の下で熱せられて輝いた。私たちは行き止まりへと滑るように進む道を辿った。砂の坂は粘つく知覚の塊へと変わった。ゆっくりと、私たちは湖に近づいた。湖は石基に捉えられた無感情でかすかな紫のシートに似ていた。その上には太陽が圧倒的な光を注いでいた。★19

映画第一部で車から映し出される荒れ地はこの場所だろう。圧倒的な太陽の下、風景の知覚が錯乱する。固体と液体が入れ替わる。三次元的な事物が二次元的記号（ダッシュの網、銀の帯、紫のシート）と交替する。

グレートソルト湖に着くと、スミッソンの前に再びアメリカの夢の廃墟が現れる。

二つの荒廃した小屋が、くたびれた石油掘削機の集まりの向こうに見えた。アスファルトによく似た黒い重油溜まりの連なりは、ローゼル・ポイントのちょうど南で起きている。四〇年かそれ以上の年月、人々はこの自然のタール・プールから石油を取り出そう

としてきた。黒いネバネバに覆われたポンプが、腐蝕性の塩の空気のなかで錆びていた。[★20]

ローゼル・ポイントを上空から見ると、《スパイラル・ジェッティ》の南東に、より直線的ではるかに大きい「突堤」の跡があることがわかる（図2）。それがこの石油採掘の遺構だ。スミッソンが所蔵していた地図によると、ローゼル・ポイントには湖岸に沿って断層が走っている。石油は断層を通って滲み出しているのだ。[★21]「この石油が滲み出した場所から一マイル北に私は自分のサイトを選んだ」。[★22]《スパイラル・ジェッティ》もまた、断層の直上にある（「私は私の内部で軋む地質学的断層の上にいた」）。[★23] 地質学的破壊と産業の廃墟化が重なる場所に、スミッソンのサイトは選ばれている。

《スパイラル・ジェッティ》のためのスミッソンのドローイングを見ると、ほとんどの場合、螺旋の尾が「湖岸」ではなく、わざわざ「車道」まで延ばされていることがわかる（図3、右上の車道の上には「ローゼル・ポイント　ゴールデン・スパイク・サイトの南」と書かれている）。突堤は車道から流れ出す。車道を通って、廃線になったゴールデン・スパイクと石油採掘の遺構の記憶が流れ込み、渦を巻く。

スミッソンはローゼル・ポイントの一〇エーカーの土地を、年一〇〇ドルで借りる契約をする。[★24] 建設には六〇〇〇ドルが用意された。だが作業は順調には進まなかった。[★25] 塩湖の軟らかい地面は接地圧が足りず、埋め立てなければ重機を支えることができない。また突堤には重い塩水の波に耐える大きさの岩を、十分に傾斜を

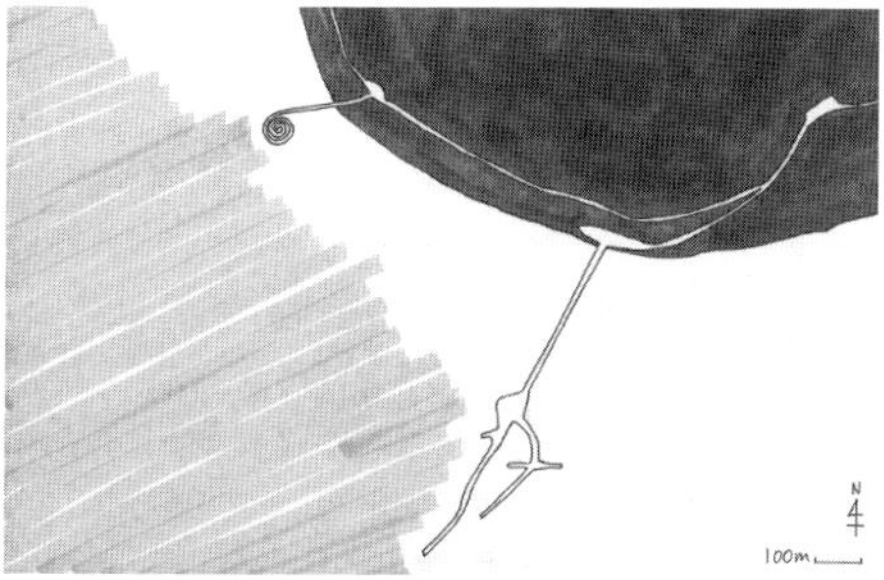

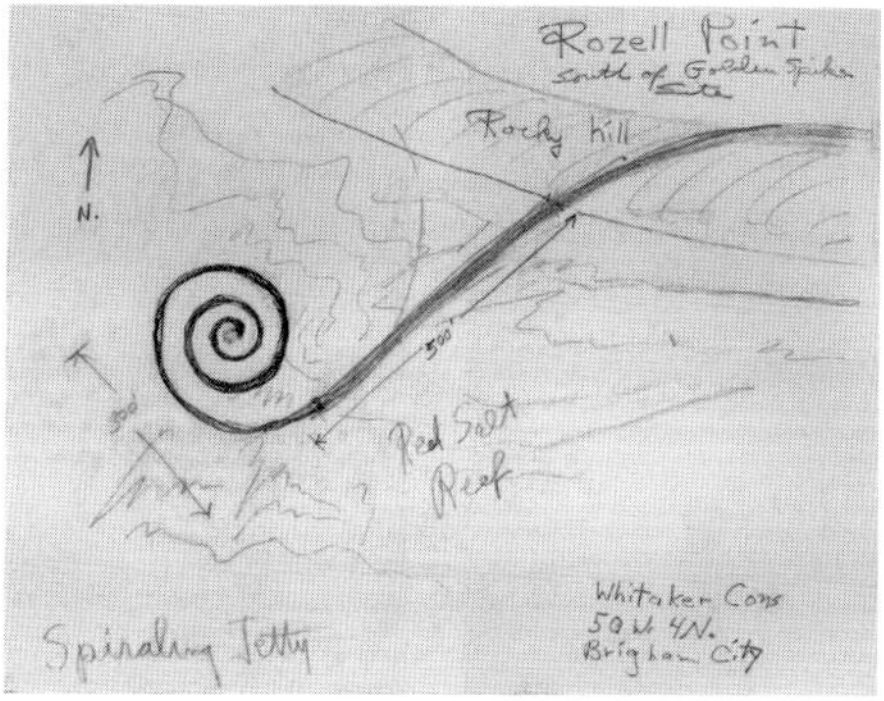

上から
図2——上空から見た《スパイラル・ジェッティ》と、その南東に位置するより大きな「突堤」（著者作成）
図3——《スパイラル・ジェッティ》のためのスミッソンのドローイング（一九七〇年）

つけて配置しなければならない。[26] 建設業者は自社の重機を使用することを渋った。トラックが泥に埋まり、あるいは転覆し、あるいは塩水を毎日洗い流すことができずに腐蝕するリスクがあったからだ。幸い自身で重機を所有する、土木工事が大好きなブージーという男の協力を得て、ダンプトラック二台、トラクターショベル一台、フロントローダー一台と、五人の作業員が揃えられた（図4）。

業者の不安は初日から的中した。フロントローダーが泥に沈み、それを引き出そうとしたダンプトラックもまた抜け出せなくなった。「プロジェクトは文字通り泥に沈むかのようだった」。[27] 再び工事ができるようになるには一日以上がかかった。次に問題になったのは突堤に用いられた玄武岩の硬さだ。ローゼル・ポイントに散在する玄武岩は極めて重く、硬く鋭い角を持ち、ローダーからトラックにそのまま落とすと荷台が破壊されてしまう。作業員たちは荷台に土を敷いて保護するという策で作業を進めたが、岩だけからなる突堤を造りたがったスミッソンとしばしば対立した。現場監督のボブ・フィリップスは、岩についた土を後から高圧水で吹き飛ばすことを提案したが、おそらく水の濁りを避けるために却下された。最終的に、埋め立てられた突堤を鉤爪状の「リッパー」で掘り起こし、土から岩を飛び出させるという方法で解決がなされた。[28] 映画第二部の最後には《スパイラル・ジェッティ》が「リッピング」される様子がくり返し映し出されている。

突堤は当初螺旋型ではなく、反転J型で完成された（図5）。スミッソンはこれに一度OKを出したものの満足せず、さらに三〇〇〇ドルをかけて再工事を要請した。作業員のうち現場監督のフィリップスとブージーだけがこれに応じ、Jの最後の玉を崩してループ状に伸ばすことになった。[29] 岩の上で重機のバランスを取ることは極めて困難だったが、ブージーは大

図4――湖を埋め立てるトラクターショベル（一九七〇年、ジャンフランコ・ゴルゴニ撮影）

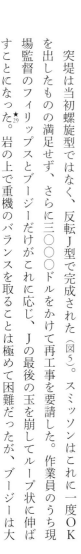

きな岩をローダーのバケットに積んでバランスをとり、バケットを上下させ、必要な位置に岩を投げ入れるという曲芸的操作で工事を完了した。[★30] 工事期間は全体で二週間。建設には最終的に六六五〇トンの物質を要した。[★31]

螺旋突堤の形態は、人間と機械と物質という複数の人間的／非人間的作用者の具体的で段階的な交渉の中から現れた。[★32] だが映画では、建設する人間の姿はほとんど描かれない。重機を操作する人は意図的にフレームから外されるか小さな影にされ、ローダーのバケットやリッパーだけが大きく映し出される。岩はダンプトラックの斜面から巨大な地滑りのように崩れ落ち、工事を非人称的な地質学的出来事として見せる。結果として、物体の堆積と記号的な螺旋ダイアグラムの生成が、映画では短絡されている。

テクスト「スパイラル・ジェッティ」は、さらに神話的な形で螺旋の誕生を語り直している。

ピンクがかった浅い水の下には、網状に広がる泥のひび割れがあり、塩原を構成するジグソーパズルを支えていた。私が見るにつれその場《サイト》は地平線まで反響し、ちらつく光が風景全体を震えるように見せる間、ただ静止したサイクロンを示した。休止中の地震がはためく静けさの中へと広がり、動くことなく回転する感覚へと広がった。この場《サイト》は、自らを巨大な丸さの内に囲い込むロータリーだった。その渦巻状に旋回する空間から、《スパイラル・ジェッティ》の可能性は現れた。[★33]

スミッソンは、突堤の螺旋形態が、建設場《サイト》が持つ「回転」の感覚から直に生み出されたか

図5——反転J型で完成された当初の突堤（一九七〇年、ジャンフランコ・ゴルゴニ撮影）

のように語る。《スパイラル・ジェッティ》の建設過程を分析した人類学者のフェルナンド・ドミンゲス・ルビオは、ここに「やや不正直な、ロマン主義化された再構成」を見ている。[★34]しかしスミッソンのテクストはそもそも建設の「客観的」な過程として読むことはできない。説明されようとしているのは、客観的物質としての大地と、震動し回転する主観的感覚との関係だ。テクストでは、見る「私」の回転の感覚と、大地の回転との区別が消えている。主－客の区別ができなくなる目眩状の場《サイト》から、螺旋ダイアグラムは現れる。

3　抽象的地質学

スミッソンはスパイラル・ジェッティ以前に、物とダイアグラムの関係に関わるいくつかの「理論的」テクストを発表している。その一つ、「心《マインド》の堆積――アースプロジェクト」の冒頭はこう始まる。

> 大地の表面と心の空想は、芸術の離散的な領域へと崩壊していく一つの道を持つ。さまざまな作用者が、虚構的なものもリアルなものも、何らかの形で互いに場を入れ替える――人はアースプロジェクトのことになると泥の思考を避けることができない。あるいは私が「抽象的地質学」と呼ぶであろうものを。人の心と大地は恒常的な浸食状態にあり、心の川は抽象的な土手を削り、脳波は思考の崖を掘り崩し、観念は未知の石へと分解され、概念的結晶化は砂状の理性の堆積物へと砕ける。[★35]

観念と物質が互いを浸食して分解・崩壊させていくというスミッソンの根源的風景だ。スミッソンはこの「泥の思考」ないし「抽象的地質学」を、当時のアメリカにおけるモダニズム美術批判の文脈に接続している。

> 低下した意識レベルにおいてアーティストは、制作手順についての非差異化ないし非境界化された方法を経験する。それは理性的技術の焦点化された限界から決別するものだ。ここでは道具は、道具が操作する物質から非差異化される、あるいは原初の状態に沈み戻るように見える。ロバート・モリスは（『アートフォーラム』一九六八年四月）、絵筆がポロックの「棒」の中へと姿を消し、その棒がモーリス・ルイスの使う容器《コンテイナー》から「注がれる絵具」の中へと溶解するのを見た。では今度は人は容器をどうするだろうか？ この技術のエントロピーは人に空虚な限界を残す。あるいは限界はまったく存在しない。〔……〕理性的な美術批評家は、「海洋的」非差異化へのこの放棄という危険を冒すことができない。彼はただ、このような非容器的世界への突進の後に現れる限界を扱うことができるだけだ。[★36]

「理性的な美術批評家」とはここでは、クレメント・グリーンバーグとマイケル・フリードに代表される、諸感覚・諸メディウムの境界を峻別するモダニスト批評家を指す。[★37] モリスを読み解くスミッソンによれば、ポロックとルイスの絵画は、道具あるいは容器の境界が消滅する「海洋的非差異化」の過程にある。絵筆は絵具を垂らす棒の中へと消滅し、棒は容器から降り注ぐ絵具の中へと消滅する。

そして容器は――？　容器の底は抜け、その境界は大地の広がりの中へと消滅するだろう。アースワークとしての《スパイラル・ジェッティ》は、この「海洋的非差異化」の過程を推し進めた巨大な非‐容器だとひとまずは考えることができる。そこでは、螺旋を描く重機という「道具」もまた文字通り泥の中に沈むのだ。エントロピック・サイト。

　しかし、ではなぜ螺旋の形がわざわざ造られるのか？　なぜむしろ何も無いのではないのか？　ユタ州の荒野に太陽が照りつけ、嵐が過ぎるままにするだけではなぜ足りないのか。スミッソンは書いている。「［……］スパイラル・ジェッティはこれらすべての気候変動に耐えるのに十分なだけ物体的《フィジカル》であり、しかしなお、この気候変動と自然の撹乱に親密に巻き込まれている」★38。突堤は親密な風化作用を受け、しかし十分に物体的に形を残す。一挙に非差異化の極に行くわけではない。なぜか。なぜなら「抽象的地質学」の問題は人の心と大地、観念と物体が互いを掘り崩し合う場を造ることだからだ。空間の中の螺旋は、浸食されうる物体性を持つ観念である。すなわち物体的なダイアグラムだ。

　一九七一年の未出版原稿「芸術と弁証法」の中でスミッソンは、ミシェル・フーコー『言葉と物』を変形しつつこう書いている。

> 後期モダニスト美術批評家はこれまで長い間、特定の物の秩序としての芸術に最も重きを置いてきた。環境から取り去られ、それ自体で存在する対象《オブジェクト》としてだ。［……］批評的境界は芸術対象《オブジェクト》を形而上学的空間に隔離しがちだ。土地、労働、階級といった外的関係から独立させて。たとえば、一枚の絵画は「開放性」の質を持つと言われうる。実際には開放性を表象しているだけであるときに。同じように、終身刑を受けた囚人に、

あなたは自由だと人は言うかもしれない。その自由は形而上学的な、美術批評の言葉で言えば「美的な」ものなのだ。［……］弁証法的言語は、このような美的な意味を提供しない。いかなるものも全体から孤立しない――牢獄はいまも物体的《フィジカル》な世界の中の牢獄だ。［……］対象《オブジェクト》や物や「人間」という語が、砂浜の上の孤立した貝殻のように流されてしまいうることがわかるとき、海が自らを知らしめるだろう。弁証法はこの貝殻と海の関係として眺められうる。美術批評家とアーティストたちは、長い間、貝殻を海という背景なしに考えてきたのだ。★39

貝殻、すなわちモダニズム美術の「自律的」閉域は波に流され、「海洋的」非差異化が自らを知らしめる。フーコーが波打ち際の「砂」に直接書きつけた束の間の紋様としての「人間」は、ここでは硬い「貝殻」に置き換えられている。なぜ貝殻なのか。おそらく、砂では脆すぎ、観念的に隔離された対象が次第に背景へと砕けていく物体的な場を保持することができないからだ。貝を二枚貝ではなく巻貝と考えるなら、その螺旋を巻く殻は、突堤の物体的《フィジカル》な螺旋ダイアグラムと重なるだろう。

観念と物体は脱差異化の途上において物体的ダイアグラムとなり、人と大地を混ぜ合わせる思考ないし「心《マインド》」を生む。「心の堆積――アースプロジェクト」でスミッソンは、「泥のプール・プロジェクト」という提案を語る。掘り返された地面を水浸しにして天日で乾かす。するとそこに網状の亀裂が生じる。スミッソンによればそれは、「泥の心（The Mind of Mud）」、あるいは「粘土の心（The Mind of Clay）」である。★40

大地は水浸しになることで非差異化された泥になり、乾くことで再び自身を差異化する亀裂のダイアグラムを発生させる。スミッソンは映画『スパイラル・ジェッティ』第一部で、ひび割れた大地の上に地図の断片を降らせ、大地の亀裂と地図のダイアグラムを形態的に共鳴させている。大地から発したダイアグラムが、地図に反響《エコー》し、観念と物体の閾を浸す「泥の心」を生む。それはいかなる「心《マインド》」なのか。手掛かりになるのはアレグザンダー・グレアム・ベルだ。

草稿「場を見る者《サイト・シーア》としてのアーティスト」（一九六六―六七）においてスミッソンは、「環境をコード化する」風景について論じている。[★41] 例として挙げられるのは、天体の運行をコード化する「新石器時代のコンピュータ」としてのストーンヘンジ、J・G・バラードがSF小説「待ち受ける場所」に書いた宇宙の歴史をコード化する巨石群、[★42] そして「測定モニュメント」としてのピラミッドだ。それらの例では、環境をコード化する知性《マインド》が有機的生命から切り離され、物体の配列のうちに構造化されている。スミッソンはそこに、ベルの実践を並置する。

スミッソンが指摘するのはまず次のことだ。電話の発明者であるベルは、スモークガラスの上に記録された発話音声のパターンを「視覚的形態」と呼んでいた。そこでは物体の配列のうちに観念がコード化されている。[★43]

またベルは、航空力学にも深い関心を持ち、四面体ユニットからなる特殊な凧を多数制作していた。スミッソンは、ベルが凧を観察するために、地上にも四面体型の観測所を造っていたことに注目している。[★44]

『アートフォーラム』一九六七年夏号に発表された「エアターミナル・サイトの開発に向けて」という文章ではスミッソンはこう書いている。「彼の四面体の中から、ベルは自分の「飛行」プロジェクトを調査した——正方格子-凧だ。この結晶システムを通して、彼は地と空の間にグリッド結合を設立した。立体が格子を鏡映した。構造的等式において場《サイト》は空に結ばれた」★45。誌面には爪の傍らに立つ異様に大きなベルの写真（左）が、四面体型「観測所」の写真（右中）とともに掲載されている★46（図6）。四面体型の爪と観測所は、誌面上のサイズがほぼ等しくなるように調整されている。そうすることでスミッソンは、地と空の「構造的等式」を視覚的に表現している★47。

スミッソンは続ける。「電話を通して言語の物質的特性に気づいていたベルは、言語と対象《オブジェクト》の関係について誤解することはなかった。言語はベルによって言語的オブジェクトに変えられた。このようにして彼は、芸術の理性的カテゴリーを免れたのだ」★48。「芸術の理性的カテゴリー」とは、諸感覚・諸メディウムの境界を峻別するモダニズム芸術の論理を示唆する。ベルは聴覚的音響を視覚的形態に変えて視‐聴の境界を横断し、同時に観念と物体の境界を横断して、観念的物体（言語的オブジェクト）を生産する。ベルの爪＝観測所は、スケールの異なる地と空の物体を等式で結び、鏡映・反復の関係に置くことで、現実の物体から、スケールフリーなパターンないしダイアグラムとしての四面体を剝離する。

スミッソンは同じテクストの最後で、トニー・スミスの「高速道路の経験」を論じている。『アートフォーラム』の同号ではマイケル・フリードが有名な「芸術と客体性《オブジェクトフッド》」を発表し、ス

図6――「エアターミナル・サイトの開発に向けて」誌面（『アートフォーラム』一九六七年夏号）

ミスの「高速道路の経験」に端的に表れる（とフリードが考える）ミニマリズムの「演劇性」を厳しく批判している。★49 すなわちスミッソンとフリードは、同じ誌上でスミスの「高速道路の経験」を論じたのだ。スミッソンはそこでスミスによる高速道路の経験を、まさに狭義のモダニズム美術の外に飛び出す、物体化された観念の問題へと展開する。

トニー・スミスは「暗い舗装道」について書いている。そこは「煙突、塔、煙、そして色光によって句読点を打たれていた」（『アートフォーラム』一九六六年一二月）。キーワードは「句読点を打たれた」だ。ある意味で、その「暗い舗装道」は「巨大な文《センテンス》」とみなすことができるだろう。そして道に沿って知覚される事物は「句読点記号」だ。「…塔…」＝エクスクラメーション・マーク（!）。「…煙突…」＝ダッシュ（—）。「…煙…」＝クエスチョン・マーク（?）。「…色光…」＝コロン（:）。もちろん、これらの等式を私は理性的データではなく、感覚データを基に形成した。★50

物体としての高速道路が、無数の抽象的句読点が飛び交うダイアグラム的文へと変換される。疾走する車のフレームからの眺めが、高速道路を次々に「言語的オブジェクト」として再生する。物体と観念は脱差異化される。だが完全に溶けているわけではない。高速道路上を走る車は、物体としての高速道路とその環境を運動によって抽象化しながら二重化し、物体から剥離するように、記号的ダイアグラムを生み出すのだ。

この「エアターミナル・サイトの開発に向けて」という文章は、当時建設計画中だったダラス・フォートワース空港のために、離着陸する飛行機から見られうる作品を構想する中で書かれた。空港のための作品計画（図7）——左上に「青い岩の螺旋」とその映像をエアターミナルに中継するTVカメラが書き込まれている——は現実には実現しなかったが、[★51]『スパイラル・ジェッティ』の「空撮」は、そのアイディアを拡張的に展開している。高速道路は、そこで空中へと巻き上げられる。空撮するヘリコプターが空に描く螺旋が——ベルの観測所と凧のように——地と空のダイアグラムを二重化し、「構造的等式」で結ぶ。空中に「思考」が放たれる。[★52]

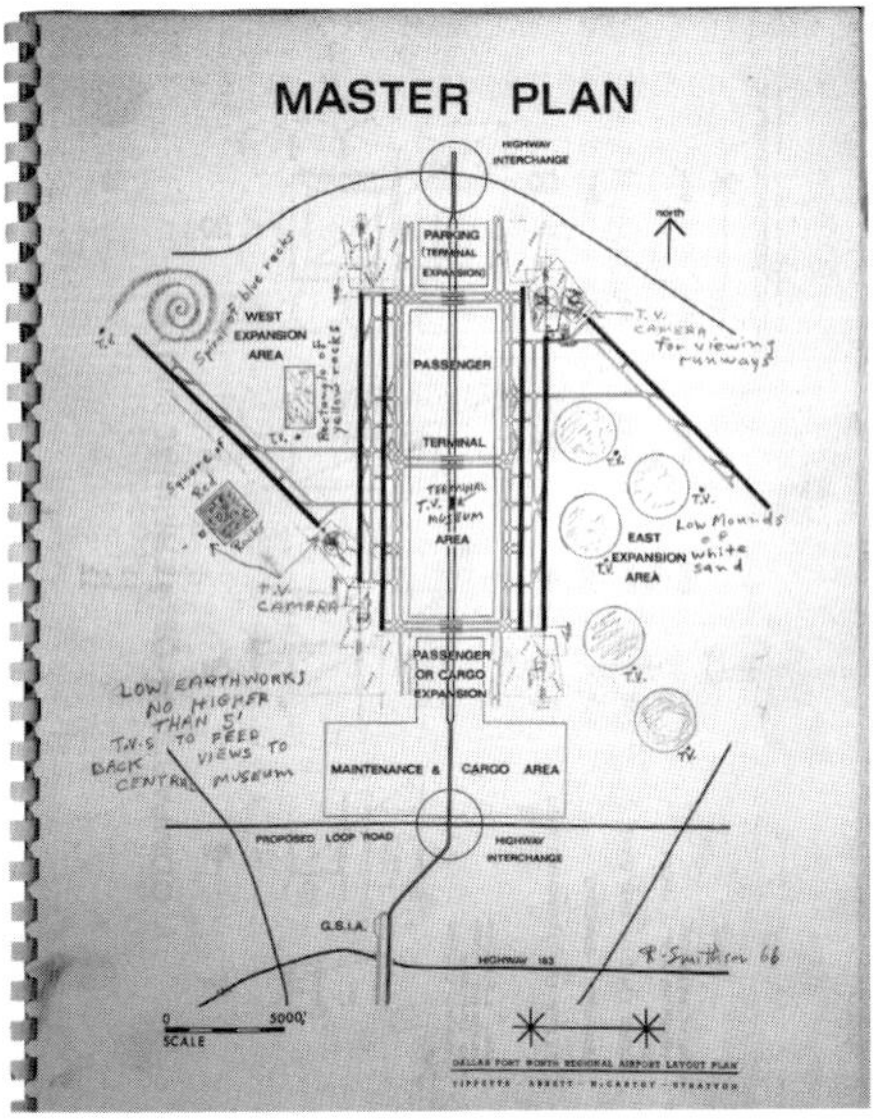

図7——スミッソン「ターミナル・エリア・コンセプト」のためのドローイング（一九六六年）

スミッソンには、心《マインド》の働きを物体的なダイアグラムで表現することに対する強い関心がある。出版された文章の中では初期に属する「エントロピーと新しいモニュメント」のなかで、スミッソンはすでに笑いを「結晶システム」で表すというアイディアを語っている[★53]（普通の笑い＝□、含み笑い＝△、クスクス笑い＝⬡……）。同じ文章の最後でスミッソンは、哲学者C・S・パースが開発した「存在グラフ」というダイアグラムに言及し、それをパースが「思考のムーヴィング・ピクチャー」と呼んだことに注目している。[★54]存在グラフは、それを用いる人間の頭の外、紙の上で、「論証」という記号過程を実現する。それは物体上で展開する「思考」のダイアグラムだ。映画『スパイラル・ジェッティ』もまた、物体化された「思考のムーヴィング・ピクチャー」として考えることができるだろう。それはいかなる「思考」だろうか？

4　二重系列

映画『スパイラル・ジェッティ』の第一部、グレートソルト湖に向かうカーブした道の途中で、アメリカ自然史博物館「後期恐竜のホール」のシークエンスが挿入される。赤いフィルター越しに撮影されるホールを、カメラは恐竜の背骨と尾の弧線を追いながらゆっくりと時計回りに回転し、次いで恐竜のミイラを収めるガラスボックスの周りを反時計回りに回転する。回転は道のカーブを反響《エコー》しつつ、第三部でヘリコプターがおこなう〈反時計回り／時計回り〉撮影を予告し、それらを恐竜の絶滅という大過去へと巻き込んでいる。

スミッソンは明示的に語らないが、『スパイラル・ジェッティ』の源の一つはクリス・マルケルの『ラ・ジュテ』(一九六二)だと考えられている[★55]。過去・現在・未来が交錯する場としての「自然史博物館」は、共通するモチーフの一つだ。突堤の先端へと走る男を背後から撮影《シュート》／銃撃し、そこにヘリコプター／飛行機の爆音が重なるという点にも『ラ・ジュテ』が反響《エコー》している。ジェッティはジュテなのだ。ただし『ラ・ジュテ』における主人公の送迎《ジュテ》デッキへの走り込みは、幼年期への溯行の先に自らの死を目撃するという純粋な個体性の内に生を閉ざすものであったのに対し、『スパイラル・ジェッティ』における突堤《ジェッティ》への走り込みは、個体の起源を超え、人類の起源も超えて、恐竜の絶滅へと渦を巻いて溯行する。溯行を可能にするのは、場所とスケールを変えて反復される螺旋ダイアグラムだ。
螺旋はスパイラル・ジェッティの至る所にスケールを変えて現れる。そのことはテクスト「スパイラル・ジェッティ」のページ上でも明瞭に表現されている。はじめに螺旋の全体。《スパイラル・ジェッティ》の写真九枚が、次第に接近しながら撮影される。徐々に近づき、それぞれの石の縁を囲む白い塩結晶の輪が見える。さらに近づき、キューブ状の塩結晶。最後は回転草を覆う塩結晶のクロースアップで終わる。[★56] テクストは次のように語る。「それぞれのキューブ状塩結晶は、結晶の分子格子の観点においてスパイラル・ジェッティを反響《エコー》している。結晶の成長は転位点の周囲を回るように、ネジ状に進む。スパイラル・ジェッティは螺旋状の結晶格子の一レイヤーを何兆倍も拡大したものだと考えることもできるだろう[★57]」。塩結晶の成長もまたミクロスケールで螺旋を反復しているのだ。それだけではない。「私の映画のために（一つの映画はフレーム群からなる一つの螺旋だ）、私は自分自身をヘリコプターから（ギリシャ語のhelix, helikosから。螺旋を意味する）撮影させるだろう[★58]」。フィルムとヘリコプターの回転翼もまた、螺旋を複数のスケールで増殖させる。

スミッソンの連想はさらに広がり、荷電粒子を加速する「サイクロトロン」、ブランクーシが描いたジェイムズ・ジョイスの「渦巻状の肖像」（図8）、「細胞核」などをスパイラル・ジェッティと関係づけている。複数の事物にくり返し見出されるこの螺旋を、スミッソンはテクストの中で「複数の中心のスケール」と呼んで次のようなリストにしている。

(a)　サイクロトロンのイオン源

(b)　核

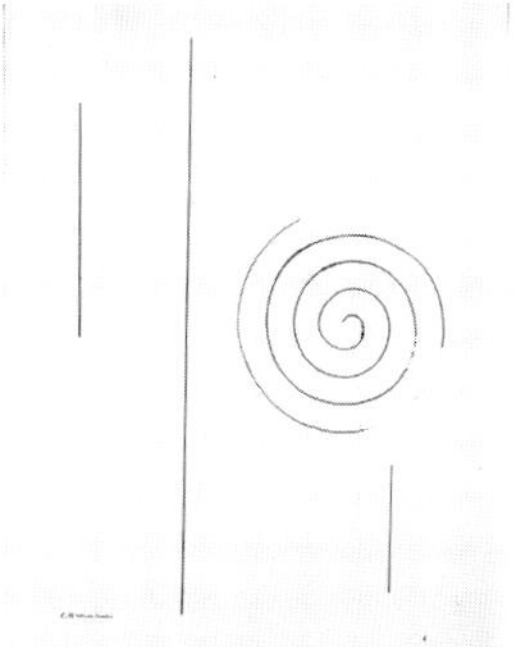
図8——ブランクーシが描いたジェイムズ・ジョイスの「渦巻状の肖像」（一九二九年）

(c) 転位点
(d) 泥の中の木製杭
(e) ヘリコプターのプロペラの軸
(f) ジェイムズ・ジョイスの耳の溝
(g) 太陽
(h) フィルム・リールの穴

さらにその「副産物」として、「複数の縁のスケール」という次のリストを挙げている。

(a) 粒子
(b) 原形質溶解
(c) 目眩
(d) さざ波
(e) 光のまたたき
(f) 分割
(g) 足のステップ
(h) ピンクの水★59

パースの記号分類を借りて言えば、「複数の中心のスケール」は概ね、スケールの異なる螺旋ダイアグラムのイコン的（類似的）な関係によって、異質なものを連鎖させている。連鎖を現実化するのは、そこに類似を見出す解釈者（作者、観者、読者）の心だ。つまり解釈者がそこに類似を見る（螺旋を再認する）ことで、類似が解釈者の心において現実的に作動する。他方「複数の縁のスケール」は、「複数の中心のスケール」と部分的に対応しながら、螺旋ダイアグラムがその物質的な縁で諸部分・諸粒子へと分解される契機を指し示しているようだ。

一方映画には、パースの分類で言えば、解釈者の心抜きに作動する複数の物体間のインデックス的（力動的・接触的）な関係も映し出されている。渦巻くヘリコプターのプロペラは、その風圧によって力動的に、水の上に波紋を作る。スミッソンはヘリコプター撮影者のために描かれたと考えられるドローイングの一枚に、「水＋泡がコプターの羽で飛ばされる」「コプターの羽は塵　泡＋水を飛ばすべき」「真下に撮影　二五フィート［約七・六メートル］かそれ以下」と書きつけている（図9）。事物は物質の力動的関係によっても連鎖するのだ。

すなわち映画には、少なくとも次のような二重の連鎖系列が存在する。

〈系列I：イコン的〉螺旋ダイアグラムa（塩結晶）－螺旋ダイアグラムb（スパイラル・ジェッティ）－螺旋ダイアグラムc（回転するヘリコプター）－螺旋ダイアグラムd（太陽のフレア）－……

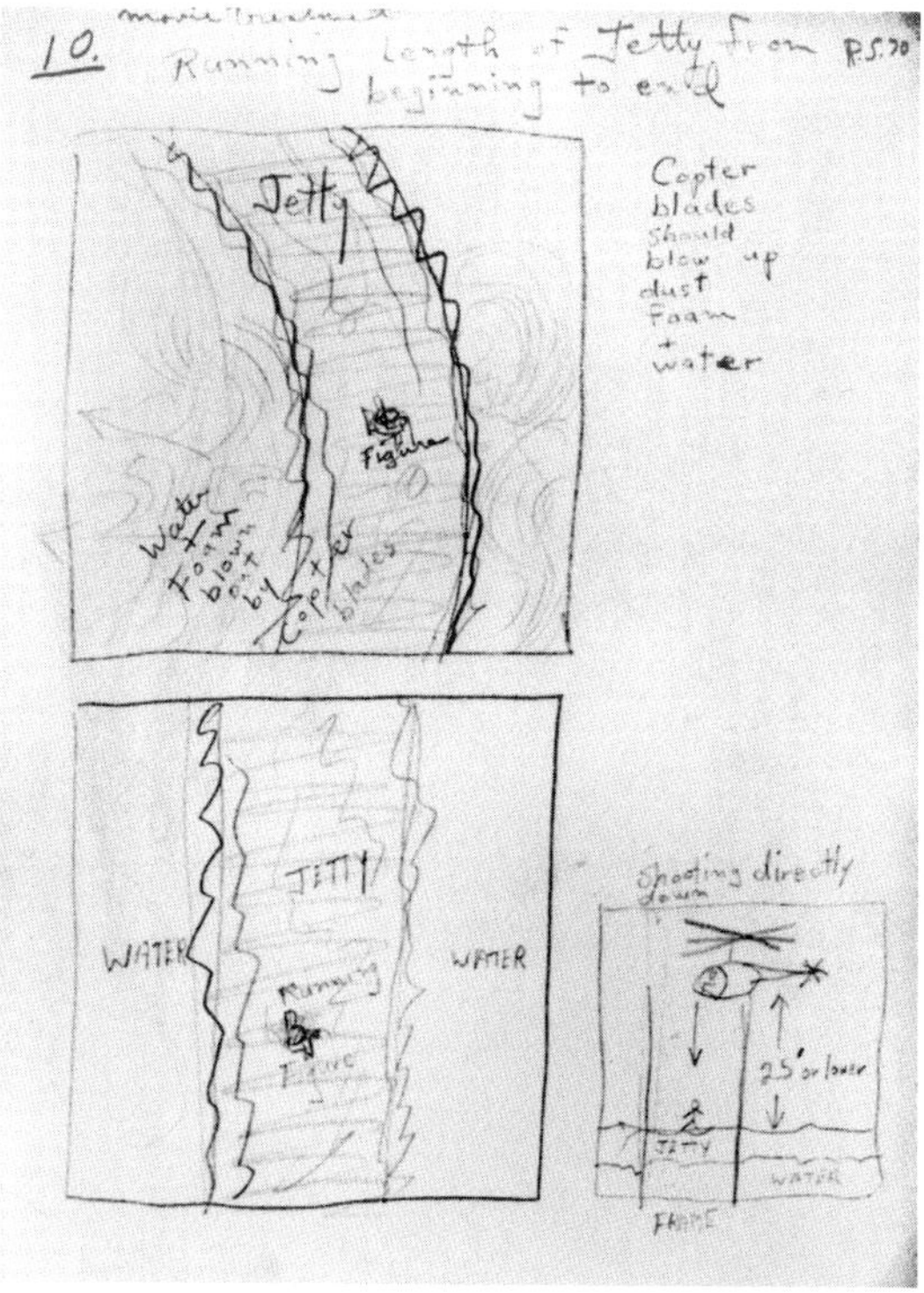

図9――『スパイラル・ジェッティ』撮影のためのスミッソンのドローイング（一九七〇年）

〈系列Ⅱ：インデックス的〉 物体a（成長する塩結晶）－物体b（揺れる水）－物体c（回転するヘリコプター）－物体d（太陽光）－……

イコン的に連鎖する「ダイアグラムの系列」と、インデックス的に連鎖する「物体の系列」は、ずれを孕みながら絡みあう。「複数の縁のスケール」は、イコン的なダイアグラム系列がインデックス的な物体系列へと砕けていく閾を指し示すだろう。映画は絡みあう二重の系列を包含《コンテイン》し、複数の系列を通して「思考」する。どのようにしてか。

パースの理論をさらに導入しよう。パースは物体の内に実現されたパターンの連鎖に「思考」を見出し、そこに必ずしも脳の媒介は必要ないと考えていた。論証するダイアグラムに表された記号の「準－心（Quasi-mind）」について述べたあと、★60 パースは次のように書く。「思考は必ずしも脳と結びつく必要はない。思考はみつばちや水晶の仕事、そして純粋に物理的な世界の到る所に現れている。ものの色や形などが本当にそこにあることを否定できないのと同じように、思考が本当にそこにあることも否定できない★61」。パースによれば記号とは、「何か他のもの（解釈項）を規定して、自分の場合と同じやり方で、自分の関わっているもの（対象）に関わるように仕向けるもの」であり、「次にこの解釈項もまた記号になるといった具合に無限に続く★62」。水晶の成長パターンには、物体間の接触的・力動的関係に規定されるインデックス的な記号の連鎖があり、そこに人間の心から切り離された「思考」がある。

同じ意味で『スパイラル・ジェッティ』は「思考」していると言えるだろうか？ ——否。同じではない。同じではなく、心－物が複合されている。そこには物体間の力動的連鎖の系列だけでなく、人間的解釈者の心を通してはじめて現実化されるイコン的ダイアグラムの系列が入り混じっているからだ。

次のように言うことができるだろう。いかなるものも、その質において、際限なく多数のものと「似る」ことが可能である（いかなる意味でも他の何ものにも似ていない何かを、私たちは考えることができない）。それゆえイコン記号は、無際限な可能的関係であり、解釈者はその一部を知覚することで類似を縮減しかつ現実化する。解釈者の「心」に依存するこの可能的類似記号の現実化が、インデックス的な記号を構成する「物」の力動的連鎖と同じ対象において交叉する時、いわば物が心を食み、心が物へと滲み出す複合的な場が示される。

複数の事物を横断する心 - 物複合的な記号の連鎖。『スパイラル・ジェッティ』が「思考」するのはこの意味においてだ。その「思考」は、心的なダイアグラム連鎖と力動的な物体連鎖との二重系列の交叉において、人の心が物へと砕けながら物とともにおこなう記号作用である。

5　異鳴的うなり

具体的に見ていこう。映画第三部、塩結晶の映像を間に挿んで、二つの空撮シークエンスが現れる（以下、空撮シークエンス1・2と呼ぶ）。

空撮シークエンス1。ヘリコプターは近距離から螺旋に沿って反時計回りに二周回転し、螺旋中央に来ると上昇しつつさらに三周半回転する。その間スミッソンは、独特に流動的なニュージャージー州北部訛りの抑制的な声で、[★63] 呪文的な文を唱え続ける。

スパイラル・ジェッティの中央から。

北——泥、塩結晶、岩、水
北微東——泥、塩結晶、岩、水
北東微北——泥、塩結晶、岩、水
北東微東——泥、塩結晶、岩、水
東微北——泥、塩結晶、岩、水
東——泥、塩結晶、岩、水
東微南——泥、塩結晶、岩、水
南東微東——泥、塩結晶、岩、水
南東微南——泥、塩結晶、岩、水
南微東——泥、塩結晶、岩、水……

声は突堤を二〇方位に分割し、その物体的構成素を唱え続ける。しかしヘリコプターが上昇するにつれて構成素は脱差異化されて見えなくなり、突堤は平面的な「ダイアグラム」に変わっていく（図10・図11）。

唱えられる方位がちょうど一八〇度回った所で、ヘリコプターは螺旋全体をリフレーミングし、今度は時計回りに下降を開始する。詠唱は続く。

南——泥、塩結晶、岩、水
南微西——泥、塩結晶、岩、水

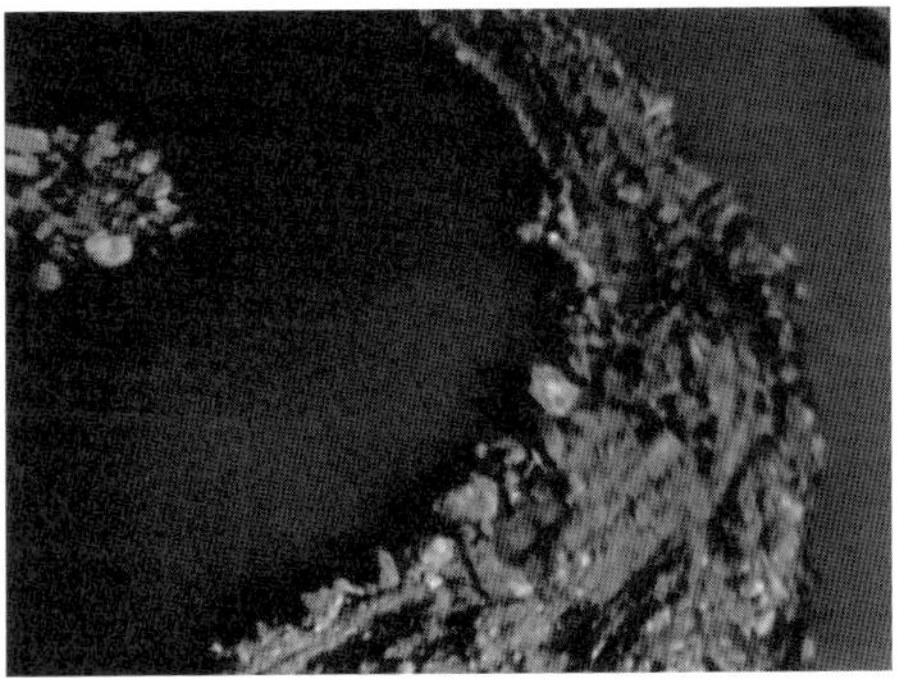

図10・図11——ヘリコプターの上昇につれて平面的な「ダイアグラム」に変わっていく突堤（『スパイラル・ジェッティ』より）

南西微南——泥、塩結晶、岩、水
南西微西——泥、塩結晶、岩、水
西微南——泥、塩結晶、岩、水
西——泥、塩結晶、岩、水
西微北——泥、塩結晶、岩、水
北西微西——泥、塩結晶、岩、水
北西微北——泥、塩結晶、岩、水
北微西——泥、塩結晶、岩、水★64

上昇のときと同じく正確に五周半回転したところで、ヘリコプターは突堤の岩一つ一つが巨大に見えるほど最接近し、フレームに太陽の反射と突堤の先端を収めてカットする。恐るべき精確な操作だ。空撮シークエンス1が見せるのは、ヘリコプターの〈反時計回り上昇◎時計回り下降〉とともにスケールが変わり、〈物体（泥、塩結晶、岩、水）◎ダイアグラム◎物体〉が連続的に入れ替わる過程だ。

岩と塩結晶と泡立つ水のクロースアップを挿み、続く空撮シークエンス2は六つのショットからなる。シークエンス2-ショット1。スミッソン自身が登場することで、撮影はシークエンス1より複雑化する。スミッソンは突堤の上を螺旋の中心に向かって、リッパーで岩が粗く掘り起こされた道の中央部を避けながら走っていく（図12）。途中で四回、道の右から左へ、また右へと横断する。螺旋の中心まで約四一〇歩、約三分間。一秒間に平均二歩強のペースで、スミッソンは時に小股でゆっくり、時に大股で慌てるように進む。停止すること

図11
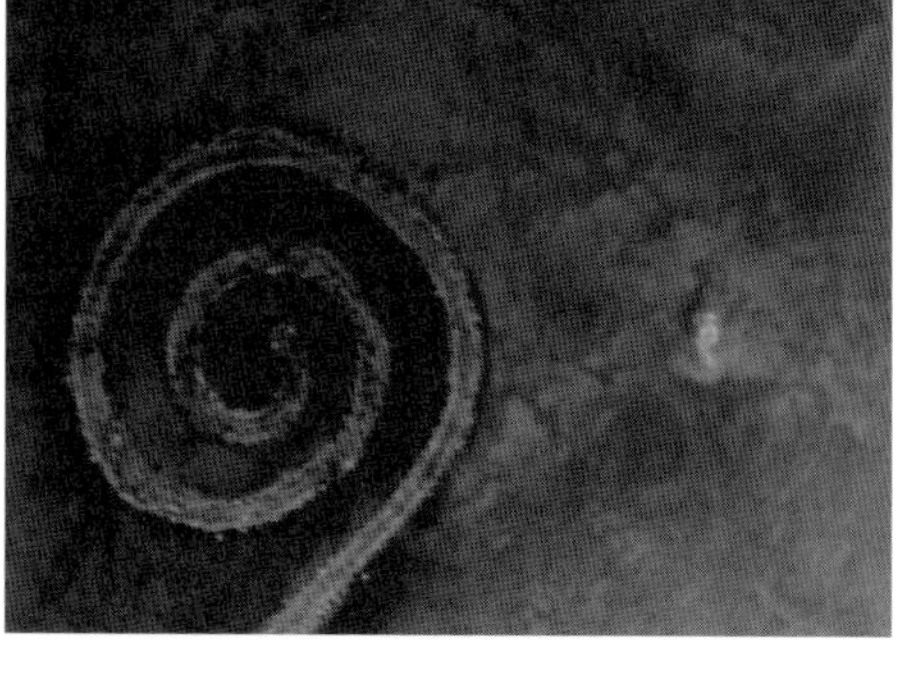

はない。岩の小さい場所は安定した歩みで、岩が大きい箇所では左右にさまよいながら。それゆえステップは、岩群の凸凹を反響《エコー》しながら増幅する。

スミッソンは「スパイラル・ジェッティ」のテクストで書いていた。

> ある地点の後、測定可能なステップ（「スケール（Scale）skal n. it. or L; it. *Scala*; L *scala* 通常は *scalae* pl., 1. a. 元は梯子；一連の階段；そこから、b. 上昇の手段」）が、論理から「無理数の状態」へと降下する。［……］論理的純粋性は突然自らを沼地に見出し、予期せぬ出来事を歓迎する。［……］純粋さは危機の内に置かれる。私は極めて危険な道の上で私のチャンスを捉え、それに沿って私のステップはジグザグになり、螺旋を巻く稲妻に類似した。[★65]

ステップは岩群の凸凹と予測不可能な形でもつれ、ジグザグの稲妻を螺旋上に描く。その姿をヘリコプターは追尾する。「私の映画のために（一つの映画はフレーム群からなる一つの螺旋だ）、私は自分自身をヘリコプターから（ギリシャ語の helix, helikos から。螺旋を意味する）撮影させるだろう。直接頭上から、不安定なステップの観点からスケールを得るために」[★66]。時にゆっくり、時に歩を速めつつ進むスミッソンの背を、ヘリコプターは慣性によるずれをともないながら追いかける。カメラはスミッソンの背に向かってリフレーミングを続ける。〈突堤‐スミッソン‐ヘリコプター‐カメラ〉。四つの物体は非同期的に、かつ心‐物横断的に連鎖している。数十センチメートルスケールで岩群と干渉するステップの不安定なパターンは、物どうしの力動的作用、追跡する撮影者＝解釈者の心の作動、解釈者の心に連結した諸機械の作動を通して、ヘリコプターの追尾パターンとカメラのリフレーミングパターンに遅れて反響《エコー》し、増幅され

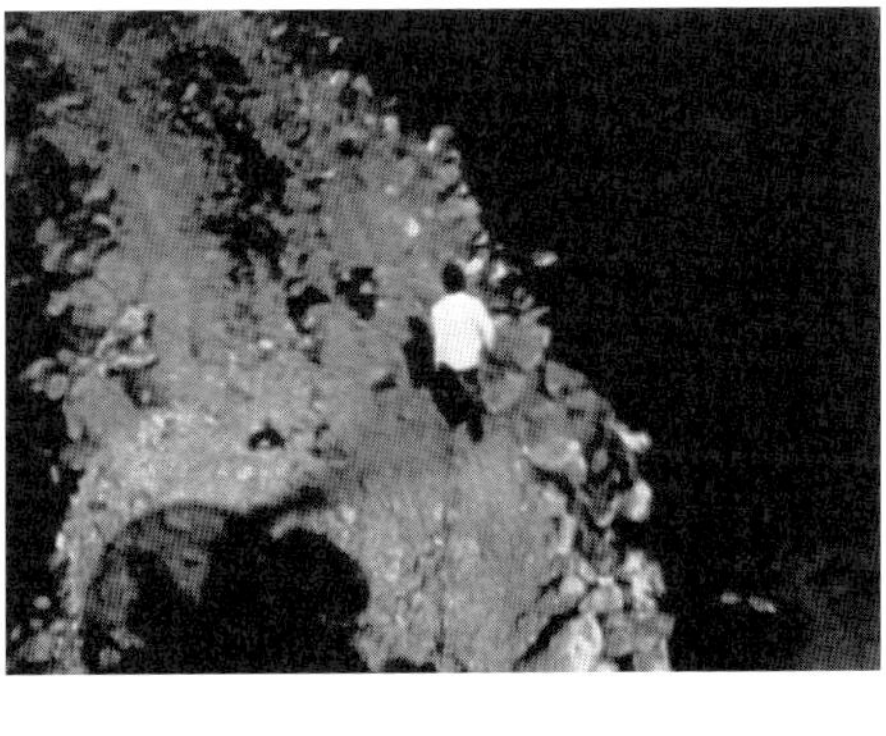

図12——突堤の上を走るスミッソンとヘリコプターの影（『スパイラル・ジェッティ』より）

る。その間、回転するプロペラの影が突堤の上に二度映る（図12）。螺旋がイコン的かつインデックス的に多重化される。

進行するステップは、岩群の空間的配置を粗く読み取りつつ動作の時間的パターンに変える。それをヘリコプターとカメラの動作がさらに粗く遅れて読み取り、増幅《アンプリファイ》する。まるでスミッソンの体を「針」にした緩結合のレコードプレイヤーのようだ。その間、ヘリコプターの主プロペラと尾翼プロペラは異なる周期で爆音を立て続ける。異なる周波数の音は干渉し、空撮シークエンスを特徴づける「うなり」を生む。「うなり」とは振動数の近い波の干渉で生じる合成波のことだ。これを視覚にも拡張して言えば、岩群の空間周波数と干渉しながらそれを反響《エコー》するステップのパターン、それを追尾するヘリコプターの運動パターン、リフレーミングするカメラの運動パターンもまた、ずれを孕みつつ重なることで、視-聴覚を横断する「うなり」を生産している。

再びテクストを引用しよう。

> この「スパイラル・ジェッティの」記述は、ジェイムズ・ジョイスを「螺旋の耳」として描いたブランクーシのスケッチを反響《エコー》し、反射《リフレクト》している。なぜならそのスケッチは、視覚的かつ聴覚的なスケールを示唆するからだ。言い換えれば、それは目と耳の中に同時に共鳴《リゾネイト》するスケールの感覚を示している。ここには空間と時間を上下に反響《リヴァーブレイト》する螺旋の強化と延長がある。だからそれは人が芸術を「対象《オブジェクト》」の観点で考えることを止めるところのものなのだ。揺れ動く共鳴は「客観的《オブジェクティヴ》な批評」を拒否する［……］。人は螺旋をつかむ、そして螺旋が一つの把握になる。[★67]

スパイラル・ジェッティは目と耳に同時に共鳴し、空間と時間に反響する。ベルにおいて問題化されていた視‐聴覚および観念‐物体の横断が、共鳴し反響する複数の螺旋の間で実現される。レコードが単なる物《オブジェクト》でないのと同様に、スパイラル・ジェッティはたんなる物《オブジェクト》ではない。それは再生され、ずれを孕む複数の螺旋を重ねて心‐物複合的な「うなり」をあげる。うなりは「客観的《オブジェクティヴ》な批評」の限界を抜けて、主‐客の分離を破壊する。★68 モダニズム批判から何と遠くまで来ていることか。

突堤の中心に辿り着いたスミッソンの背に、ヘリコプターが接近する（図13）。その体を挟むように複数の同心円波が現れて干渉する。シャツがばたばたと振動する。ヘリコプターの爆音が、映画を観て‐聴いている私の体も貫いて震動させる。この震動を私は止めることができない。私の体もまた、物体の震動を反響《エコー》する物体だからだ。この物体間の力動的な連鎖が、摩滅・衰退・崩壊への強い傾向性にもかかわらず、スミッソンの映画を生動化している。それは「人間的」有機体であることの手前で、しかし心的次元におけるダイアグラム連鎖と交叉しながら、事物を揺らす生動性だ。★69 墜落の回避で実現されること。それはすべてがグチャグチャな「一つ」に潰されることを回避し、異質で不一致な（discrepant）、心‐物複合的諸記号の干渉による「うなり」を生むことだ。不一致（discrepancy）のラテン語源discrepareが「異なる音を立てる」を意味することを響かせつつ、これを「異鳴的うなり」と呼ぶことにしよう。★70 映画は心的かつ物体的な諸記号を異鳴的にうならせる。『スパイラル・ジェッティ』は巨大なうなりの発生装置となり、心‐物複合的な「思考のムーヴィング・ピクチャー」を轟かせる。

死の予感は消えない。スミッソンはグレートソルト湖の「赤い水」を、直接的に「血」の

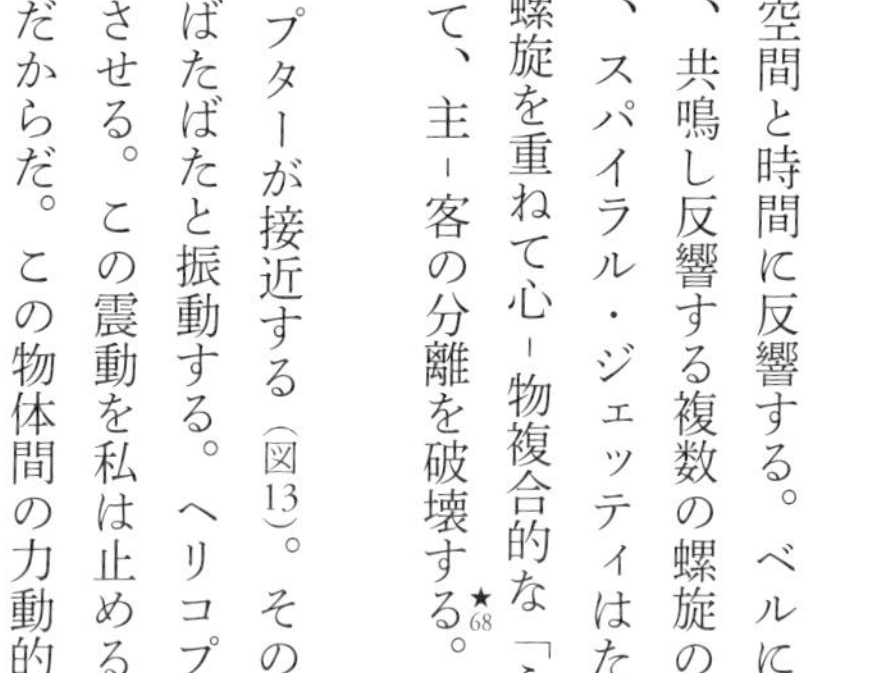

図13——スミッソンの背にヘリコプターが接近する（『スパイラル・ジェッティ』より）

イメージになぞらえている。「たしかに、嵐雲の集まりは血の雨へと変わるだろう。かつて、私が湖の上を飛んでいた時、湖の表面は筋（泡）のある生肉の破られていない部位のすべての特性を持っているように見えた。それはきっと奇妙な風の働きによるものだった。視界はしばしば他の諸感覚によって殺戮される［……］」。[★71]上空から見られた湖が血の海に変わる。私たちは『スパイラル・ジェッティ』のヘリコプター・ヴィジョン——それはしばしばアルフレッド・ヒッチコック『北北西に進路を取れ』（一九五九）への参照だと考えられてきた[★72]——を、むしろ、ベトナム戦争における空爆と関連づけて考えるべきなのではないだろうか？　英文学者のニコ・イズリアルは、近年盛んな「歴史的」スミッソン研究においても、冷戦およびベトナム戦争というコンテクストが中心的に扱われないことを指摘している。実際スミッソンはそれらに言及しない。『スパイラル・ジェッティ』においては「インドシナの食肉者」という台詞が、わずかにナパーム弾を連想させるのみだ。[★73]

スミッソンは一九七〇年九月（『スパイラル・ジェッティ』の制作中）、『アートフォーラム』誌上に掲載された「アーティストと政治——シンポジウム」における「アメリカの深まる政治的危機にアーティストは直接的にコミットすべきかどうか？」というアンケートに対し、以下に始まる悪名高い「非政治的」コメントを寄せている。

アーティストは「アメリカの深まる政治的危機」への応答を意志する必要はない。遅かれ早かれアーティストは、そうしようとすらせずに、政治に巻き込まれ、あるいは貪り食われるだろう。私の「ポジション」は、地球規模の卑劣と無益の意識に沈み込むというものだ。政治の鼠はつねに芸術のチーズをガリガリ嚙る。罠はセットされた。［……］直接的政治行動は、沸騰するシチューの中から毒を抜き取るという問題になる。〔……〕「深まる政治的危機」のより深いレベルから、最善の行為も最悪の行為も共に走り出し、渦巻く無力の中で人を取り囲む。[★74]

「渦巻く無力」の形象は、スパイラル・ジェッティにも直に関係するだろう。発言の非政治性は明らかだが、それはスミッソンの基本的想像力に直結している。スミッソンの意識は政治的「ポジション」の明確化より、そのエントロピックな脱差異化へと向かっている。

同じ年に書かれた草稿「見る《ルック》」では、写真雑誌*Look*一九七〇年七月二八日号に掲載された、ベトナム戦争で四肢と顔面を激しく損傷した米兵たちの凄惨な写真が扱われている。埼玉県朝霞市にあった米軍基地キャンプ・ドレイク第二四九病院でこれら米兵の手術にあたった神経外科医マレイ・H・ヘルファントの報告を、スミッソンは無感動に記述する。その間に、同じ雑誌に載るフォード、シェヴロン・ガソリン、コカ・コーラ、タリートン（タバコ）等の広告の能天気でマッチョな言葉が暴力的に挿入される。「〔……〕彼の脚は尻まで切断されている。その付け根は〔誌面上での〕サイズが黒い拇印のようだ——直径¾インチ。〔……〕「だから我々タリートンの喫煙者は切り替える《スイッチ》よりむしろ戦う《ファイト》のだ！」と、ページ26のフルカラー広告が言う」[★75]。イメージによるアメリカ批判とも取れるが、その「ポジション」はやはり明確でない。むしろすべてを無差別なインクの染み（「黒い拇印」）に変えて層化する印刷物という場にこそスミッソンは惹きつけられているようにも読める。[★76]

スミッソンの映画もまた、同じ無差別性の場に、絶滅のヴィジョンを通して破壊的に沈み込む傾向を隠さない。草稿「カメラの眼を通した芸術」（一九七一頃）では、スミッソンはアラン・レネの『夜と霧』(一九五五)を取り上げてこう書いている。「[……]どんな風景も、たとえどれほど穏やかで愛らしくあっても、惨禍の下層を隠している[……]。強制収容所の廃墟よりもさらに深い場所に、より恐ろしく、より無意味な諸世界がある。地質学の地獄はいまだ発見されていない。もし美術史が悪夢だとするなら、自然史とは何だろうか？」。[★77]『スパイラル・ジェッティ』の「カメラの眼」は、この自然史における絶滅のヴィジョンに向けられている。人類史の惨禍を相対化しようとする「地質学の地獄」、あるいは「海洋的非差異化」の極において、事物は無差別一様に破壊されて潰される。――そこに複数の体を異鳴的に荒立てる「うなり」が無ければ。海洋的非差異化に向かって「渦巻く無力」と、異質な事物の多数性を打ち鳴らす「異鳴的うなり」は、弁証法的緊張関係に置かれているのだ。

空撮シークエンス2-ショット1の最後に戻ろう。スミッソンを追尾し螺旋の中心まで来たヘリコプターはそこで、それまでの〈突堤-スミッソン-ヘリコプター-カメラ〉の緊密な時間遅れ結合を解除し、スミッソンを残して浮上する。スミッソンもまた、もと来た道を歩いて戻り始める。カット。

続いて空撮シークエンス2-ショット2。ヘリコプターが上空から時計回りに回転しつつ次第に降下し、歩いて戻るスミッソンを横から追い抜く。湖に鏡映されるスミッソンの体。歩行と航跡による、速さの異なる二つの螺旋ダイアグラムが突堤上で反響《エコー》する(図14)。

シークエンス2-ショット3。今度は丘から螺旋の中心をめがけて、ヘリコプターが直線的に飛んで行く。カメラは望遠で螺旋を拡大し、また広角に戻す。機体は爆音を立てながら一挙に中心に迫る。平らな湖面に空が反射する。まるで空に墜落するかのようだ。画面が岩で満たされる。ヘリは傾きながら右旋回。急速に再ダイアグラム化する突堤がフレームの中で九〇度転回、ついで反対方向に一八〇度転回する（図15）。螺旋ダイアグラムが大地の物体から引き剝がされ、湖面に反射する空の中で宙を回る。物体／ダイアグラムとしての螺旋は、ヘリコプター‐カメラの距離とフレーミングによって刻々とその様相を変える。

シークエンス2‐ショット4。上空から眺められた螺旋。スミッソンの声が言う。「巨大な太陽を一心に見つめることで、私たちはついにその未知の面の謎を解き明かした。太陽は一つの燃える星ではなく、何百万もの星々が厚く群れをなして集まったものなのだ。〔……〕実際にはそれは、無数の太陽からなる巨大な螺旋状星雲なのだ」★78。太陽の内部に示唆される螺旋。ヘリコプターはゆっくりと時計回りに旋回する。フレームの右端から湖面に反射する太

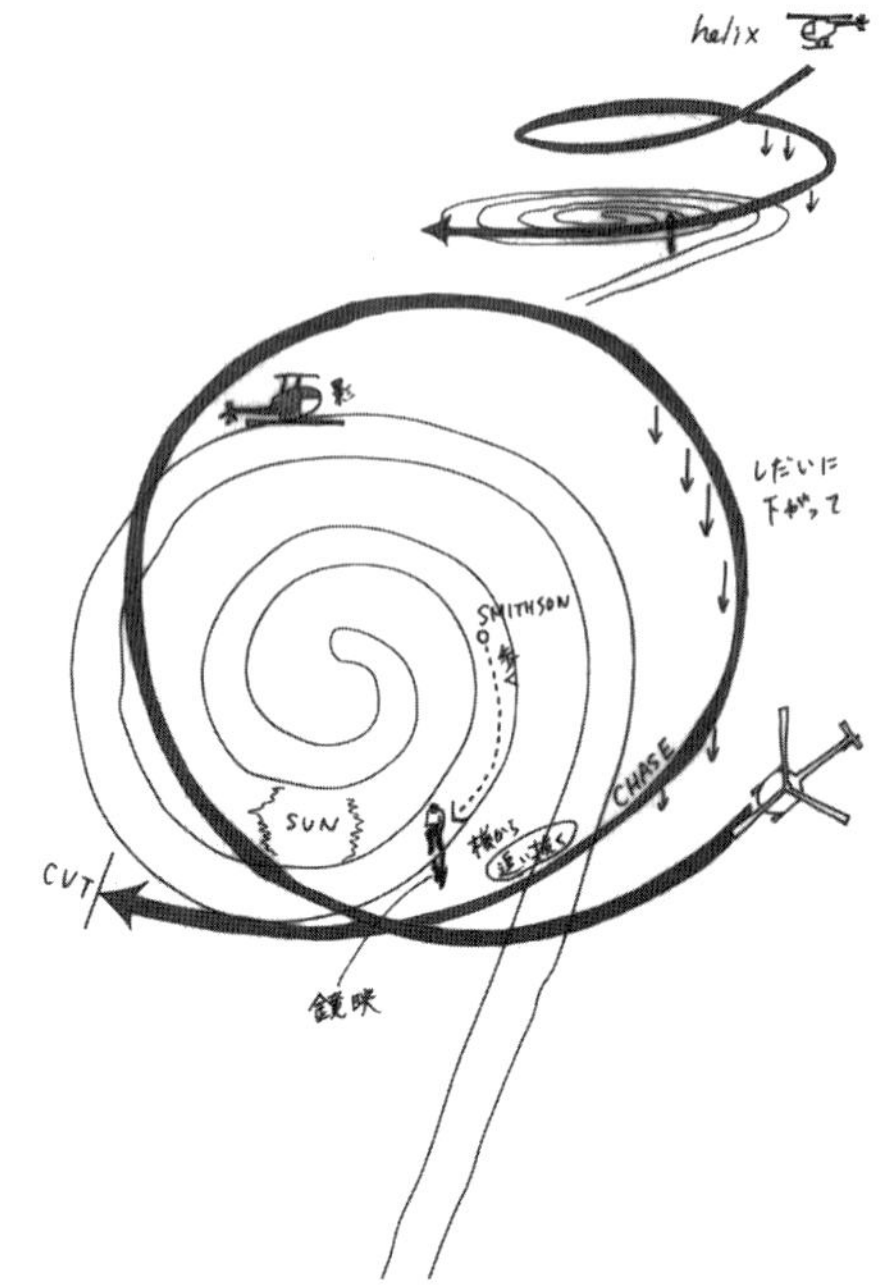

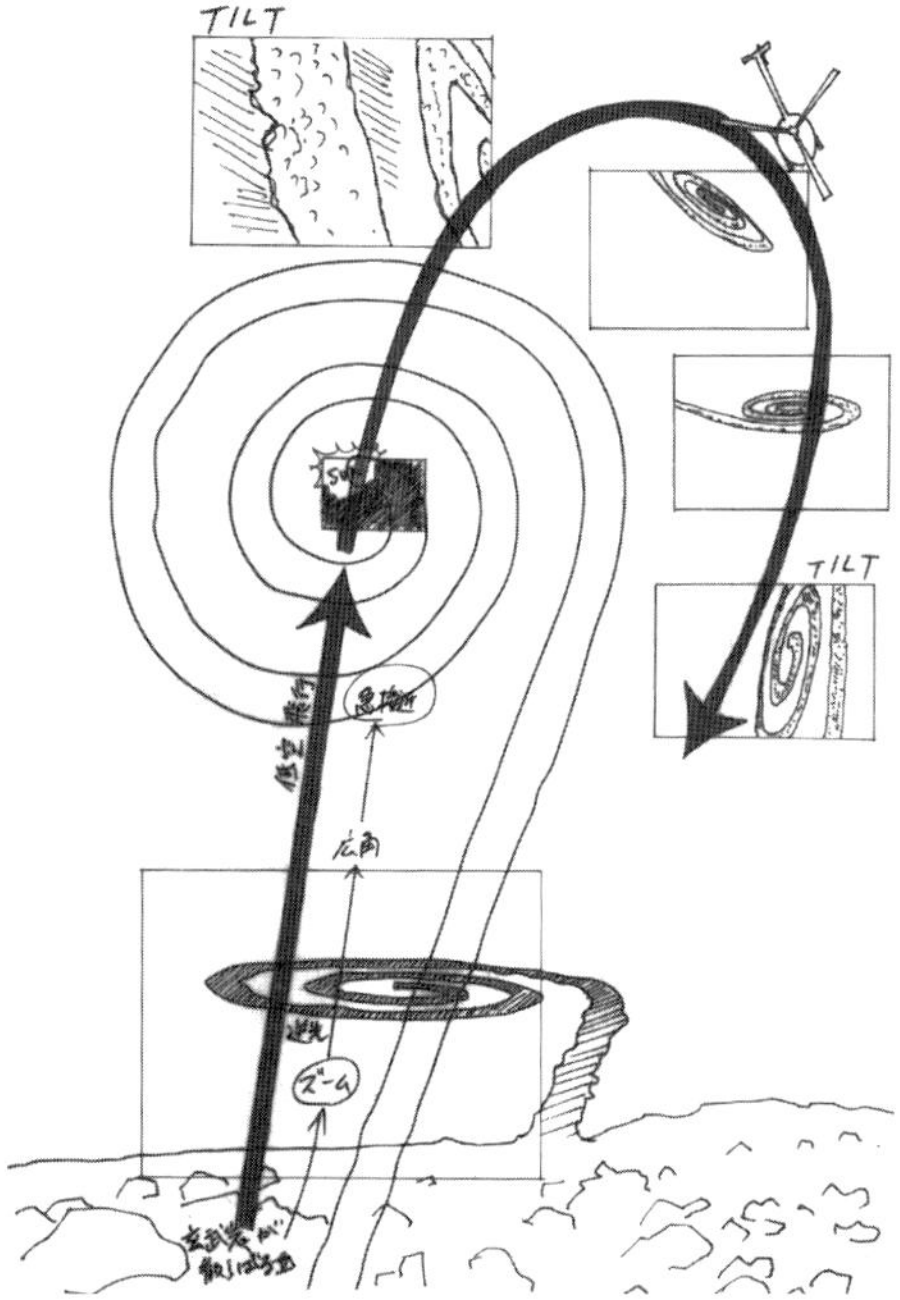

上から
図14——空撮シークエンス2‐ショット2（著者作成）速さの異なる二つの螺旋ダイアグラムが反響する。
図15——空撮シークエンス2‐ショット3（著者作成）突堤がフレーム内で九〇度転回し、反対方向に一八〇度転回する。

陽が現れる。太陽が螺旋突堤に刺さり、強い光で螺旋を消し去っていく（図16）。螺旋の中心に太陽が来たところでカメラはズームし、画面全体がホワイトアウトする。太陽は螺旋状の岩群に巻き込まれることで「無数の太陽群」に分解されるとともに岩群を消し去る。〈太陽－突堤（物体／ダイアグラム）－ヘリコプター－カメラ〉が、心－物を横断する事物の新たな凝集と分解を作り出す。

シークエンス2－ショット5。フレーム右端から再び太陽の反射が現れる。奇妙な天体現象のように、太陽は螺旋突堤を通過しながら消去していく（図17）。螺旋の「食」を見るかのようだ。突堤以外の陸地は映らず、ヘリコプターが動いているのか、あるいは螺旋、あるい

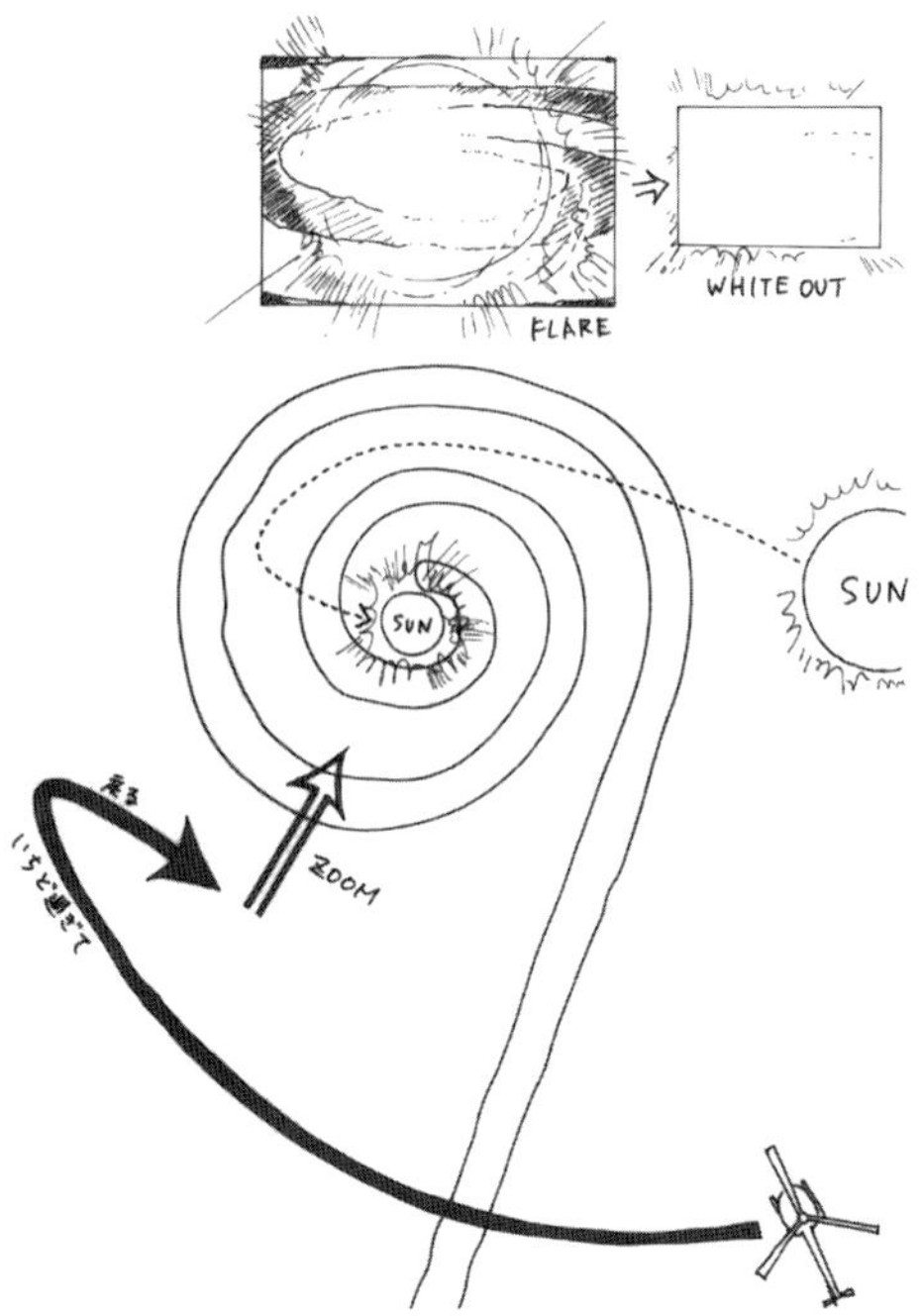

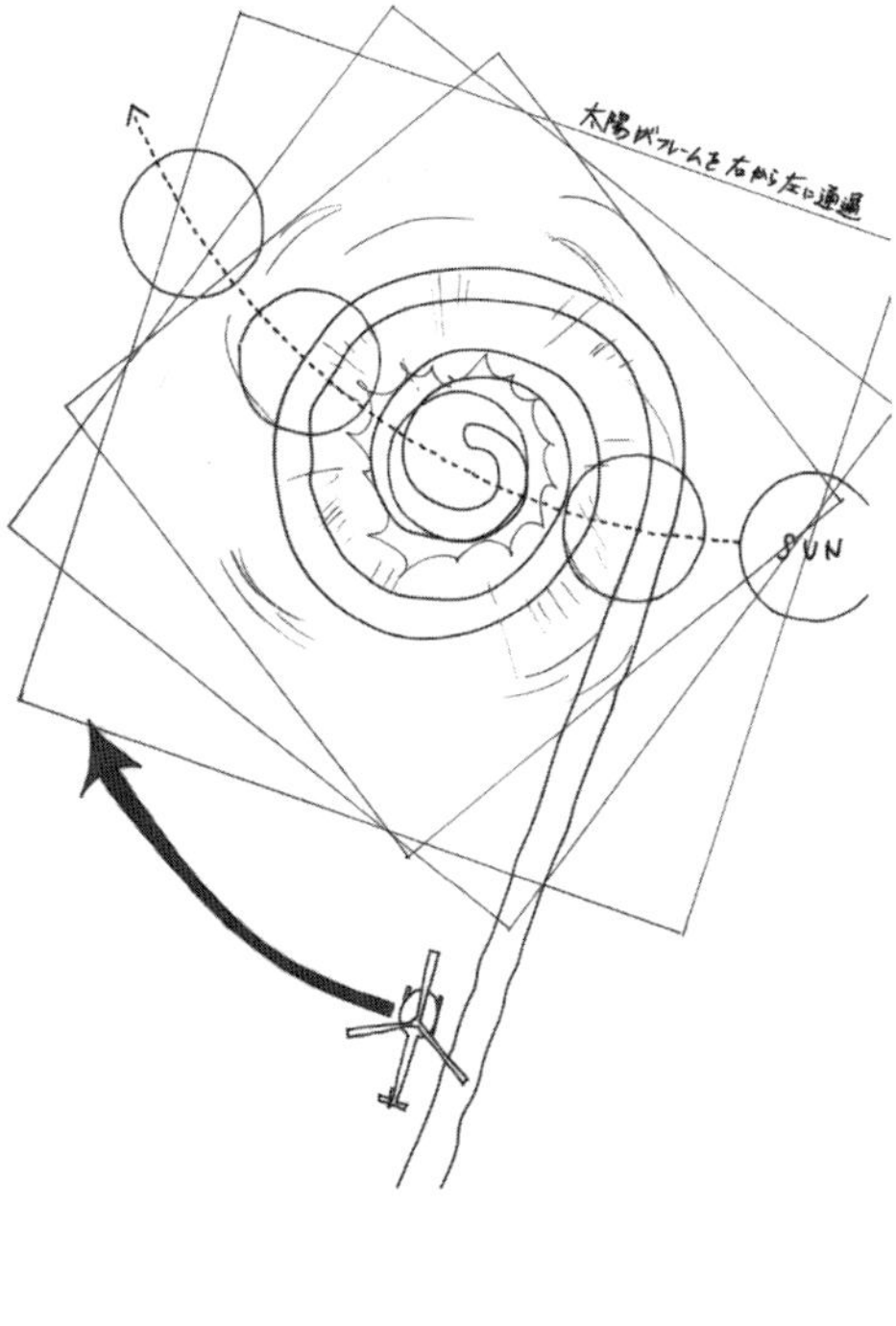

上から
図16――空撮シークエンス2－ショット4（筆者作成）太陽が螺旋突堤に刺さり、画面をホワイトアウトさせる。
図17――空撮シークエンス2－ショット5（筆者作成）太陽は天体現象のように螺旋突堤を通過しながら消去していく。

は太陽が動いているのかわからなくなる。主‐客の定位が不明化する。

シークエンス2‐ショット6。土煙を上げて丘から離陸するヘリコプター。逆光で捉えられた螺旋。ヘリコプターは低い位置から次第に高度を上げていく。螺旋がスクリーンを満たすように望遠でリフレーミングされる。スミッソンは医学辞典からの引用を読み上げる。「日射病——この用語は通常、強烈な日光への曝露に由来する状態に限定される。［……］より深刻な場合は、強い頭痛、光への嫌悪、嘔吐、譫妄症状が現れうる。皮膚は乾き、脈拍は速くなる。［……］また長期にわたって記憶喪失と集中不可能（inability to concentrate）が続きうる★79」。強烈な日射は心‐物双方の体を貫き、共に崩壊させる。画面右の湖面が輝く。ヘリコプターは高度を上げる。広角でリフレーミング。太陽がじりじりと動き、螺旋の中心に入る。放たれるレンズフレア（図18）。ヘリコプター‐カメラはそこから、太陽を螺旋／レンズの中央に位置させたまま、湖面に近づいていく！　うなりをあげるヘリコプター。フレームの中心に置かれた、螺旋突堤の中心に輝く太陽がレンズの中心を貫き、画面をホワイトアウトさせる。太陽と螺旋とヘリコプターを結ぶ幾何学的交叉が画面を白熱させる。ヘリコプターは、反射の幾何学に決定された直線に沿って、ゆっくりと斜めに落ちていく（図19）。

空撮シークエンス2‐ショット4〜6では、太陽の反射を螺旋の中心に追い込む操作がくり返される。スミッソンはヘリコプター会社のパイロットに宛てたと思しき一枚のドローイング——左上に「エド・コールフィールド、マウント・ウェスト・ヘリコプターズ、プロヴォ」と書かれているのが読める——の中で、撮影を具体的に指示している（図20）。「時計回り＋反時計回り」「ゆっくりと回転するポジションからのショット　ギラギラした光が起きるとき……中心へ　それが明るい光へと焼き付くまで」。画面を螺旋中心からホワイトアウトさ

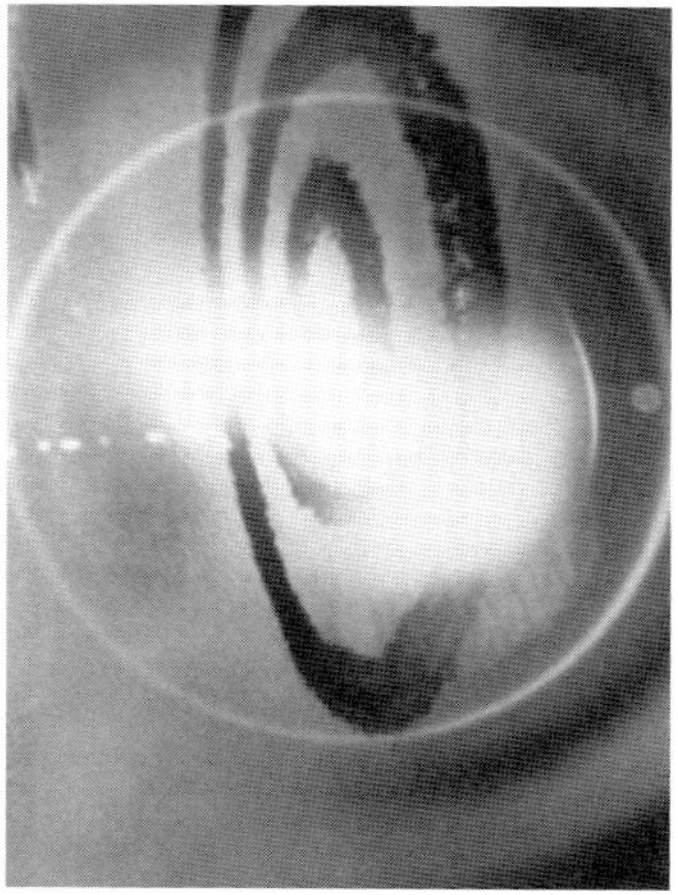

図18——放たれるレンズフレア（『スパイラル・ジェッティ』より）

せるレンズフレアは、計画的に引き起こされている。それは映画冒頭に示される太陽の「フレア」をスケールを変えて反響《エコー》している。サングラスをかけるパイロットの目には太陽の輪郭が見えるだろうか。そもそも太陽を運転操作の基準点として見つめ続けることはできるのだろうか？　いずれにせよ異常で危険な操作だ。*Inability to con-centrate.* 中心が失われ、心的集中が物体的に砕けていく湖＝空の表面に向かって、ヘリコプターはゆっくりと斜めに近づき、落ちていく。

カット。場面は突然スタジオに移る（図21）。編集台にかけられたリール。壁に貼られた《ス

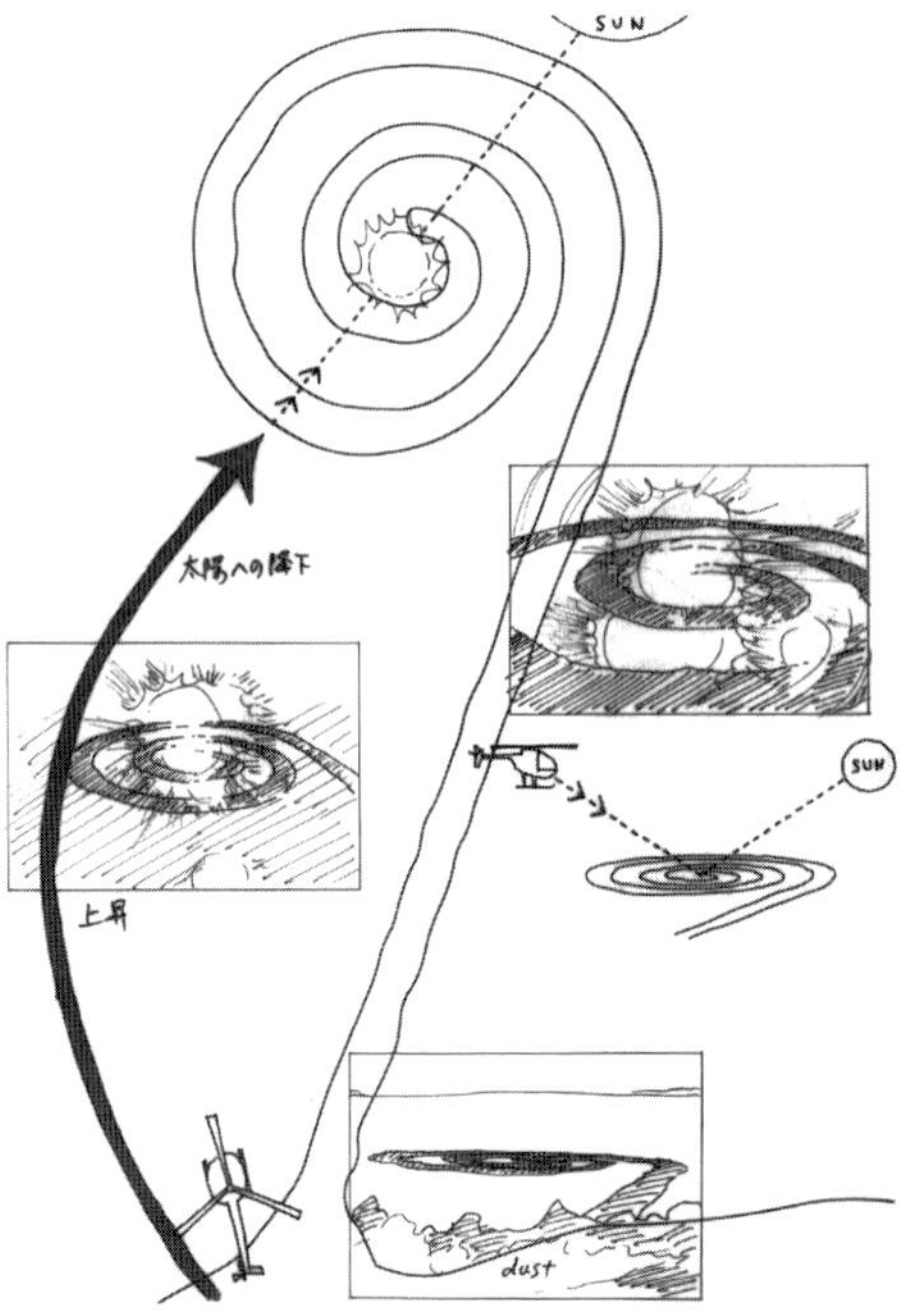

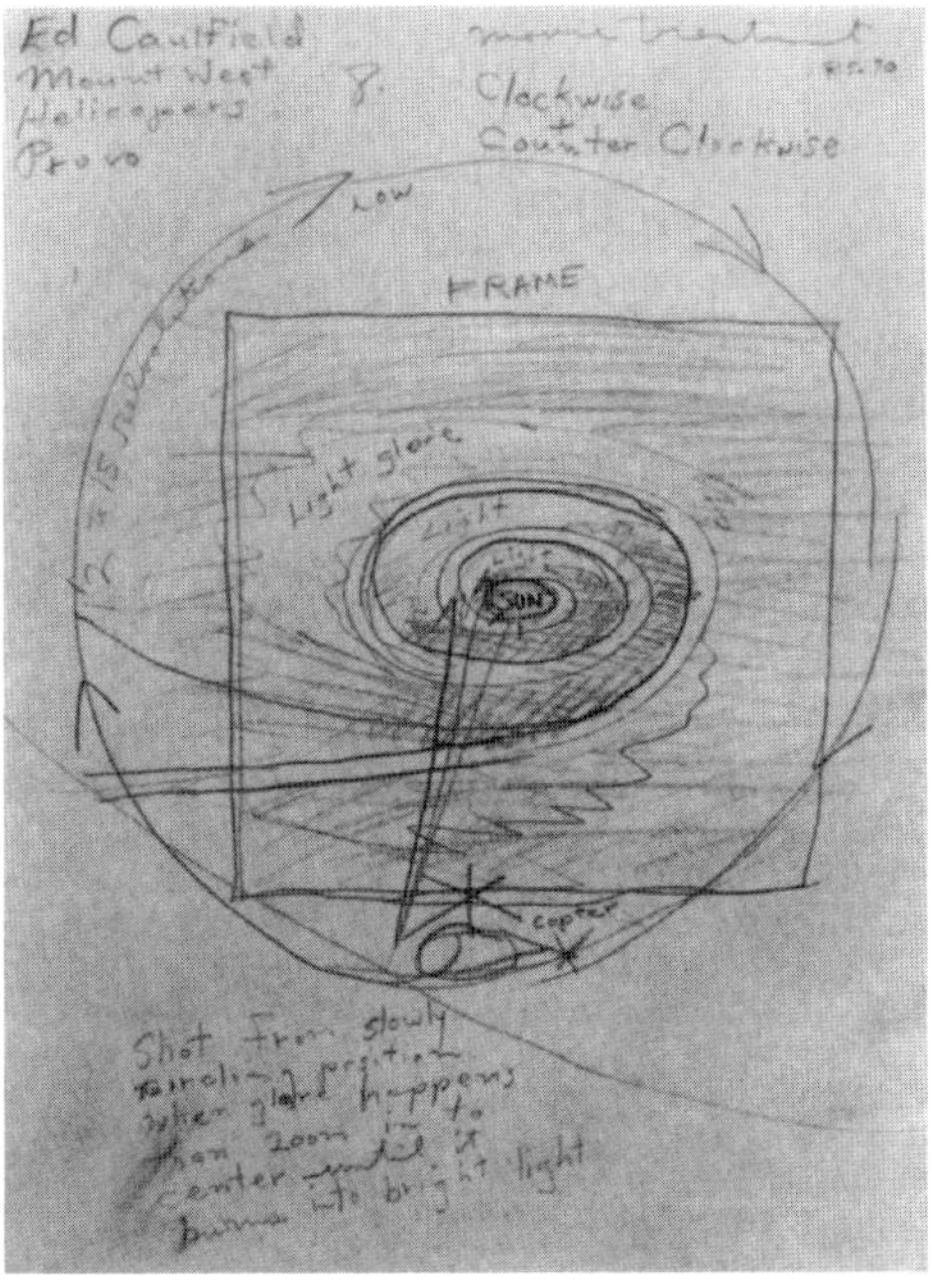

上から
図19——空撮シークエンス2‐ショット6（著者作成）ヘリコプターは反射の幾何学に決定された直線に沿って、ゆっくりと落ちていく。
図20——スミッソンがヘリコプター会社のパイロットに宛てたと思われるドローイング（一九七〇年）

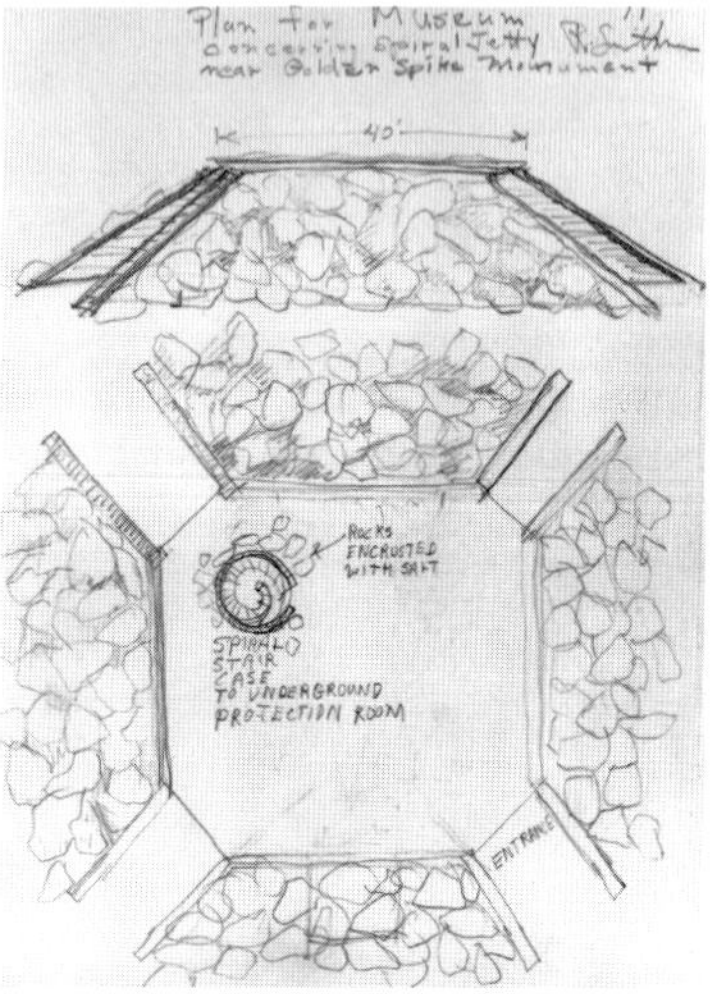

パイラル・ジェッティ》の写真がリールと形態的な韻を踏む。映画全編を満たしていた反復的ノイズ（ヘリコプターの爆音、メトロノーム、さざ波……）が初めて消える。[★80]スタジオの外だろうか、車が行き交う音と鳥の囀りがわずかに聴こえるところで映画は終わる。私は体の中に「うなり」の残響を感じている。

だがここは最終地点ではない。後のインタビューでスミッソンは、マンハッタン島からスタテン島に向かうフェリーにプロジェクターを積み、船が螺旋を描いて港に戻ってくるまで映画を上映するというアイディアを語っている。[★81]またスミッソンはゴールデン・スパイクに、螺旋階段で地下に潜る『スパイラル・ジェッティ』のための映画館も構想していた[★82]（図22）。映画は新しい容器《コンテイナー》に呑み込まれ、さらに多重化した螺旋の異鳴的うなりをくり広げるだろう。プロジェクトはスミッソンの死により、宙吊りのまま開かれた。

上から
図21——場面は突然スタジオに移る（『スパイラル・ジェッティ』より）
図22——『スパイラル・ジェッティ』に関する博物館のためのドローイング（一九七一年）

★1——Eugenie Tsai, "Robert Smithson: plotting a line from Passaic, New Jersey, to Amarillo, Texas," *Robert Smithson*, organized by Eugenie Tsai with Cornelia Butler, The Museum of Contemporary Art, Los Angeles, 2004, p. 31 参照。

★2——Robert Smithson, "Minus twelve," (1968), *Robert Smithson: The Collected Writings*, edited by Jack Flam, University of California Press, 1996, pp. 114–115 等を参照。以下、同書は*CW*と表記し、文章の執筆年を括弧に入れて示す。強調はすべて原文の通りとし、傍点で示す。

★3——「人間中心主義」に対するスミッソンの批判はしばしば、抽象表現主義に残存する「擬人間形態主義（anthropomorphism）」に対する攻撃の形をとる。Robert Smithson, "Quasi-infinities and the waning of space," (1966), *CW*, pp. 34–37 参照。

★4——スミッソンにおける「映画」の重要性を論じた先駆的論文である以下を参照。Elizabeth C. Childs, "Robert Smithson and film: the *Spiral Jetty* reconsidered," Arts Magazine, 56(2), October 1981, pp. 68–81.

★5——スケール変換のアイディアは当初、ダラス・フォートワース空港のために計画された、離着陸する飛行機から見るためのアースワークとして構想された。Robert Smithson, "Towards the development of an air terminal site," (1967), *CW*, pp. 52–60 および、"Aerial art," (1969), *CW*, pp. 116–118 参照。

★6——Robert Smithson, "... The earth, subject to cataclysms, is a cruel master," (1971), interview with Gregoire Müller, *CW*, pp. 258–259.《ブロークン・サークル／スパイラル・ヒル》については以下に詳しい。*Robert Smithson: Die Erfindung der Landschaft/The Invention of Landscape: Broken Circle/Spiral Hill & Film*, Snoeck, 2012 および、Eric. C. H. de Bruyn and Sven Lütticken, "In the vicinity of ... : a dialogue on *Broken Circle/Spiral Hill* and/as cinema," *Robert Smithson, Art in Continual Movement: A Contemporary Reading*, edited by Ingrid Commandeur and Trudy van Riemsdijk-Zandee, Alauda Publications, 2012, pp. 115–133.

★7——石岡良治は『スパイラル・ジェッティ』において、「作品上で構築されたテリトリーが、フレームを媒介にすることで脱テリトリー化の運動へと入り込」むことを明快に論じている。石岡良治「抽象からテリトリーへ——ジル・ドゥルーズと建築のフレーム」『10＋1』第四〇号、二〇〇五年、一八四—一九一頁。

★8——Craig Owens, "Photography *en abyme*," (1978), "Earthwords," (1979), "The allegorical impulse: toward a theory of postmodernism," (1980), *Beyond Recognition: Representation, Power, and Culture*, University of California Press, 1992, pp. 16–30, 40–51, 52–69. 邦訳として、クレイグ・オーウェンス「アレゴリー的衝動——ポストモダニズムの理論に向けて　第1部（前）」新藤淳訳・解題『ゲンロン1』二〇一五年、二一二—二三一頁、同「第1部（後）」新藤淳訳、中野勉監修『ゲンロン2』二〇一六年、二五八—二六六頁。日本語で読める簡潔な解説として、松井みどり『アート：〝芸術〟が終わった後の〝アート〟』（朝日出版社、二〇〇二年、四二—四六頁）。

★9——Ann Reynolds, *Robert Smithson: Learning from New Jersey and Elsewhere*, The MIT Press, 2003 および、Jennifer L. Roberts, *Mirror-Travels: Robert Smithson and History*, Yale University Press, 2004. および、Ron Graziani, *Robert Smithson and the American Landscape*, Cambridge University Press, 2004.

★10——地層的時間性については、Andrew V. Uroskie, "*La Jetée* en spirale: Robert Smithson's stratigraphic cinema," *Grey Room*, 19, Spring 2005, pp. 54–79. ダイアグラム性については、George Baker, "The cinema model," *Robert Smithson: Spiral Jetty*, edited by Lynne Cooke and Karen Kelly, University of California Press in cooperation with Dia Art Foundation, 2005, pp. 79–113.

★11——Fernando Domínguez Rubio, "The material production of the *Spiral Jetty*:

a study of culture in the making," *Cultural Sociology*, 6(2), 2012, pp. 143–161.

★12——アースワークとしてのスパイラル・ジェッティは二重山括弧、映画は二重鉤括弧、テクストは鉤括弧、限定しない場合は括弧なしで示す。

★13——『スパイラル・ジェッティ（Spiral Jetty）』一九七〇年、カラー、一六ミリ、約三五分。監督ロバート・スミッソン。撮影ロバート・フィオーレ、ナンシー・ホルト、ロバート・ローガン、ロバート・スミッソン。録音ロバート・フィオーレ、ロバート・ローガン。編集バーバラ・ジャーヴィス。ニューヨークのドワン・ギャラリーで一九七〇年一〇月三一日から一一月二五日まで上映された。

★14——Robert Smithson, "The Spiral Jetty,"(1972), *CW*, p. 143.

★15——Ibid., p. 145.

★16——Ibid.

★17——この文脈の指摘は以下に拠る。Roberts, *Mirror-Travels*, p. 116.

★18——Ibid., p. 118.

★19——Smithson, "The Spiral Jetty," *CW*, p. 145.

★20——Ibid., p. 146.

★21——この事実は以下に拠る。Graziani, *Robert Smithson and the American Landscape*, p. 112–113. この文脈の解釈については以下も参照。Roberts, *Mirror-Travels*, pp. 123–128.

★22——Smithson, "The Spiral Jetty," *CW*, p. 146.

★23——Ibid., p. 148.

★24——Domínguez Rubio, "The material production of the *Spiral Jetty*," p. 158.

★25——建設過程は現場監督ボブ・フィリップスによる以下の回想に詳しい。Bob Phillips, "Building the Jetty," *Robert Smithson: Spiral Jetty*, pp. 185–197. またそれを基にした以下の研究。Domínguez Rubio, "The material production of the *Spiral Jetty*," pp. 143–161.

★26——Phillips, "Building the Jetty," p. 188.

★27——Ibid., p. 191.

★28——Ibid., p. 192.

★29——Ibid., p. 194.

★30——Ibid., p. 196.

★31——Domínguez Rubio, "The material production of the *Spiral Jetty*," p. 148 および、Graziani, *Robert Smithson and the American Landscape*, p. 112.

★32——Domínguez Rubio, "The material production of the *Spiral Jetty*," p. 151の指摘を参照。

★33——Smithson, "The Spiral Jetty," *CW*, p. 146.

★34——Domínguez Rubio, "The material production of the *Spiral Jetty*," p. 150.

★35——Smithson, "A sedimentation of the mind: earth projects," (1968), *CW*, p. 100.

★36——Ibid., p. 102. 参照されているのはRobert Morris, "Anti form," *Artforum*, April 1968, pp. 34–35.

★37——Smithson, "A sedimentation of the mind," *CW*, p. 103.

★38——Robert Smithson, "Conversation in Salt Lake City," (1972), interview with Gianni Pettena, *CW*, p. 298. 同インタビューによれば、スミッソンがコンセプチュアル・アートに関心を持たないのは、この物体性を欠くからである。

★39——Robert Smithson, "Art and dialectics," (1971), *CW*, pp. 370–371.

★40——Smithson, "A sedimentation of the mind," *CW*, p. 109. スミッソンの「泥の思考」については以下で論じた。平倉圭「時間の泥——ロバート・スミッソン《スパイラル・ジェッティ》」『photographers' gallery press』第一〇号、二〇一一年、一〇六—一一三頁。

★41——Robert Smithson, "The artist as site-seer; or, a dintorphic essay," (1966–67), *CW*, pp. 340–345.

★42——J・G・バラード「待ち受ける場所」柳下毅一郎訳『J・G・バラード短編全集1』東京創元社、二〇一六年、一三三—一六六頁。バラードのこの短編は、熱射病、時空間スケールの変換など、多くのモチーフを『スパイラル・ジェッティ』と共有している。

★43——Smithson, "The artist as site-seer," *CW*, p. 342.

★44——Ibid., pp. 342, 345. スミッソンによれば、ベルはそこで「ファラオの生」を追体験した。

★45——Robert Smithson, "Towards the development of an air terminal site," (1967), *CW*, p. 55.

★46——Robert Smithson, "Towards the development of an air terminal site," *Artforum*, summer 1967, p. 39.

★47——ただしスミッソンの死後、ソル・ルウィットのデザインによって出版されたスミッソンの論集、およびそのデザインを踏まえた新版の論集では、写真の横幅が（ルウィット流に）同一に揃えられることで、元のレイアウトの意味が完全に破壊されている。*The Writings of Robert Smithson*, edited by Nancy Holt, designed by Sol LeWitt, New York University Press, 1979, p. 44 および、*CW*, p. 56.

★48——Smithson, "Towards the development of an air terminal site," *CW*, p. 55.

★49——Michael Fried, "Art and objecthood," *Artforum*, summer 1967, pp. 12–23.

★50——Smithson, "Towards the development of an air terminal site," *CW*, p. 59. 参照されているのは、Samuel Wagstaff, Jr., "Talking with Tony Smith," *Artforum*, December 1966, pp. 14–19. スミッソンのこの文章はまた、「印刷された物体（printed matter）」としての思考を問題にしている。以下を参照。上崎千・森大志郎「「出版物＝印刷された問題（printed matter）」：ロバート・スミッソンの眺望」『アイデア』第三二〇号、二〇〇七年一月、四九—六六頁。

★51——以下に詳しい。Reynolds, *Robert Smithson*, pp. 134–143.

★52——この意味で『スパイラル・ジェッティ』には、「ランド・アート」という呼称と同程度かそれ以上に、「エアリアル・アート」という呼称がふさわしい。二〇一五年一一月、上崎千氏との会話の中で示唆を得た。記して感謝する。ダラス・フォートワース空港のために具体的な作品を提案した以下も参照。Robert Smithson, "Aerial art," (1969), *CW*, pp. 116–118.

★53——Robert Smithson, "Entropy and the new monuments," (1966), *CW*, p. 21.

★54——Ibid., p. 23. 参照されているのは以下におけるパースの引用。Martin Gardner, *Logic Machines and Diagrams*, McGraw-Hill Book, 1958, p. 56.

★55——ナンシー・ホルトはゲイリー・シャピロによるインタビューの中で、スミッソンが『ラ・ジュテ』をくり返し観ていたと伝えている。Gary Shapiro, *Earthwards: Robert Smithson and Art after Babel*, University of California Press, 1995, pp. 242–243.『ラ・ジュテ』を通した『スパイラル・ジェッティ』の解釈は以下。Uroskie, "*La Jetée* en spirale," pp. 54–79.

★56——Robert Smithson, "The Spiral Jetty," *Arts of the Environment*, edited by Gyorgy Kepes, George Braziller, 1972, pp. 222–232. ただしルウィットがデザインした論集では、写真の順序が恣意的に入れ替えられ、シークエンスが破壊されている。*The Writings of Robert Smithson*, pp. 109–112. および、*CW*, pp. 143–148. 写真の解釈については以下も参照。Roberts, *Mirror-Travels*, pp. 129–130.

★57——Smithson, "The Spiral Jetty," *CW*, p. 147.

★58——Ibid., p. 148.

★59——Ibid., p. 150.

★60——*Collected Papers of Charles Sanders Peirce*, volume IV, *The Simplest Mathematics*, edited by Charles Hartshorne and Paul Weiss, Belknap Press of Harvard University Press, 1980, c1933, 4.550, p. 438.

★61——*Collected Papers of Charles Sanders Peirce*, volume IV, 4.551, p. 438.（『パース著作集2　記号学』内田種臣編訳、勁草書房、一九八六年、一九九頁）。

★62——*Collected Papers of Charles Sanders Peirce*, volume II, *Elements of Logic*, edited by Charles Hartshorne and Paul Weiss, Belknap Press of Harvard University Press, 1974, c1931, 2.303, p. 169.(『パース著作集2　記号学』四九頁)。

★63——Nico Israel, *Spirals: the Whirled Image in Twentieth-century Literature and Art*, Columbia University Press, 2015, p. 171 参照。

★64——以下に採録されている。Smithson, "The Spiral Jetty," *CW*, p. 149. スミッソンのこの「詩」には、ウィリアム・カーロス・ウィリアムズの長詩『パターソン』の影響が指摘されている(たとえば「地下地層」。ウィリアムズ『パターソン』沢崎順之助訳、思潮社、一九九四年、二四八―二四九頁)。ウィリアムズはニュージャージー州ラザフォードの町医者として、子供時代のスミッソンを定期的に診ていた。Clark Lunberry, "So much depends: printed matter, dying words, and the entropic poem," *Critical Inquiry*, 30(3), spring 2004, pp. 627–653参照。

★65——Smithson, "The Spiral Jetty," *CW*, pp. 147–148.

★66——Ibid., p. 148.

★67——Ibid., p. 147. ケネス・ベイカーによるインタビューでスミッソンは、同じブランクーシのスケッチに言及しながら「耳は共鳴《リゾネイト》し、目は反射《リフレクト》(反省)する」と語る。Kenneth Baker, "Talking with Robert Smithson," *Robert Smithson: Spiral Jetty*, p. 158.

★68——荒川徹はスミッソンのドナルド・ジャッド評から、スミッソンとジャッドに通底する、複数の周波数を反響させる空っぽな容器としての主体について論じている。それは映画『スパイラル・ジェッティ』の観客の姿とも響きあうだろう。荒川徹「包含、屈折、反響——ドナルド・ジャッドのパースペクティヴ」『表象』八号、二〇一四年、一四二—一五五頁参照。

★69——映画の冒頭における膨張/収縮する太陽や、第三部における塩結晶と岩石の映像につけられた反復的な「呼吸音」は、この非有機的生動性の観点で理解されるべきだ。スミッソンの反有機体主義については以下を参照。Reinhold Martin, "Organicism's other," *Grey Room*, 4, Summer 2001, pp. 34–51. 震動する「アクタント」としての物体については以下を参照。Jane Bennett, *Vibrant Matter: A Political Ecology of Things*, Duke University Press, 2010.

★70——discrepancy については以下を参照。Charles Keil, "Participatory discrepancies and the power of music," *Cultural Anthropology*, 2(3), August 1987, pp. 275–283.

★71——Smithson, "The Spiral Jetty," *CW*, p. 148. なお上崎千は、『スパイラル・ジェッティ』に引用される図版のトカゲが目から血を吹き出す「コースト・ツノトカゲ」であり、これが湖-血と恐竜をつなぐモデルとなっていると指摘している。上崎千「Rewinding (re-spiraling) "Jetties"」(シンポジウム「ランドアートの話」第八回恵比寿映像祭、二〇一六年二月一三日)。

★72——この解釈はRobert Hobbs, *Robert Smithson: Sculpture*, Cornell University Press, 1981, p. 195 において主張され、以降のスミッソン研究においてくり返されている。本稿もヒッチコックの影響を否定しない(回転する螺旋には『めまい』(一九五八)、『サイコ』(一九六〇)も反響しているだろう)。多重決定があるはずだ。

★73——Israel, *Spirals*, pp. 183–185 の指摘。

★74——Robert Smithson, "Art and the political whirlpool or the politics of disgust," in "The artist and politics: a symposium," (1970), *CW*, p. 134.

★75——Robert Smithson, "Look," (1970), *CW*, p. 370. ベトナム負傷兵についての元記事は、Murray H. Helfant, "A letter to the President," *Look*, July 28, 1970, pp. 48–53. 足の切断された兵士の写真は同誌五一頁にある(図23)。タリートンの広告は同誌二七頁(図24)。

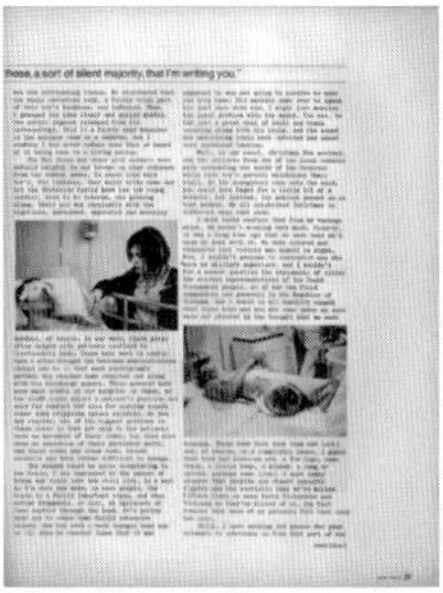

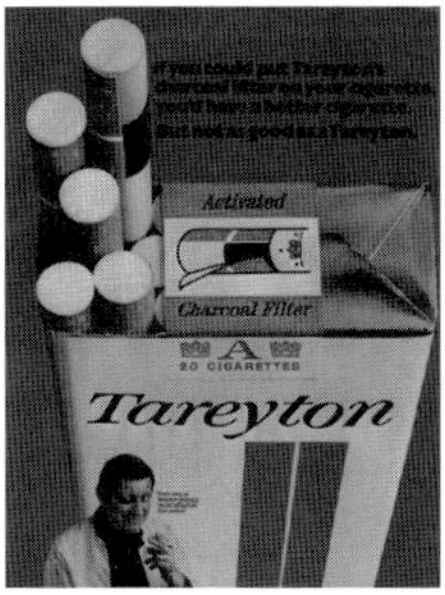

上から
図23——足の切断された兵士の写真（『ルック』一九七〇年七月二八日号）
図24——タリートンの広告（『ルック』一九七〇年七月二八日号）

★76——この問題がもっとも凝縮されたスミッソンの実践は以下。Robert Smithson, "Strata: a geophotographic fiction," (1970), *CW*, pp. 75–77.

★77——Robert Smithson, "Art through the camera's eye," (c. 1971), *CW*, p. 375.

★78——映画の台詞については、Robert Smithson, "Movie treatment for *Spiral Jetty*, Part I, II," a poster for Dwan Gallery exhibition, *Robert Smithson: Spiral Jetty*, p. 52 内のメモを参照。この台詞はSF小説、John Taine, *The Time Stream*, The Buffalo Book Company, 1946 からの引用。

★79——Smithson, "Movie treatment for *Spiral Jetty*," p. 52.

★80——Reynolds, *Robert Smithson*, p. 222 の指摘。なおSmithson, "Movie treatment for *Spiral Jetty*," p. 52には、映画第二部の静かなさざ波と重機のノイズとの交替が、「LOW / LOUD / LOW / LOUD / LOW」と書かれて示されており、映画が音響的にも構成されていることがわかる。

★81——Robert Smithson, "... The earth, subject to cataclysms, is a cruel master," *CW*, p. 261.

★82——Baker, "The cinema model," pp. 80–82 に詳しい。

第8章

普遍的生成変化の〈大地〉
——ジル・ドゥルーズ『シネマ2＊時間イメージ』

ジル・ドゥルーズの『シネマ』が目論むのは、映画の諸概念の創造と諸々のイメージの分類である。アンリ・ベルクソンとC・S・パースを導きとしながら、ドゥルーズはおびただしい数の映画を想起し、記述し、よく似たイメージどうしを横滑りさせて結合する。そこに「回想イメージ」、「夢イメージ」、「結晶イメージ」……といった映画の諸概念が生み出され、イメージが分類される。これは巨大な想起と分類の書物なのだ。

圧倒されるのは、そこで想起される作品数の多さである。『シネマ2＊時間イメージ』（一九八五、以下『シネマ2』）だけをとってもドゥルーズが想起してみせる映画は、四四六本にわたる。——映画狂なら当たり前のことだろうか？　映画の全体像を捉えるには、まだ少なすぎると言うべきだろうか？　それにしてもいったいドゥルーズは、なぜこれだけ多くの映画を間違わずに想起することができるのだろうか？

この問いは『シネマ2』という書物を理解するうえで重要なものとなる。というのは、同書はまさに、想起をめぐる書物だからだ。ベルクソンの『物質と記憶』に依拠しながら同書で論じられる「時間イメージ」とは、⑴「過去の諸層の共存」、⑵「現在の諸先端の同時性」、⑶「生成変化」という三つを指している。このうち第一の「過去の諸層の共存」は、たがの外れた「回想」と言い換えることができる。このたがの外れた「回想」は、本論の読みでは第三の時間イメージである「生成変化」にも取り憑き、それを危機に晒している。そのように読むとき、『シネマ2』は、映画におけるたがの外れた「回想」について論じながら、ドゥルーズ自身のたがの外れた「回想」モード――書くこととその危機――を露わにするという、二重の構造を持つものとして現れる。

「回想（souvenir）」という概念は、『シネマ2』で独特の展開を与えられている。簡単に整理しよう。

『シネマ2』が扱うのは、主に第二次世界大戦以降の「現代映画」である。イタリアのネオ・リアリズムに同書がその出発点を置く「現代映画」において、人は限界を超えた光景に直面していかなる反応もできなくなる。そうして感覚-運動の連鎖が断ち切られ、「純粋に光学的・音声的な状況」が現れる。これが、すべての始まりである。

運動から切り離された純粋に光学的・音声的な状況において、「対象」はいくつかの特徴に還元されて、たんなる光学的・音声的な「描写」に変わる。次いで、「このイメージが呼び覚ます「回想イメージ」と関係を結ぶ[★1]」。この議論の展開は、ベルクソンの『物質と記憶』第二章における、「再認」の議論からもたらされている。

ベルクソンによれば、くり返し経験されたものは、習慣化した運動機構の作動によりそれと意識することなく自動的に再認される。しかし人が見慣れないもの、すぐに思い出すことができないものと出会うときには、運動機構の自動的な作動が停止するとともに、注意深い観察によって目の前のものの感覚的特徴が際立たせられ、それと結びつきうる特定の回想イメージを通して再認がなされる。『シネマ2』が語る〈感覚‐運動系の切断〉→〈純粋に光学的・音声的な状況の出現〉→〈特徴化された光学的・音声的描写〉→〈回想イメージとの結合〉という展開は、このプロセスに対応している。

特徴化された「描写」と、それに対応する「回想イメージ」の結合は、映画においてまず「フラッシュバック」として表現される。[★2] そこで「回想イメージ」は、「純粋回想」（ベルクソン）と呼ばれる潜在性の地帯から現働化される。

ベルクソンによれば「純粋回想」には、あらゆる過去が即自的に、あらゆる細部にわたって保存されている。それは決して、私たちの内部に蓄えられるような記憶ではない。ドゥルーズはこう説明している。「潜在的イメージ（純粋回想）は、心理状態や意識ではない。［……］知覚するためには事物の中に身をおかなければならないのと同様に、われわれは回想をそれがあるところへさがしにいくのであり、一飛びに、一般的な過去の中へ、時間の流れとともにたえず保存され続ける純粋に潜在的なこうしたイメージの中に身をおかなければならない。われわれがわれわれの夢や回想をさがしにいくのは、即自的にある過去、即自的にそれとして保存される過去の中であって、その逆ではない[★3]」。

私たちは、世界のなかで事物を探すように、意識の外にある「純粋回想」の中へ、過去一般の中へ、目の前のものの特徴と結合する回想を探しにいく。しかし「純粋回想」には、特定の過去の想起を不可能にするような性質も同時に備わっている。問題は再認に失敗し、思い出すことができないときだ。そのとき、現在の光学的・音声的知覚は、特定の適切な回想イメージの現働化へと辿りつくことに失敗したまま、「純粋回想」の潜在性と結びついて不特定化する。「思い出すことができないとき、感覚運動的延長は中断されたままであり、現働的イメージ、現在の光学的知覚は、運動的イメージと連鎖せず、接触を回復させることになる回想イメージとさえも連鎖しない。それはむしろ、真に潜在的な要素と関係を結ぶのである。デジャヴュや過去「一般」の感覚（私はすでにどこかであの男に会ったはずだ……）、夢のイメージ（私は夢の中でその男を見たような気がする……）[★4]」。つまり思い出すことができないとき、特定の回想イメージではなく、不特定の、一般的な、横滑りする想起が動き出すのだ。回想のたがが外れる。記憶喪失、錯乱、夢の世界が開かれる。

夢においては、睡眠中の漠然とした内的・外的感覚が、それと結びつく任意のイメージを現働化し、さらにそのイメージが別のイメージを現働化していく。「絶壁」が次の瞬間には「ライオンの口」になり、次に「砂漠」、腰掛ける「サボテン」、「小さな丘」、「波打つ島」へと変貌する、というように[★5]（『キートンの探偵学入門』）。それが、「夢イメージ」である。

さらに映画においては、純粋回想の潜在性が特定の人間における回想を超え出て、世界それ自体の運動に向かって現働化されることがあるとドゥルーズは言う。そのとき世界それ自体が滑り出す[★6]（「世界の運動」）。ダンスとともに世界が別の状態へ移行するヴィンセント・ミネリのミュージカルや[★7]、身体の逸脱的運動とともに世界が崩壊してしまうジェリー・ルイスのスラップスティック[★8]がその例だ。

これらの、いわば無際限に横滑りしていく「回想」の回路に対して、そのすべてを可能にしている基礎的な「最小の回路」が存在するとドゥルーズは論ずる。現在の現働的イメージと、そこにぴったりと重なりあう潜在的イメージとの分身的な結びつきがそれだ。ベルクソンによれば、過ぎ去っていく現在は、そのつど同時に過去一般として保存されていく。この現在とその同時的過去との識別不可能な密着を、ドゥルーズは「結晶イメージ」と呼ぶ[★9]。「結晶イメージ」は、映画において、しばしば「鏡」として形象化される。現実とその鏡像はそこで、どちらが現働的でどちらが潜在的とは決定できない形で共存する。あるいは現実の俳優と演じられた役が、識別不可能な仕方で入れ替わる。

第五章第一節でドゥルーズは、「純粋回想」の議論から一度離れ、「共不可能な現在の諸先端の同時性」という、第二の時間イメージを導入する[★10]（アラン・ロブ＝グリエ）。しかし第二節ですぐに再び、「過去の諸層の共存」という第一の時間イメージに舞い戻り（オーソン・ウェルズ）、さらに、過去の諸層がそこに向かって現働化されうるところの「中心」が消滅してしまった世界へと議論を推し進める（アラン・レネ）。「［……］レネの第一の新しさとは、中心あるいは固定点の消失である。死は今の現在を固定しない。それほど多くの死者が過去の諸層に棲息しているのだ[★11]」。

ドゥルーズによればレネの世界は、回想する特定の中心（誰か）が消失したまま、潜在的な純粋回想に共存する過去の異なる諸層が、複数の人物に関わるという世界である[★12]。たがの外れた回想が、複数の人物をまたいで生起する（『二十四時間の情事（ヒロシマ・モナムール）』）。このとき過去の諸層は、個々の人物の記憶を超えて、ある層から異なる層へと連続的に「変換」される[★13]。さらには、過去のある層を別の層へと「変換する層」が形成され、個々人の外にある純粋回想において、「世界」それ自体が、諸層を変換する層の重なりとしての巨大な「脳」になる[★14]。

これらすべては、『シネマ2』が扱うイメージの「結晶的体制」ないし「時間的体制」を基礎としている。結晶的体制においては、カメラによる描写から独立して存在すると想定される対象は失われ、「描写の対象」と「純粋な描写それ自体」が等価になる。このとき、描写対象に対する感覚‐運動的な関わりが不可能になり、状況はただ見られ、聴かれるものとなる。[15]これは映画の「説話」が時間イメージの形をとり、共不可能なさまざまな現在が同時となり、また過去の潜在的な諸層が共存することと一緒に起こる。そこにおいて唯一の真理は崩壊し、「偽なるものの力能」が映画の中に解放される。[16]

「偽なるものの力能」が映画に解放されるとき、「偽造者」たちが跋扈し、私は「他者」となる。[17] 生はその不穏な力をみなぎらせ、錯乱した時間のなかで、あらゆる変換、変容、生成変化の火蓋が切られる。オーソン・ウェルズの世界である。「ウェルズの一貫した主題とは、まさにこの個性に相関して、もう誰でもなくなるということである。ヴァージニア・ウルフのダロウェー夫人のように。つまり一つの生成、還元しがたい多数性ということであって、さまざまな人物も形態も、ただ相互間の変容としてのみ価値をもつ。この変容は、『上海から来た女』の極悪三人組であり、『ミスター・アーカディン』の奇妙な人物の交替であり、『黒い罠』の人物たちを結びつける連鎖であり、『審判』の人物たちにとってのかぎりない変容であり、［……］最後に『オーソン・ウェルズのフェイク』という偉大な系列がくる[18]［……］」。

こうして『シネマ2』は、たがの外れた回想を、夢、世界の運動、潜在的な過去の諸層の共存と諸層間の変換、さらには生成変化の問題圏にまで展開する。ただし「回想イメージ」という概念は『シネマ2』では、あくまで純粋回想からイメージが「現働化」される過程に限定して使用されている。[19] 本論では、潜在的な過去の諸層が、感覚‐運動的状況と接続する特定の適切な回想に現働化されることなく、別の諸層へと横滑り的に変換されていくプロセス全体を「たがの外れた回想」と呼ぶことにする。重要なことは、ドゥルーズが、このたがの外れた回想を、「作者（auteur）」の創造プロセスのなかにも見出しているということだ。

ドゥルーズは、レネについて論じながら、自らの執筆プロセスに言及しているとも読める仕方で、こう書いている。

すなわち、われわれは様々な年代の諸断片から一つの連続体を構成する。二つ層の間で行なわれる諸変換を利用して、一つの変換の層を構成する。たとえば、夢においては、特定の層の個別的な点を顕在化させる回想イメージはもはやなく、それぞれが異なった層の一点にかかわることで、たがいに顕在化しあうもろもろのイメージがある。われわれが本を読んだり芝居を観たり絵を眺めたりするとき、ましてやわれわれ自身が作者であるとき、似たようなプロセスが起動する。われわれは一つの変換の層を構成するのだが、それは複数の層の間に一種の横断的連続性あるいは交通を作り出し、局限不可能な諸関係の集合を織りあげるのである。このようにして、われわれは非時系列的な時間を解放する。[★20]

過去の異なる層を交通させる「変換の層」を構成し、「非時系列的な時間」を解放すること。すなわち超個人的な「脳」を作成し、諸層の間で「生成変化」を引き起こすこと。だが、あまりにも明快な操作としてここに記述されている「変換」のプロセスは、それが「非時系列的な時間」との接触をはかるものである限り、すべての過去の諸層が支離滅裂に関係し、コントロール不可能な横滑りを起こすという危機から分離することができないはずだ。

ドゥルーズがくり返し言及するレネの『プロビデンス』(一九七七)は、いわばその危機の例証として見ることもできる。アルコール中毒の老小説家が生む『プロビデンス』の世界においては、複数の層が錯乱的に交錯し、人間は狼に、息子は父に、フットボール場は射殺場になる。「たとえば、三つの年代から借用した三つのテラス。そしてフットボール選手、彼はどの層から出現したのか、彼を残しておくべきなのか」[★21]。しかし選択はなされえない。たがの外れた回想において、すべてのイメージは同時に屹立し、選択不可能なまま交じりあう。解放された非時系列的な時間のなかで、書く者は錯乱的に崩壊する。

『シネマ2』という書物の危機が現れるのもこの同じ地点からである。たしかに、映画の「偽なるものの力能」において、白人の「私」は「黒人」に生成変化するだろう。また「私」は、「トナカイ」であり、「ヘラジカ」でありうるだろう[★22]。——「私は他者である」。それこそ、映画が私たちにもたらしうる最強の歓びの言葉である。だが「私」が、同時にすべての他者たちへと生成変化していくとしたらどうなのか。回想のたがが外れ、非個人化された過去のすべての層の間を「私」があまりにも速く通過していくとき、それはいまだ、生と呼ばれうるのだろうか。そのとき「私」は、すでに死んでいると言うべきなのではないだろうか?

実際にはドゥルーズは、生成変化が孕みうるこの危機に対して奇妙なストッパーを挟んでいる。第六章「偽なるものの力能」の最後、ドゥルーズはジャン＝リュック・ゴダールに言及しつつ「イメージは前と後とを含んでいなければならない」と述べたあと、次のように書く。「第三のもの〔＝生成変化〕は時間の系列《セリー》にかかわっているのであり、この系列は生成において前と後を切り離すのではなく、結合させる。これが逆説なのは、瞬間そのものの中に持続する間隔〔un intervalle〕を導入するからである」[★23]。すなわち生成変化には前‐後という「系列」があり、前と後の間には「間隔」が挟まるのだという。この「系列化」と「間隔化」により、「私」が同時にすべての他者となるような錯乱的な生成変化は回避される。これは生成変化の議論にドゥルーズが導入した整流器であり、無際限な結合を阻止するストッパーである。だが間隔が失われたとすれば？　そもそも系列などなかったとすれば？

そのような問いが、ウェルズ論の最後に現れる。ドゥルーズは、ウェルズの人物たちが横断していく「過去の諸層」の「底」にあるものは何なのかを問うて、次のように書く。

カフカとの関連でウェルズが成功したのは、空間的に隔たり、年代的に異なる様々な領域が、それらを隣接させる無限定な時間の底で、いかにしてたがいに通じあうのかを明らかにしえたことである。［……］しかし、このあらゆる層に共通の底とは何なのだろうか。あらゆる層がそこから生じ、破壊されてそこにもどっていく共通の底とは。［……］過去の諸層は存在する。それらはわれわれがみずからの回想イメージを掘り起こす地層である。しかしこうした過去の諸層は、永遠の現在としての死、最も収縮した領域としての死ゆえに利用することさえできないか、それとも層化されていない実体の中で、破壊され、分解され、解体されるがゆえに、もはや喚起することさえできないかのどちらかだ。［……］すなわち、不断の危機としての時間、そしてより深い、巨大な恐るべき第一質料としての、普遍的生成変化［universel devenir］としての時間である。［……］われわれは恐るべき努力を払って、ミイラの細布を剝いでいくように［de bandelette en bandelette］、層から層へとピラミッドの内部を進む。そのすべては墓室の中に誰もいないことを発見するためである――ただしそこから「層化されていない実体」が始まっているかもしれないのだ。[24]

過去の諸層は存在する。ウェルズの人物たちは、「ミイラの細布を剝いでいくように」、過去の層から層へと移っていく。だがその「底」において、過去の諸層は「層化されていない実体」へと溶解する。すべてがすべてに向かって崩壊する「普遍的生成変化」の地帯が現れる。

続きを読もう。ドゥルーズはその普遍的崩壊の場所を、〈大地〉(la Terre)という語で呼んでいる。

> それはなるほど超越的な境域ではないが、内在的な正義であり、〈大地〉であり、われわれが両親からではなくそこから直接生まれるという意味において、その非時系列的な次元、すなわち原地性なのである。〔……〕ウェルズにおいて、ふつう人はうつぶせに死ぬ。身体はすでに大地の中にあり、引きずられたり這いずったりする。共存するあらゆる地層が、泥だらけの生命的な環境のうちで、通じあい、隣りあう。原地性の原初の時間としての大地である。そして、ウェルズの主要人物たちは、まさにそれを目にするのである。黒く湿った大地の上で死ぬ『黒い罠』の主人公や、大地の穴の中で死ぬ『審判』の主人公がそうだ。だがすでに、死を前にしたアンバーソン少佐がそうだった。[★25]

ウェルズの人物たちは〈大地〉で死ぬ。ここで〈大地〉と呼ばれているのは、あらゆる過去の諸層がそこで通じ合う「純粋回想」の無限定な底である。

だが、なぜ〈大地〉なのだろうか。ドゥルーズの『意味の論理学』(一九六九)はすでに、「大地」の上で軽やかに舞踏し、しかし結局は「大地」に呑み込まれて「非業の死」を遂げるニーチェの姿を描き出していた。[26] ニーチェ-アントナン・アルトーの「大地-大海」と、ソクラテス-プラトンの「天空」との間に、ストア派-ルイス・キャロルの「表面」を描き出すこと。[27] それが『意味の論理学』において賭けられていたことである。

だが映画の哲学である『シネマ2』において、ドゥルーズの思考は、決して「表面」にとどまることができない。なぜか。それはおそらく、映画が、この世界を撮影するものだからだ。キャロルが描く言葉の世界とは異なり、この世界は重力で満たされている。この世界を撮影する映画において、重力を逃れうるものは何一つない。この世界で、私たちの身体は〈大地〉に落下して砕け、呑み込まれて死ぬ。この世界において、死ぬことは落ちることから区別されない（「ウェルズにおいて、ふつう人はうつぶせに死ぬ」……）。

『シネマ2』では数多くの「ダンス」シーンが描かれるが、それらもまた、ツァラトゥストラの舞踏を反響しながら、重力の問題圏と結びついている。そこでダンスは、〈大地〉から束の間浮上し、あるいはますます深く沈み込んでいくこととして描かれる。「結晶イメージ」を描き出す四種のダンス――マックス・オフュルスの輪舞、[28] ジャン・ルノワールの「ギャロップ」、[29] フェデリコ・フェリーニの輪舞、[30] ルキノ・ヴィスコンティの舞踏会[31]――がそうだ。あるいは、「たとえばフレッド・アステアの、しだいにダンスになる散歩がそれであり（ミネリの『バンド・ワゴン』）、同じくケリーの、歩道の起伏から生まれるかのようなダンスがそれである（ドーネンの『雨に唄えば』[32]）」。

ケリー、そしてとりわけアステアは、身体を固着させようとする重力に抗して、〈大地〉の起伏から一挙に浮上する。ジェリー・ルイス『底抜けいいカモ』（一九六四）の炸裂的にもつれるタップダンスや、[33] ジャック・タチ『トラフィック』（一九七一）における整備工たちの「無重力」ダンスもまた浮上する。★[34] だがそれらの素晴らしき「ダンス」も、いつかは疲弊し、〈大地〉へ没していくだろう。私たちが身体を持つものである限り、カメラが描写する私たちの生は、〈大地〉の重力から逃れることはできない。

〈大地〉だけではない。〈海〉もまた、『シネマ2』のなかでは、私たちを待ち構える崩壊の場所として描き出される。貴族と難民たちとの間に束の間のダンスを結晶化したあと「海」に没していくフェリーニの船は、その例だ★[35]（『そして船は行く』（一九八三））。

『シネマ2』の〈海〉には、その上にとどまりうるストア派的表面は存在しない。〈海〉は私たちを深く呑み込み、記憶の彼方へと連れ去ってしまう。レネの映画をめぐってドゥルーズはこう書く。「『ジュテーム・ジュテーム』の主人公は、単に自殺したのではなく、彼の愛した女カトリーヌを、沼地、引き潮、夜、泥として、ひきあいに出す。そのため死者たちはいつも溺死者なのである。『薔薇のスタビスキー』の人物がいっているのはまさにこのことである。記憶のあらゆる広がりのむこうには、それらをかきまぜる波の音があり、一つの絶対を形づくる内部のあの死があり、それをまぬかれえたものは、そこから復活するということを理解しなくてはならない★[36]」。

過去の諸層の底にあって、すべての記憶をかきまぜ、崩壊させる〈大地＝海〉。映画が可能にする「生成変化」は、非系列化・非間隔化された極において普遍的崩壊と直結している。そして、過去の諸層の中におびただしい数の映画作品を探しに行き、それらの間に「変換」の層を構築していくドゥルーズの「書くこと」もまた、普遍的生成変化という同じ崩壊の地帯に、あまりにも近づいていると考えることはできないか？

だが実際には、『シネマ2』の論述は、際限ない横滑りをくり広げながら、ほとんど崩壊することがない。あるいはその崩壊は、ほとんど目につかない。

たとえばドゥルーズは、ジャン・ルイ・シェフェールに触れつつ、『吸血鬼』(カール・ドライヤー監督、一九三二)に舞う「白い粉」、『蜘蛛巣城』(黒澤明監督、一九五七)の「霧」、『マクベス』(オーソン・ウェルズ監督、一九四八)の「霧」、『戦艦ポチョムキン』(セルゲイ・エイゼンシュテイン監督、一九二五)の「オデッサの霧」を、わずか一〇行のうちに連鎖させてみせる。★37

視覚的イメージのレベルではきわめて似通っているはずのそれらの「霧」の間を、ドゥルーズの論述は崩壊することなく高速で横断し、滑らかに「変換」していく。なぜそれが可能なのか。紙面には視覚的イメージはなく、文に織り込まれた名しかないからだ。

ドゥルーズの『シネマ』は、厖大な固有名からなり、一切の写真図版を欠く書物である。名で呼ばれているかぎり、すべてのイメージは権利上、他のあらゆるイメージから区別され、「間隔化」される。間隔化された固有名群は、自らを視覚的に現働化することなく、それらの間に「変換の層」をかたちづくるドゥルーズの流麗な文に織り込まれ、前-後を定めて「系列化」する。すなわち第六章の最後で述べられた、系列化と間隔化によって整流される「生成変化」とは、ドゥルーズ自身の「書くこと」にあまりにもよく当てはまる。系列化され、間隔化される非-普遍的生成変化とは、文の上の出来事にほかならない。そして変換の層の集合としての「脳」とは、変換する文を層状の紙面に束ねた書物自体である。

だが「名」が呼びかける純粋回想の地帯において、諸々のイメージは共に立ち上がり、普遍的な生成変化に開かれることを止めないだろう。『底抜けいいカモ』という一つの名に対して、無数の間違ったイメージが同時に想起されてしまうことを止めるものは何もない。ページの下には、つねに一つの〈大地＝海〉が広がっているのだ。

　ドゥルーズの「書くこと」は、この〈大地＝海〉の力を借りて、ページ上に、異なるイメージ間の横滑り的「変換」系列を作ることで成立している。それは間隔化する固有名の連打と、系列化する文のあざやかな流れによって、さしあたり普遍的崩壊の危機から守られている。しかしこの「書くこと」が、一つの危機的な言語使用を引き起こしていると思われる箇所がある。第七章のゴダール論だ。引用しよう。

> 大切なのは反対にイメージの間の、二つのイメージの間隙であり、要するにそれぞれのイメージが空虚から引き離され、またそこに引き戻されるようにする間隔なのだ。［……］『ヒア&ゼア・こことよそ』は、このような思索の頂点をしるし、それはついで『6×2』によってテレビに移し変えられる。当然ながら、二つの連結されたイメージの間にしか、間隙はないと反論することができる。この観点からは、『ヒア&ゼア・こことよそ』で、ゴルダ・メイアとヒトラーを隣接させるようなイメージは、受け入れがたいものだろう。しかしそれはおそらく、われわれがまだ、視覚的イメージの真の「解読」をするために十分に成熟していない証拠なのだ。なぜならゴダールの方法において重要なのは、結合ではないからである。一つのイメージが与えられているとき、二つの間に間隙を導入するような別のイメージを選択することが重要である。これは結合の操作ではなく、数学者がいうように、微分の操作であり、物理学者がいうように、乖離化の操作である。［……］言葉をかえれば、結合よりも大切なのは間隙であり、数々の類似をある間隔で並べるのは還元しがたい差異なのである。[★38]

ドゥルーズ曰く、「ゴダールの方法」において重要なのは、「結合」ではなく「間隙」であり、「類似」ではなく「差異」である。ゴルダ・メイアとヒトラーが「類似」しているように見えるとしたら、それは「視覚的イメージの真の「解読」」をするために十分に成熟していないからにほかならない。ドゥルーズはゴダールの名を借りてそう語る。

だが、「真の「解読」」とはいったい何なのか。ドゥルーズがここで言及しているシークエンスは実際には、「見ることを学べ、読むことではなく」という字幕から始まっている。つまりゴダールが問題にしているのは、「見ること」であって、決して「解読」ではない。ここにはおそらく、ゴダールに対するドゥルーズの一種の裏切りがある。いったい何が起きているのか。実際のシークエンスをよく見てみよう。

『ヒア&ゼア・こことよそ』(一九七四)の冒頭一七分あたり、先の字幕に続いて「レーニン」、「人民戦線の男たち」、「ヒトラー」、当時のイスラエル首相「ゴルダ・メイア」の姿が映し出される。よく見ると、彼らはともに同じ身振りで右手を挙げている。続いて黒焦げの死体が「パレスチナ」という文字とともに映し出される。恐るべきことに、その黒焦げの死体もまた、燃え尽きて小さくなった右手をヒトラーたちと同じ身振りで挙げている。

ゴダールがここで見せていることは恐ろしく明快である。レーニンとヒトラー、ヒトラーとゴルダ・メイア、そしてゴルダ・メイアとパレスチナの死体は、互いにあまりにもよく似ている。彼らはその身振りの類似において横滑り的に連鎖し、あるいは互いを錯乱的に「想起」しあい、レーニンをヒトラーに、ヒトラーをゴルダ・メイアに「変換」していく死の「生成変化」を描き出すのだ。

ここにはイデオロギーの違いを超えて、過去の諸層の間で通じ合い、無数の死を引き起こしていく「普遍的生成変化」、いわば「地獄の生成変化」がある。「見ること」にとどまる限りにおいて、彼らの姿勢が互いに似ることを止めるものは何もない。誰が誰の鏡像なのかわからなくなる識別不可能な類似において、彼らは「偽なるものの力能」を発動し、よく似た黒焦げの「民衆」を無数に生み出し続けるだろう……。ドゥルーズがその「解読」において、結合よりも大切なのは「間隙」であり、「乖離化」であり、並べられた類似の間には「差異」があると書きつけるのは、ゴダールが突きつけたこの恐るべき「生成変化」に、ストッパーを差し挟むためなのではないだろうか？

だが映画を「見ること」の中には、この「地獄の生成変化」を押しとどめるものは存在しないはずだ。ウェルズの『上海から来た女』（一九四七）において、「地獄の三人組[★39]（infernal trio）」が、死の〈大地〉に向かってとどまることを知らぬ生成変化をくり広げていくように、ヒトラーとゴルダ・メイアもまた、ゴダールの編集においては、いかなる間隔もなく互いを変換しあい、死の生成変化をくり広げるのだ。

ドゥルーズは続く箇所で「ゴダールの方法」を、「〈間〉の方法（la méthode du ENTRE）」、あるいは「〈と〉の方法（la méthode du ET）」という言葉で呼んでいる[★40]。あまりに有名なこれらの言葉に込められたのも、「地獄の生成変化」を押しとどめようとする間隔化の意図であるだろう。ヒトラーとゴルダ・メイアの間には接続詞「と」があり、「と」が両者をなし崩しの生成変化から遠ざけるのだ……。

しかし実際には、ゴダールにとって「と」とは、二つのものを識別不可能な「類似」にもたらす操作以外を意味してはいない。『ヒア&ゼア・こことよそ』の翌年、『うまくいってる？』（一九七五）という作品でゴダールは、右手を挙げる「ヒトラー」と右手を挙げる「ストライキする労働者」を合成して見せている。そこでは、ステレオの右と左の音が一つの音として聞こえるように、ファシストとコミュニストが一つの身体を作り出すのだ。[★41]この実践は後に、ヴィデオグラフィックな操作を駆使することで、過去のあらゆるイメージをわずかな「類似」によって無差別・無分別に結合していく『映画史』（一九八八―九八）という作品に結実することになる。

だがドゥルーズは、地獄の生成変化をもたらす〈大地〉から、映画を引き剝がすことを諦めようとはしない。ドゥルーズは、ゴダールの映画について書いている。「つまり、問題は、言葉の手前で、あるいは彼方で、世界への信頼〔croyance〕を再発見すること、取り戻すことである。信じる理由を見いだすには、芸術の天空、そして絵画の天空であれ、天に落ちつくだけで十分なのだろうか（『パッション』）。それとも天と地の間に「中間の高さ」を作り出さなければならないのだろうか（『カルメンという名の女』）[★42]」。ここに書かれる、「天と地の間に「中間の高さ」を作り出」すという謎めいた表現は、〈大地〉からの距離設定という問題意識を明瞭に示すものだ。

そして「中間の高さ」を作り出すとは、この世界を、そしてこの身体を、信頼することにほかならない。「われわれは身体を信じ〔croire〕なくてはならないが、生の胚芽を信じるように、聖骸布やミイラの包帯〔bandelettes〕の中に保存され、死滅せずに、舗石を突き破って出てくる種子を信じるように、それを信じなければならない。それはあるがままのこの世界そのものにおいて、生を証言するのである[★43]」。

身体を信じること。舗石の間から、「ミイラの包帯」から、生え出る草を信じること。ここで使われる「包帯（bandelettes）」という単語は、〈大地〉へ沈んでいくウェルズの人物たちの道行きを示していた「ミイラの細布を剝いでいくように（de bandelette en bandelette）」という言葉と対応している。草は、ミイラたちのぼろぼろの身体から、〈大地〉に敷かれた舗石の隙間から、空に向かって少しだけ立ち上がる。そんな草を、「信じなければならない」。

「信頼（croyance）」とはここでは、「信仰（foi）」からその超越性を抜き取ったもののことだ。しかしそこには、かすかな超越＝上昇の気配も残っている。――少しだけ、空に向かって。ダンスのことを思い起こそう。アステアのように、あるいはジェリー・ルイスのようには踊ることができない私たちは、〈大地〉から、空に向かって、少しだけ浮上し、天と地の間にこの生を立ち上げるために、この貧しき身体という草を信頼し、感覚－運動的な結合なしに、この世界と自らの絆を信頼しなければならないのだ。


　だがそんなことが可能なのだろうか。ここでドゥルーズがいう「信頼」とは、ゴダールに逆らって、そして一般的には映画の時間的体制がもたらす「偽なるものの力能」と「普遍的生成変化」の力に抗って、いわば映画の力能を裏切ることによって書きつけられた言葉にほかならない。

「偽なるものの力能」に従って変換していくことをやめない映画の視覚的イメージ自体は、非系列的・非間隔的な極において、〈大地〉の暗闇へと私たちを連れ出すだけで、そこからいかなる信頼も引き出すことはない。ただその暗黒から、辛うじてもぎとられた「言葉」だけが、純然たる「仮構＝作り話」として、すべてを死滅させる〈大地〉の舗石から、ミイラの包帯から、この世界への信頼を空に向かって生え出させるのだ。★44

　ここでドゥルーズは、視覚的イメージに生じていることと、言葉で論じていることの間に、おそらく戦略的な乖離をもちこんでいる。映画に対する、ドゥルーズの思考の賭けはそこにある。そしてこの言葉と視覚的イメージの乖離は、『シネマ2』の最終部にあたる第九章において、最大の緊張関係にもたらされている。

「イメージの構成要素」と題された第九章で論じられるのは、現代映画において視覚的イメージから切り離されていく、音声的言語行為の諸相である。マルグリット・デュラスとストローブ＝ユイレの映画が分析される。なかでもストローブ＝ユイレの『モーゼとアロン』（一九七四—七五）は、言葉と視覚的イメージの乖離そのものをテーマとしている点で範例的だ。『モーゼとアロン』が描き出すのは、言葉の人モーゼと、視覚的イメージの人アロンの闘争である。モーゼに従い、モーゼのために働くアロンは、疑念に揺れる民衆の心をつかむために、しばしば「目に見える奇跡」を使う（蛇に変わる杖、突然の皮膚病、金の仔牛……）。アロンはいわば、視覚的イメージを駆使する生粋の「映画監督」なのだ。しかしまさにそのことによってアロンは、山から戻ってきたモーゼ、すなわち一切の視覚的イメージを禁じるモーゼによって罰せられ、泥の「大地」に沈められてしまう（図1）。

だがモーゼもまた、アロンがいなければ、大地との、そして民衆との必要な絆を保持することができない。ドゥルーズは書いている。「民衆は何を選択するのだろうか、視覚的イメージか音声的イメージか、あるいは言語行為か大地か。モーゼはアロンを大地に沈ませるが、アロンがいなければ民衆とも、大地とも、関係することができない」[★45]。モーゼの「言葉」だけでは民衆に理解されない。そうであれば何も生じない。出来事を引き起こすにはアロンの創造する視覚的イメージが、「大地」との接触が必要なのだ。「出来事とは、つねに抵抗であり、言語行為がもぎとるものと大地が埋め隠すものとの間にある。それは天空と大地の間、外の

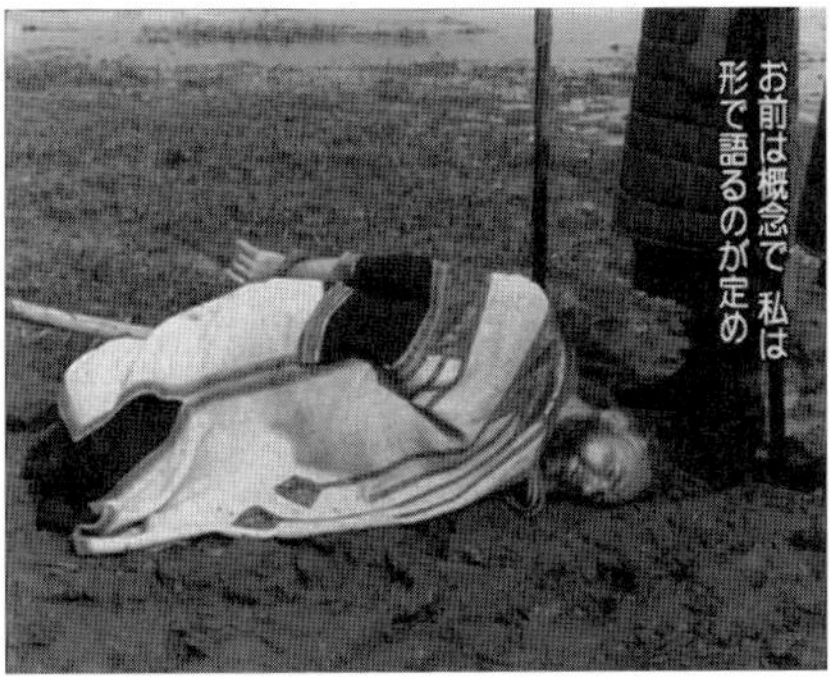

図1——『モーゼとアロン』（ダニエル・ユイレ、ジャン＝マリー・ストローブ監督、一九七四—七五年）

光と地下の炎の間の循環であり、それにもまして音声的なものと視覚的なものとの間の循環である[46]」。問題は、言葉が立ち昇る「天空」と、諸々の視覚的イメージを埋め隠す「大地」との間に、「中間の高さ」を発明することなのだ。いわば中空を発明すること。出来事はそこにある。

だが中空など存在するのだろうか。映画の重力を前にして、中空にとどまることなどできるのだろうか。同じ第九章で論じられるデュラスの映画において、〈大地〉は流体化して〈海〉へと変わる。「マルグリット・デュラスがこのように海景を描いていることは、重大な帰結をもたらす。［……］視覚的イメージが、ストローブと異なって、層位学的ないし「考古学的」価値を超え、永遠なるものに相当する静かな大河的かつ海洋的力能へむかうからでもあり、この力能は地層をかきまわし、彫像を押し流してしまう。われわれは大地ではなく、海にいたる。事物は乾いた大地に埋没するよりも、潮の下に消え去る。『オーレリア・シュタイネル』の冒頭は、『雲から……』の冒頭と比較できる。神話から言語行為をもぎとること、寓話から仮構作用の行為をもぎとることが問題となっている。けれども彫像は、車からの前進トラヴェリング、ついで河船、ついで波の固定ショットに場を譲る[47]」。

〈海〉の波は、すべての過去の諸層をかきまぜ、彫像たちを底に沈める。――ただ「言語行為」だけをあとに残して。しかし『シネマ2』の邦訳者たちの指摘によれば、『オーレリア・シュタイネル』（一九七九）についてのこの記述は、実際には存在しないシーンについてのものであり、いくつかの作品の記憶が混同されているのだという[48]。すべての記憶を砕き、呑み込んでいく普遍的生成変化の波打ち際で、ドゥルーズ自身の回想もまた、ここで崩壊し始めているのだろうか？　ここには、先に見た「真の「解読」」と並ぶ、『シネマ2』のもう一つの危機がある。ドゥルーズは、この〈大地=海〉の危機のただなかに身を沈めながら、中空に向かって書いている。あるいは、「叫んで」いる。

第九章の最後でドゥルーズが語るのは、「叫び」というモチーフである。言葉とイメージの乖離の第二段階において、言葉はもはや「イメージの構成要素」であることをやめる。そうして狭義の言語を突き抜け、「失語症者や記憶喪失者」の「叫び」に達する。[★49] そこでは視覚的イメージもまた特異な形で不可視となり、「盲者」の「透視」へと変貌する。[★50]『インディア・ソング』（マルグリット・デュラス監督、一九七四）において、舞踏会から追い出された後も止まることなく響き続ける副領事の「叫び」のように。[★51] あるいは自らの音楽を奪おうとする者を画面外からいきなり振り払うバッハの押し殺された「叫び」のように（『アンナ・マグダレーナ・バッハの年代記』ストローブ=ユイレ監督、一九六七）。[★52] 語ることのできない者の言語と、見ることのできない者の視覚が接触する。不可能と不可能の接触。そこに中空が現れるだろう——。

「作り話」と呼ぶべきだろうか？ だが、「盲者」と「失語症者-記憶喪失者」が接するような場所以外のいったいいかなる場所において、映画を想起することができるのだろうか？ 過去の無数のイメージが互いに向かって崩壊していく〈大地=海〉の暗黒に呑み込まれつつ、たがの外れた回想のただなかから、不可能な言葉を放つこと。そのとき、ドゥルーズの「書くこと」は「叫ぶこと」に変わる。すべての記憶を解体し、すべての回想を崩壊させる〈大地=海〉へと限りなく落ち込みながら、中空に向かって、止まらない「叫び」を立ち上げること。『シネマ2』に織り上げられた滑らかな変換の層には、この「叫び」が、谺《こだま》のようにはりついている。

★1——Gille Deleuze, *L'Image-temps*, Minuit, 1985, p. 64–65.（ジル・ドゥルーズ『シネマ２＊時間イメージ』宇野邦一・石原陽一郎・江澤健一郎・大原理志・岡村民夫訳、法政大学出版局、二〇〇六年、六三頁）

★2——Ibid., p. 67.（前掲書、六六頁）。

★3——Ibid., p. 107.（前掲書、一一〇頁）。

★4——Ibid., p. 75.（前掲書、七五—七六頁）。

★5——Ibid., p. 78.（前掲書、七九頁）。

★6——Ibid., p. 80–81.（前掲書、八一—二頁）。

★7——Ibid., p. 84.（前掲書、八五頁）。

★8——Ibid., p. 88–90.（前掲書、九〇—九一頁）。

★9——Ibid., p. 93–94.（前掲書、九五—九六頁）。

★10——Ibid., p. 132–134.（前掲書、一三九—一四一頁）。

★11——Ibid., p. 152.（前掲書、一六一頁）。

★12——Ibid., p. 152–153.（前掲書、一六一—一六二頁）。

★13——Ibid., p. 156–157.（前掲書、一六六頁）。

★14——Ibid., p. 163–164.（前掲書、一七三頁）。

★15——Ibid., p. 165–166.（前掲書、一七五—一七六頁）。

★16——Ibid., p. 170–172.（前掲書、一八一—一八三頁）。

★17——Ibid., p. 174–176.（前掲書、一八六—一八七頁）。

★18——Ibid., p. 189–190.（前掲書、二〇二頁）。

★19——Ibid., p. 161.（前掲書、一七〇頁）。

★20——Ibid., p. 161–162.（前掲書、一七一頁）。

★21——Ibid., p. 162.（前掲書、一七一—一七二頁）。

★22——Ibid., p. 199–200.（前掲書、二一三—二一四頁）。

★23——Ibid., p. 202.（前掲書、二一六頁）。強調引用者。この箇所の重要性については福尾匠氏から教えられた。記して感謝する。

★24——Ibid., p. 150.（前掲書、一五九頁）。強調引用者。

★25——Ibid., p. 151.（前掲書、一五九—一六〇頁）。

★26——G・ドゥルーズ『意味の論理学』上、小泉義之訳、河出文庫、二〇〇七年、一九五頁参照。

★27——前掲書、第一八セリー「哲学者の三つのイマージュ」（二二五—二三五頁）、および第一三セリー「分裂病者と少女」（一五二—一七二頁）参照。

★28——Deleuze, *L'Image-temps*, p. 111.（『シネマ２＊時間イメージ』、一一四—一一五頁）。

★29——Ibid., p. 115–116.（前掲書、一一九頁）。

★30——Ibid., p. 120.（前掲書、一二五頁）。

★31——Ibid., p. 127.（前掲書、一三二—一三三頁）。

★32——Ibid., p. 83.（前掲書、八四頁）。

★33——Ibid., p. 88.（前掲書、九〇頁）。

★34——Ibid., p. 90.（前掲書、九二頁）。

★35——Ibid., p. 99.（前掲書、一〇一頁）。

★36——Ibid., p. 270.（前掲書、二八八—二八九頁）。強調引用者。

★37——Ibid., p. 220.（前掲書、二三六頁）。言及されているのは、ジャン・ルイ・シェフェール『映画を見に行く普通の男——映画の夜と戦争』丹生谷貴志訳、現代思潮新社、二〇一二年、一三七—一五六頁。

★38——Deleuze, *L'Image-temps*, p. 234.（『シネマ２＊時間イメージ』、二五一頁）。

★39——Ibid., p. 189.（前掲書、二〇二頁）。

★40——Ibid., p. 235.（前掲書、二五二頁）。

★41——ゴダールにおける「類似」の問題については以下で詳しく論じた。平倉圭『ゴダール的方法』インスクリプト、二〇一〇年、一八二—二四三頁。

★42——Deleuze, *L'Image-temps*, pp. 224–225.（『シネマ２＊時間イメージ』二四一頁）。

★43——Ibid., p. 225.（前掲書、二四二頁）。

★44——だがミイラから生え出るのは、地獄からきてこの世界を終わらせる植物でもありうるだろう。この種の直感が、黒沢清の作品群をつらぬいている（『カリスマ』（一九九九））。『叫』（黒沢清監督、二〇〇六）は、想起の不可能性、女たちの識別不可能な変容、そして世界を〈海〉に沈める「叫び」の連鎖によって、ドゥルーズが回避した「地獄の生成変化」を果てまで進む。

★45——Deleuze, *L'image-temps*, p. 333.（『シネマ2＊時間イメージ』三五一頁）。強調引用者。

★46——Ibid., p. 334.（前掲書、三五二頁）。強調引用者。

★47——Ibid., p. 337–338.（前掲書、三五六頁）。強調引用者。

★48——前掲書、第9章訳注3、（84）頁参照。

★49——Ibid., p. 339–340.（前掲書、三五七—三五八頁）。

★50——Ibid., p. 340.（前掲書、三五八頁）。

★51——Ibid., p. 337.（前掲書、三五五頁）。

★52——Ibid., p. 331, 339.（前掲書、三五〇、三五八頁）。

第Ⅲ部　身振りの複数の時間

第9章

バカボンのパパたち
――赤塚不二夫・ウィトゲンシュタイン・橋本平八

赤塚不二夫の『天才バカボン』に、バカボンのパパが自分をいじめた友人を藁人形で殺そうとする話がある。しかしパパは絵が下手だったため、藁人形と同じ顔をした別の人物の心臓が貫かれてしまう（「催眠術の呪いなのだ」、図1）。（赤塚の）マンガのなかでは、人物の表象とそれを写した表象の表象は絵柄として区別されないために論理が踏み抜かれているわけだが、そこで示されているのは、イメージの「宛先」とは何かという根本的な問題でもある。ウィトゲンシュタインは『哲学探究』第一部の最後で、同じ問題にとりつかれている。

わたくしがある頭部を素描する。あなたが「これは誰を表象しているのか」と尋ねる。――わたくし「Nのつもりだ。」――あなた「でも、それはかれに似ているようには見えない、むしろまだMに似ているように見える。」――わたくしが、それはNを表象している、と言ったとき、――わたくしは、ある繋がりを作り出したのか、それともある繋がりについて報告したのか。いったいどのような繋がりが成り立っていたのか。[★1]

私はNの頭部を描いているつもりなのだが、どこからか来た「あなた」＝他者は、それはむしろまだMに見えると言う。私が描いている素描とNの頭部との結びつきは、素描それ自体のなかには存在しない。では結びつきは私の「意図」のなかにあったのか。それとも私の報告が結びつきを作り出したのか。

二節前でウィトゲンシュタインは問うている。

> ひとは、もちろん「あなたはかれに呪いをかけたこと、かれとの結びつきが作り出されたことに確信があるか」などとも問いはしない。
> するとそのような結びつきは、あるいはひとがそれについてかくも確信をもちうるほどに、きわめて容易に作り出せるものなのか?! 結びつきが的はずれにならないことを知りうるほどに。——ところで、わたくしがひとりの人に〔手紙を〕書こうとして、現実には別の人に書いてしまう、といったことがわたくしに起りうるのか。だとすれば、それはどのように起りうるのだろうか。★2

彼に向けた呪いの的がはずれることはあるのだろうか。呪い＝手紙は自らの宛先を必ず持つ。にもかかわらず、別の人物に呪い＝手紙を届けてしまうことがあるだろうか？ この問いは言うまでもなく、Nを素描する問題とパラレルになっている。私はたしかに、Nの頭部を「宛先」として素描している。それは私の意図であり、求められればいつでも報告しうることである。にもかかわらず紙の上の素描には、決して消去されえない誤配の気配があり、私がNを描いていることは自明ではない。

ウィトゲンシュタインは『哲学探究』第二部のなかで、心理学者ジョセフ・ジャストロウ

図1——赤塚不二夫「催眠術の呪いなのだ」（赤塚不二夫『天才バカボン8』（竹書房、一九九五年、一七七頁）

が紹介した「うさぎ‐あひる図」を自ら描いて引用することでこの問いを継続する[★3]（図2）。ウィトゲンシュタインは言う。私たちはこの図を、うさぎの頭としても、あひるの頭としても見ることができる。つまりこの絵は、二つの（そしてそれ以上の）異なる「アスペクト（外観・相貌）」で見られうる。しかし私たちは、いま自分にその図がどのように見えているかを、その図を描いたり、模写したりすることによっては示しえない。

イメージはそれ自身において、それを描く者や見る者たちのアスペクトを保存しない。私がNを描いたかどうかは素描のなかでは確かではなく、「宛先」は保証されない。「宛先」をもたないこのイメージは、イメージの即物的基底であり、その即物性においてイメージはたえず誤配される。言い換えればイメージは、その即物性において、そこに宛先Nを見る「私」と、宛先MないしXを見る「他者」を分岐させる地点を開いている。一つの素描が作成するのは、この即物性以外ではない。バカボンのパパの釘が二つの異なるアスペクトを貫いて突き刺しているのは、即物的に「同じ」であるところのこのイメージにほかならない。

「うさぎ‐あひる図」は、「他人の痛み」というウィトゲンシュタイン『哲学探究』の主要問題から派生している。別の角度から検討しよう。ウィトゲンシュタインは書いている。

> 生きている人間をオートマトン［自動機械］と見ることは、何らかの形象を他の形象の極限状態ないし変種と見ること、たとえば窓の十字桟を鉤十字と見ることに類似している。[★4]

他人は痛いのか。痛がっているだけのオートマトンなのか。私の横で泣いている子供をオートマトンであると見なすことは、窓枠のグリッドを鉤十字と見ることと同じように不自然な

図2――ルートヴィヒ・ウィトゲンシュタイン「うさぎ‐あひるの頭」（ウィトゲンシュタイン『哲学探究』より）

ことだ（図3）。だがそれは「うさぎ－あひる図」が「うさぎ」にしか見えない人にとって、「あひる」と見なすことが不自然であるのと同じ意味で不自然であるにすぎない。

他人の「痛み」がわかるとはどういうことか。他人の「痛み」それ自体を感覚することはできない。もし私が他人の「痛み」を感覚できるのだとすれば、それはすでに私が感覚する「痛み」であって他人の「痛み」ではない。一方「痛み」を他人の特定の「ふるまい」を呼ぶ名にすぎないと考えればそこに感覚はなくてよく、しかしそのとき他人は、痛そうにふるまうだけのオートマトンから原理的に区別されない。

六九三節からなる『哲学探究』第一部は、二四四節から三一三節あたりまでは、「痛み」という概念を特定のふるまい群（「イテテテ」と言う、顔をしかめる、ばたばたもがく、血を流す……）へと解消する方向へ進んでいく。「痛み」とはある感覚を指す言葉ではなく、特定のふるまいのネットワークを指す言葉なのだ。

だが六六六節以降ウィトゲンシュタインの思考は、痛い「ふり」をする状況、さらには自分が痛い「ふり」をしたのかどうかを自分でも決定できないという奇妙な状況の想定によって、複雑な揺らぎをみせる。

「あなたは〈それがもうじき止むだろう〉と言った。——あなたは騒音のことを考えたのか、それとも自分の痛みのことか。」もしかれがいま「わたくしはピアノの調律のことを考えたのだ」と答えるとすれば——かれはそのような結びつきが成り立っていたことを確言しているのか、それともその結びつきをこのようなことばで打ち出しているのか。——わたくしにはその双方が言えないのか。もしかれの言ったことが本当であったとしたら、

図3——ウィトゲンシュタイン「ストンボロー邸」（一九二八年）

そこではその結びつきが成り立ってはいなかったのか[5]〔……〕。

いま同じ部屋の中で、隣室から聞こえてくる「騒音」、彼の「痛み」、ピアノの「調律」の三つが、同時に止もうとしている。〈もうじき止むだろう〉という彼の言葉は、いったいそのどの宛先に向けられていたのか。もし、「痛み」が私秘的な感覚の名ではなく、ウィトゲンシュタインについての一般的解釈が私たちに教えるように、目に見えるふるまいの名にすぎないのだとすれば、〈もうじき止むだろう〉という彼の発話すなわちふるまいは、彼の「痛み」を直に指すことができない。なぜか。ふるまいは他者に知覚されるものであり、知覚されるふるまいは同時に無数のコンテクストに開かれているからだ。「痛み」を構成すべきふるまい群の一つである発話は、隣室の「騒音」、ピアノの「調律」の終わりとたんに同期することによって、他のふるまい群の一部へと横滑りする。『哲学探究』第一部が最後に私たちを連れ出すのはこの場所だ。意味から他者の知覚を除くことはできない。私は、私の「痛み」を所有できない。私は私が意味することの固有性を確保できない。

ウィトゲンシュタインが、「頭部の素描」という例を導入するのはこの直後の節である。Nの頭部を素描している私の傍にあなた＝他者が突然現れて言う。「でも、それはかれに似ているようには見えない、むしろまだMに似ているように見える」。Nへ向けられた私の素描は、うさぎをあひると見なす他者の眼差しのなかで、MやXにたえず転送されてしまう。しかし素描そのもの、痛みそのもの、釘を打たれた藁人形の即物性の場所は、私やあなたたちから匿《かく》されて意のままに触れることができない。このときウィトゲンシュタインの思考は、「恐ろしい痛みを感じながらまったくそのようにふるまわない人」という想定を介して[6]、第一部中盤で論じられる、「石が感覚する」という極限的な事例へ舞い戻るように見える。

> 事物、対象が何かを感じることができる、といった考えだけでもどこから生れてくるのか。
>
> わたくしの［受けた］教育が、自分の中にあるその感じに注意を払うようにさせたから、そのような考えに導かれていったのであり、そして、いまやわたくしはその考えを自分の外にある諸対象へ転用しているのだ、というわけか。わたくしは、他人のことばの慣用に抵触することなく自分で「痛み」と呼びうるものが、ここに（わたくしの中に）何か存在していることを、認識しているわけなのか。――石とか植物とかに、わたくしは自分の考えを転用してなどいない。
>
> わたくしには、自分が恐ろしい痛みを感じていて、それが持続している間は石になってしまう、と考えることができないのだろうか。そう、もし眼をとじているとしたら、わたくしは自分が石になってしまっていないのかどうか、どのようにして知るのだろう。――そして、いまそのようなことが起っているとしたら、どの程度その石は痛みを感ずるようになるのだろうか。★[7]

〈石が痛みを感ずる〉とは、混乱した、誤った言語ゲームである。日常的に生きられる「痛み」概念は無限の適用可能性をもたない。「人間のようにふるまうものについてのみ、ひとは、それが痛みを感じている、と言うことができる」★[8]。だが本当の問題はその先にある。人間のようなふるまいを欠くにもかかわらず、「石」が感覚しうるなどということを、なぜ私はそもそも想定しえたのか。目の前の石が感覚を持っていると考えてみよ。あるいは、痛みで目を閉じる間私は石になると考えてみよ。外からは見ることも触れることもできないその痛みは、しかし、「他人の痛み」というものへの最初の直観に触れている。あらゆるふるまいから隔絶されて宙に浮かぶ、この感覚は何なのか。

　世界は即物的には無限に複雑な「うさぎ－あひる図」として現れる。そこでは私以外のすべての生物をオートマトンと見なすことが論理的につねに可能であるのと正確に同じ程度に、すべての事物が本当は魂をもち、感覚していると見なすことが可能である。「植物がわずかに葉ずれの音をたてているところにさえ、つねにその嘆きが共鳴している」（ヴァルター・ベンヤミン）[★9]。そしてもはや葉ずれさえ聞こえないのだとすれば、その沈黙を翻訳するのは作品である、というのは芸術をめぐる極端な思考の一つである。

　橋本平八の《石に就て》（一九二八、図4）は、高さ一〇センチメートル弱の天然石を約一・五倍に拡大し、四角い台座とともに掘り出した木彫作品である。この作品について平八は、実弟のモダニズム詩人、北園克衛の手で一九四二年に出版された遺稿集『純粋彫刻論』のなかで次のように書いている。

> 石に就て　数年来の研究の発表であつて仙を表現するものであるが専門的には裸形少年像の製作に因つて体得するところをより精緻に導くものである。自分はこの作品に依つて遂に絶望を感じたのである。[★10]

この「仙」という言葉を、石の「ふるまい」——自然環境中で削られた独特の姿——に表出された石の生命、ないし石の秘められた魂を指すものとして考えてみよう。[★11] もの言わぬ石がただの石以上でありうることを、彫られた木偶がただの木偶以上になりうることによってうつしとろうとする平八の思考は、言うまでもなく、彫刻の根本問題に触れている。すなわち、魂を制作すること。

しかし《猫》(一九二四)や《裸形少年像》(一九二七)のような明白な傑作群と比べて、《石に就て》の現れ方は不明確だ。なぜなら石には理解可能なふるまいが欠けており、そこで表現されているという「仙」がいったい何であるのか、見る私にはよくわからないからだ。

仙の伝達不可能性は、そのままそこに「仙」を見てしまう平八の、固有のアスペクトの伝達不可能性、ないし固有のアスペクトを彫刻に固定することの不可能性とパラレルである。いかなる彫刻も、それを彫る者自身が知覚する固有のアスペクトを保存することはできない。そして保存できないとすればいったいそれをいかにして彫りうるのか。『純粋彫刻論』のなかで平八は、自身の彫刻を埴輪以前の「日本彫刻」の「純粋精神」に結びつけ、[★12] ナショナリズムの回路に呑み込まれることで彫刻の意義を固定しようとし、そうすることでむしろ自らの固有性の場から引き離されているようにも見える。

私たちはほとんど、自らの固有性などもってはいない。言い換えれば私たちは、自らを根拠づけるような古さを、自らの内にもっていない。その空白を、亡霊のように埋め尽くしにくる無数の歴史=物語がある。窓の桟が「鉤十字」に見えるとは、そういう事態でもあるだろう。私たちより古く、私たちより真正であると主張する共同体の歴史=物語が、生と知覚をたえず乗っ取り、喰い荒らしていく。近代の日本に限られた話ではない。他者の言語のなかで自らに固有の言葉を獲得しなければならない者には必ず起きることだ。そして芸術は、誰にとっても他者の言語として現れる。平八は『純粋彫刻論』のなかで、自らの彫刻を水が大地を削り磨くことになぞらえ、[★13] 自然の物質的過程という極限的な「古さ」を自身の彫刻言語にうつしとることによって、諸々の他者の言語を一挙に突き破ろうとしている。だがそれは比喩に過ぎない。突き破ることなどできない。重要なことは、私には決して触れることのできぬ過程によって、私の固有性を開こうとすることだ。石！

図4――橋本平八《石に就て》（一九二八年、個人蔵／三重県立美術館寄託）

★1——ルートヴィヒ・ウィトゲンシュタイン『ウィトゲンシュタイン全集8 哲学探究』藤本隆志訳、大修館書店、一九七六年、三四〇頁、六八三節。

★2——前掲書、三三九—三四〇頁、六八一節。強調原文。

★3——前掲書、三八五—三九六頁。

★4——前掲書、二五一頁、四二〇節。ただしSwastikaの訳語は「まんじ」ではなく「鉤十字」とした。『哲学探究』第一部が執筆されたのは一九三六年から四五年にかけてのことである。強調引用者。

★5——前掲書、三四〇頁、六八二節。強調原文。

★6——前掲書、二三七頁、三九一節。

★7——前掲書、一九四頁、二八三節。強調原文。

★8——前掲書、一九五頁、二八三節。強調原文。

★9——ヴァルター・ベンヤミン「言語一般および人間の言語について」浅井健二郎訳『ベンヤミン・コレクション1　近代の意味』ちくま学芸文庫、一九九五年、三三頁。

★10——橋本平八『純粋彫刻論』昭森社、一九四二年、二二頁。旧字体は新字体に改めた。

★11——彫刻家の黒田大祐は、橋本平八の遺稿を読解した重要な研究において、平八の用いる「仙」という言葉が、自然環境中の石礫に働く破砕・風化・侵食・摩耗作用のような「人間の知覚を超えたレベルで物理現象として流動している自然の力」を指すものであることを説得的に論じている（黒田大祐「橋本平八《石に就て》について」、『広島市立大学芸術学部芸術学研究科紀要』第二〇号、二〇一六年、四四—五二頁）。本論では、環境中で切磋琢磨された石が「生命」を発生させるという平八の言葉（『純粋彫刻論』六二頁、二三九頁）を強く取りつつ、「仙」を自然の造形力によって刻まれた石の「ふるまい」に表出される石の生命ないし魂と捉えて議論している。

★12——橋本『純粋彫刻論』五—六頁、一〇頁、二八—二九頁、五六頁等。

★13——前掲書、六一—六二頁。

第10章 Videmus（われわれが見る）
——小林耕平《タ・イ・ム・マ・シ・ン》

人は反省的に思考する。物は反省的に思考するだろうか。——思考しない。もしくは、思考していたとしてもどうやってその思考にアクセスできるのかわからない。

〈人＋物〉は反省的に思考するだろうか。——思考する。思考する「人」に「物」が付属しているというより、内的に結合した〈人＋物〉システムの全体が思考していると考えるほうが自然だ。テトリスのブロックを回す。回しながら嵌まり方を考える。このとき、物理空間と脳内の情報処理空間は一体となって計算している。哲学者アンディ・クラークとデイヴィッド・チャーマーズが提案した「拡張された心」理論だ。[★1] 心は頭蓋と皮膚の外に飛び出し、物とカップリングした一つの認知システムをかたちづくる。

実際には、テトリスのブロックはあまり「物」らしくない。回転の負荷がほとんどないから。リアル世界の物は簡単には操作できないし、私を傷つけることもある（ブロックを足に落とす）。つまり物と私は完全には同期しない。私は、私の生物学的身体と不完全に同期した「心＝物体（mind-body）」を通して思考している。ヌンチャクみたいなものだ。

拡張された「心＝物体」であるヌンチャクを振り回してみよう。このとき私は、ヌンチャクを手にしないときには思考しえない突破の可能性を見てとっている。〈私＋ヌンチャク〉が

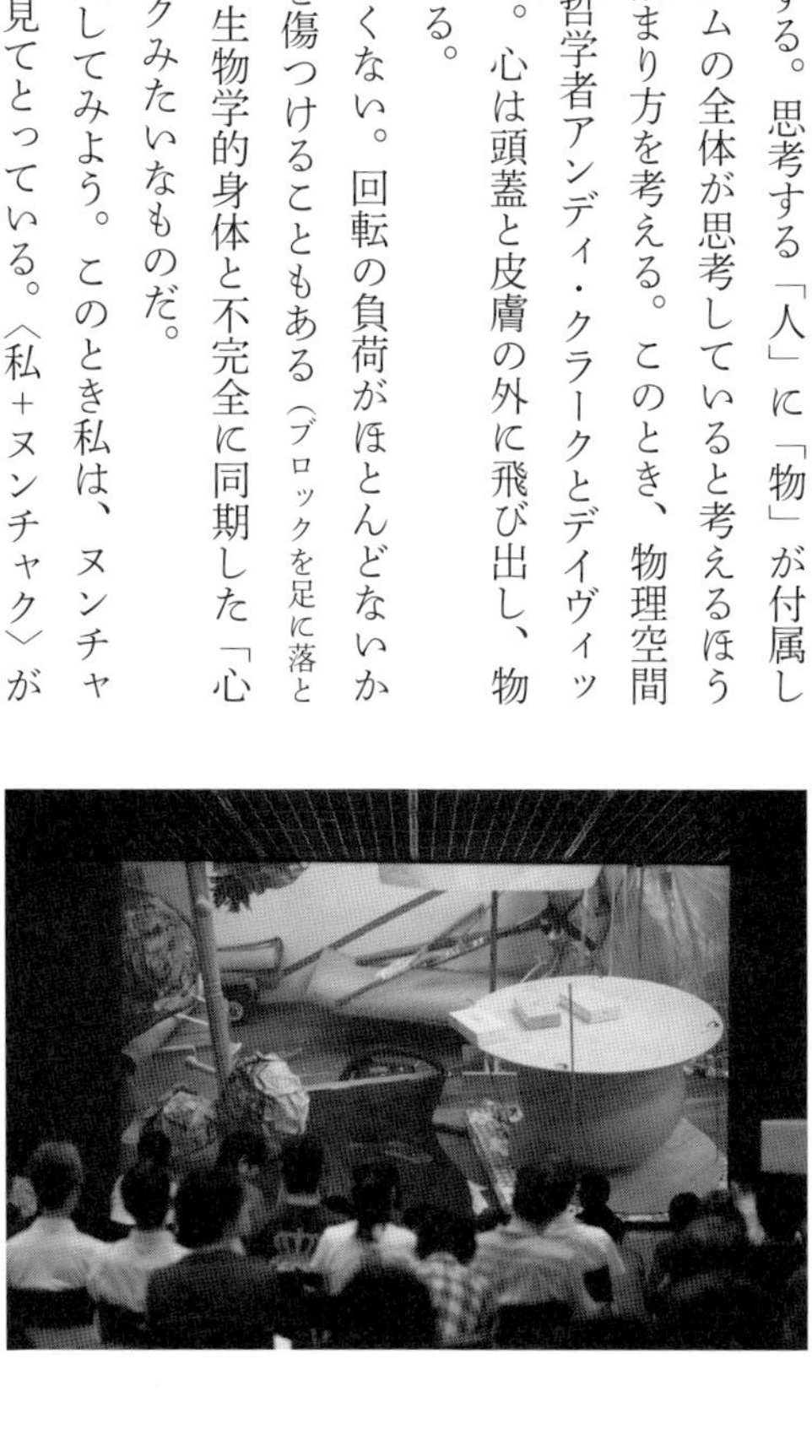

図1——小林耕平《タ・イ・ム・マ・シ・ン》（「14の夕べ」、二〇一二年九月五日、東京国立近代美術館、前澤秀登撮影）

思考するのだ。さて、いま試しに室内でヌンチャクを振り回すと、天井からぶら下がる照明にぶち当たって破壊し、ガラス片を部屋中に飛び散らせた。夕食に出すつもりだった刺身の上にもガラス片が散っている。しまった。こんなことするつもりじゃなかった。この破壊を引き起したのは「私」じゃない……。このような状況で、なおも強い拡張性の方向で考えることはできるだろうか。すなわち、そこに分散した物体も私の一部であるというように。飛び散ったのはすべて「私」である。無数のガラス片は、ヌンチャクがそうであるように、私の拡張された心＝物体である。ヌンチャクである私は、照明に接触することでその存在を破壊的に観察し、ガラス片である私は、魚肉の柔らかさを刺すことで観察する。

二〇一二年夏、東京国立近代美術館一階ギャラリーにおいて『14の夕べ』という連続パフォーマンスイベントが開催された。[★2] その一夜、九月五日に小林耕平らが発表したヴィデオ・パフォーマンス《タ・イ・ム・マ・シ・ン》は、上記のような意味において、「強く拡張された」心＝物体システムを構成している。システムは、

(1) 小林が「タイムマシン」と呼ぶ、ホームセンターで購入できそうな日用品を組み合わせた、概ねヒューマンスケールのオブジェクト群（会場に設置）
(2) 「タイムマシン」の取り扱いを説明する解説ヴィデオ（壁面プロジェクション）
(3) 「タイムマシン」の基本アイディアを与える、伊藤亜紗によるテキスト[★3]（紙で観客に配布）
(4) 伊藤のテキストに対する、小林の注釈テキスト（壁面プロジェクション）
(5) 小林が、生徒のようにふるまう山形育弘（core of bells）に対して、オブジェクト、解説

ヴィデオ、注釈テキストを使っておこなう一種の「レクチャー」（会場でのパフォーマンス）の五つからなる。

伊藤のテキストは、タイムマシンの基本アイディアを次のように語る。「ところで、わたしの属性は全部でいくつあるのだろうか。一〇〇だろうか。一〇〇〇だろうか。〔……〕その、わたしがいま持っている属性を、ひとつずつ、たとえばあの山に貸し与える。〔……〕山は、わたしの属性を獲得するたびに、少しずつわたしになっていく。〔……〕何千年後、何万年後の風景を、山であるわたしは見るのだ」★4。つまり人は多数の属性の集合であり、その属性を物に「貸し与える」ことができ、そうすることで物となり、時を超えた観察をするのだ。

このやや不明瞭な――どうすれば山に「貸し与え」たことになるのかがわからない――アイディアに対して、小林の「レクチャー」はかなり複雑な反省を展開する。まず、なぜこれが「タイムマシン」と言えるのかと質問する生徒（山形）を目の前に置くことで、問う主体を外在化する。外在化された問いに対して、小林は、注釈テキストを読み、オブジェクトを観察し、解説ヴィデオを再生することで応答する★5。その応答はしかし、明瞭な解を迂回して、問い自体を分析的に増殖させていく。

解説ヴィデオの中の小林（以下、′小林）は、「タイムマシン」オブジェクトに囲まれた室内で何やら作業をしている。′小林の腰には、火バサミ、ガムテープ、霧吹き、ゴム手袋、ピーナツの詰まった工具袋、二本の木製ブラシ等がぶらさがっている。映像に付された字幕とナレーションが、「属性の貸し与え」とは何かを巡って多数の問いを語る。その間、′小林は無言でオブジェクトの複雑な配置を組み上げていく。

図2――「タイムマシン」オブジェクトについて話す小林耕平（右奥）と山形育弘（前澤秀登撮影）

字幕とナレーションによる問いは、′小林の作業に関連しているように見える。たとえば「魂が貸し出される状態について考える」という言葉に続いて、自動車カバーのような銀色シートの複数箇所をテグス糸で吊ったものが操作される。糸はおそらく天井の滑車を通って床面に並ぶ複数のペットボトルに結ばれており、′小林がペットボトルの布置を変えるとシートの形も変わる。この操作の「遠隔性」によって、シートはいくらか「魂」をもつ生き物のように見える。

画面内の物は増え続け、ゴム紐で吊られたスイカや、チェーンで吊られた帽子等が、空間のネットワークを複雑化していく。′小林が部屋を動き回るたびに、体や体に付着した物の一部が、そのネットワークの一部に引っかかる。すると画面の離れた場所で、少し遅れて何かが動く。つまり空間の全体が、非同期性を孕みつつ絡まりあうヌンチャク状構造になるのだ。

このとき部屋は、′小林自身の体をその内に含んで取り囲む、′小林の拡張された心＝物体システムと化している。拡張された心＝物体システムとしての部屋は、′小林の体とそれを取り囲むオブジェクト群との関係を、その関係の不確実な非同期性を通して反省的に意識させる。部屋中に張り巡らされた関係性は、多数の時間的・空間的なずれを孕み、そこに局所的かつ超‐個体的な多数の反省ループを発生させるのだ。たとえば車の運転がうまくいかないとき、私の体と車の関係が非同期化して、〈私＋車〉システムの内部に反省的意識が生ずる（「あれ？　どうしたんだ？」）。そのような反省的意識の小さな種が、空間に広く散在しているという感じだ。

映像内に散在するこのミクロな反省性は、より大きな反省のループ――字幕とナレーションによる問い、映像外の注釈テキスト、会場の小林と山形が展開する問答――に埋め込まれ

図3――《タ・イ・ム・マ・シ・ン》より小林（左手前）と映像の′小林。増殖する問い（前澤秀登撮影）

ることで多重化し、かつ賦活される。さらに同一のオブジェクトが映像と会場の両方に現れることと、映像の小林と会場の小林が同じ服装であることが生み出す鏡像的効果によって、映像と会場との間に強力な視覚的ループが生み出され、展示空間全体を、拡張された心＝物体システムに変更する。観客たちの心身はその内部に巻き込まれている。

　理論的補助線を引こう。かつてロザリンド・クラウスは、ヴィト・アコンチらによる初期ヴィデオ・アートの「メディウム」を、自己と自己の映像とが融合する「鏡映《リフレクション》」の構造に見出した。そのうえでクラウスは、〇・五秒遅れの音声フィードバックが発話を崩壊させるリチャード・セラ＋ナンシー・ホルト《ブーメラン》（一九七四）や、モニターの周波数をずらして映像に周期的ノイズを生じさせるジョーン・ジョナス《ヴァーティカル・ロール》（一九七二）を例に、それらの作品が、「非同期性」を導入することで鏡映《リフレクション》の回路を内側から引き裂き、批評的「反省性《リフレクシヴネス》」を生み出すと論じていた。★6

　これを踏まえて言えば、小林はヴィデオの美学を二つの仕方で拡張している。⑴自己の拡張。小林において、再帰的に関係するのは自己とその鏡像だけでなく、部屋中に拡張された心＝物体システム全体である。⑵非同期性と反省性の遍在。小林において非同期化は、心＝物体システムを構成する時空間構造のあらゆるレベルで起きている。非同期化の場所を一つに限定するセラやジョナスとは異なり、小林は、拡張された心＝物体システムの随所に多種多様なミクロ非同期性をもちこむことで、多数のミクロ反省性を発生させる。

　この拡張を、ラテン語一人称単数の「video（私が見る）」の美学に対して、一人称複数「videmus（われわれが見る）」の美学と呼んでみよう。ここで「われわれ」とは人間ではなく、複数の人と物の絡まりからなる集合体である。集合体の内部に、分散する非同期的反省性を生むこ

図4――《タ・イ・ム・マ・シ・ン》よりオブジェクト群に取り囲まれる、小林と反省的字幕（前澤秀登撮影）

と。それが小林たちの、「拡張された」ヴィデオ・パフォーマンスがおこなうことである。

具体化しておこう。非同期性は、マクロなレベルでは小林・山形・伊藤という複数の人間間、あるいはリモコンとヴィデオ再生装置という複数の非人間的エイジェント間に生じている。山形の問いかけに対して小林が執拗に「留保」と「不同意」によって応答する、伊藤のテキストに対して小林が多量の注釈を加えて「遅延」させる、ヴィデオ再生装置がリモコン操作を「拒絶」する（「この操作はできません」）、といったように。

ミクロレベルの非同期性は数え切れない。一つだけ例を挙げよう。解説ヴィデオの途中、「認識し理解するまでの時間と、目の前で起こっていることを留めておくことができないゆえに、ズレが引き起こされる」という字幕が映る。そのとき、〝小林の体が画面手前の細い棒に触れると、棒が倒れ、床のペットボトルに当たり、ペットボトルが倒れる。しかしよく見るとペットボトルは、棒が当たる約〇・五秒前には倒れている！　空間に張られたネットワークが複雑なため、直接的接触が起こる前に間接的接触が起きて倒れるのだ。結果として、時間が局所的に先取りされているように見える。映画『バンド・ワゴン』（ヴィンセント・ミネリ監督、一九五三）で、フレッド・アステアが構えたボールが、投げる「前」に缶を弾き飛ばしてしまうのと感覚的に少し似ている。違うのは、その非同期性はアステアの場合に比べてあまりに小さく、かつその関係性を正確に辿ることができないため、認識に「留めておくことができない」ということだ。この種の不明性が、多数の小さな違和の点となって部屋を覆い、ミクロ反省性を生起させている。

反省するのは「誰」か？　端的には観客であり、小林や山形である。だがそこに映像の〝小林と、その延長上で動くオブジェクト群が遠隔非同期的につながっている。人の意識は、絡

図5——《タ・イ・ム・マ・シ・ン》よりリモコン操作を試みる小林（左）と山形（前澤秀登撮影）

まりあうオブジェクト群のギクシャクした動きに巻き込まれ、そこかしこに違和を感受し、集合的で分散的な反省性をかたちづくる。そうして部屋の全体に、人間と非人間が非同期的に連結したヌンチャク状の「魂」が生み出される。

　ホームセンターにあるような日用品を集めて、拡張された心＝物体のネットワークを組み立てること。夏休みの工作で人工知能体を作ろうとする子供のように。工作されたのは人工知能でも「タイムマシン」でもなく、内部に多数の非同期を孕んだ「タ・イ・ム・マ・シ・ン」である。非同期性の隙間（・）が本体をなす。その多数の隙間に、人間と非人間からなる集合体の、並列分散的な反省性が立ち上がるのだ。v-i-d-e-m-u-s.

14の夕べ　小林耕平《タ・イ・ム・マ・シ・ン》
日時：二〇一二年九月五日（水）一九時三〇分開演◎会場：東京国立近代美術館企画展ギャラリー（一階）◎デモンストレーター：小林耕平、山形育弘／テキスト：伊藤亜紗／構成・オブジェクト：小林耕平

図6――「タイムマシン」オブジェクトの一つ。テグス糸で吊られたシート（前澤秀登撮影）

★1——Andy Clark and David J. Chalmers, "The extended mind," *Analysis*, 58(1), January 1998, pp. 7–19.

★2——「14の夕べ／14 EVENINGS」東京国立近代美術館、二〇一二年八月二六日 - 九月八日。本作を含むすべてのパフォーマンスの記録は以下に収録されている。『ドキュメント｜14の夕べ＝パフォーマンスのあとさき、残りのものたちは身振りを続ける』東京国立近代美術館編、青幻舎、二〇一三年。

★3——以下に採録されている。伊藤亜紗「14の夕べ　テキスト」『ドキュメント｜14の夕べ』二七七―二七八頁。

★4——伊藤「14の夕べ　テキスト」二七八頁。

★5——この解説ヴィデオは、二〇一二年一一月一七日―一二月一五日、山本現代で行われた小林耕平の個展「あなたの口は掃除機であり、ノズルを手で持つことで並べ替え、電源に接続し、吸い込むことで語る。」において、映像作品《タ・イ・ム・マ・シ・ン》として展示された。本論の記述は部分的に、この映像作品の観察による。なお「解説ヴィデオ」という呼び方は便宜上のものである。

★6——ロザリンド・クラウス「ヴィデオ――ナルシシズムの美学」石岡良治訳『ヴィデオを待ちながら――映像、60年代から今日へ』東京国立近代美術館、二〇〇九年、一八四―二〇五頁。

第11章

幽霊のグルーヴ

——core of bellsの憑依＝参与的不一致

1　オープニング

フロアの中心に死体が横たわっている（図1）。潰れた顔、切り裂かれた胴体、飛び散る血——紙製の。トム・フリードマンの紙彫刻死体を思わせる。[★1]その紙の間に、本物の人が挟まり、薄緑のダウンジャケットに包まれた小さな腕と、黒いストッキングで覆われた両足だけを覗かせている。

半透明のプラダンが天井から吊るされ、また床に立てられている。プラダンの背後には人影があり、シートを叩いたり、スプレーで水を吹き付けたりしている。その間を縫って、背丈程の布製衣装ラックが動き回る。ときおり中から腕や足がはみだし、「おんどりゃ〜」と怒鳴り声を上げる。フロアの隅では巨大なガラ袋が人を包んでモゾモゾしている。箱に入ったままの電動ヤスリからコードが伸びている（図2）。

客席左後方には、茶色いパーカーのフードを被り、長い前髪で顔を隠したホラー映画的人物がいる。ホラー的人物はときどき携帯電話で指示を呟く（図3）。「眉間にしわを寄せたまま

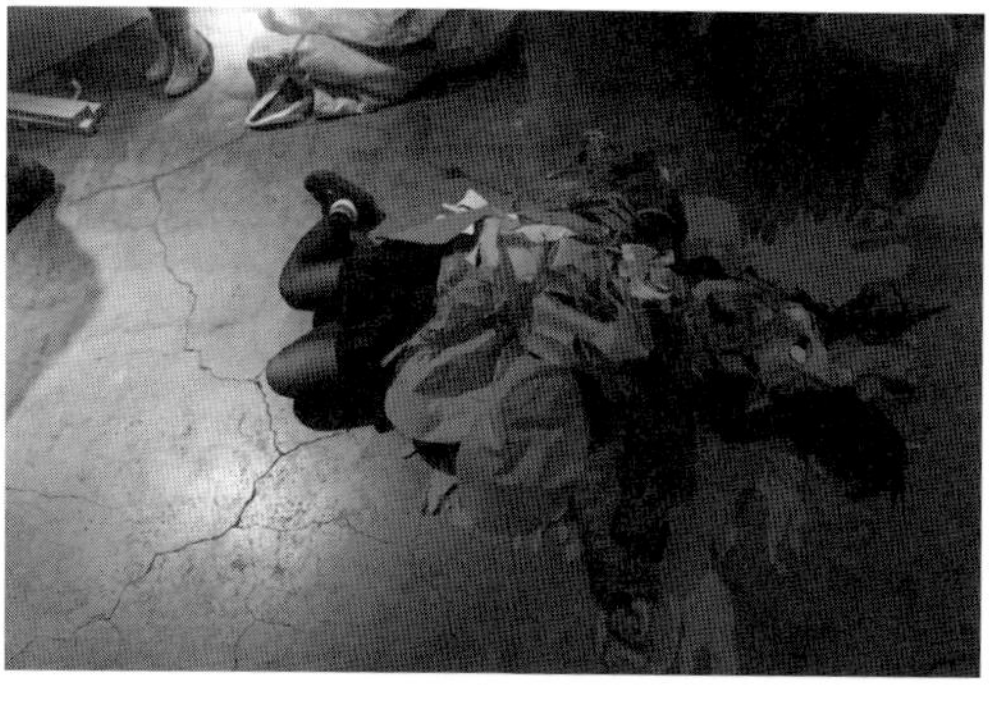

図1——フロアの中心に横たわる「死体」（前澤秀登撮影）

笑ってください」。すると左前方に投影された青白い映像の中の男が指示に従う。

客席の正面では別の男が飲食店に電話をかけ続けている（図4）。「あもしもし、あの予約をお願いしたいんですけど……今日の九時一〇分……五人なんですけど……」、「あもしもし、すみませんあの予約をお願いしたいんですけど……今日の九時二〇分……すみません六人なんですけど……吉田……吉田……」、「あもしもし、すみませんあの予約をお願いしたいんですけど……はい……今日の九時三〇分……はい……人数は七人……大丈夫、大丈夫です……名前は、吉田……」。

一〇分刻みの予約が延々続く。人数はときどき変わる。予約男の背後には、赤い膝丈コートにフードを被り、水色の車が描かれた靴下の上に透明ブーツを履いた女がぴったりついている。背後霊のようだ。

core of bellsによる連続公演『怪物さんと退屈くんの12ヵ月』[★2] 第三回、「Last Days of Humanity」（SuperDeluxe（六本木）二〇一四年三月一九日）はこのように始まる。

2 退屈

オープニングで示された幽霊的存在はすべて演奏装置となる。演奏されるのは、「退屈」だ。

> 音楽が鳴る前にも止んだ後にも、時間はだらだらと続いていて、それは複雑でありながらとても退屈で、なおかつ贅沢なものです。そこでは、ステージ脇にうごめく闇や、満員のフロアになぜか空いた一人分のスペースも、音や楽曲と同様に時間のエッセンスの

図2——プラダンの裏へ電動ヤスリのコードが伸びる（前澤秀登撮影）

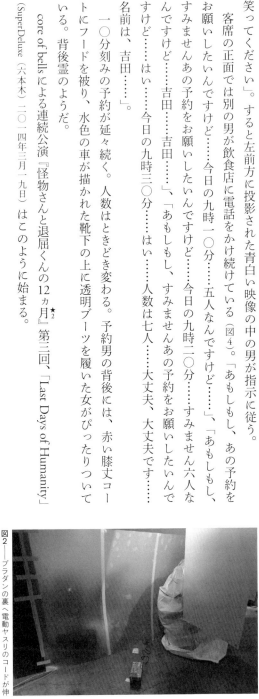

一部と言えるでしょう。★3

中心に横たわる半紙半人の死体を基底的なドローンにして、予約男の反復的電話とそのすぐ後ろで頷く赤い女の動き、ホラー的人物の指示と映像の男によるその実行、プラダンにスプレーされる反復的な水音、衣装ラックとガラ袋のガサガサした動き、それを追跡する撮影スタッフの動き、断続的な怒声、ときにブイイインと唸りを上げる電動ヤスリ……それらの反復的運動／音響が、フロア全体を多層的にリズム化する。★4

ナラティヴの展開はない。時間はリズム構造の遷移によって満たされ、時に絡みあいの密度を増し、あるいは散漫にほどける方向へ向かう。最後にはほとんど、衰退して無秩序になり、何もない場所へ、「退屈くん」のエントロピックな世界へと降りていく。

3 グルーヴ

ホラー的人物の「歌を歌ってください」という指示に続き、松田聖子「Sweet Memories」の合唱がばらばらと始まる。「……あなたをー見たとーきぃー じぃーかーんー だーけぇ 後もどーりぃしたのー……」★5。BPM＝約50（ゆっくり）。おもむろに二人の男女が左隅の陰に現れ、「右腕を七回前に突き出し、両腕を一回上に広げる」という応援団風の八拍子動作を無音で始める（図5）。応援団のビートは合唱に少し遅れ、BPM＝約45でずれ続ける。

合唱が終わる。男の予約電話と、応援団の無音八拍子だけが残される。散発的に映像中の男がビートボクシングする。プラダンに速いスプレー音の反復が響き、また止まる。散漫な

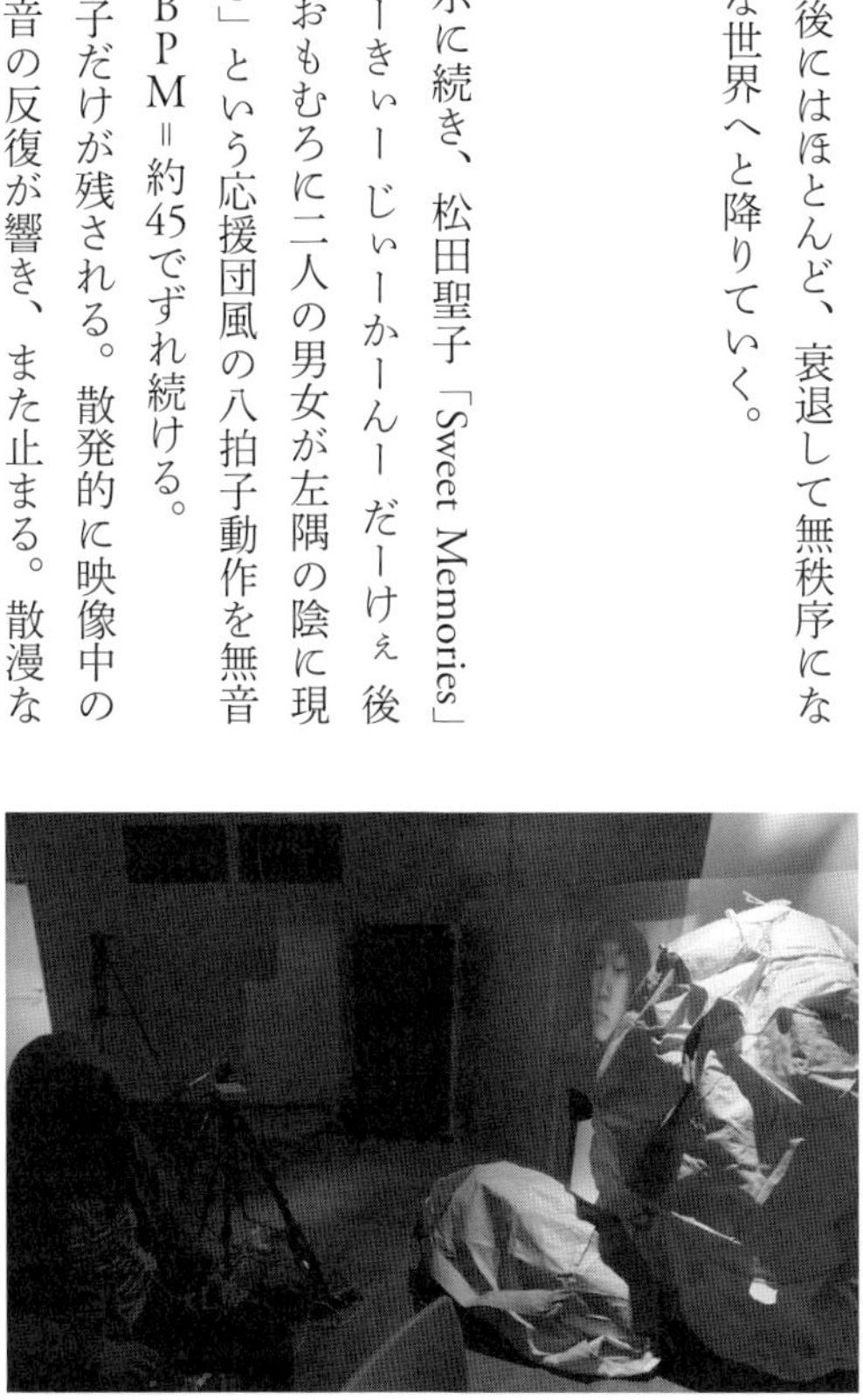

図3――フードを被った人物が携帯電話で指示を呟く（前澤秀登撮影）

時間が続く。
不意にドラムが鳴り響く（BPM＝約110）。女の録音声が再生され、謎の言葉を語る。「あなたは何に目を凝らしたか……どこまでが何かわからなくならないように……目印を……」。予約男がギターを手にとり、轟音を刻み始める。ホラー的人物の長いデス声がその間を縫っていく。しだいに照明が暗くなる。念仏的合唱が始まる。「みぎ・むぅー・けぇー、ひだ・りむ・けぇー、あっ・ちむ・けぇー、こっ・ちむ・けぇー、どっ・ちも・ねぇ！……」三拍子×五回でループする念仏的合唱。ドラムとギターが重なる。再びプラダンに速いスプレー音。女の録音声は続く。ペンライトが点滅する。応援団は隅で無音八拍子を続けている。多数の反復がずれを伴いながら重なりあい、フロア全体をうねるような複雑なリズム構造に変えていく。体が揺れ始める。グルーヴだ。

4 PDs——参与的不一致

二つ以上の微妙にずれたリズムが互いを拘束しあうとき、グルーヴが生まれる。民族音楽学者のチャールズ・カイルは、グルーヴを生むこのリズムの「ずれ」を、「参与的不一致（participatory discrepancies; PDs）」と呼んでいる。★6 演奏者たちはこの不一致に巻き込まれるように音楽行為に参加し、かつ各自がそれぞれの不一致を維持して、安定的同期からくり返し身を引き剥がすことでグルーヴを推進する。

このリズムの不一致は、聴く者の身体にも強く作用する。私見では、リズムのずれは、聴く身体の諸部位にずれて立ち上がる動きをつくり、身体に「しなり」または「ぶれ」を与え

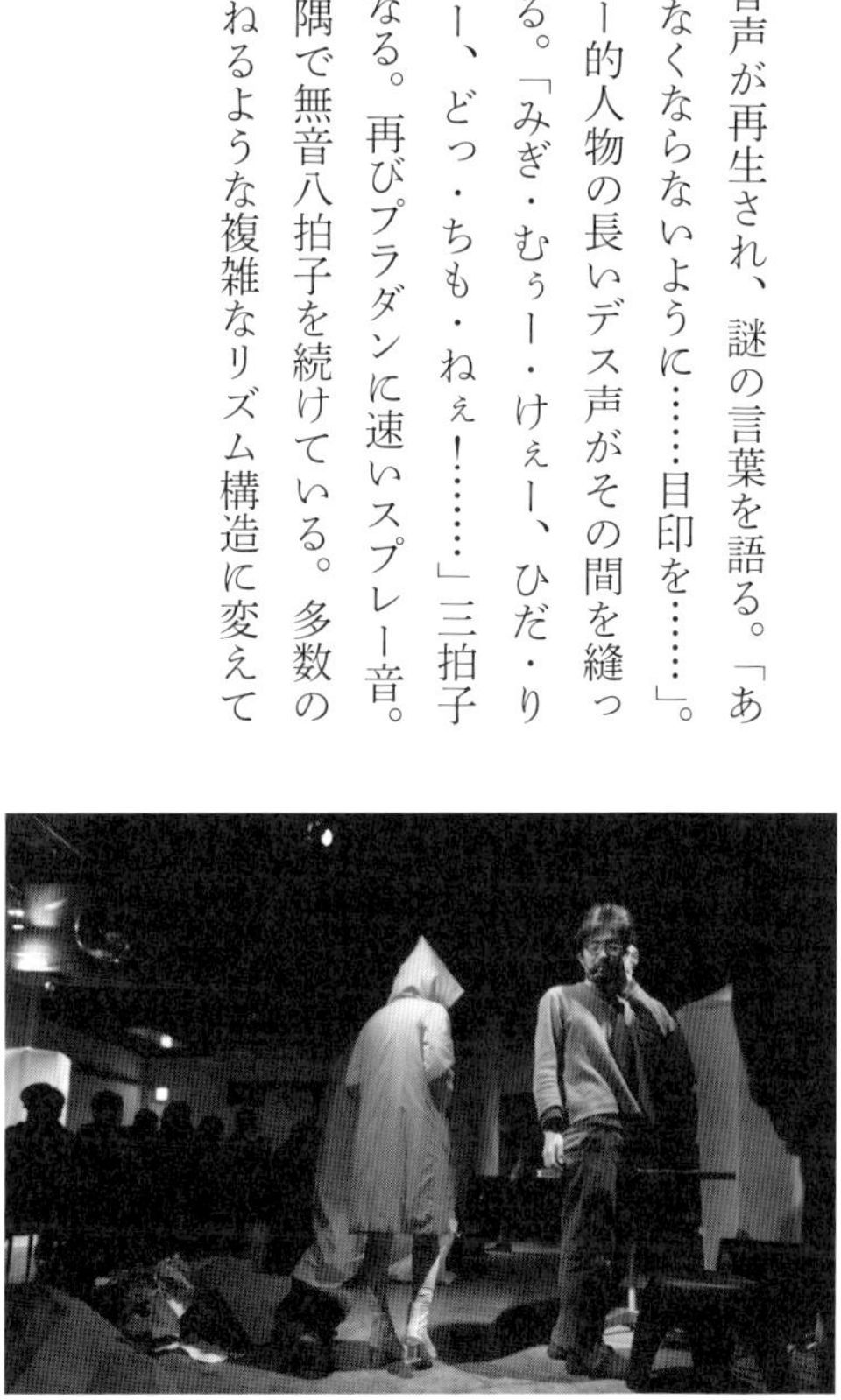
図4——飲食店に予約電話をかけ続ける男と赤いコートの女（前澤秀登撮影）

て踊らせる。聴く＝踊る者はさらに、音楽に乗りながら、音楽とは微妙に異なる周期のリズムを自身の身体で刻むことでグルーヴを増幅することができる。感覚的に言えば、音楽のリズムから身を引き剥がして別のリズムを生むとき、非聴覚的な擦過面のようなものが現れる。その擦過面に身体をくり返し擦り当てることで、グルーヴは高まっていく。

core of bells の「演奏」を構成する幽霊的存在もまた、不一致なリズムの重なりによる特殊なグルーヴを生み出している。幽霊がグルーヴする。密度の高い演奏においては言うまでもなく、予約電話・間歇的な唸り声・ガラ袋が立てる乾いた音響等々からなる散漫な時間においても、私の身体にはある種のグルーヴ感が残り続ける。私は揺れながら、それら緩慢なリズムのすべてに擦り当たるような一つのリズムを探っている。そのような探り当てが可能であるような仕方で、演奏は希薄化される。

5　PPDs——憑依＝参与的不一致

ただしここでは、「参与的（participatory）」という語はそのままではそぐわない。なぜなら幽霊的存在たちは、自発的に演奏しているというより、外部の指示や力によって動かされているようだからだ。映像の男は、ホラー的人物の指示でビートを刻む。都市伝説的な「赤ずきんちゃん」を思わせる赤コートの女は、予約男を背後から呪い、強迫的に電話をかけ続けさせているように見える。自発的ではない複数のリズムが、互いにずれて重なりあう。

この幽霊たちのグルーヴを構成する非内発的な「ずれ」のことを、仮に「憑

図5——ガラ袋の陰でおこなわれる応援団風の八拍子動作（前澤秀登撮影）

依＝参与的不一致（possessory-and-participatory discrepancies; PPDs）」と呼ぶことにしよう。幽霊の演奏は直に参与的ではない。幽霊は他の事物に憑依し、憑依された事物が内発性を欠いたまま不一致なリズムを刻むのだ。

観客の身体もまた、この憑依のプロセスから免れてはいない。演奏を縫って聞こえる録音声の謎の指示――「大きな曲がりくねりをつくる以外のやり方で 地平線を 持ち上げてください……」、「近くにある沼に 水が 淀んでいるので 淀みに 新しい軸を 通してください……」。指示は観客の頭の中に或る光景を立ち上げ、次いで不可能な仕方でそれを裂いていく。理解の道筋は、分岐の予感を示しながら内側から砕けていく。

あるいは不気味に歪んだ子供の録音声が言う。「……眉間ニシワヲ 寄セタママ 笑ッテェイテクゥダサイ……」。怒る眉間と笑う口元が分裂する。私の統一的な「内面」は消滅し、不一致な断片へと裂かれてしまう。これらの分裂的指示は、いわば思考と身体を内側から引き裂くPPDsを生み、破壊的なグルーヴを引き起こす。不一致化して揺れる思考と身体の諸断片は一種の臼となり、互いの意味と振動を磨《す》り潰しあう。そうして私は、「空っぽ」になる。

6 降霊術

憑依的身体の「空っぽ性」は、本公演の明示的な問題をなしている。公演のフライヤーには、ナチス・ドイツの制帽を被る四体の衣装ラックが歩く写真が載っている[★7]（図6）。そのうち三体は内部の空洞を見せびらかし、もう一体も、四着の上着と引き出しだけを中に示して肉を持たない。同様の衣装ラックは、本公演の主要な幽霊的存在として登場している。

中味の詰まった人間を磨り潰し、箱や袋で包んで吸収し、空っぽでペラペラな存在に変えること。フロアに横たわる半紙半人の死体もまた、充実した立体的身体からペラペラな面的身体への移行形態を示すと考えることもできるだろう。「人類最後の日々(Last Days of Humanity)」とは、そんなペラペラな「空っぽ性」へと向かう行程なのだろうか。

空っぽな存在たちによる「演奏」は、最後にはほとんど享受不可能なレベルにまで希薄化されていく。二度目の密度の高い演奏が終わり、照明が完全に落ちるとき、応援団の無音八拍子はいつの間にか止み、予約電話も唸り声も失われ、演奏途中でホラー的人物によって「殺された」撮影スタッフの死体をガラ袋に詰めようとするガサガサした荷造り音だけが暗闇に延々響き続ける。公演は、終了を告げる前に、長い「片付け」の時間に入ってしまったかのようだ。客席は暗闇に放置されている。

私はこの空虚な時間を、踊れる、とどこかで感じている。だが同時に、腕時計を見る欲求も感じ始めている(そろそろ終わりだろうか？ いつまで続くのだろう？)。——「退屈」が降りてくる。退屈とは、物の時間と私の時間が不一致化し、物の時間の方に引き留められることだ。★8

長い「片付け」の時間が過ぎていく。闇の中、ホラー的人物が不意に立ち上がり、使い捨てカメラを客席の方に向ける。ジージージージージ(フィルムを巻き上げる音)……パシャ。強いフラッシュが光る。約二〇秒間の沈黙と闇。ジージージージージ……

図6——「Last Days of Humanity」のフライヤー

パシャ。強いフラッシュ。くり返し。BPM＝約3で起こる眩しい光が、私をそのつど、パチンと面的に圧縮する。身体が再び揺れ始める。

トランスしたくて揺れているのか、すでにトランスしているから揺れているのか。いったい誰が、何のために労働しているのか？　私はジョン・ケージの「4'33"」に熱狂するようなおめでたい聴衆であるかのように自分のことを感じている。だが同時に、すでに身体が踊り始めるのを感じている。退屈な「不一致」の引き延ばされたグルーヴ。

この戸惑いが、おそらく本公演の経験のいちばん深い場所にある。私は「降霊」させるべきなのか、そうではないのか。私は私の中に、完全には私のものでない気配の起こりを感じている。それが、私のゴーストだ。ゴーストは部屋の隅や扉の奥に潜むのではない。それは私の内から生えてくる。ゴーストとは、私を内から引き裂くPPDsの担い手のことだ。私はこのゴーストを増幅《アンプリファイ》してやるべきなのだろうか？——それは詐欺的な降霊ではないと、私はいかにして知るのだろう？

---

core of bells『怪物さんと退屈くんの12ヵ月』　第三回公演「Last Days of Humanity」
日時：二〇一四年三月一九日（水）一九時開場／二〇時開演（二一時—BGM）◎会場：六本木SuperDeluxe◎出演・制作：core of bells◎照明：横山紗木里◎音響：片岡敬◎協力：土屋光、足立靖明、神谷峻輔、島田桃子、sei、平沢花彩、宮部純子、安食真、田中真琴、黒川幸則、飯田克明

★1——Tom Friedman, *Untitled*, 2000.

★2——二〇一四年、一年間に渡り毎月一回おこなわれた驚異的な公演の記録は、以下に収められている。core of bells『「怪物さんと退屈くんの12ヵ月」全記録』CHAOZ CHAOS、二〇一五年。

★3——core of bells「「怪物さんと退屈くんの12ヵ月」について」より抜粋。http://i66589.wixsite.com/coreofbells2/about（二〇一九年六月一八日アクセス）

★4——「音響系」の即興演奏、「Jホラー」映画、公演名「Last Days of Humanity」が由来するゴアグラインドの無差別ノイズと滑稽性、指示と反復で構成されるタスク的ダンス、日用品を怪物的にフィギュア化するフリードマン以降の現代彫刻等がコンテクストとして透ける。一部のコンテクストについては、core of bells「我々は何故隠れるに至るか」『ドキュメント｜14の夕べ』（東京国立近代美術館編、青幻舎、二〇一三年、二六二—二六六頁）参照。本公演は「14の夕べ」公演と同じく、メンバーが観客から姿を消す「隠れるサーガ」（同書、二六三頁）の系譜にあると考えられる。なお、当日のポストパフォーマンス・トークでは以下のアルバムが言及されたと記憶している。Last Days of Humanity, *Putrefaction in Progress*, 2006. トークそれ自体も「演奏行為」の一部だ。

★5——この陳腐なヒット曲の歌詞が、時間がほどかれ - 束ね直され - またほどかれるという本公演のプロセスに自己言及している。人間は束ねられた無数の時間であり、それが完全にほどかれるとき人は死ぬ。公演は全体として、中央に横たわる死体が見る「走馬灯」のようでもある。その印象は公演最後の、誰のものともつかない、ありふれた想い出写真の映写によって強められる。ポストパフォーマンス・トークでメンバーは、中学・高校時の思い出を語り、時間のほどき - 束ね直しを反復する。

★6——Charles Keil, “Participatory discrepancies and the power of music,” *Cultural Anthropology*, 2(3), August 1987, pp. 275–283. カイルは「不一致（discrepancy）」の語源であるラテン語discrepareが「異なる音を立てる」を意味することを強調している。カイルの理論について日本語では以下に詳しい。山田陽一『響きあう身体——音楽・グルーヴ・憑依』春秋社、二〇一七年、九三—一〇六頁。

★7——http://coreofbells.biz/wp-content/uploads/2014/02/kaibutsu03.jpg（二〇一九年六月一八日アクセス）。元になった写真にはアドルフ・ヒトラーとその側近のマルティン・ボルマン、ヴィルヘルム・カイテルらが写る。ここに「音楽のファシズムを批判的に解体する」といった問題意識を見ることは難しくないが、そのことは本公演では前景化されない。

★8——退屈のこの性格については以下がよく教えてくれる。國分功一郎『暇と退屈の倫理学』朝日出版社、二〇一一年、一九八—二四五頁。

第12章

複数の時間を踊る
――岩渕貞太・八木良太・蓮沼執太『タイムトラベル』

1　作品の構成

二〇一四年一二月二三日一九時三〇分〜、神奈川県民ホールギャラリーにおいて、岩渕貞太・八木良太・蓮沼執太によるパフォーマンス『タイムトラベル』がおこなわれた。同ギャラリーにおける八木良太展「サイエンス／フィクション」の会場を用いた一回限りの公演だ。『タイムトラベル』は次のように構成された。

［イントロ］（約六分）
八木がスーツケースから多数の壁掛時計を取り出し、掛ける。スーツケースの上にメトロノームを置く。

［第一部］（約二二分）
並行する三つのプロセス：

⑴岩渕のソロダンス
⑵八木の音鳴らし（風鈴、解体された振り子時計等）
⑶蓮沼のピアノ演奏と音再生

八木と蓮沼は客席側で演奏する。第一部の音と映像は録音・録画され、第二部で使用される。

［第二部］（約三三分）

並行する三つのプロセス：
⑴再生された第一部の音＋映像
⑵岩渕のダンス
⑶蓮沼のピアノ演奏と音再生

映像は空間中央に吊られた透過性スクリーンに奥から投射され、八木によってリアルタイムで加速／減速／グリッチ加工される。合わせて音のピッチも変わる。岩渕は、第一部の自身のダンス映像とともに踊る。

『タイムトラベル』のテーマはおそらく二つ。

(A)時間の複数化

過去と現在の重ねあわせ。音と映像の加速／減速／反復。複数の時計。複数のメトロノーム。異なる周期で回転する岩渕の四肢・首・腰。これらによって「時間」を複数化すること。

(B)エイジェントの複数化

岩渕・八木・蓮沼による緩く結合した同時並行プロセス。特に映像の岩渕を中心的エイジェントとして、生身の岩渕と、機器を操作する八木・蓮沼が共にパフォームすること。

『タイムトラベル』の困難とスリルは第二部、映像「と」踊ることの難しさに集中している。困難は仮に三つに分けられる。

(a)映像との関係の不確定性・一方向性

生身の岩渕とその映像を関係させる「振付」はあらかじめ定まっていない。映像と現実をぴったりシンクロさせる今ではありふれた見世物的ダンスとは異なり、本作では、動きのタイミングは先に決定されていない。岩渕は第二部で、映像との関係をつかもうとし、映像から自身の動きを立ち上げようとするが、うまくいかない。あるいは、「うまくいく」とはどういうことかが定まらない。そこでは、映像の岩渕こそが「自律的」なエイジェントとなり、生身の岩渕は映像の動きに対する「受け手」として、従属的なエイジェントとなるかに見える。結果、第二部では、観客の眼は生身の岩渕ではなく、映像にこそ集中する。

(b)映像のハイブリッド性
岩渕が向きあおうとするのは、「過去の自己」でも「現在の他者」でもない、両者のハイブリッドだ。その動きは、紛れもなく約三〇分前の岩渕のものだが、八木の手でリアルタイムで加速／減速／グリッチ加工されることにより（VJソフトとVestaxの物理コントローラを使用）、映像は度合いを変えながら他者化される。そのことが安定した関係を難しくする。

(c)映像の内感不可能性
当然のことだが、生身の岩渕は、映像の岩渕の体を「内側から」感じることができない。映像と動きを合わせるには、視覚（スクリーンの映像と、客席後方に映り込む像）と聴覚（映像の加速／減速に合わせて変わる音のピッチ）を介する必要がある。そのことが岩渕のダンスに一種の制限をかける。

(a)〜(c)の困難は、観察者／分析者としての私に次の問いを生む。本作における踊りの「動機（motive）」は何か。それはどこから、どのように調達されるのか。

本作における岩渕のダンスは、後に論ずる「時計モチーフ」をのぞけば表象的でなく、明確な何らかの形や物語を表さない。また、音楽に乗って踊られるわけでもない（ただし音との複雑な関係がある）。強い情動や、特別な妄念にもとづいているようにも見えず、フラットだ。つまりそこでは、ダンスを引き起こす、ダンスの「外側」の理由が薄い。その分、踊りの動機はダンスの「内側」から内在的につくりだされる。後に見るように第一部の岩渕は、身体を複数の部分に割り、部分間に時間差（先立ち／後追い）をつくることで、踊りの継続を可能にしている。

では、「内側」の範囲が変わるときどうなるのか？　機器と映像を介し、ダンス・システムの輪郭がダンサーの物理的身体から外側に拡張されるとき、当のダンサーは踊りの理由ないし根拠をどのように調達するだろうか？　しかもダンサーがシステムの全体に起きていることを内感できないときに？　危険はつねにある。ダンサーが自分の身体の内に引きこもり、システム全体の調整を他者に委ねてしまう危険が（それを危険と呼ぶならば）。本作はどうか？　岩渕のダンスを中心に見ていこう。

2　身体の分離とエコー化——第一部

山城大督が撮影・編集した本作の記録映像がある。[★1]　まずは第一部のソロダンスを六つのフェイズについて見てみよう。タイムコードは当該の映像による。本文では基本的に分／秒のみを示すが、実際の動きは連続的で、秒以下のスケールをもつためこれは目安である。静止画は等間隔のサンプリングではなく、動きの特徴をよく示すコマを選んでいる。

(1)　ポーズと連鎖

はじめに岩渕はいくつかの「基本ポーズ」を取る。片腕を体から軽く離して浮かす、あるいは頭上に力を抜いてゆっくりと持ち上げる。腕の重さを確かめるように。ときに片足裏を踵だけ残して持ち上げる。動きの根拠、あるいは感じ取られるコントラストの核を、「床／足裏」から体の内側に移していくようなポーズだ。

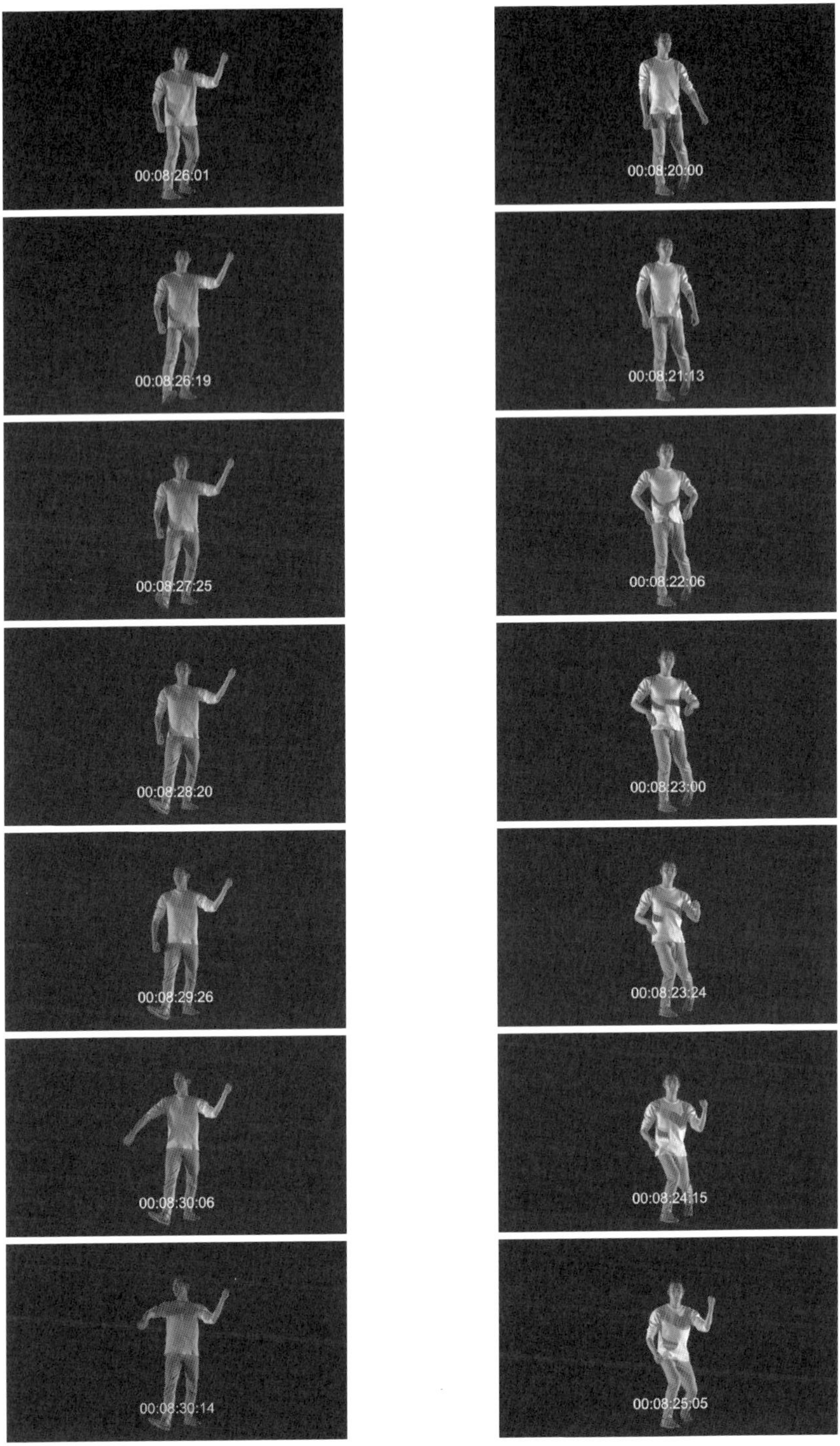
00:08:20:00
00:08:21:13
00:08:22:06
00:08:23:00
00:08:23:24
00:08:24:15
00:08:25:05
00:08:26:01
00:08:26:19
00:08:27:25
00:08:28:20
00:08:29:26
00:08:30:06
00:08:30:14

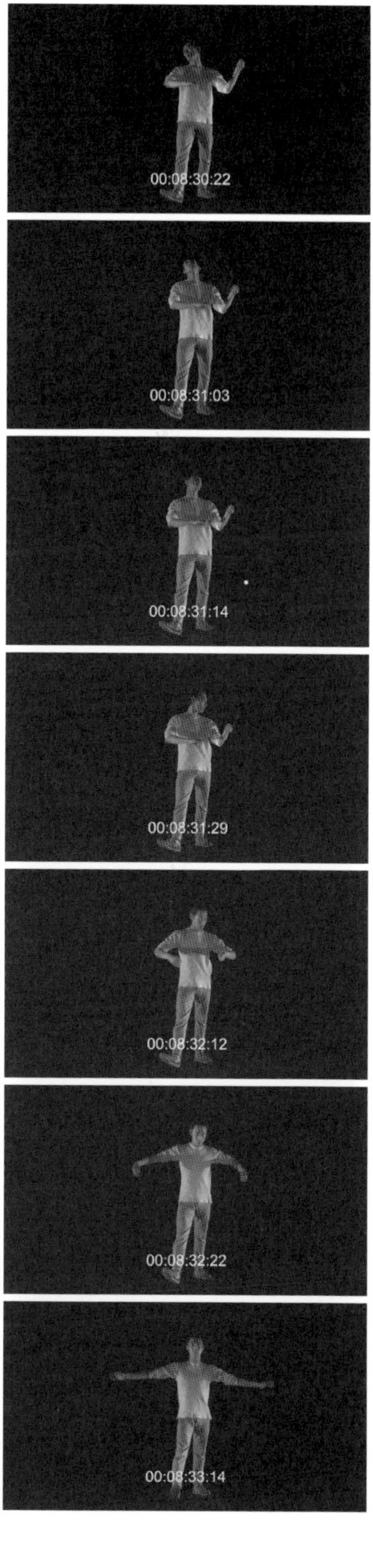

図1——8分20秒00～8分33秒14

動きが始まる。右足を内旋、左踵を浮かした不安定な姿勢から、両肩 - 両肘を持ち上げる(図1　8:20-8:22)。腰・右膝緩めて体を落とし、左肘緩めて左前腕だけ上へ回旋する(-8:24)。左足は踵着地するとともに外旋(-8:25)。安定した足元から再び腰・膝を伸ばして浮上する(-8:26)。今度は右つま先を前に回して持ち上げる(-8:27)。へにゃりとした全体の動きのなかを局所の「浮上」が移動する。

右足首はそのまま外旋(-8:28)。約一秒遅れて「後追い」するように首が右方(ダンサーから見て。以下同様)に外旋する(-8:29)。さらに一秒遅れて右腕がすばやく飛び出して胸へ戻り(-8:31)、戻る右腕を受けるように首がぐるりと左を向く(-8:32)。首到着とともに両腕が開かれ、顔・右つま先が正面を向く(-8:33)。ここでは身体が複数の部分に分離され、部分間に時間遅れで生じる動きの「エコー」(反響・反復)によってダンスが生み出されている(例：異部位における「外旋」の連鎖)。メトロノーム(BPM=60)の規則的打音は、動きの読み取りグリッドとなる。

(2) 音との関係

ピアノの音が始まる。岩渕が両肩を持ち上げストンと落とすと、わずかに遅れて蓮沼のピアノが一回トーンと鳴り、岩渕が両膝を折る(図2 9:09–9:10)。動きが音のきっかけをつくり、音がまた動きを引き出すという時間差フィードバックだ。

音が増えると、その関係は複雑になる。八木がカチカチカチ……という音を鳴らすと、岩渕の右前腕がそれを受け止めるように前後する(11:28–11:29)。蓮沼がピアノを叩くと、右前腕は応じてすばやく一旋回し(–11:30)、響きを受け止めるように右掌が開かれる。開いた掌を振り下ろすのに合わせて膝開き背中落とし、両足裏の内側を浮かせる(–11:32)。その不安定な足

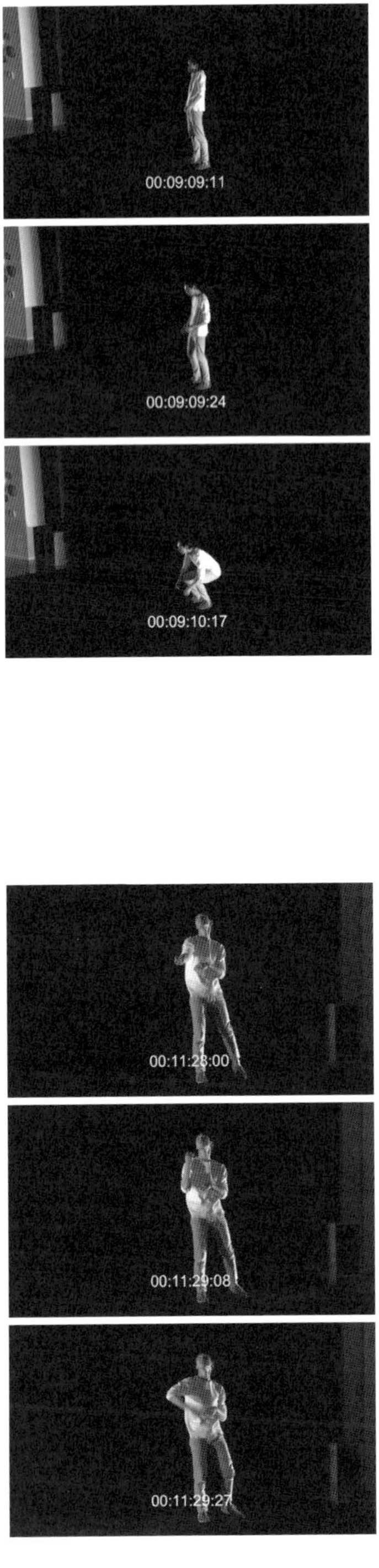

図2——9分09秒11〜11分42秒21

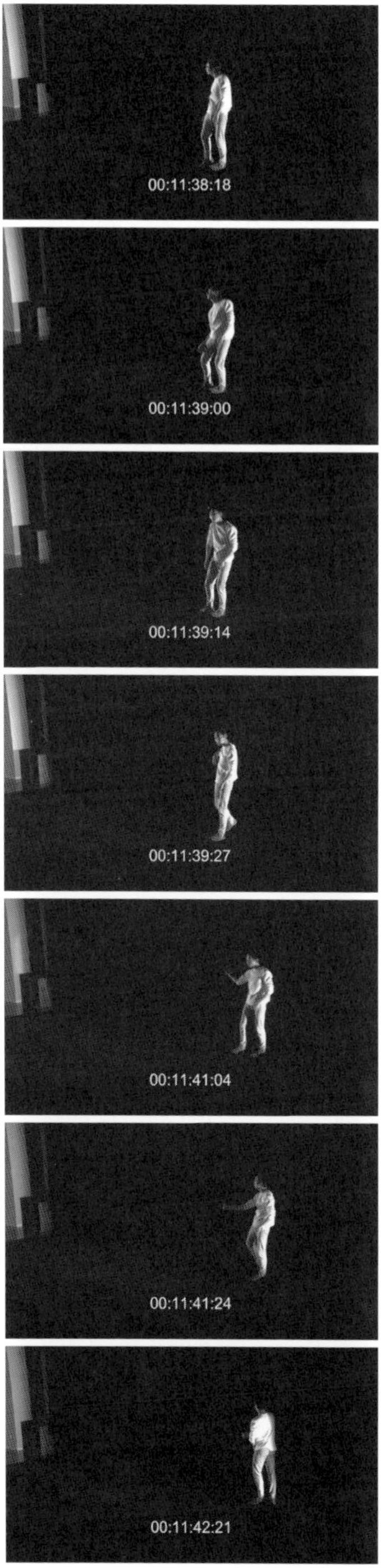
00:11:38:18
00:11:39:00
00:11:39:14
00:11:39:27
00:11:41:04
00:11:41:24
00:11:42:21

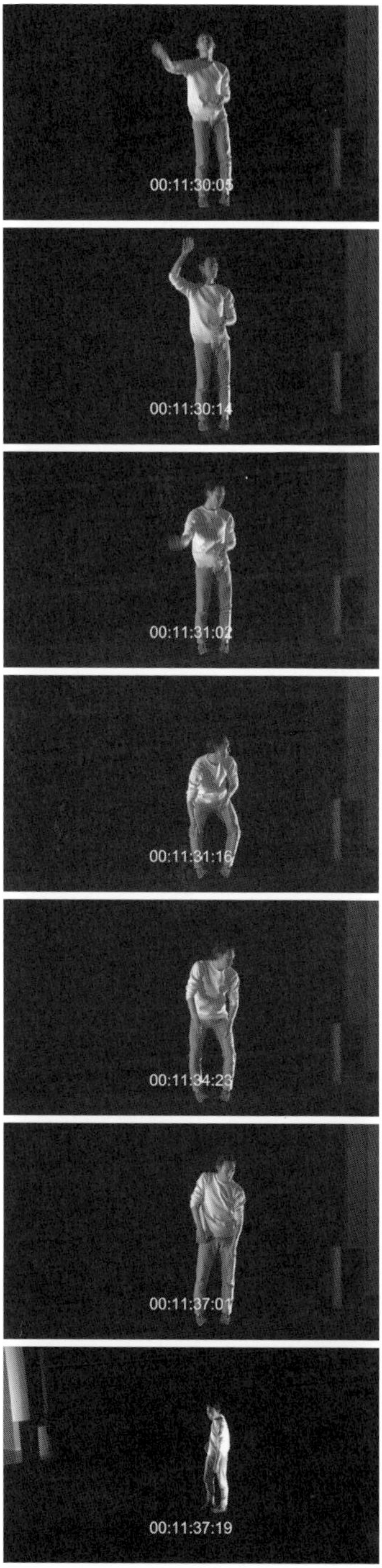
00:11:30:05
00:11:30:14
00:11:31:02
00:11:31:16
00:11:34:23
00:11:37:01
00:11:37:19

元から再びカチカチ音に吊られるように両肩が上がる（−11:34）。吊られた右肩が後方に回旋（−11:38）、遅れてすばやく首が右旋（−11:39）。首・肩がともに前に回った後、右肩だけさらに後ろに引いてから右腕が前に伸びて途中で止まり（−11:41）、そのまま右手を支点に首 - 体幹が右方に巻く（−11:42）。音を受け止める局所の動きが、部分から部分へとエコーしていく。

（3）分離とエコー

身体の複数部分への「分離」と、部分の「エコー」（時間差を伴う反響・反復）が、このダンスの基本構造をなす。さらに見よう。鐘の音が鳴るなか、岩渕が右手を上から前に振り下ろす（図3　14:19-）。一回、二回（14:21）。二回目の振り下ろしで右手は正中から右方にすっと流れ、右手をその場に残したまま、左膝と顔が左方を向く（−14:22）。右手と顔を残したまま、左膝はすばやく右方に内旋して閉じる（＝右手のエコー。ただし加速）。左膝が内旋し終わるタイミングで、左腕がすぱっと上に振り上げられる（−14:23）。左腕の頂点を追って顔が上向く。顔を上向きに残したまま、左腕は前の空間を触るように振り下ろされる（−14:23:10）。左腕が前に出るタイミングで右手を上に抜く。右手は右方から孤を描いて股の前へ落ちる。体屈む。左膝外に開く（−14:24:11）。顔と左手は残したまま。左膝再びすばやく内に閉じ（−14:24:20）、その動きを受け取るように、両肩が後方回旋、胸を開く（−14:25:06）。遅れて首が大きく右上に回旋（−14:25:15）。顔を右向きに残したまま、右腕は反対の左方へヒュンと伸びる。釣られるように顔、体幹、脚が左を向いて一瞬宙でポーズ（−14:26:14）、と思いきや、右手が軽くすばやく後ろに飛ぶ（−14:27）……。すばらしいシークエンスだ。

岩渕はここで、(a)身体の部分的運動→(b)動いた部分を分離して空間に残す→(a')異なる位置

図3——14分19秒19〜14分27秒14

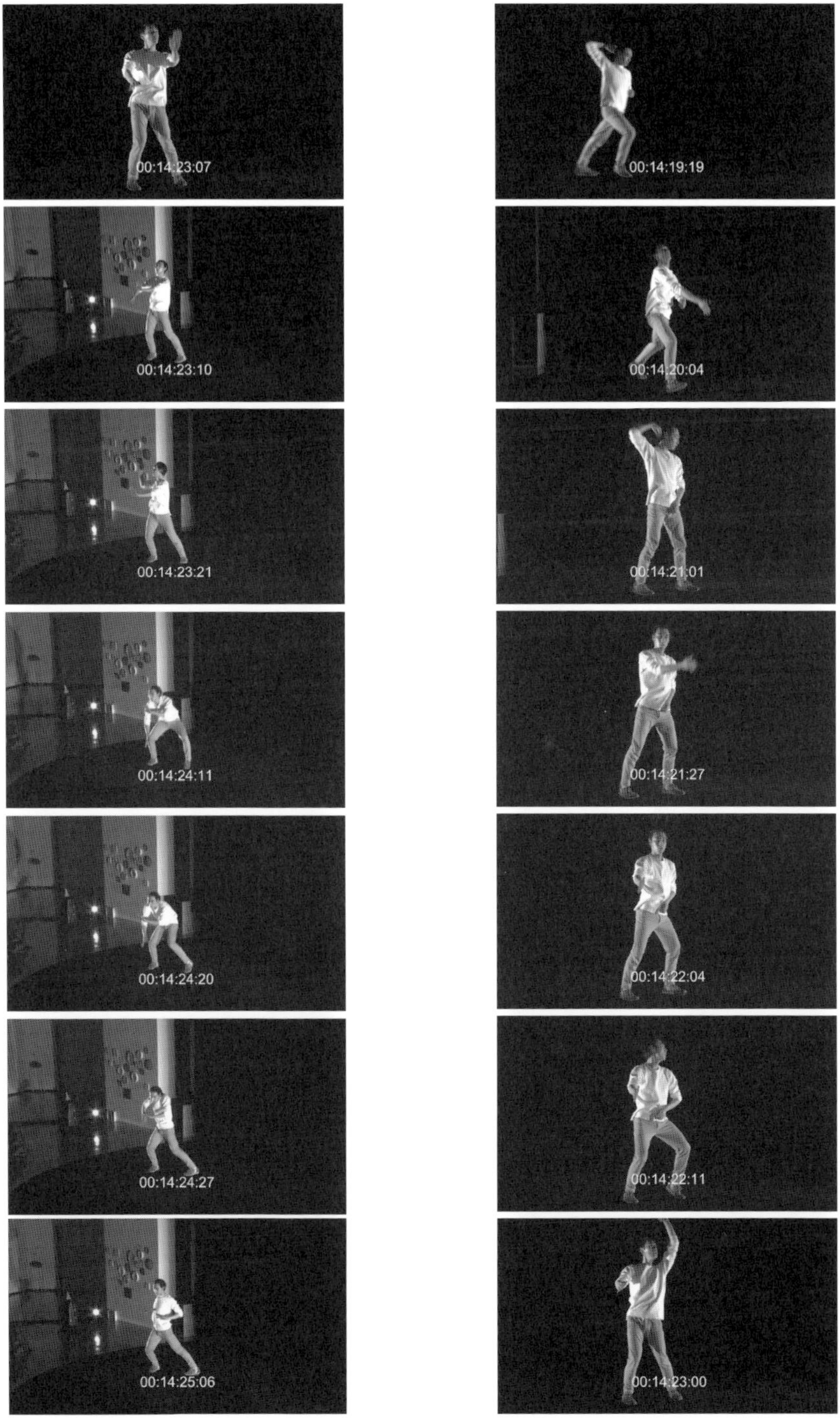
00:14:19:19
00:14:20:04
00:14:21:01
00:14:21:27
00:14:22:04
00:14:22:11
00:14:23:00
00:14:23:07
00:14:23:10
00:14:23:21
00:14:24:11
00:14:24:20
00:14:24:27
00:14:25:06

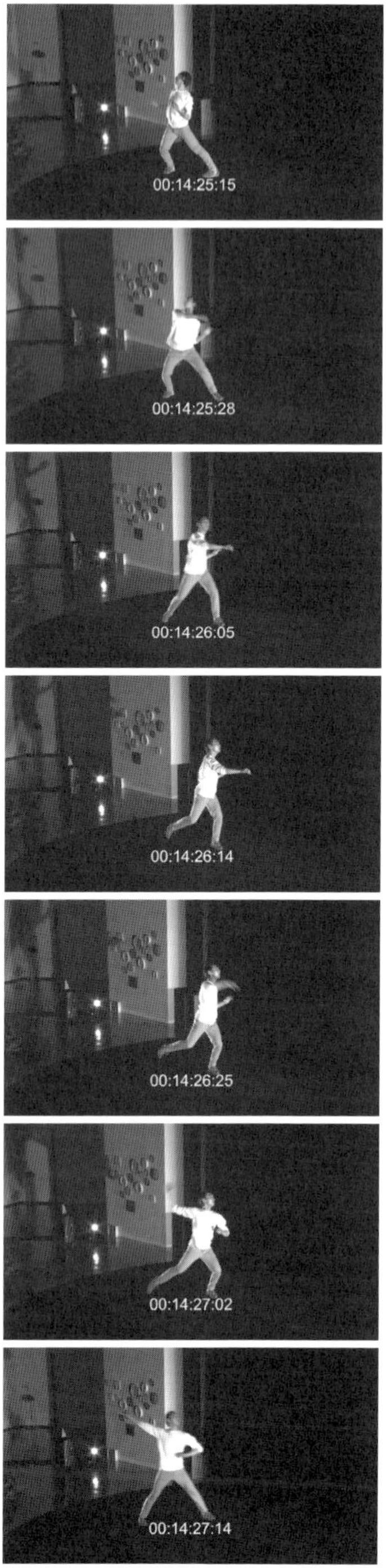

と方向と速さでおこなわれる次の部分的運動→(b')動いた部分を分離して空間に残す→(a")……というプロセスを一秒より小さい時間単位でつないでいる。(b)-(a')によって身体は「分離」され、かつ(a')が、(a)の動きを位置・方向・速さを変えてエコーする。このときエコーは、分離の解除も伴っている。身体の各部は物質的に強結合しているため、分離をそのままにしておくことはできないからだ(八つ裂きはダンサーの死だ)。

　分離は時間差で取り戻され、遅れた取り戻しが次の分離へと延長される。このことが、次々寄せるさざ波のような動きを身体に起こしていく。身体を自己差異化していく局所的な運動のエコーが、踊りの動機を内在的に生み出すのだ。規則的かつずれを伴うピアノの打音がエコーを増幅する。

（4）そのつどの「接地」

「分離」を可能にするのは、動いた身体の部分を三次元空間の特定位置に「残す」動きだ。残された部分は時間的にも過去化されるので、四次元空間と言ってもいいかもしれない。振り下ろされた右手を時空の一点に仮固定して残し、左膝を開く。すると右手と左膝が異なる時空間に分離される。このとき、残された部分は、踊りの一般的根拠としての「床」の代わりになる、見えない「地面＝根拠（ground）」をそのつどの時空に仮留めする。

図4（18:32–18:47）でくり返される「落下」を見よう。一回目（18:32–18:34）：持ち上げた右腕の力を抜き、腕が落ちてくるのに合わせて腰も落とし、尻が付く直前に左手で支える（–18:34）。このとき落下する右腕と体幹のベクトルは一致している。二回目（18:38–18:41）：右腕を持ち上げていく途中で、反対方向に腰を落とす（18:39–18:40）。右腕と体幹のベクトルが分離される。

一回目

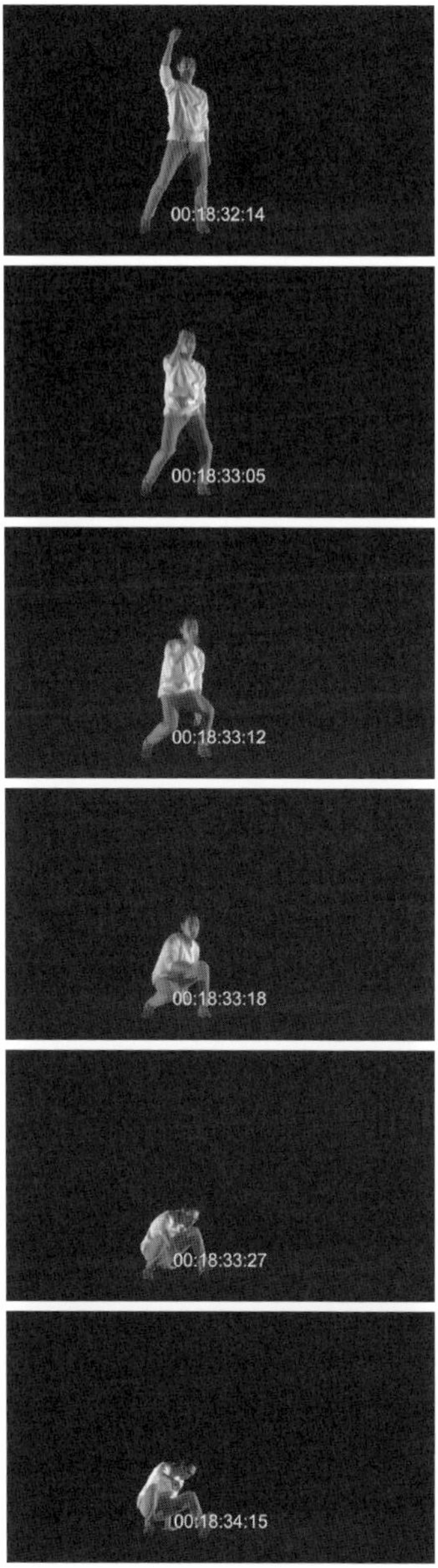

二回目

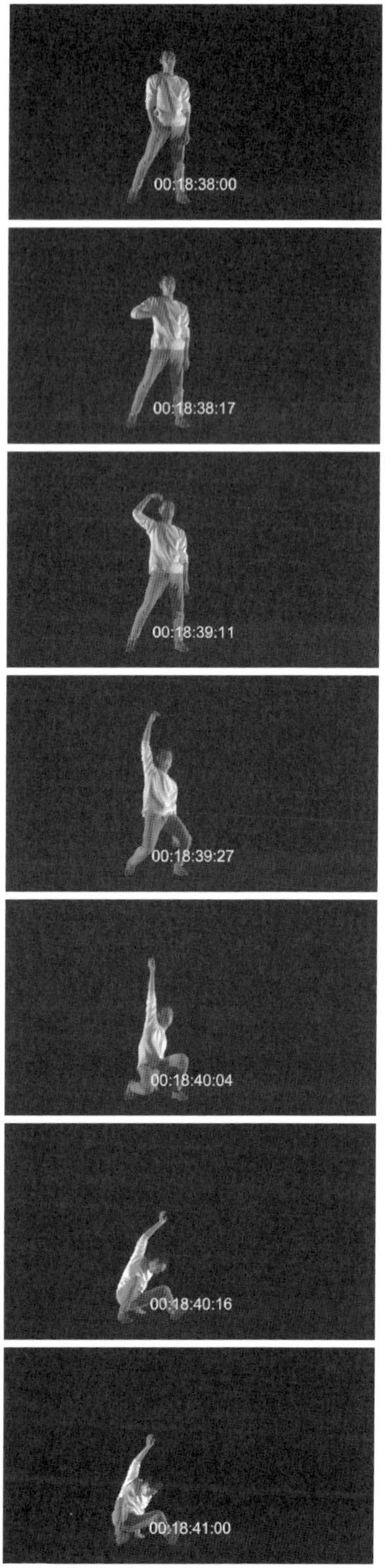
00:18:38:00
00:18:38:17
00:18:39:11
00:18:39:27
00:18:40:04
00:18:40:16
00:18:41:00

三回目

00:18:44:13
00:18:45:14
00:18:46:06
00:18:46:15
00:18:46:23
00:18:47:04
00:18:47:15

ただし右手は腰につられて落ちてもおり、分離は完全でない（-18:41）。三回目（18:44-18:47）：二回目同様、右腕を持ち上げながら腰を落とす。しかし今回は、腰が落ちきる一歩前、右手を空間の特定位置に残したまま（18:46:06-）、左手が床につく直前の約一秒間身体が宙で静止する（18:46:15-18:47:15）！　分離の完成。このとき体の基準点になっているのは、床ではなく空中に残された右手だ。こうして床は相対化され、時空に仮の「接地」点が置かれる。仮接地点に部分を残すことで、身体は複数に分離される。

（5）速いエンプティ・タッチ

ダンスが速くなると動きは完全には分離されない。このとき「接地」は、空間を軽くすばやく触れていくような特徴的な動きになる。これを「エンプティ・タッチ」と呼んでおこう。

図4——18分32秒14～18分47秒15

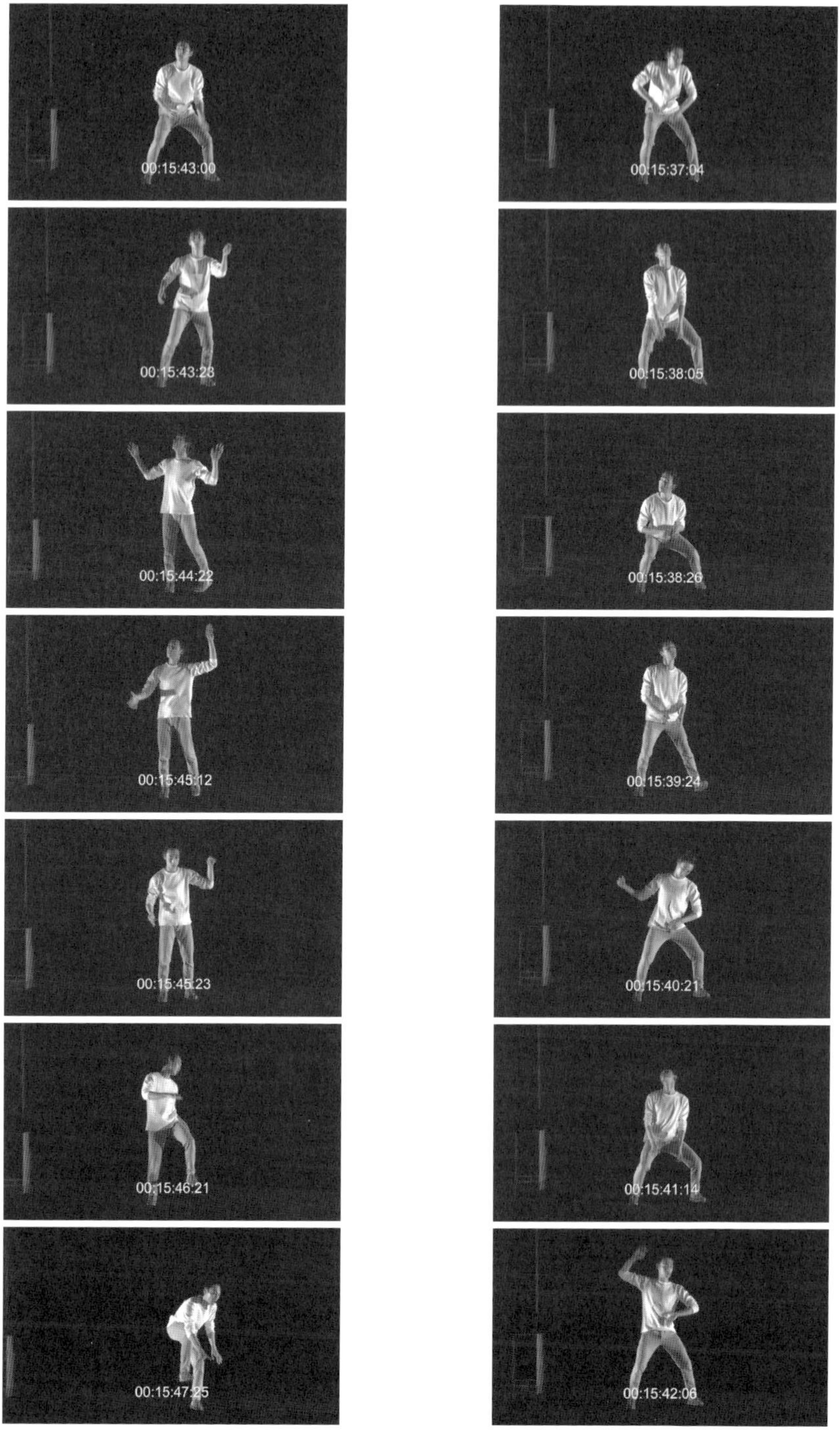
00:15:37:04
00:15:38:05
00:15:38:26
00:15:39:24
00:15:40:21
00:15:41:14
00:15:42:06
00:15:43:00
00:15:43:23
00:15:44:22
00:15:45:12
00:15:45:23
00:15:46:21
00:15:47:25

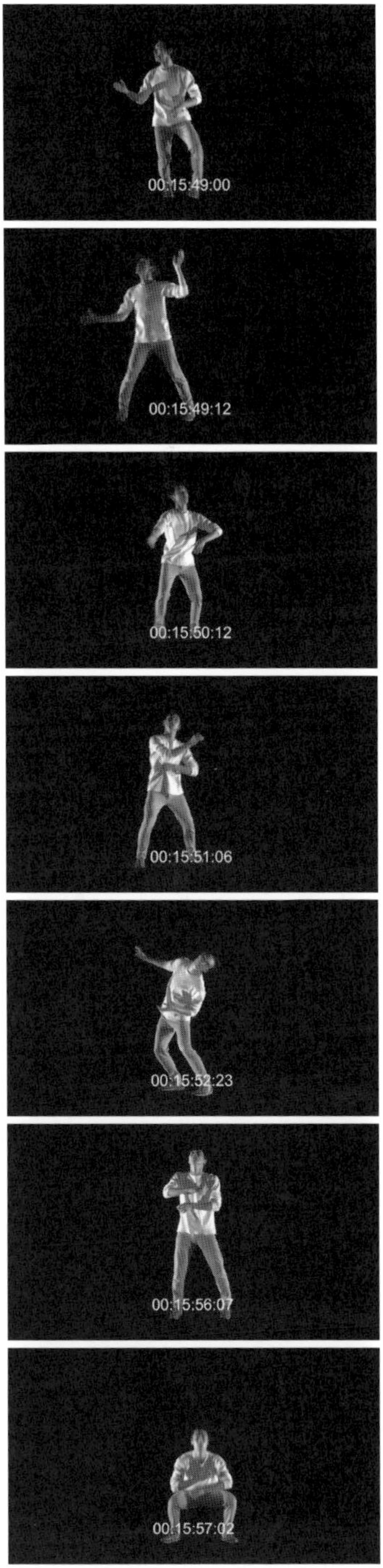

図5——15分29秒27〜15分57秒02

15:29–15:57のシークエンスを見よう（図5）。喉元を開き、右肩を落としていく（15:29–）。途中で首だけ左へ外旋（–15:30）。非反復的なピアノの打音に合わせて以下の運動がリズミカルに続く。首を左から下向きに内旋、左膝外旋→内旋（–15:32　首内旋のエコー）、左肘開いて前腕落とし（–15:33）、両肘軽く持ち上げて下ろし、両肘次いで両膝軽く開き（–15:34）、わずかに遅れて腰落とし、膝閉じ、腰上げて胸開きかけ（–15:35）、背中落とし（–15:36）、背中・両腕持ち上げ（–15:37）、両手落とすが胸は残し、首上げ（–15:38）、膝緩め腰落とし、顔を右に（–15:39）、腰伸ばし、顔と両手を軽く落とし（–15:40）、右手持ち上げ、頭左に倒し（–15:41）、腰を落として–また持ち上げながら首回し、右掌開いて上げ（–15:42）、両手軽く落として回す（–15:43）。ピアノの音が速くなると動きは重なり、空間のあちこちを手、頭、膝、肘で軽くすばやく触るような動きが現れる（15:43–15:55　エンプティ・タッチ）。ピアノ音がジャラーンと下るのに合わせて両腕をぐるぐる巻きながら腰落とす（15:56–15:57）。両腕を抜くようにして浮上。

概して言えばここでは、メトロノームの反復的打音とピアノの非反復的打音に支援されながら、身体の仮接地と分離、細かいエコーが起きている。音が重なるにつれ、接地は速いエンプティ・タッチに変わる。行ってもいつかは戻る体の動きと、上がってもいつかは下がる音は、打拍を介して緩く結びつき、時空に多数の仮接地点を置いていく。

（6）時計モチーフ

音と身体は、非即興的で計画的な振付である「時計モチーフ」を介しても結びつけられている。時計はこのダンスの主題的かつ形態的なモチーフをなすが、そこで示されるのは時計の「図解」というより、むしろ身体の諸関節がそもそも回転し、あるいは振り子状に振動す

図6——22分44秒07〜23分55秒13

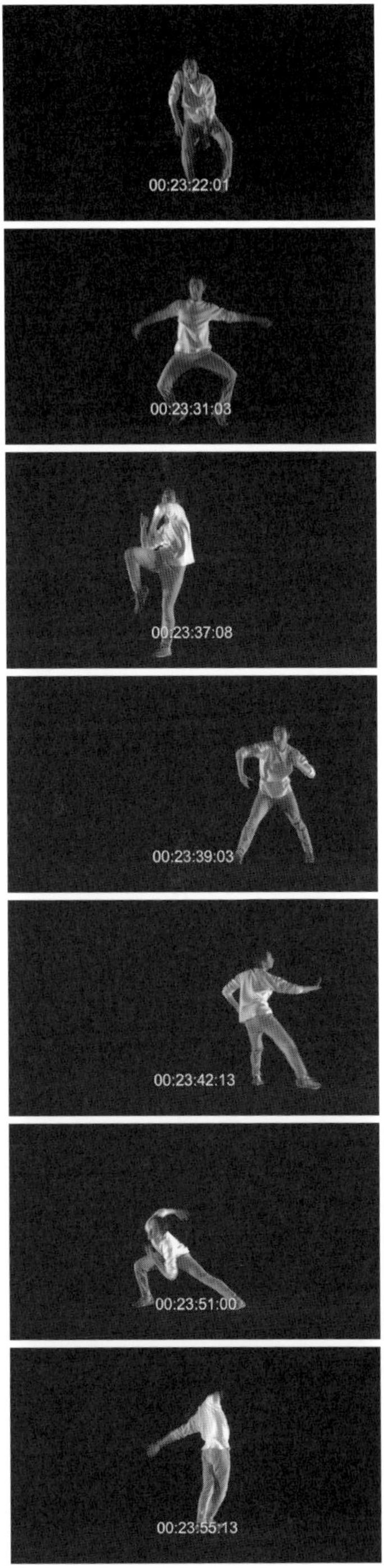

る周期的運動体であるという事実だ。身体は異なる周期で回転する複数の「時計」なのだ。
　時計モチーフがはっきり示されるのは22:25–24:30だ。メトロノームと鐘が鳴るなか、上下するピアノの反復に複数の音が重ねられ、増えていく。その間身体は、右肘の回転に始まり、左肩・右肩・左肘の回転を重ねていく。さらに両足首・両膝の内旋／外旋、腰・首・股関節の回転が重なる。回転は次第に自由に軸と向きを変えていく（図6）。身体は複数の「時計」となる。各部の回転は互いに分離される、と同時に、物質的に強結合しているゆえに互いにもつれ、引き込み、後追いしあう。なお、冒頭では一つだけ鳴っていたと思われたメトロノームは、この頃にはBPMがわずかにずれる二つが鳴っていたことがわかる。
　この時計モチーフが、『タイムトラベル』のダンス全体を測定可能にする動的なスケールとなる。先に見た速いエンプティ・タッチのシークエンスも、この時計モチーフの複雑高速なヴァリエーションとして、つまり複数の時間断片の重ね合わせとして見ることができるだろう。身体は内側から分岐する多重の周期構造なのだ。

第一部は、岩渕が空間の端に歩いていき、メトロノームを止めるところで終わる。

3　映像と踊る——第二部

さて、第二部だ。第二部はスクリーンの奥から岩渕が現れるところから始まる。五つのフェイズを取り上げよう。

（1）向き合いの困難

岩渕が映像と向き合う（図7　31:21–32:26）。腕の重さを確かめながらゆっくりと動くように見える映像の岩渕に対して、生身の岩渕は、動きで働きかけ、あるいは映像の動きを部分的に模してエコーし、間合いを縫うように遅くあるいは速く動いたりする。しかしその動きは当然、映像の中の岩渕には何の影響も与えない。そのために、動きの「根」が抜けてしまうように見える。一つの身体の内感に根ざして動きをエコー化していく第一部のダンスの確かさが、ここにはまったく無い。他方、映像は自らのリズムで自身を展開していく。映像のダンスこそが「自律化」し、生身のダンスが従属化・背景化するという驚くべき印象がここに生じる。

「根」の抜けた第二部のダンスは頼りない。しかし未知を目にしている感覚がある。生身と映像の関係を振付によって「できたこと」にしてしまうのではなく、いま探り当てること。

図7——31分21秒14〜32分26秒11

00:31:21:14

00:31:22:04

00:31:23:25

00:31:24:29

00:31:29:18

00:31:30:11

00:31:53:02

00:31:58:19

00:32:16:10

00:32:16:29

00:32:18:00

00:32:19:16

00:32:24:25

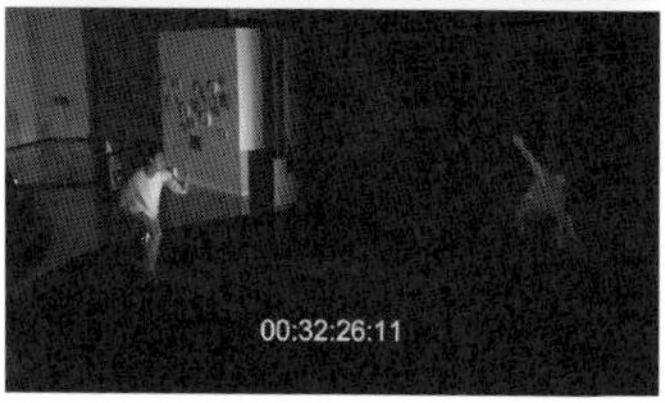
00:32:26:11

第二部における踊りの動機は、その関係から立ち上がるだろう。しかし、目の前の生身を認知せず、認知しているようにもふるまわない映像と「ともにある」ことがどうやってできるのか？　そもそも映像と「ともにある」とはいったいどういうことなのか？　リズムをたんにシンクロさせるだけでは足りないとするなら？　探索は茫漠として、踊りの根拠は不確かに失われるように見える。岩渕はその状況をあえて見せる。

（2）入る／抜く

続くシークエンス（図8）。生身の岩渕が映像に向かって攻めたてる（33:20–33:28）。その姿はギャグめいており、芝居がかってもいる。屏風の中の虎を相手にするようなものだからだ。ここでは踊りの動機の真実性が不明化している。だが、映像の岩渕がフレームの端で切れ、応じて生身の岩渕が関係から体をすうっと「抜く」とき、抜かれるその仕方は、何かしら確かだ（33:30–33:33）。映像の「中」に身体を入れようとし、抜く／抜ける。身は入りきらない（どこに「入る」のか？）。顔は映像を見ている。

映像は八木の手でリアルタイムで加速／減速され、音のピッチも合わせて変わる。映像がスローになり、空間を低音ノイズが満たすと、生身の岩渕のダンスはより解放的な印象になり、引き伸ばされた時空に装飾的な動きを刻んでいく（34:30–35:05）。音の「中」に入ることができるからだ。これも映像からの身体の抜き方／抜け方だ。抜く／抜けるときに何かが感じられる。生身の岩渕と、映像の岩渕（＋八木の操作）の間に一種の「粘性」があり、粘性が変化するときにこそ、不確かな間エイジェント的出来事がある。

図8——33分20秒18～34分43秒06

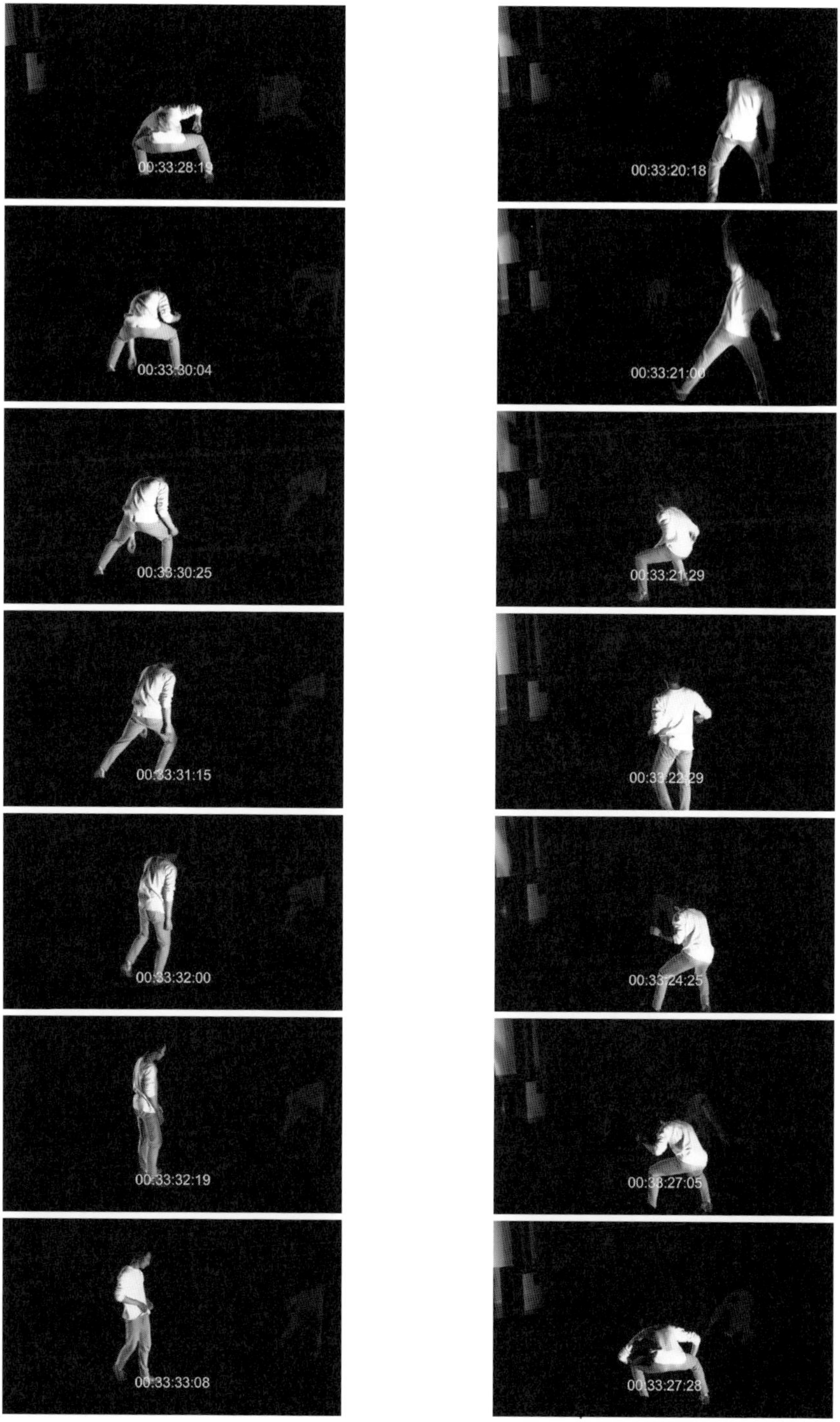
00:33:20:18
00:33:21:00
00:33:21:29
00:33:22:29
00:33:24:25
00:33:27:05
00:33:27:28
00:33:28:19
00:33:30:04
00:33:30:25
00:33:31:15
00:33:32:00
00:33:32:19
00:33:33:08

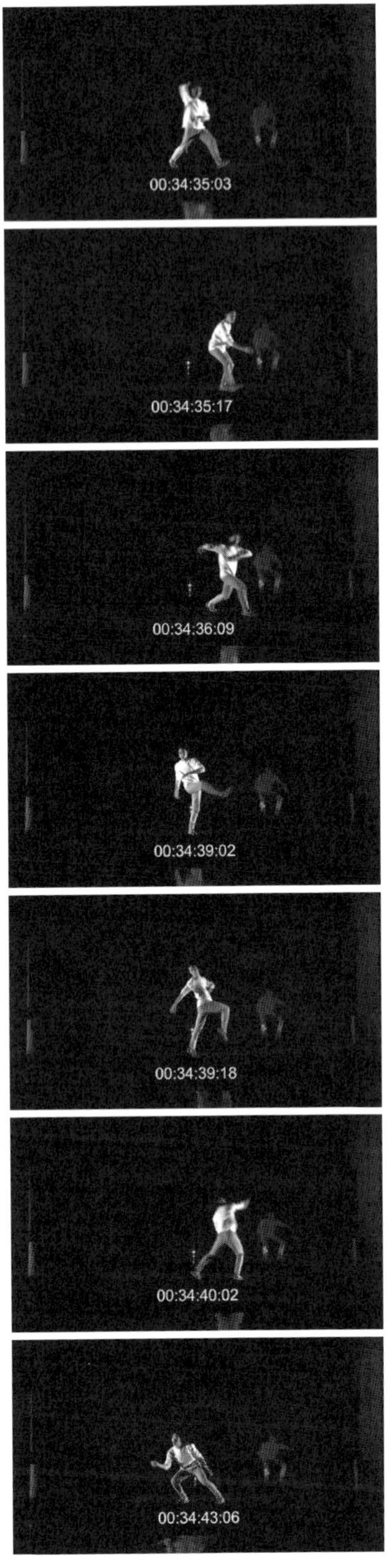

図9——38分00秒12～38分24秒02

（3）ここにあらず

先に記述した「エンプティ・タッチ」に至るシークエンスがスクリーンに映る（図9　38:00–）。録音声を覆うように、低音のピアノが重なる。生身の岩渕はしばらく映像を見つめる（–38:16）。次いで、エンプティ・タッチに応える動きを肩と指先でつくる（38:17–38:24）。顔はしばしばスクリーンを向き、視覚的に確かめながら動きを探り当てているようだ。その動きは、身体を内感してエコーしていく第一部の動きとはまったく異なっている。「心ここにあらず」という言葉がぴったりだ。あるいは、「身体ここにあらず」。動きの動機が身体の外に置かれることで、動きに隙間ができ、生身の身体が持つ現在性＝現前性（presentness）が落ちる。身体に複数の時間が充ちていく第一部とは異なり、第二部は、過去が現在の現前性を奪い盗るような仕方で複数の時間が関係する。

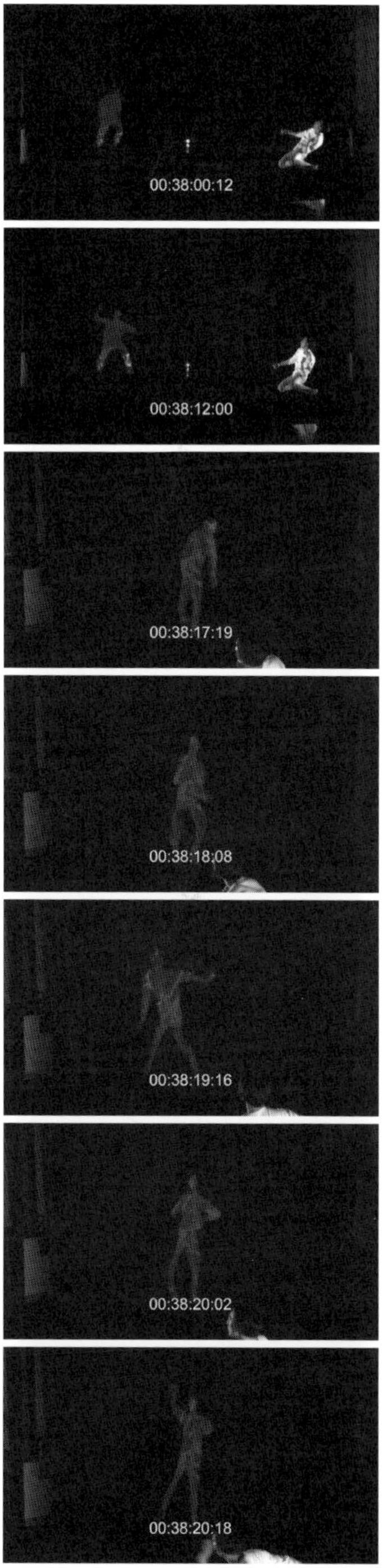
00:38:00:12
00:38:12:00
00:38:17:19
00:38:18:08
00:38:19:16
00:38:20:02
00:38:20:18

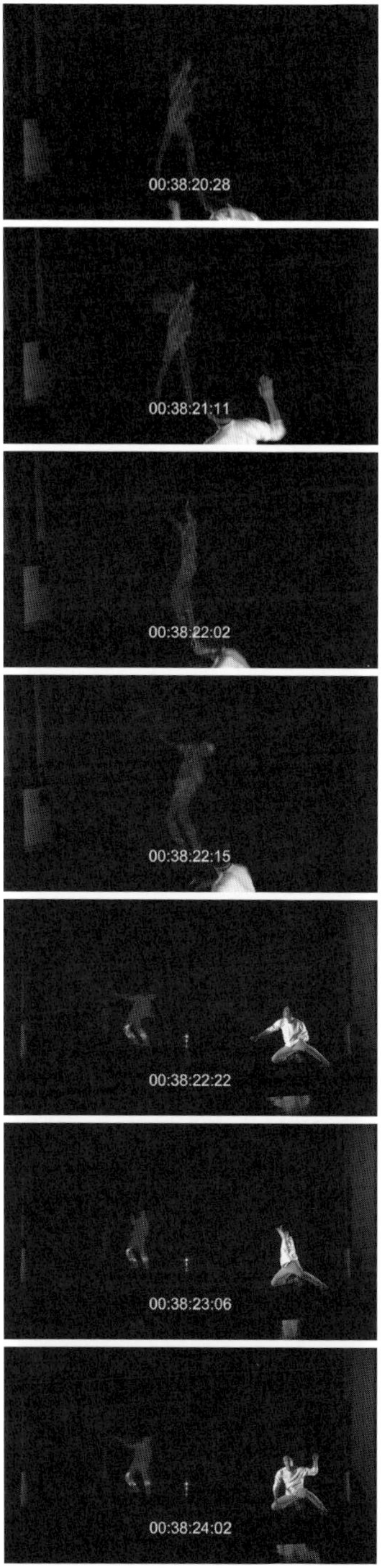
00:38:20:28
00:38:21:11
00:38:22:02
00:38:22:15
00:38:22:22
00:38:23:06
00:38:24:02

（4）多重の緩結合

映像と生身は、音を中心的媒介として結合するとき真実性を回復するように見える。第一部で八木が鳴らした風鈴の音が、再生速度を段階的に変化させながら、アナログシンセサイザーのようにピッチを変える。断続的に進むスロー映像の前で、背中からゆっくり回転する岩渕。ピッチの上昇とともに前屈姿勢で立ち上がる、が、両足裏の内側は浮いて不安定だ（図10　41:14-）。残った左前腕を垂らし、ぶらぶらと揺らす。大きく内に振り、止めて、腕の揺れを全身の揺れに変換する（-41:18）。左肘を回転。止めて、右踵少し開き、回転をさらに体に開くように背を伸ばしていく（-41:22）。胸落とし、左足引きながら左手首すばやくスナップ、右指伸ばしてエンプティ・タッチ（-41:26）。左足裏つき、右つま先を上げて、体の揺れを吸収。

八木の声がスピーカーから聞こえ始める（41:28-）。その声は、第一部で逆再生されていたものを、さらに逆再生して「解凍」したものだ。他方、第一部で生演奏されていたピアノ音は逆再生され、立ち上がりが滑らかで後ろにピークが来る特徴的な「到来音」をつくる。その音の広がりの「中」を、岩渕の体が大きく縫っていく。映像も逆再生されているようだ。八木の声が言う。「……すごく人間的で……その人間的なものの考え方じゃなくって……寝る・起きる・寝る・起きる……のサイクルって……」（-41:55）。生の周期性について語っているようだ。生は複数の周期性、複数の時間に貫かれている。生身と逆再生映像が、その時間を攪乱し、多重化する。

音の膨らみを撫でるように、右手が弧を切る（-41:58）、右手の動きを首の後方回旋がエコー（-41:59）、首の回転をさらに上半身全体が拡張して加速エコー、右腕・右脚がずばっと後ろに飛び出す（-42:00）。左手・左膝を基準にして全身のまとまりを復帰（-42:01）、両手両股を軽く

図10——41分14秒17～42分06秒21

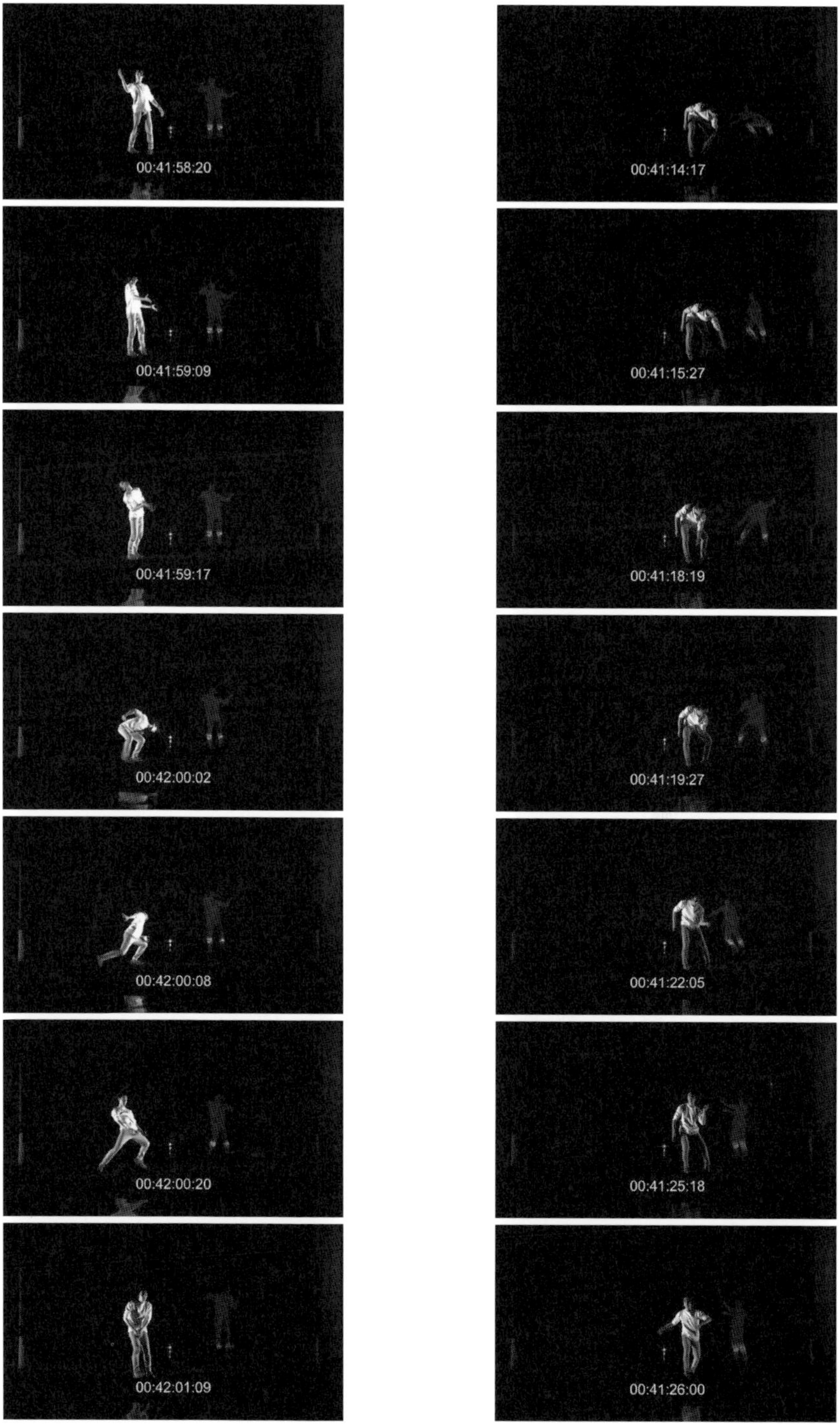
00:41:14:17
00:41:15:27
00:41:18:19
00:41:19:27
00:41:22:05
00:41:25:18
00:41:26:00
00:41:58:20
00:41:59:09
00:41:59:17
00:42:00:02
00:42:00:08
00:42:00:20
00:42:01:09

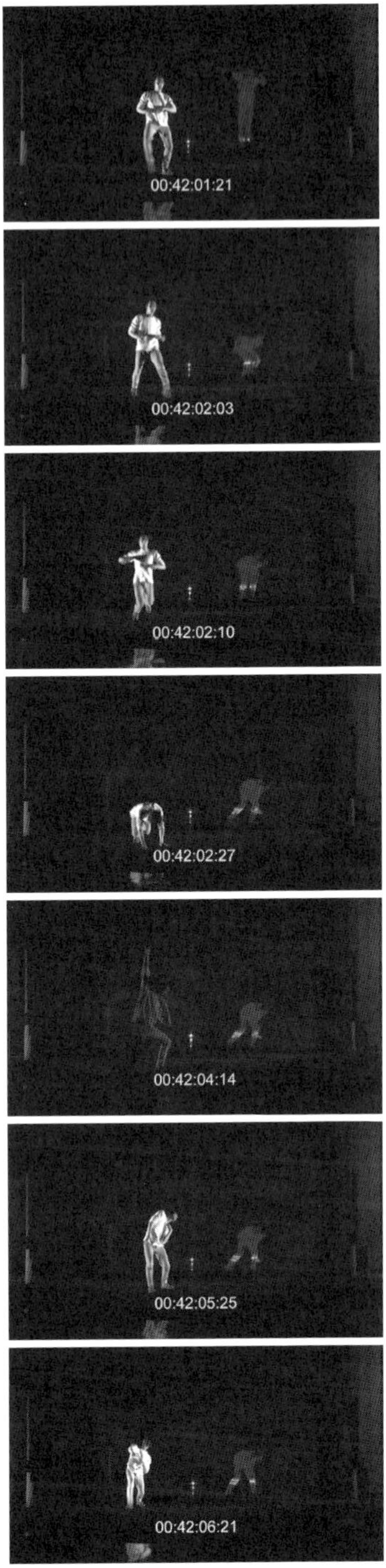

図11——53分42秒22〜60分49秒09

開く。映像の岩渕が逆再生で「ジャンプ」し両足から「落ちる」(−42:02)。エコーするように、生身の岩渕が砕けて膝をつき両手から「落ちる」(−42:03)。客席後方に映り込む像でタイミングをとっているようだ。右手上げて浮上(−42:04)。同じ手で空間をぐねぐねと撫で抜きしながら空間の奥に潜る(−42:06)。このとき生身と映像は、音を中心的媒介にしながら拮抗し、ずれを伴う多重の緩結合を作り出している。第二部において最も複雑で、緊密なシークエンスの一つだ。

(5) 三人目以降

53:12–1:01:00、映像がさらに重ねられ(第二部の映像?)、スクリーンには三人目、四人目、……の岩渕が映る(図11)。生身の岩渕の動きは、それまでの息苦しい「デュエット」から解放さ

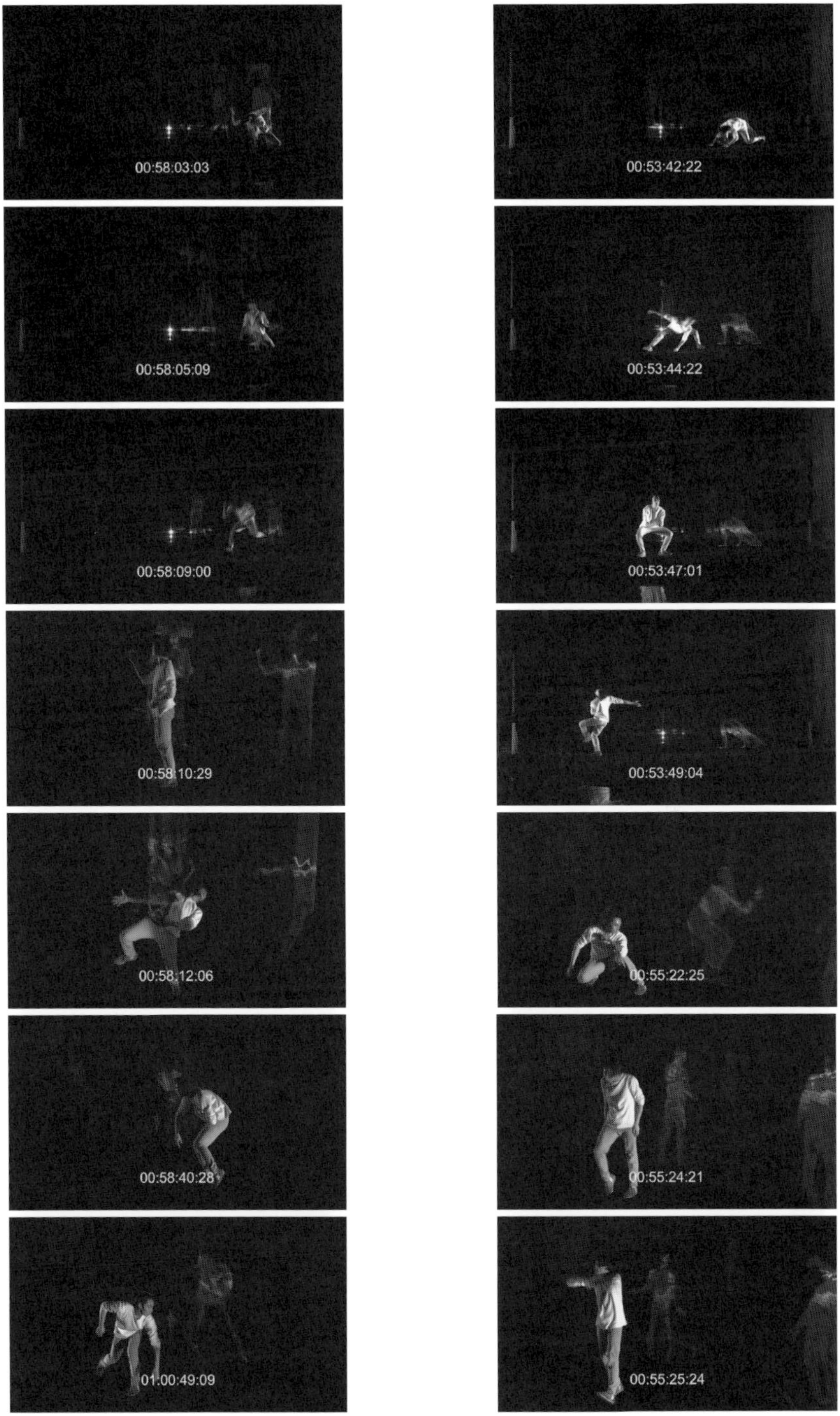
00:58:03:03
00:58:05:09
00:58:09:00
00:58:10:29
00:58:12:06
00:58:40:28
01:00:49:09
00:53:42:22
00:53:44:22
00:53:47:01
00:53:49:04
00:55:22:25
00:55:24:21
00:55:25:24

れてより軽くなり、複数の映像間を自由な速度で縫っていく。二人であることと三人以上であることは、これほどまでに違うのだ（三人には「中」がある）。応じて音も重ねられ、うねるようなノイズが強い音圧で空間を満たす。映像は暴力的に加速されていく。このシークエンスが本作のクライマックスをなす。理念的には最大の複雑さをもつはずだが、視聴覚的には構造が潰れており、印象は単調だ。圧倒的轟音で過去と現在をともに「現前」させてしまうこのクライマックスよりも、不確かに探る手前のシークエンスにこそ、本作の核はある。

4　複数の時間

ここに記述したのは一時間近い公演のごくわずかな断片だ。ダンスを言葉で記述すれば、読むことが困難なほどに長くなる。身体の論理は、線形の言語のようにまどろっこしくはない。

本作における踊りの動機はどこにあるのか？　ここでいう「動機」とは、ダンサーの内面的・心理的質のことではなく、構成されたダンス・システムの継続的作動を可能にする動因のことだ。

乱暴な推断にすぎないことを承知で言えば、第一部では踊りの動機は、身体の複数部分への「分離」と「エコー化」から引き出されている。エコー化は身体の内感と、身体各部がそもそも物質的に強結合していることを基礎としている。だが第二部では生身と映像の間に内感的・物質的結合が無いため、エコー化の可能性は「芝居」（無い結合をあるかのように演じてしまう）と「失敗」（端的に結合がつくられない）の間に吊られ、結果としてシステムを作動させる動機の不明化とその再探索自体が作品の焦点として浮上している。それゆえに魅力的で、弱い。このシステムは、どのように作動させればよいのかまだよくわからないのだ。この弱さはしかし、本作のクライマックスで演出される見慣れた「強度」より、遥かに真実性と価値がある。

最後に、「タイムトラベル」とは何か。過去（映像）と現在（生身）の重ねあわせが、本作の大きな外枠をなす「タイムトラベル」だ。しかしより細かいスケールで、宛先も成否も定かでない局所的な「タイムトラベル」が起きている。この観察／分析から見えてくるのはそのことだ。

現実は一本のテープにのって再生されるのではない。部分的に重複し、速さを変え、断続的に浮かび上がる、位置も方向も異なる複数のローカルな時間がある。腕の時間、手首の時間、腰の時間。あるいはピアノの時間、風鈴の時間、メトロノームの時間。それぞれのローカルな時間が分かれ、またもつれて一つになるたびに、ローカルな複数の時間をまたぐ「トラベル」が起こる。小さな「タイムトラベル」が随所にあるのだ。

第二部において、第一部を再生する映像は、理念的には、このローカルなタイムトラベルをも二重化する。だが生身と映像の向き合いは、別の大きな困難を生んでいた。ダンサーの「意識」の問題だ。私が「私の時間」を踊りつつ、同時に「私の映像の時間」を踊ろうとすれば、「私の時間」と「私の映像の時間」は、内感なき意識によってつながれなければならない。だが意識は、私の時間と私の映像の時間のどちらかにありえても、両者に同時にあることはできない。しかも、その映像には他人の操作が入り込んでいる。

困難は、私の意識が現在にしかないということだ。現在とは意識の現在のことだ。それは、分割されない。私の意識が複数の部分に分割され、ある部分が他の部分を時間差で後追いするということはできない。身体の時間は複数ありうるが、意識の時間は一つだ。現在化されない意識は、端的に潜在化して無意識、あるいは他人となる。他人が意識の現在を乗っ取れば「憑依」であろう。だがもし憑依が、体外で生じうるとしたら、「それ」はいったい何を考えていることになるだろうか？　つまりゴーストがダンサーの体に憑依せず、独立した姿でダンサーの体外に現れてしまう時、にもかかわらず同じ複数の「私」として踊る時、〈ダンサー＋外的ゴースト〉はコレクティヴに何を意識し、何を踊ることになるのか？　本作が生むのはそのような問いだ。

八木良太展「サイエンス／フィクション」×アート・コンプレックス2014『タイムトラベル』
日時：二〇一四年一二月二三日（火・祝）一九時開場／一九時三〇分開演◎会場：神奈川県民ホールギャラリー◎出演：岩渕貞太〔パフォーマンス〕／八木良太〔美術〕◎音楽：蓮沼執太◎記録映像：山城大督◎記録写真：Gottingham◎キュレーター：中野仁詞（公益財団法人神奈川芸術文化財団）◎制作：神奈川県民ホール、SETENV

★1——本章で論じた映像は八木良太のウェブサイト内で見ることができる。https://www.lyt.jp/sf/performance.htm（二〇一九年八月二日アクセス）

第13章

近傍の奈落——ジャン＝リュック・ゴダール『さらば言語よ』

本章は、3D映画『さらば言語よ（Adieu au langage）』（ジャン＝リュック・ゴダール監督、二〇一四年、邦題『さらば、愛の言葉よ』）を見たあとに読まれることを想定している。

1　3D

女の頬から立ち上がる鼻梁の高さが見える。私の眼は鼻の側面を滑り落ちる。目頭に至る急斜面。その上で額は深く湾曲する。こめかみへ落下する視覚的断崖。頬を伝って顎へ。顎は首から手前に強く迫り上がる。頬から突き出してまた深く落ち込んでいく赤紫の乾いた唇。その深みに向かって、私の眼は滑り落ちる。奥に濡れて立つ歯の硬さ。そのさらに奥に開かれた暗い空間を、眼が眩《くら》むような思いで覗き込む。顔は穴の開いた巨大な地形のようだ。私はいままで3Dで顔のクロースアップを見たことがなかったのだろうか？　すると女の口が突如叫ぶ。「何故はない！（Hier ist kein Warum!）」　口の内部に置いていた私の眼は千切られるようだ。女は振り返って言う。「何故はない！（Pas de pourquoi!）」

女が振り返る先、画面左奥には男が背を向けている。そのさらに奥に、鏡に映る男の正面がぼんやりと見える。だが視差があまりに強すぎ、男の鏡像は頭一つ分左右にずれて完全に二つに分裂して見える。図1は左眼が見る映像、図2は同じショットの宣伝用スチル写真で

上から
図1——鏡の前の女と男（『さらば言語よ』より）
図2——『さらば言語よ』宣伝用スチル写真

右眼が見る映像に近い（実際はもっと視差が強い）。スクリーンで目視すると、奥に写る鏡像は画面幅に対して左右で約二〇パーセントずれている。一般にハリウッド映画の3Dでは、視差は画面幅に対して概ね約二パーセント以内に抑えられるらしい。[★1] ここではそれがひと桁破られ、奥の空間はもはや融像されることなく完全分裂している。引き換えに、手前の空間には驚くべき立体感が与えられている。

3D映像にしばしば生じる「書割」の印象——厚みのないトランプのような像が奥行方向に並ぶ——は、この映画にはほとんどない。鮮烈な立体・奥行き感と、視差が強すぎるために分裂する像が透明な空間に爆発している。これまで3D映画があれほど平板なものと感じられたのは、この分裂が禁じられていたからだろうか？　実際、3D撮影で左右の視差を一定範囲内に収めようとすれば、奥に深い構図でのクロースアップはできないはずだ。

順を決めずにいくつかのショットを想起してみる。——埠頭。右手前で男がニコラ・ド・スタールの画集を開いている。奥に見える白いポールは左右の目で完全に二つに分裂し、視野闘争を起こして半透明に明滅する。――手前に大きく傾くフロントガラス。その表面をワイパーが暴力的に滑る（図3）。ガラス越しに降る雪の粒。向こうに開かれた透明な光の深さ。ワイパーのエッジがくり返し手前に突き出して視界を裂く。――ランプの逆光。女が衣服を身に着ける。前髪と額の間の透明な空間。私はその透明な厚みをありありと感じる（図4）。耳は流れ落ちる髪の毛のドームに覆われ、顔の側面奥に滑り落ちる。私の眼はその透明な深みに、くり返しくり返し落下する。

――階段を降りる女の下腹部の起伏が見える（3Dで再発明されたデュシャンだ）。遅れて降りてくる男の足。暗く汚れた指の隙間の深さがわかる。踝《くるぶし》の下の丸い凹みが、スプーンで刳《く》り

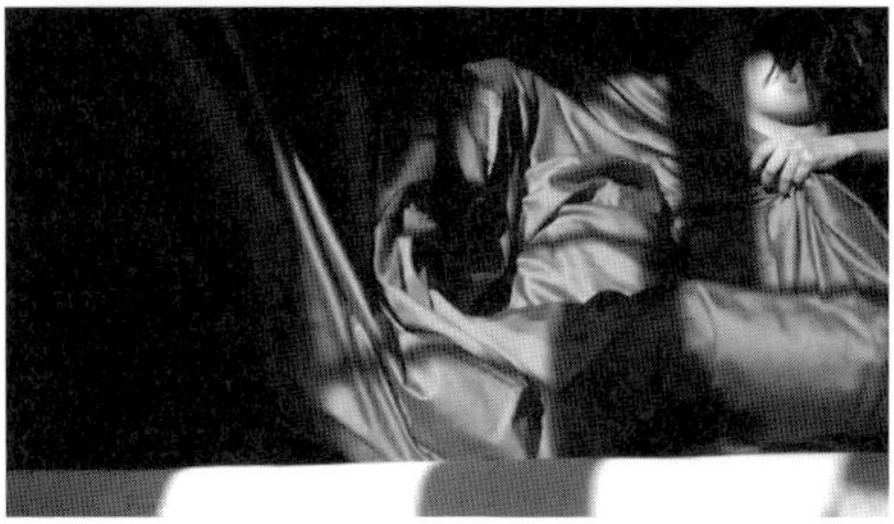

上から
図3――手前に突き出すワイパー（『さらば言語』より）
図4――逆光で衣服を身に着ける女（『さらば言語』より）
図5――掛布団の襞（『さらば言語よ』より）

貫《ぬ》かれているかのように感じられる。——マンテーニャを思わせる仕方で、同時に収容所の遺体を思わせる仕方で、裸の足裏が三つ、布団から突き出している。不意に男が、続いて女が慌てて飛び起き、掛布団をカバーに入れようとして何度も折り曲げる。そのつど新しい形で現れる襞（図5）。私の眼はその襞の深い奥行きに奪われている。

透明な媒質の厚みの中で、すべての物が急斜面をなして画面の中へ落ちていく。触覚性？いや触覚ではない。新しい種類の透明性だ。初めてコンタクトレンズをつけた時の驚きに近い。だがその世界は、触ることができない。私は、スクリーンから私の「手」に対して働きかける力を感じない。私の手はこれが、触ることのできない空間だと知っている。

撮影機材は好んで限界状況で用いられる。——露光不足によるデジタルノイズが飛ぶ夕暮れの青い雲。左右の眼で異なるノイズは、ちょうどランダム・ドット・ステレオグラムのように、現実世界に位置づけられない透明な奥行きを空につくる。現実世界の「再現」がおこなわれているのではない。干渉する二枚の像から現れる新たな世界の次元を見ているのだ。

左右の視野はときに文字通り分裂する。——男と女がベンチに座ってド・スタールの画集を見ている。二人は同じようにツバの広い黒い帽子をかぶり、トレンチコートを着ている（図6）。画面右から突然、背広姿の男が女につかみかかり画面外に連れ去る。すると遅れて視野が左右に分裂し、右眼が女を追いかける！　左眼は画集に目を落とす帽子男を見続ける。右眼で背広男が女に銃をつきつける（図7）。両立しがたい二つの光景に両眼が裂かれる。銃を振り払って戻る女。合わせて右眼も戻ってくる。このとき左眼に映る帽子男と右眼に映る女は、服装があまりに似ているため、同じ一つの身体に重なるかに見える（図8）。ゴダールが映像編集の原理として駆使してきた、ディゾルヴによる類似したイメージの「干渉」[★2]が、ここでは「両眼」の間でおこなわれている。

――もう一つの分裂シーン。男が女の尻を擦る（図9）。この映画のショットは腰の高さに集中する（「犬」の視線だ）。しばらくして視野が内側から左右ににゅーっと分かれ、右眼は右方に移動する男の体を追いかける。私の右眼は男のぶら下がるペニスを認める。男の姿に重なって左眼に赤い壺のようなランプが映り、そのつやつやした膨らみの質感が右眼のペニスと融

上から
図6――男と女がベンチに座って画集を見ている（『さらば言語よ』より）
図7――二つの光景に両眼が裂かれる（『さらば言語よ』より）
図8――黒い帽子とトレンチコートの男女が重なる（『さらば言語よ』より）
図9――男が女の尻を擦る（『さらば言語よ』より）
図10――別の男女によってくり返されるショット（『さらば言語よ』より）

像してしばし接着し、また分離する。その間、左右の視野は闘争を続け、部分的盲目化と透明化をくり返している。

両眼視は、奥行きの問題である以上に「透明性」の問題だ。いま、右目の前を掌で隠してみる。すると私はその手を「透視」することができる。目の前の手は、右端をのぞいて半透明に透けて見える——左目が開いているから。認知科学者のマーク・チャンギージーは、この正面両眼視による「透視」は、見通しの利かない草叢や森林で暮らす生物にとって適応的な価値をもったはずだと論じている[★3]。片方の目が葉で隠されていても向こうを「見通す」ことができるからだ。左右視の不一致は、衝突する二つの像としてではなく、「透明性」として現象する。『さらば言語よ』は、この左右視の矛盾がもたらす「透明性」を、映画表現の新しい操作対象としている。

図1・図2とよく似たショットが映画終盤、別の男女によってくり返される（図10）。『さらば言語よ』は、「自然」と呼ばれるパートと「メタファー」と呼ばれるパートで、類似した出来事が別の人物たちによってくり返されるという「分身的」な構造を持つ[★4]。「分身化」は個々のキャラクターにとどまらず、ショットの撮影法や台詞の細部にまで及ぶ。主演女優の一人エロイーズ・ゴデによると、各パートの俳優の動きと台詞回しはゴダールによって厳密に振り付けられ、音楽的に二重化されていた[★5]。もう一人の主演女優であるゾエ・ブリュノーもまた、ゴダールの振付が「ミリ単位」、「四分の一秒単位」の偏執的な正確さでなされたことを強調している[★6]。厳密な振付が二つのパートを共鳴する。「自然」と「メタファー」の二重性は、「3D」を、時空を超えて異なる身体に反復される身振りに拡張される[★7]。二組の俳優たちはいわば「時間的視差」において「両時視」される。

図10のショット——こんどは図1・図2とは反対に、男が左、女が右にいる。二人の奥行方向の深さはほぼ等しいが、女は最初後ろを向いているためそれとわからない。男が言う。「鏡の中を見ろ、イヴィッチ。二人いる」。女が応える。「つまり、四人ということ?」——「四人」とは誰を指すのか。複数の解釈が可能だ。解釈1:「自然」パートと「メタファー」パートの二組の男女。[★8] 解釈2:実像の男女と鏡像の男女。ただし男の鏡像は観客の左眼にしか映っていない。解釈3:女と女の鏡像の間に挟まるように、鏡の表面になぜか写真がはりつけられており、そこに一人の人物らしき影が映る。これに男の実像を足して四人。解釈4:女の鏡像は左右の視差によって頭部の三分の一ほどずれ、特に光の当たる鼻が分裂して見える。この分裂した二つの鏡像と、実像の男女を足して四人。実際には鏡像だけでなく、すべての像が3Dによって潜在的に二重化している。像は増殖し、時空間を超えて干渉しあい、映画に高次の「透明性」をもたらしている。

2　5・1chサラウンド

『さらば言語よ』は5・1chサラウンド映画だが、サラウンドスピーカーと超低音域用サブウーファーはほとんど使われていない。センタースピーカーの使用も限定的である。フロントLスピーカーとRスピーカーはしばしば、台詞はLのみ、音楽と環境ノイズはRのみといったように独立かつアンバランスに使用される。しかも台詞の途中でチャンネルがLからR、RからL、再びステレオ(LR同期)へ、というように切り替わる。これは何なのか。音はスクリーンを挟むようにして、見えない密度の増大と真空化をくり返している。

サラウンドスピーカーの限定的使用例――自転車レースの走者を背後上方から追いかける低解像度・高コントラストのショット。先行ショットから続く男の台詞が数秒のステレオからLスピーカーのみへ。Rスピーカーはレースの観客の声援。自転車がカーブに差し掛かるところで音響は突如サラウンドになる。サラウンドスピーカーの音が私の体を後ろから押す。強力なGをかけられたかのように、私は体ごと低解像度3Dの内部に落下する。★9

　サブウーファーの限定的使用例――高コントラスト化された低解像度3Dカメラの映像が、車のダッシュボードを激しく揺れながら斜めに写す（図11）。Lスピーカーにエンジンの加速ノイズ。Rスピーカーに女の声。女は「フランス革命をどう評価するか」と聞かれた毛沢東が「まだ評価には早すぎる」と答えた逸話を語る。遅さと早さ。タイムスケールが混乱する。メーターは時速六〇キロメートルを示すように見えるが揺れで判別できない。遅いのか？　速いのか？　エンジンのノイズが不意に閉じられ、低く強い振動に変わる。視覚的な見通しの利かなさが体感速度を高める。ノイズ開く。左方から車が左車線を追い越していく。テールランプ。突然それまで映画全編を通してほとんど沈黙していたサブウーファーが覚醒してブロロロロロロロと唸りだす！　ボコボコした風のノイズ。体が浮く。フロントガラスの向こうに薄暮の直線路が広がる。意識が落ちそうだ。「青信号だから速度を緩めず行く」と男が言う。だがいまスクリーンを満たすのは無数の赤い光のフレアだ。映像は速度を急速に落とす。しかしサブウーファーの爆音とLRスピーカーの風音はいきなり勢いをつけて加速する！　視覚的低速と聴覚的高速が私の体を引き千切って未知の闇と光の中に放り出す。なんというシークエンス。しかもこの狂った低解像度ドライヴシークエンスは、映画の中で異なる人物たちによって二度くり返されている。

図11――斜めに傾くダッシュボード（『さらば言語よ』より）

この経験を的確に語りうる言語がないことにまず恐怖せよ。音響には多重多段階のギアシフトが仕込まれ、分裂的に操作される映像とともに、時空間を貫く一種の彫刻を作成する。それが二つのパートで二重化する。映画の有るか無きかのナラティヴを追いかけることは、この新しき彫刻の内に再び安心できる椅子を見つけようとすることにすぎない。椅子はない。私を包み込む座席はない。この3Dサラウンドには、定位できる場所がない。

撮影監督のファブリス・アラーニョは、『さらば言語よ』のラフ編集をゴダールがヴィデオテープ（HDCAM / DVCAM）でおこなったことを述べ、リニア編集とたった二本の音声トラックが可能にする創造性に驚いている。[★10] 限定が映画を荒々しくする。ゴダール映画の音響は、前作『ゴダール・ソシアリスム』（二〇一〇）からラディカルな力強さを取り戻した。長く共同作業をおこなってきた音響技師フランソワ・ミュジーの名は本作にはない。『フォーエヴァー・モーツアルト』（一九九六）から『映画史』（一九九八）を経て『アワーミュージック』（二〇〇四）に至る「5・1chゴダール」においてミュジーが完成させた音響空間は、特に音楽の付け方において、豪奢な「音の風呂敷」で映画館の座席を包むというものだった。そこでは切断さえ艶《つや》やかだったはずだ。しかしそのことが、保守的な「高級芸術」の雰囲気を与えてもいた。『さらば言語よ』の荒々しく不完全化した5・1chサラウンドが身を引き剥がすのは、この「芸術」だ。

女に洗濯物を押し付けた男がトイレに入り、先にうんこをする。女が「私もする、早くして」と言う。男女の不平等が便座の優先権に圧縮される。男が「ロダンの《考える人》を知っているか?……平等のイメージ。一つの機能、一つの姿勢。時間と空間の中で皆（tout le monde）が所有する瞬間だ……」などと語る。だがその「皆」に女は入っていない。軟らかい糞が落ちるビュトビュトという音がRスピーカーから生々しく鳴り、Lスピーカーが遅れてその音を反復する。しかし男の尻があるのはスクリーンの下だ（図12）。三つ（右・左・下）の糞の位置は、スクリーンの周囲で文字通り分裂する。没入を与えるはずの3D＋5・1chサラウンドが、映画館の構造そのものを糞便的に異化して観客を疎外する。統合の場所は与えられない。私の居場所はない。トイレの前に立ち尽くす女。「女」の座席は与えられない。

3　複数のカメラ

映画の宣伝資料の中に撮影風景の写真がある（図13／口絵8）。このでたらめで自由な状況に感嘆を抑えられない。七つのカメラと一〇のレンズ。「目」が二つあるカメラたちは、ピクサー映画に登場するロボットのようだ。

メインで使用されているのは、キャノンEOS 5D Mark IIを二台つなげた自作の3D撮影装置だ。後にキャノンから4KカメラのEOS-1D Cが貸与されたが、アラーニョとゴダールは5D Mark IIが残す35㎜感とノイズ感が気に入ったらしい[★11]。ヴィンテン製の三脚の上に二台のEOS 5D Mark IIが上下逆さまに連結されている。こうすることで、レンズに対して左に付くセンサの視差を揃えることができる。合板をボルトで留めた雲台は、エンジニアとして訓練を受けたことのあるアラーニョが手作りしたものだ。

アラーニョはインタビューで、3D撮影のレンズ間隔は六センチメートル以内（＝大人の平均的な両目間隔）にすべしというハリウッド映画のルールを破り、『さらば言語よ』は一二センチメートルでやってみたんだ、と述べている。EOS 5D Mark IIのレンズ中心から短い方の端ま

図12――排便する男と前に立つ女（『さらば言語』より）

でを実際に測ってみたところ、約五・七センチメートルだった。一二センチメートル間隔とはつまり、これを二台連結した状態のことだ。この標準より二倍化されたレンズ間隔＝視差が、『さらば言語よ』に過剰な奥行き感を与えている。雲台はカメラごとに単独で切り離し可能。レンズに別の金具をつけ、そこからネジを延長して二つのレンズをつなぎ、ピント送りを同期することも可能だ。[★12] カメラの傍で中腰になっているのがアラーニョ。その右ポケットをよく見るとスパナがのぞいており、雲台を現場で調整しながら撮影していることがわかる。

EOS 5D Mark II の上ではクリップが別のカメラを挟む。写真から判別すると、挟まれているのはソニーブロギー3D（生産終了）だ。ブロギー3Dの液晶は、「左右の目に異なる映像を届ける視差バリア方式」により裸眼で3Dが見られる。[★13] 一種の「3Dビューファインダー」として使用しているのかもしれない。このソニー製カメラ（映画ではMini Sonyと呼ばれている）は、ゴダール自身が『さらば言語よ』の犬のショットを撮影するために使ったものだ。EOS 5D Mark II の三脚からはマンフロット製ハイドロスタットアームが伸ばされ、そこにもまた合板製雲台に載った二台の白いキューブ状コンパクトカメラがある。

アラーニョの指の先にはミニ三脚に載った富士フィルム FinePix REAL 3D W3（生産終了）。アラーニョの手の形からすると、ちょうど撮影ボタンを押したところだろうか。同じカメラは左手前で三脚にも載せられている。これらは、すべて映画本篇の撮影に実際に使用されたカメラだ。足元にはヘッドフォン、傍の水溜にマイクが引っ掛けてある。少人数のクルーゆえ、アラーニョは撮影と録音の両方を兼ねている。

図13──『さらば言語よ』撮影風景

右方にはぎょろりとした二つ目で眼鏡の中からあらぬ方を見つめるゴダール。その左手にはiPhoneがあり、右手人差し指はタッチパネル操作中の気配を示す。よく見るとゴダールの頭の左後ろには、両目からビームを出す人物の広告写真が写っている。奇妙な「二つ目」の怪物たちだ。場所は映画に登場するスイス・ヴォー州ニヨン、ジュネーヴ湖（レマン湖）の傍にある「Usine à Gaz」という文化施設の前のごく小さな公園だ。日は西陽。[★14]

自主映画制作感が溢れている。そのことがとりわけ楽しく思えるのは、これが3D撮影だからだ。3D映画の原理について少し調べると、「視覚疲労」や「不快感」といった言葉に溢れていることがわかる。認知に負荷をかけないためにどのようなカメラを設計するか、どのような制限を撮影や演出にかけるか。それが3D研究の重要な部分をなす。——3Dは頭痛を引き起こすものであってはならない。3Dは人間に負荷をかけるものであってはならない。3Dを実用化するとは、技術を人間化すること、人間の身体に負荷をかけない設計と使用のルールを見つけることだ。[★15] だがゴダールとアラーニョはそこに踏み込む。「人間」に負荷をかける技術としての3Dを解放する。

技術の新しさが問題なのではない。フィルムが時代遅れだと言うなら、民生用3Dカメラも「時代遅れ」だ。ゴダールたちは生産終了したミニ3Dカメラを限界状況で用いて、低解像度の荒々しくパワフルな映像を作る。それを高解像度映像と自由に入れ替える。あるいは人間がフォロー可能な視差を踏み越える。新旧技術の「間違った」用法を組み合わせ、見たことのない世界を創造すること。「作り手」の思考だ。

映画のクレジットには出演者やスタッフ、引用された著者の名などと並んで、撮影に使用されたカメラの名とそのフレームレート（fps）が示される。Canon 23.98、Fuji 24、Mini Sony

29.97、GO Pro 15……。カメラも映画の作用者《エイジェント》なのだ。アラーニョはキャノンのインタビューに応えて「それぞれのカメラには固有の言語、固有のフレームレートがある」と述べている。★16 カメラにはそれぞれの「言語」があり、それを通して現れる世界がある。諸解像度に、諸フレームレートに、諸カラーバランスに、そして諸視差に従って、別の複数の「世界」がある。

4 人-外

映画冒頭の3Dショット（図14）。ぬおっと飛び出すその顔が、人とは異なる鼻面の高さを示す。これから始まるのは「他者の顔の地形」を見る3D映画なのだとそのショットは告げている。

想像せよ。犬の顔にクロースアップで3Dカメラの二つのレンズを向ける時、そこでは四つの「目」が、二つの「人-外」の「顔」が向き合っている。歩く犬の顔の高さから撮られたショット（図15）。動物の眼差しを通して世界を見る、とい

上から
図14——犬の顔のクロースアップ（『さらば言語よ』より）
図15——歩く犬（『さらば言語よ』より）

うようなリルケの言葉が言われる。[17] 画面では犬の顔がもの凄く突き出し、ほとんど分裂しかけている。映画を通して、犬が「何」を見ているのかは私には知られない。

登場する犬、ゴダールとアンヌ＝マリー・ミエヴィルの飼い犬であるロクシー・ミエヴィル（姓がある。「家族」なのだ）は、日本版の映画パンフレットによるとウェルシュ・シープドッグという犬種のようだ。[18]「［……］時とともに、ウェルシュ・コリー［＝ウェルシュ・シープドック］を犬種として固定し、均質性を高める試みが行われた。ウェルシュ・コリーは、非常に賢く、飼い主に忠実で、穏やかな性質のため、競技犬や牧羊犬としてだけでなく、コンパニオン・ドッグとしても人気が高まった［……］」（『デズモンド・モリスの犬種事典』[19]）。言うまでもなく、犬は人為的なテクノロジーの所産だ。人の手でさまざまに作出され、特定の形と性格を維持するよう選択的に育種される、物質的かつ記号論的な結び目としての「形象」だ。[20] カラー／白黒を激しく切り替える画面に、ロクシーの後姿が映る。次の声が同時に重ねられる。フロントLスピーカー男声――「ここでフランケンシュタインが生まれたのかな」、Rスピーカー女声――「おまえはおれの創造者（You are my creator）だが、おれはおまえの主人（I am your master）だ」。次いで突如フロントLR、センター、サラウンドLRスピーカーすべてが同期して女声で言う――「従え！（obey）」。声に同期してロクシーが振り向く。合わせて湖らしき水音が鳴る。女声の英語の台詞「おれはおまえの主人だ」は、元のテクストでは人造の怪物が、自身を創り出したフランケンシュタイン博士に向けて言う言葉だ。[21] 点滅する画面はロクシーの赤い「首輪」を強調している（図16）。いったい何が何を「従わせる」のか？ テクノロジーの産物としての犬／フランケンシュタインの怪物／3D＋5・1chサラウンド映画と、「主‐従」する人‐犬／怪物‐人／女‐男の身体の問題が交錯している。[22]

図16――ロクシーの赤い首輪（『さらば言語よ』より）

銃撃音に続いて、ゴダールの声が映画で初めて入る。一八一六年、バイロン卿らと共にジュネーヴ湖畔のヴィラ・ディオダティに集ったメアリー・シェリーに、テクノロジカルな怪物のヴィジョンが訪れる。メアリーが羽ペンをあげる。パーシー・シェリーが、奥から来てインク壺を手渡す（図17）。メアリーはノートにギシギシと怪物の言葉を書き付けていく。細馬宏通の指摘によれば、このときペン音はRスピーカー、メアリーの声はLスピーカーのみから鳴って出来事を分裂させている。[★23] パーシーは数年後に書かれる自身の詩の一節を口ずさむ。「ドイツ兵たち――収容所（camps）――混乱――」（『ピーター・ベル三世』）。ゴダールにおける、ナチス・ドイツの強制収容所と「生ける屍」の問題系がアナクロニックに閃く。[★24] 犬とフランケンシュタイン、その他の人‐外。ジュネーヴ湖畔に彷徨《さまよ》う複数の形象が重なりあい、人の近傍の奈落を開く。

ゴダールのもう一つの台詞。「……大きな問いと小さな問いがある。大きな問いとは、あの世（l'autre monde）だ……」。私はそれを「諸々の他世界（d'autres mondes）」と聴き取ろうとする。犬は、人の世界の近傍に他の世界を開いている。犬と目を合わせること。それはこの同じ世界において、他の世界を覗き込むことだ。しかしどうやって？

映画の最後、三つの声がする。Lスピーカーに犬らしき（人のような）長い鳴き声。Rスピーカーに赤ん坊の泣き声と、それを

図17――メアリー・シェリーとパーシー・シェリー（『さらば言語よ』より）

真似るような別の犬の声[★25]。うおううおううおうわうわうわう。ゴダールが書いた映画のシノプシスにはこうある——「人間という種からメタファーへ移行する」。もちろん犬は犬。人の赤ん坊は人の赤ん坊だ。犬は赤ん坊になるのではない。人は犬になるのではない。にもかかわらず、メタフォリカルな近傍に落ちる、ということがあるだろうか。不完全なサラウンドと誇張された3Dに接続された私もまた。人であることの近傍の奈落に、くり返し、両の目と両の耳を差し出す。

★1——3Dコンソーシアム（3DC）安全ガイドライン部会「人に優しい3D普及のための3DC安全ガイドライン」二〇一〇年、二二頁参照。http://www.3dc.gr.jp/jp/scmt_wg_rep/3dc_guideJ_20111031.pdf（二〇一九年六月一八日アクセス）。

★2——以下で詳しく論じた。平倉圭『ゴダール的方法』インスクリプト、二〇一〇年、一八二―三〇七頁。

★3——マーク・チャンギージー『ひとの目、驚異の進化——4つの凄い視覚能力があるわけ』柴田裕之訳、インターシフト、二〇一二年、七四―一四六頁参照。

★4——デヴィッド・ボードウェル「2＋2×3D——『さらば、愛の言葉よ』のナラティヴ構造」滝浪佑紀・堀潤之訳『ユリイカ』二〇一五年一月号、一二九―一四〇頁の指摘。私は初見時にはまったく気がつかなかった。この、意識下で見間違われてしまう「分身的」な二つのパートは、観客の記憶の中で干渉し、混ざり合う。『ゴダール的方法』において私が論じたゴダールにおける「類似」と「見間違い」の方法が、この映画では時間的・空間的にさらに徹底的に展開されている。「メタファー」とは、この「類似」と「見間違い」の場に与えられた名だと考えることができる。平倉『ゴダール的方法』一八二―三〇七頁参照。

★5——Nick Newman, and Héloïse Godet (interview), "'*Goodbye to Language*' star Héloïse Godet on the Godard process, watching yourself in 3D & more," *The Film Stage*, Oct 27, 2014. http://thefilmstage.com/features/goodbye-to-language-star-heloise-godet-on-the-godard-process-watching-yourself-in-3d-more/（二〇一九年六月一八日アクセス）。

★6——ゾエ・ブリュノー「ゴダールを待ちながら」長野督訳『ユリイカ』二〇一五年一月号、一二二頁。

★7——堀潤之もまた、わずかな差異を伴いつつ反復される二つのパートが、映画が3Dで撮られていることをアレゴリカルに自己言及するものだと論じている。堀潤之「ゴダールのデジタル革命と動物のまなざし——『さらば、愛の言葉よ』の3D映像をめぐって」、『ユリイカ』二〇一五年一月号、一四六頁。

★8——ボードウェルの解釈。「2＋2×3D」一三九頁参照。

★9——と思った途端に、スクリーンの映像は白い円のショット——視差ゼロの完全二次元——に切り替わる。3Dと2Dの激しい切り替わりによって、観客の定位は破壊される。この白い円のショットと、真暗闇の画面に星《スター》が一つだけ光るショットは、この映画の中で最も美しい二次元ショットだ。

★10——David Corfield, and Fabrice Aragno (interview), "Workflow," *Canon Professional Network: Jean-Luc Godard Feature*, http://cpn.canon-europe.com/content/Jean-Luc_Godard.do、およびPaul Dallas, and Fabrice Aragno (interview), "1＋1＝3," *Film Comment*, Nov/Dec 2014, http://www.filmcomment.com/article/fabrice-aragno-interview（二〇一九年六月一八日アクセス）

★11——David Corfield, and Fabrice Aragno (interview), "Equipment," *Canon Professional Network: Jean-Luc Godard Feature*, http://cpn.canon-europe.com/content/Jean-Luc_Godard.do（二〇一九年六月一八日アクセス）

★12——『さらば言語よ』の前に公開されたオムニバス映画『3X3D』（二〇一三）内の短編『三つの災厄（Les Trois désastres）』に、この自作3D撮影装置が登場している。

★13——商品説明参照。http://www.sony.jp/bloggie/solution/rec.html（二〇一九年八月二日アクセス）。

★14——地図で「Usine à Gaz, Nyon」を検索するとこの公園の向きがわかる。https://goo.gl/maps/AUR8UniKy692

★15——映画監督の七里圭氏との会話で示唆された。記して感謝する。

★16——Corfield, and Aragno (interview), "Workflow," op. cit.

★17——「盲目なのは動物ではなく、人間の方だ。人間は意識によって盲目にされ、世界を見つめることがかなわない。世界とは外ということだと、リルケは書いた。それがわかるのは動物の眼差しを通してである」という『ドゥイノの悲歌』第八の歌を言い換えた言葉。四方田犬彦「ドッグ・スター・マン」『ユリイカ』二〇一五年一月号、九四頁参照。訳も四方田による（一部改変）。元のリルケの歌は次のように始まる。「すべての眼で生きものたちは／開かれた世界を見ている。われわれ人間の眼だけが／いわば反対の方向に向けられている。そして罠として、生きものたちを、／かれらの自由な出口を、十重二十重にかこんでいる。／その出口の外側にあるものをわれわれは／動物のおもちから知るばかりだ［……］」（リルケ『ドゥイノの悲歌』手塚富雄訳、岩波文庫、六三頁）。

★18——『さらば、愛の言葉よ』上映パンフレット、コムストック・グループ、二〇一四年、一二頁。

★19——デズモンド・モリス「ウェルシュ・コリー」『デズモンド・モリスの犬種事典』福山英也・大木卓監修、誠文堂新光社、二〇〇七年、三四五頁。

★20——ダナ・ハラウェイ『犬と人が出会うとき——異種協働のポリティクス』（高橋さきの訳、青土社、二〇一三年）は、このような「物質的 - 記号論的な結節点」としての「形象（figure）」である犬たちと「ともに生成する（becoming with）」仕方について論じている。ハラウェイが述べる、犬と絡まりあう「コンタクト・ゾーン」において垣間見える「オートル・モンディアリザシオン（他のグローバル化／他の世界化）」は、『さらば言語よ』の問題系と重なりあっている。

★21——メアリー・シェリー『フランケンシュタイン』小林章夫訳、光文社古典新訳文庫、二〇一〇年、二九八頁参照。

★22——佐々木敦は、ゴダールが「3D映画」と「フランケンシュタインの怪物」をともにテクノロジーが生み出した怪物と捉えていると論じている。佐々木敦『ゴダール原論——映画・世界・ソニマージュ』新潮社、二〇一六年、一七八頁。

★23——二〇一五年三月一九日ゲンロンカフェ（東京）でおこなわれたイベント「平倉圭×細馬宏通×畠山宗明「ゴダール、3D、そして運動——映画にとって『深さ』とはなにか?」」における細馬の指摘。https://vimeo.com/ondemand/genron20150329（1:06:15-）。

★24——以下で詳しく論じた。平倉『ゴダール的方法』二七七—三〇七頁。

★25——Rスピーカーの音声は以下のYoutube上の映像から引用されている。Tom Scruffy Cammarata（投稿）, “Dog imitates baby,” https://www.youtube.com/watch?v=Nupfxo2ihQc（二〇一一年）。私はこれを当初、人間の大人の泣き真似声として聴き取っていた。

第14章

ノー・フューチャー

――オフィスマウンテン『ドッグマンノーライフ』

『ドッグマンノーライフ』(初演)は二〇一六年六月一日〜六月一三日、STスポット(横浜)で上演された。[★1] 作・演出・振付：山縣太一。出演・振付：松村翔子・山縣太一・上蓑佳代・中野志保実・矢野昌幸・横田僚平・藤倉めぐみ・大谷能生。山縣太一が主宰するオフィスマウンテンの二作目だ。

フロアは上手奥が木箱の列でL字に仕切られており、その中に大谷がいる。劇中の台詞によれば、大谷演じる夫はおそらくリストラで失職して家におり、妻はスーパーのパートとして働きに出ている。仕切りの外では、スーパーで働く非正規雇用者たちの不安定な・足場の悪い(precarious)生が描かれる。

役者たちは皆、つねに「揺れ」ている。無意識的に見える反復的振動＝ビートから、振付けられたストロークの連なりまで、「揺れ」はいくつかのスケールを持ち、それぞれの周期で反復する。揺れは各役者に独特であり、それぞれの身体の特異性(形態的、可動域的、癖的……)に根ざすと思われる姿勢とビートに、特徴的な動きのシークエンスが織り込まれている。[★2] そこに、慣習から逸脱した言葉を多用する台詞が重なる。

図1――『ドッグマンノーライフ』稽古風景(高木一機撮影)
左から、中野志保実・矢野昌幸・松村翔子・山縣太一・藤倉めぐみ・横田僚平・上蓑佳代・大谷能生。

ダンス批評家の木村覚によるインタビューにおいて山縣は、本作を「今っていう現在と拮抗しているただのビートミュージック」★3と呼んでいる。また「客席をダンスフロアに変えてやるぞー♡」★4とも書く。実際、山縣が演出する動きと言葉は観客を「揺らす」。話すこと・考えることを可能にする言葉と身体の習慣的な型を、深いレベルで揺らし、「踊らせる」。

本論は『ドッグマンノーライフ』から八つの限定されたシークエンスを取り上げて分析する。目的はこの特異な「ダンスフロア」を駆動する論理を明らかにすることだ。分析には、私が鑑賞した四回の公演（二〇一六年六月一日、八日、一〇日、一三日）のメモと、会場で販売されていた戯曲および出演俳優による「振付メモ」、公演の記録映像（六月一〇日公演）を資料として用いる。★5動きの記述は主に映像にもとづく。そのため本稿は、その日限りの動きと、日を越えて反復する動きを区別しない。一度の公演でしか起きないことと、複数の公演を通して起きることと、ともに実在《リアル》である。

では、始めよう。

1　カバン語的身体

大谷が壁に片足をつけては滑り落ちる。その姿を、足裏を部分的に浮かした中腰で見つめていた横田が話し始める。★6

横田——いつもならこんな事たやすいのになぜか今日は倍くらい時間がかかるって事ない？

長袖Tシャツを首の後ろからつかんで脱ぎかけ、そのまま両手を落とす。

横田――靴下の片方が見つからないとか

床についた両手が裸足の比喩となり、「靴下の片方が見つからない」という言葉に絡まる。そのまま手で歩く。

横田――ジーパンの裾上げしないから裾踏んじゃってそのままだとこのままだと破れちゃうけどアクションを［……］

前屈姿勢のため、横田のジーパンの裾は上がっている（＝「裾上げ」）。言葉と身体は、互いに直接的な説明にはならない形でもつれて接近しつつ、両者の意味が部分的に食い違う（「靴下の片方」／両手、裾上げ／「裾踏んじゃって」）ことによって分岐する。

横田――そいやチーマー★7って町から消えた？

左足をひねり、つま先を浮かせ、右踵が浮いて腰の引けた姿勢で両手を伸ばす（図2）。

横田――かなり前に高知県のすげえ田舎に行った時に［右足後方に］小川にかかる橋の上に不良がたむろしてて近くに牛とかいるんだけど［伸ばした腕の間で顔が左右に動く］あれもチー

図2

マー？あの橋を渡る時に［右足前に出て中腰］ハウンド［両わき緩んで、顎先で両腕に交互に触れる］
自分が［両腕後ろへ、観客を向いて］ドッグしたかもしれない★8［……］

横田の言葉と身体は、絡まりあって特異な形象★9（figure）をつくる。山縣の用語では「からだことば」だ。

振付メモには、この横田の形象／からだことばと関わる図が二つ見られる（図3・図4）。横田の全身はバイクに跨る人である（＝「ローリング（走行）」）と同時に、伸ばされた両腕は「橋」であり（＝「ピーンとポンヌフ」）、その間を左右に跳ねる顎はバイクのボディ（＝「アゴで渡る」）である。通り過ぎるとき橋＝腕は後ろに行く（＝「移築の美」「半転」）。すなわち横田の形象は、全体としてバイクに乗る姿を演技し、かつ部分において入れ子的に、バイクを取り囲む環境（橋＝腕）と、環境中のバイク（顎）を物化する。

「ハウンド自分がドッグ」という台詞は、ハウンドドッグ★10のヒット曲「BRIDGE〜あの橋をわたるとき〜」（一九九二）の記憶にフックをかけ、橋と同バンドが連想で結びつくヤンキー文化を通して、四国の橋にたむろする不良たちの像に絡み（「あれもチーマー？」）、さらに「ハウンド」に「バウンド」を掛けて、腕＝橋の上でバウンドする頭＝バイクに絡み、複数の意味の系列を圧縮する。

このような、言語／身体／記憶にまたがる複数の意味の系列を圧縮した「カバン語的身体★11」としての「からだことば」が、本作の語りのユニットをなす。身体化されたジェイムズ・ジョイスとでも言うべき、高度に圧縮された言語／身体／記憶の複合文体だ。圧縮された意味は一つに融けることはなく、むしろ差異において身体を複数の意味に分岐させる。★12

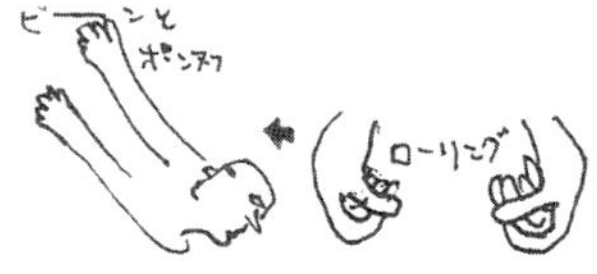

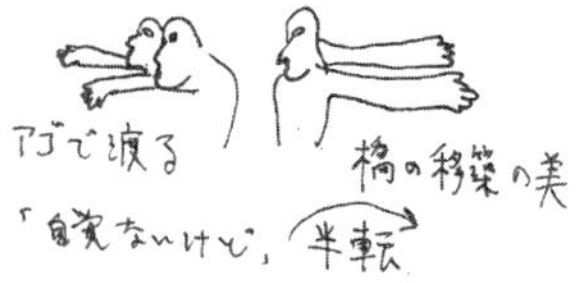

右から
図3——「ローリング↓ピーンとポンヌフ」（『ドッグマンノーライフ』俳優（横田）による振付メモより）
図4——「アゴで渡る　橋の移築の美」（『ドッグマンノーライフ』俳優（横田）による振付メモより）

だがこの記述は静的で眺望的にすぎる。実際にはフロアでこの眺望は与えられていない。揺れ動く身体から連続的に、バイクに乗る身体が「発生」しかけ、その身体から橋が「発生」しかけ、橋の上でバウンドする頭が「発生」しかけ、同時にハウンドドッグの歌の記憶が「発生」しかけ、もつれながら逸れていく。フロア上の形象はその意味を確定せず、理解の線を引こうとする観客を高速で振り落としていく。

横田——［……］あの時から当たり前の事がいちいちにに気になり出した。例えば目の前の座ってこっちを見てるあなたの事だったり。「ドッグマンノーライフ」始めます。

両脚を交叉し、足裏内側を浮かせた無理な姿勢で、横田が観客の方を振り向く（図5）。不安定な足元により誇張された身体の揺れが、観客の身体をも触発する。横田の体の揺れは、その言葉の揺れ（「いちいちにに」）と、この間ずっとL字枠の中で足を壁に滑らせ・腰を落とし・片腕をぶらぶらさせ・あるいは足首をつかんで背中から倒れていた大谷の体の速い揺れと、そのさらに奥で、右足を高く上げて開口部の縁にかけ・大谷をじっと見つめながら頭を徐々に動かし・舌をゆっくりと出してまたしまう松村の体の遅い揺れとともに、異なる周期からなる複数のビートをフロアに刻む。

2　変状の連鎖

奥から前にやってきた松村が揺れながら観客に語り始める。

図5

松村――［……］［大谷から受け取ったペットボトルを返そうと渡しかけるが渡さず、そのまま反対の下手方向に歩く］あのー、私じゃなくて［下手の三角台の上に立つ］主人の［ペットボトルを持った右手で大谷を指す］、や、旦那のって話で考えたら変ですよね、夫の事を主人て呼ぶなんて、飼われてるわけでもないのに「あるじ」なんて呼び方もありますよね。

このとき奥の椅子に体育座りする中野は、松村を見ながら相槌し、ついで大谷を見る（図6）。壁に額をつけて体をねじっていた横田は、下手を向いてメガネを外す。大谷は上半身だけ腕で支えた横臥姿勢で、遅れて松村を見る。松村も大谷を強く見返す。大谷、軽いあくび。自分の臭いを嗅ぐように顔を逸らす（＝犬っぽさ）。松村は観客を向いて続ける。

松村――［ペットボトルで大谷を指して］あるじは［大谷を見て、再び観客へ。大谷は足で壁をトントンと叩く。このとき再び奥の壁に額をつけた横田はメガネを外して後頭部にかけ、後頭部で観客を「見る」］奥方に向かってお前とか、おいとか、まるで飼っている動物のように声を掛けたりすることもあるのに［大谷、脚で壁トントン］、あるじ。［松村は中野に接近し、中野の膝にペットボトルを置いて話し始める。そのあと離れて］［……］それで主人が家に朝から月《げつ》までいるので私が今まで室内犬の私が外でドッグすることにハウンドなりまして［……］。

場を共有しない複数の視点と、反転的な「主／奥」関係が交錯する。大谷と松村の間だけではない。中野は松村に物のように扱われる「奥」だが（＝膝にペットボトル）、その視線の向き

図6

でフロアの注意の焦点を操作しうる「主」でもある。横田は観客に対し「奥」の壁で背を向けていると同時に、後頭部のメガネで見つめ返す「主」でもある。この錯綜した布置の全体において、「主人／奥方」という言葉が何重にも異化される。

「朝から晩まで」が「朝から月《げつ》まで」に言い換えられることで大谷は平日も家にいることが圧縮的に示される。いま「主人」は「飼い犬」となる。だが室外に出てスーパーで働き出した松村も完全に「主人」になることはなく、このあと犬の名を連呼しつつ「ベロをしまい忘れ」、やはり「犬」であることを示す。

松村がベロについて語るタイミングで、中野は椅子の座面に立ち、つま先を浮かせ踵に重心をかけた不安定な姿勢で揺れ始める。松村が退場して照明が変わり、中野が中心に照らされる。中野は不安定な姿勢のまま、照明の外れたところにいる大谷を見る（図7）。暗がりで大谷が言う。

大谷——［中腰、おぼつかない足取りで足踏み］家内には迷惑かけるなあ、［ふっと右手を背中に、肩甲骨の下に添える。左回りして観客を向く］家内って呼んでるのに［左腕をぶらぶら回しつつ左回り。一周して］家外で働かしてるし、［左腕ぶらぶら。二周して］もともと室内犬だったんだけど、［左手くいっとメガネ触る。そのまま自分の頭を押して後ろによろめく。右手背中から外れ後上方に伸びる、体は横向き、顔は観客に向けて］今は外犬、［右手で自分の後ろ髪を後方に引っ張る］八犬伝。［左手ぶらぶらしながら軽くしゃがみ、左手ベルトをつかむ、右腕前に放り投げ、壁を触る仕草。右手ベルトに、左手はふと離れて］というのも［左手顔に触れて、払い］割愛しますが［両手太腿に、腰を落とし、右手で何かを引く、左手で何かを払う、両手を下げて前屈し］それも［徐々に上体起こし］これもルビーモレノ。［右手伸びて何かをつかみ、

図7

両手右後方に。後ろを向いて、軽くジャンプ。両手振り払う〕うだつの私が下がらない鼻っぱらピノッキオ。要するに〔両手首合わせ、右手離し、左手壁に触れ〕リスのトラです。〔左手メガネ触り、左脇腹を押してから離し〕コシです。〔両手前に伸ばし、木枠に手をついて前屈、上体起こしつつ〕いやクビです。

うだつの上がらない私／下がらない／鼻っ柱《ぱしら》／下っ腹《ぱら》／鼻っぱら／鼻の下を伸ばす／（鼻が伸びる）ピノッキオ……。複数の慣用表現がカバン語的に圧縮されることで、語の内に埋め込まれていた「動き」が異化されて働き出し、ぶらぶら揺れる大谷の動きの見えに影響する。「リストラ」という語もまた、語の中の動物（栗鼠の虎）を解放し、「首（切り）」を「コシ」と言い違えることで身体に繋留して動き始める。大谷の身体は複数の語に引っ張られて回転する。

中野は座面の上、つま先を挙げた不安定な姿勢で大谷をじっと見ている。ときに大谷の動きに影響を受けて揺れ動く。大谷がふっと右手を背中にやると、中野の上体もつられるように揺れて背中を反らす（図8）。大谷が大きく回転すると、中野もバランスを失うようにぐらつく。それはあらかじめ設定された動きのルールというより、力学的に不安定な姿勢でじっと見ることにより、知覚された環境の動きにつられてつい自分も揺れてしまうという、内発的な揺れの連鎖として感じられる。二人の間に言葉や表情による社会的コミュニケーションはない。それゆえ異なる「場」にあると感じられるが、身体は影響を与えている。それは内面的「心理」や社会的「伝達」には還元されない、他者の影響が自己の身体において表現されることである。この、他者を含む周囲の環境からの影響が内発的な動きにおいて表現されることを、スピノザの用語を借りて「変状（affection, affectio）」と呼ぼう。★13 つま先をあげた中野の不安定な姿勢は、この「変状」を、観客の目に見えるように増幅して表現する。★14

図8

大谷が「ルビーモレノ」[★15]と言うのに合わせて、中野の目は大谷から逸れ、ゆっくりとフロアを横切っていく。それと同時に、いままで大谷を見る中野の視線に「吸収」されるように大谷に集中していた観客の意識もまた、フロアに広がっていく。中野は椅子を降り、顔を突き出して（いわば鼻で見るように）、フロアの下隅と、観客と、大谷を順に見つめる。

観客の身体はこのとき、中野に見られることで変状する。観客‐中野間には、中野‐大谷間と同じく共有される会話の「場」はなく、しかし視線と身体の影響関係がある。山縣の作品では役者たちはときに観客の顔を強烈にじっと見つめ、見つめることで観客の身体／情動を動かし、その動きを確かめるように次の動きに入る。観客の身体は、見られることでフロアの変状連鎖の一部となる。

この点で山縣作品における観客の身体経験は、ルールによって「外形」を振り付けていくタイプのダンスよりも深く、強力だ。客席を含むフロアのすべての動きは、内発的変状のきっかけとなりうる。山縣作品において役者たちはしばしばフロアに起きる物音（咳、小物が落ちる音、空調の変化）に敏感に反応し、身体の変状を返す。すべての些細な動きは、なかったことにされない。観客の身体は消されていない。この役者たちの敏感な身体を映すように、観客の身体もまた、同じフロアにおいてあらゆる動きを感受し、内発的に変状していくモードに変わっていく。観客もまた、揺れ始める。

3　分裂的形象

観客を見つめる中野の右肩がぐうっと落ちる。中野が「多々良《たたら》さん」[★16]に呼びかける。

中野——多々良さんちょっと話をきいてもらえお耳汚しいいですか？

重心は踵にかかり、つま先を浮かせ、落ちた右肩が後ろに引かれるように下がり、そのまま後ずさりする。ふっと右肩を異物のように見る（図9）。今度は左肩がぐうっと落ちてくる。

中野——多々良さん多々良さん聞いてますか？やっぱり聞いてないか。

左肩落ちたまま、観客を見て後ずさりする。再び右肩が下がり、大谷を見て、大谷が足を壁にかけようとして滑り落ちるのを見てぐらつく。左肩ぐっと落ちる。また大谷を見て、ぐっと背中を持ち上げた勢いで自分の左肩に「咬みつこう」とする。ぐらっと揺れて左膝を床につく。再び立って、左足は外側のみ床につけ、左膝をぐらぐら揺らしながら、言う。

中野——自分は本当に腰抜けだな。

観客を見る。ふっと右肩を見て、観客を見て、大谷を見る。大谷は中腰で後ろ髪を自分で後ろに引き、ぐらぐら揺れている。横田は左手を腰の後ろに当てている。

中野——車イスだ車イスだ車イスだ［踵を浮かし左膝を撫でる］車イスだ。［踵で立って、後ずさりしつつ］腰椎あわれみのだ。

図9

「腰抜け」の喩は、「車イス」・「腰椎」と語のグループをつくる。「腰椎あわれみの」は「生類憐れみの〈令〉」[★17]を想起させ、「犬」と反転的な主従関係にまつわる意味の系列を賦活し、それを腰に繋留する。最初の「車イスだ」で藤倉がフロアに現れ、横田の隣、壁の前に正面を向いて立つ。藤倉は身体を極端に反らしたり丸めたりしながら前後にジョギングを開始する。腰を中心に多方向に動き始めた語は、フロアの複数の身体の動き——膝が砕ける、肩が落ちる、つま先を浮かして後ずさりする、腰に手を置く、腰を極端に反らしたり丸めたりしながらジョギングする、中腰で後ずさりする——にフックをかける。

中野が続ける。

中野——多々良さんがうちのスーパーにパートに来るようになって今までいたキャスト、あ、働いてる人の事ね。が活き活きしてきたのは何故だか無関係じゃない気がして〔……〕。

劇場と商空間における労働が「キャスト」の喩を介して重なる。中野は後ずさりしながら左右に移動し、前後する藤倉にぶつかりそうになる。自分の左肩を咬もうとする（図10）。

中野——〔……〕ダーウィン探偵会社[★18]に、〔中野、後ずさりして三角台に腰を下ろし、大谷を見る。大谷、壁に片肘をつき胸を押さえる。藤倉、横田の手をとってつなぐ〕何故だか無関係じゃない気がしてダーウィン探偵会社に頼もうかとも思ったんだけど〔再び左肩を咬もうとする。立ち上がり、今度は右肩から後ろに引かれる〕あれ浮気専門？〔右肩から激しく後ずさりしつつフロアを一周〕ホコリのたたな

図10

い人は［左肩を咬もうとして前に出る。一回、二回。つま先を浮かせて再び右肩から後ずさり］煙でないよね。

叩けば埃が出る（＝詮索すれば誰でも汚点が出る）／火のない所に煙は立たぬ（＝事実がない所に噂は立たない）。事実の見方において異なるベクトルを持つ二つの慣用句が、一つの新しい句＝「ホコリのたたない人は煙でないよね」に交叉的に圧縮される。圧縮された言葉は、右肩への引っ張られ／左肩への咬みつきという二つの姿勢に交叉的に引き裂かれる中野の身体とともに、分裂的形象をつくる（振付メモにはこの分裂した姿勢について「肩意識（右　文鳥―見る、左　おまんじゅう―食べる）」と書かれている。図11）。言葉と動きの複数の系列は一つの身体の上で圧縮され、かつ分岐し、一つの動き・一つの意識に収斂しえない全身を、全面的に表現化する。

4　死喩の転生

今度は藤倉が「多々良さん」に話しかける。両腕をあげて背中を大きく反り、やや左に重心をかけ、観客に背を向けながら、話す（図12）。

藤倉――単刀直入《じかい》れで抜き打ちすると不景気で背骨?‥自分うとくておっとりがたなだったもんで今までは主従でやり取り背筋ピーン。

比喩が時代からずれて比喩としての意味を失ったもの、あるいは比喩であることが忘れら

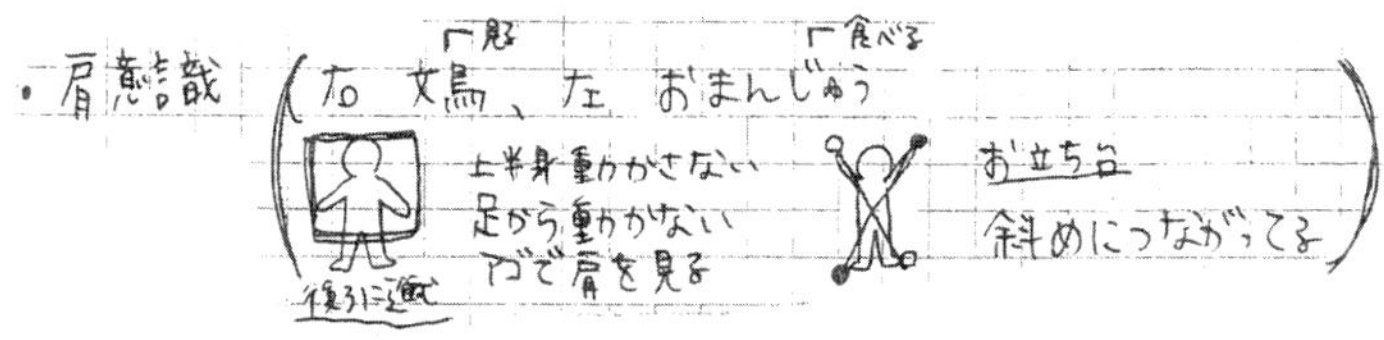

図11――「右　文鳥―見る、左　おまんじゅう―食べる」（『ドッグマンノーライフ』俳優（中野）による振付メモより）

れるほど慣用化したものを「死喩（dead metaphor）」と呼ぶ[★19]。妻を「奥方」「家内」と呼ぶのも死喩である（現実との対応を失った空間的換喩）。ここでは「刀」に関わる死喩が、誤用的・逸脱的・重複的に使用されるが、そのことで語の内に喩の力と動きの気配を取り戻し、「転生」しかける。単刀直入→「直入《じかい》れ」、「抜き打ち」（＝刀を抜くと同時に斬りかかること）、（打ち）首→「背骨」、押っ取り刀（＝危急のとき刀を手に持ったまま駆けつけること。「おっとり」の逆）→「うとくておっとりがたな」……。「転生」は自明でも完全でもなく、発生しかけるオルタナティヴな意味と動きの気配が、言語／身体／記憶を縫って流れていく。藤倉の反り返った背筋は「刀」となり、転生途上の喩の依代となる。

藤倉——鬼はばかり全部がピン子に見えてフロイド。

（渡る世間は）鬼ばかり[★20]／（憎子世に）はばかる[★21]／（泉）ピン子[★22]／（ピンク・）フロイド[★23]。山縣の言語使用はしばしば「ダジャレ」と評されるが、そこにはたんなる言葉上の掛け合わせがあるのではなく、水準の異なる複数の「習慣」が、言葉とともに圧縮的に重ねられ、揺らされていると言うべきだろう。「テレビドラマのタイトル」と「ことわざ」と「芸名」は、それぞれ異なる水準で、社会経験について特定のフレーミングを喚起する現代日本語の習慣的型（個人の経験と社会の歴史において強結合した言語と認識の型）を作っており、それが、発声する者と聴く者の身体において揺らされる。ここでは、労働空間と家庭空間をともに拘束する前近代的主従関係の型が圧縮的に喚起される。山縣の「からだことば」が働きかけるのは、個人の歴史とそれが埋め込まれた社会的・文化的環境の歴史において、言語／身体／記憶に蓄積した習慣的な

図12

型である。

藤倉が続ける。

藤倉——そんな折り、朝刊の折り込みにこの大型スーパー「ドッグ論語オン忘レーヌ」の募集が目に鼻にジューってなって頭より身体が先にやっぱり頭が先かな？

「ドッグ論語オン忘レーヌ」は、「ドッグ・ラン（＝犬を自由に走らせられる公園・施設）」＋「論語」＋ことわざ「（犬は三日飼えば三年）恩を忘れぬ」＋「ドッグ・レース」だろうか。圧縮された犬と主従の主題だ。「そんな折り……」で、大谷はL字枠に指を立てて時計回りに移動、「ドッグ論……」でYシャツの右肩を壁に擦り、シャーーッと音をたてて奥に早歩きする。犬の走り《ドッグ・ラン》だろうか？

あわせて上蓑がフロアに斜めに入ってくる。上蓑は藤倉の背を見ながら、模倣するように両手を挙げ背中を大きく反らす。ついで所在なげに揺れ、突然側転。奥の壁に顎をつけていた横田が上蓑を見る。不安定な内股で立つ横田は、片足を痛めたように引きずる上蓑を見ながら自身も揺れる。中野は三角台に登る。上蓑は椅子をフロア中央に運び、ヘラヘラと笑いながら肩を揺らし、「多々良さん」に呼びかける。中野は背中越しに藤倉を見て、模倣するように両手を挙げ、背中を反らす。上蓑は「ダイオウイカ」の話をしつつ片足跳びで移動し、藤倉の両手首をつかむ（図13）。

ここにはさまざまな意識の度合いで行われる変状・模倣・接触の連鎖がある。会話の場は共有されない。役者たちは、言語的・表情的コミュニケーションの不在によって互いに分離

図13

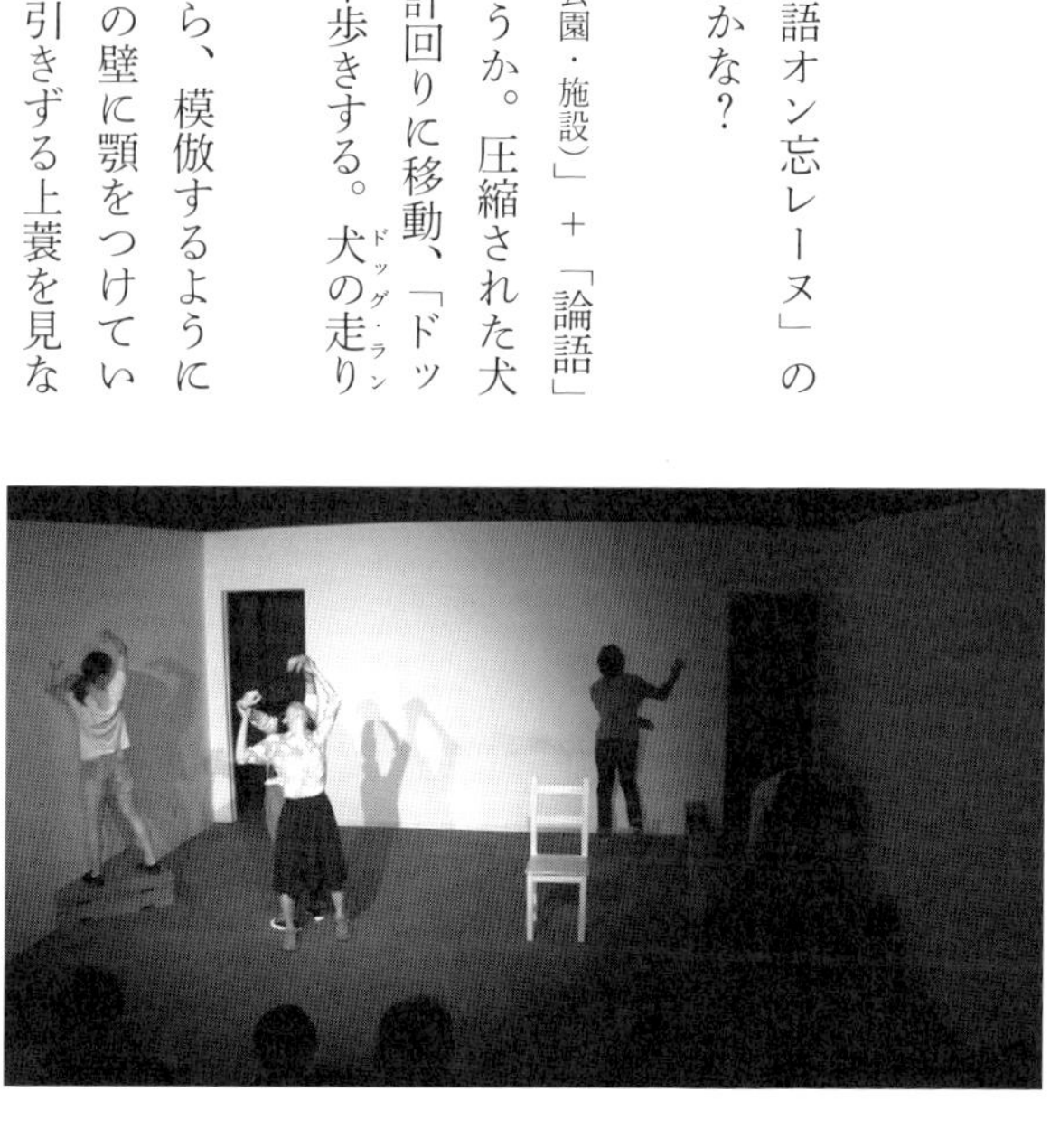

されたまま、身体の変状・模倣・接触によって連鎖し、群舞へと向かう。

5　無関連的群舞

山縣が矢野の両手を引いてフロアに現れる。矢野は両手に靴下を履いている。二人は正面奥の壁に背をつけて並び、腰を落とし、両手を前に差し出す。ついで松村がカニ歩きで現れ、藤倉と並ぶ。松村たちは山縣たちと斜交《はすか》いで向かい合う。フロアに八人の役者が密集する。

山縣――多々良さんてここまで何で来てるんすか？

［約八秒の沈黙］

松村――?え・・・?ここまでっていう?のは私のここまでの☆《ほし》人生っていう意味ですくわ？[★24]

山縣の視線は下げられており、松村を見ない（図14）。松村が話し始めると、山縣はそれを無視して九〇度回転し、体の向きをずらす。長い沈黙と視線の分離により、山縣と松村の発話は、文面上は明らかな応答関係にあるにもかかわらず「無関連化」する。無関連化はフロアの全体に生じており、視線を交わさない各身体は意味的に分離される。身体たちは集まり、並び、ときに接触するが、コミュニケーションの場を共有しない。フロアは砕けている。影のなかで大谷は後頭部をつかみ、ぐるぐる後ろに回っている。山縣は両手を差し出し、中腰で踵に重心をかけ続ける。

図14

音楽はない。各自の身体の微細な揺れが潜在的なビートをつくる。松村の台詞が一九八〇年代末から九〇年代初頭の（あるいは端的にバブル期の）日本の文化的記憶にフックをかける（「ウィンク」[★25]）。松村は足を上下し、腕を前後に揺らす。大谷が木箱を持って床の上で少し動かす。ズーッ。ザーッ。上蓑が椅子の上で体をもぞもぞとねじる。横田が壁に向かって親指を立て、踊るような仕草を続ける。動作によるビートが顕在化していく。下手奥の開口部にいた山縣が、いきなり尻から勢いよく床に倒れ、回転して壁を蹴り、また倒れて回転する。ダスン、ドスン、ダスン。照明が暗くなっていく。山縣は倒れ続ける（図15）。

松村はこのとき藤倉の尻をぎゅっとつかんでいる。山縣の衝突と呼吸の音。中野が言う。「ワンワン、ツーツー、スリースリー、フォーフォー、ゴーゴー、ロクデナシ、七転び、八転《はち》び、九九九《くくく》ってその笑い方、まるで十《とう》さん」。間に「ワン！」「ワン！」というかけ声。音が足されていく。松村が言う。「ごめんなさい。昔を思い出してました。子供の頃の記憶に突然引っ張られたりしない？」多重のビートの中で、意識が過去の記憶へと引っ張られる。転倒が止まる。床に這う山縣が言う。少し長く引用しよう。

山縣——すみません。シケモクがシケってて、結局ライターの火をじっと見て心がざわつくのをただやり過ごしているうちにどこからか陽気なそれでいてノスタルタルな歌が耳にいや全身にメタルしてちょっとボディソニック状態。あの歌は多々良さんのオリジナルなジュディ・オンググ？[★26]

［五秒沈黙。この間、松村は藤倉の尻から手を離し、替わって中野を背中から壁にくり返し押しつける］

松村——子供の頃の記憶にふっと意識が飛んでしまう事ってありゃしません？

図15——左から、中野、松村、藤倉、山縣（床）、矢野、上蓑（椅子）、横田、大谷

［五秒沈黙。この間、松村は中野の背を激しく押して壁に打ちつけ続ける］

山縣――そう言われましても、こう見えてノンケなんで。でも若い頃ピースボート[★27]に憧れて小林カツ代[★28]さんの本を読み漁ったことが自分の恥部として未だにくすぐったいようなそれでいて現在進行系の自分のマインドもナウなのかなとも感じますね。［松村の脚の間を這ってくぐる］今短時間でかっこつけようなどと思ってしまった自分の卑しさも嫌いじゃありませんし。

［五秒沈黙。松村、中野の背から手を離す］

松村――子供の頃の記憶にふっと［山縣、両脚を床から持ち上げて飛ばす］意識が飛んでしまう事ってありゃしません？

［五秒沈黙］

山縣――再度チャンスをいただけてありがとうございます。もうオーディションは始まっているのですね。小林カツ代の引用がマイナスポイントと捉えて改めまして再考し最高の子供の頃の記憶で、一番ビビットなのは［大谷、糸を後ろに引く仕草。矢野、引かれるように後ろに下がる］中学生の頃あれは十四才だったか遠足に行って便意が我慢できず、［山縣、脚を4の字にして持ち上げる］野外でポンヌフした後に［脚倒れる］紙がないので、Tシャツでヒップを撫で上げてるのを、ヤンキーみたいなボンタン飴[★29]に見られて、その後私のしこ名[★30]がウンTになったんですね。あれは嬉しかったなあ。［松村、藤倉の太腿をつかんで揺らす］その前の源氏名[★31]がたんつぼだったんですね。

差し挟まれる五秒間の沈黙と受け答えの非接続により、山縣と松村の「会話」は、記憶を主題としながら互いに無関連化している。役者たちの言葉と身体は異なる仕方で複合する。

山縣の台詞は一九九〇年代前半の記憶に多重のフックをかけるが、名の言い間違い・掛け違い（ノスタルタル、ジュディ・オング（グ）（＝音楽《おんがく》）、ピースボート×小林カツ代、遠足でポンヌフ、ヤンキー×ボンタン（飴）、（あだ名）・しこ名・源氏名）によって、複数の記憶が混線させられ、思い出せない過去に意識が引っ張られる感覚を生み出す。「ポンヌフ」はフランス語で「新しい橋」を意味し、映画『ポンヌフの恋人』（レオス・カラックス監督、一九九一）を喚起するとともに、「野糞」を表す独自の擬態語（ぽんぬふ）として用いられる。[★32]九〇年代初頭の日本の文化的記憶と中学時代のいじめの記憶が混淆され、「ポンヌフ」の語に新しい身体が与えられる。

山縣の台詞が子供の頃の記憶に引かれるとき、大谷が宙で後ろに引く仕草をする。その仕草につられるように、矢野の身体が後ろに引かれる。矢野の動きは、回想という過去／後方への動きと同期するように見える。回想する意識の動きは、ばらばらに砕かれ、混ざり、体外にはみ出し、別の体に具現化する。大谷と矢野の引く－引かれる密かな動きはこのとき、山縣と松村の激しい動きに対して、意識されにくいフロアの「非注意トラック」[★33]（アーヴィング・ゴフマン）にあるが、気配として感知される。

松村が藤倉の太腿をもって激しく揺らし、山縣に向かって言う。「聞こえるように言ってんだからちゃんと影響を身体で表現しろよ」（図16）。変状の自己言及だ。しかし松村に対する応答は山縣の身体には明示的に表現されず、かえって観客を含むフロアの全体に開かれる。「影響」はフロアの複数の身体の変状に分有されている。

緊迫した時間の中で、矢野が一度前に進み、また後ろに下がって山縣と背中から合体する。矢野は便意を我慢するような叫び声を上げ、「多々良さん」に語りかける。ずっと奥の壁にい

図16

た横田が前に出て言う。

横田――演劇っぽくなってきたぞっと。ここらで戯曲には書かれてない深い部分まで潜った表現が立ち上がって挙手しだすぞ。音や光も例えば舞台美術でさえも舞台に立つ、表現を立ち上げる人間ができるはず。「ドッグマン脳ライフ」[★34]始まってます。

あわせて、これまでばらばらだった役者たちが横一列に並ぶ。一七秒後、同じ台詞がポーズを微妙に変えてくり返される。

横田――演劇っぽくなってきたぞっと。ここらで戯曲には書かれてない深い部分まで潜った表現が立ち上がって挙手しだすぞ。音や光も例えば舞台美術でさえも舞台に立つ、表現を立ち上げる人間ができるはず。「ドッグマン脳ライフ」始まってます。

矢野と大谷をのぞく六人の役者が一斉に観客を向く[★35]（図17）。非同期的なビートの群れが一気に収斂する。ぞっとするほどかっこいい瞬間だ。

いったいこのシークエンスには何が起きているのか？　事態は多重で複雑すぎる。照明が落ち始めるところから横田の決め台詞までの約八分間に範囲を絞り、個々の役者に視点を置いてもう一度記述し直してみよう。現実には、以下(1)〜(8)は同時に起きている。高速で読み、ビート音楽のトラックを一つずつ鳴らしていくように、頭の中で重ねてほしい。

図17

⑴**中野**――つま先を三角台に、こめかみを壁につけ、腕をぶら下げ踵を浮かせ、背と骨盤をじっくりと動かし続けている。転がる山縣の方を見つつ（図15）「ワンワン、ツーツー、［……］まるで十さん」。しだいに踵を下ろし、下半身の重さが足裏に乗る。上半身下がり、壁に頭頂をつけねじっていると、不意に松村に背をつかまれ、約一分間、壁にぐいぐい押し付けられる。踵を浮かせ、上に手を伸ばす。両手しだいに下りてくる。山縣の「ウンT」話に続いて「男が語る自分の昔の武勇伝って本当クソつまんねーしな」。腰が落ちていく（図16）。壁を押すようにぐらぐら揺れる。松村に左足首つかまれる。逆らって左足が浮く。引き下ろされる。約二五秒間くり返し。抵抗する体の揺れがビートをつくる。松村の手が離れた後も、左足を中心にした全身の揺れが続く。横田が話し始めるとゆっくり背を向けてまっすぐ立ち、一列に。横田の二度目の決め台詞「～始まってます」で、ゆっくり九〇度回転し観客を見る（図17）。

⑵**松村**――観客に背を向け、中腰で股を開き、右手で藤倉の左尻をつかむ。上半身をぐりぐり揺らす。山縣が倒れ始めると体を固くし、揺れを止める。左手をやや後ろに引く（図15）。「ワン！」「ワン！」のかけ声。リズムをとるように左腕を揺らす。腰をぎゅーっと落としてふっと力を抜き、「ごめんなさい。昔を思い出してました」。右手で藤倉の尻をつかんだまま、左腕を落ち着きなく動かし、後ろへ引く。「……ジュディ・オンググ？」でぱっと尻から手を離し、中野の背を押す。「子供の頃の記憶に……」と言いつつ、中野を壁にぐいぐい押し付ける。手を離し、中野の背中を右手指でくり返しなぞるようにする。「子供の頃の記憶に……」。両手で中野の肩の形をなぞる。「野外でポンヌフした後に」で腰を落として左右に揺らし、勢いをつけて藤倉の左太腿をつかむ。約一分間、藤倉が立っていられないくらいに太腿を激しく揺らし、ビートをつくる（図16）。上体を落とし、「聞こえるように言ってんだからちゃんと影響を身体で表現しろよ」。矢野がフロアの前に来ると、太腿をつかんだまま止まる。再び次第に上体の揺れを大きくしながら手を離し、三角台に左足をガツンと乗せ、「タガが外れてきたかな」。落ち着きなく上体を揺らしながら中野の背に迫る。矢野が叫ぶとそちらを見る。中野の左足首をつかんでくり返し引き下ろす。矢野の台詞が終わり（「……ここまでギャグでシュガーコーティングしてれば……」）に差し掛かると手を離し、約一五秒遅れて応答（「どこがシュガーコーティング何だか分からないけど……」）。話しながら真っすぐ立つ。横田が話し始めると一列に。二度目の決め台詞でゆっくり回転し観客を見る（図17）。

⑶**藤倉**――背を向けて肩をすくめ、松村に左尻をつかまれたまま、うつむいてじっと立つ（図15）。立ち続ける。松村の手が離れてもじっと立つ。左太腿をつかまれて揺らされる。「ぐらっ」ダン、「ぐらっ」ダン、「ぐらっ」ダン。全身が大きく揺れる（図16）。揺れがおさまる。矢野がああ～っと叫ぶのを見つめ、影響されるように上体を縮める。横田が話し始めると歩いて一列に。肩をつかまれる。二度目の決め台詞でゆっくり回転し観客を見る（図17）。

⑷**山縣**――しばらく下手奥の開口部に手をかけて奥を見つめる。とつぜん、役者たちの間に突っ込んでいき、背中から倒れて後ろに回る、足で壁と床を蹴る（図15）。約二分間くり返し。ドスン、ドタン、ドタン、息遣い。右膝裏を押さえて横たわる、足首を抱えて床上でよじれる。負傷したサッカー選手のよう。脚を組み、拳を床に立てて揺れる。平静な声で、「すみません。シケモクがシケってて……」。息荒く、脚を

組み右手で左肩を押さえた姿勢で床をずりずりと背で移動。中野の背を押している松村の脚の間をくぐる。上背部で体を支えて両脚を上方に伸ばし、ドスンと落ちる。脚を組み左手で右肩を押さえて背で移動。「遠足に行って便意が我慢できず」で組んだ脚を4の字にして持ち上げる。脚倒れる。両肩を手で押さえ、うつ伏せで這い、上蓑が座る椅子の下に頭を入れる（図16）。もぞもぞと頭を抜いて「……話を鎖骨のくぼみに鮮度のいい状態で戻ってきますよって」。ぐるぐる転がって奥の壁へ。ふっと立って壁に。下がってくる矢野を待ち構えて腰を落とし、両手を前に伸ばした姿勢で矢野の背中に顔をつける。合体。矢野が叫びながら話す間も顔を離さない。顔をくっつけたまま歩き、横田が話し始めるとゆっくり離れ、背を向けて一列に。二度目の決め台詞でゆっくり回転し観客を見る（図17）。

⑸**矢野**――靴下を履いた両手を前に出す姿勢で、フロア前面に立つ。観客を見ながら微妙に揺れている（図15）。「ワンワン、ツーツー、……」で少しずつ膝を曲げていく。床に膝をついて四つん這い。「犬」のよう。観客を順に見つめて次第に上体を起こす。ふっと立つ。肩を軽く揺すり、両手を再び前に出す。一歩ずつ、少しずつ上手に移動。観客を見ながら最前面で。体は影になっている。ときどき大谷を見る。L字枠の縁まで来て止まる。両手を出した姿勢のまま、大谷を横目で見つつ、頭を後ろからぐーっと引っ張られるようにヨタヨタと下がり、奥の壁へ。両手をときどき振り、また前に出す（図16）。「話を鎖骨のくぼみに……」でヨタヨタと前に出て、床の山縣を飛び越える。腰が軽く引け、体がぐらぐら揺れる。顔の前を手で擦る仕草。後ろに下がって、待ち構えていた山縣と背中から合体する。便意を我慢するように叫びながら「多々良さん」に話す。腰の引けた姿勢で山縣とともに前に出て、横田が話し始めるとゆっくり離れ、観客に背を向けて一列に。二度目の決め台詞でも背を向けたまま（図17）。

⑹**上蓑**――観客に背を向けて椅子に座る。両足は概ね床から浮き、椅子の貫《ぬき》に乗る（図15）。片足を抱えたり、背もたれの後ろを覗いたり。座面と背もたれを持ち、腰を浮かせ、体をひねる。座面の上でぐいぐいと力をかけて揺れる。膝の裏で座面を挟み、足で座面の裏を叩く。手を頭に、片脚を上げ前後に揺らす。座ったまま前屈し両手を床につけ、ぐらぐら揺れる。戻る。両脚を座面の上で抱え、ぐらぐら揺れる。足を下ろし、背もたれを持って揺れる。顔を腕で隠す。両手を背にやり肩甲骨の間に置く。山縣の頭が椅子の下に入ると両足を上げ（図16）、尻でバランスを取り、脚で背もたれを叩く。大谷が操作する木箱をじっと見て、また体をねじり、座面の下を覗く。頭の後ろに両手をやる。話し始めた横田に両肩をつかまれる。二度目の決め台詞で椅子の上にスクッと立ち、腰に手を当てて観客を見る（図17）。

⑺**横田**――観客に背を向けて尻を突き出し、前腕で壁につく。背骨くねり、両膝開く。右親指を頭の上に持ち上げ、右足浮かせて体ねじる。右親指を立て、壁にはりついてぐりぐり全身を揺らす（図15）。右脚を壁につける。右手と頭頂を壁につける。腰をねじって壁にはりつく。左手を壁につけ、右手を背に回す。右手親指上げ、左手で右肘抱える。くねくねと壁際で揺れる。足交叉して、右手親指上げ、背伸び。ぐらつきながら下手に移動。壁にはりつく。再び足交叉して背伸びで、ぐらぐらと上手に。両手を壁に。左手を背にやってぐらつく。親指を頭の上に立てたまま、しゃがむ。右腕を伸ばして後ろに。「たんつぼだったんですね」で正面を向いて立つ（図16）。「鎖骨のくぼみに」で口をぱかっと開く。口閉じて、ぐらっと揺れながら下手を向く。片足立ち

でぐらぐら。正面を向く。山縣が立つのに合わせて右手を挙げる。親指立て、右手を前に出したまま、体がぐらぐらとうねる。右手を前に置いたまま、体を壁に向ける。ぎゅーっと右手を出し、再び正面向きで立つ。ぐらぐら揺れ、左手を壁につけて観客に背を向ける。「演劇っぽくなってきたぞっと」と言って前に出て、上蓑の両肩をつかみ観客を向く。「挙手しだすぞ」で藤倉の肩に腕を回す。「例えば舞台美術でさえも」で奥の壁を指す。大谷を見つめる。首を上げる大谷の動きを受け取って、二度目「立ち上がって挙手しだすぞ」でさらに前に出て腰を落とし両手挙げる。「例えば舞台美術でさえも」でメガネを取り自分の顔を指す。その姿勢のまま、「『ドッグマン脳ライフ』始まってます」（図17）。

⑻**大谷**――L字枠をつくる木箱を少し前へ。ズーッ。その姿勢から、山縣が飛び込んできて倒れるのを受けて、ふっと後ろに倒れ床に手をつく（非注意トラックにおける変状の連鎖）。中腰で、立ち上がり、右手で壁を押し（図15）、ぐるっと回って両手で後ろ手に壁を押し、踵の浮いた後ろ歩き数歩。両手を床に。左足で立って壁に両手つき、ふっと手を放ち、前傾姿勢で大きく重く後ろに下がり、壁に両手をついて低い姿勢。左手で壁を押して体を飛ばし、低い姿勢のままぐるっと回る。左手で左足をつかみ、箱に右手をついて、左足を壁に、足滑り落ちる。右手を壁について体支え、右足を壁に、左手壁についてぐるっと回り、床に右手ついて落ちる（この間、山縣は「七転び、八転び」の動き。「落ちる」動きに関連が感じられる）。立ち上がり、右足を壁につけてシュッと滑りながら蹴り、勢いで奥の壁に左手をついて押し、右の壁に両手ついて滑り落ちる。立ち上がり、左足を左手で持ち上げ、手を入れ替え右手で左足裏をパチンと叩く。左手で後頭部をつかんで引き、両手両足下ろし、ベルト持ち上げ、左手で何かつかんでは引っ張る動作数回、右手で引き、そのまま股の下にぶらんと手を落とす。顔を上げ、中腰前傾で両手ぶらんぶらん、ぐっと胸を張り、またぶらんぶらん。両手上げ、中腰で伸び。両手を下ろし、股の下からぶわっと上げる。足から体をひねる、腰でリズムをとりつつ両肩の臭いを嗅ぐ、ぐーっと腰を落とす。腕を軽く曲げて前後運動、壁に左肘をつけて左前腕旋回、その手を見つめる。右腕の臭いを軽く嗅ぐ。木箱の一つに両手をついてぐっぐっぐっと力を入れ、ズーッとずらす。見上げる。左手でカーテンを開けるような仕草、ひょいひょいひょいと歩いて奥へ。木箱に指を立てて前方に走る。右手でペットボトルつかみ持ち上げ下ろす。下を向いてひょいっと壁側に飛ぶ、ひょいっと木箱側に飛ぶ、ズズッとずらす。「子供の頃の記憶にふっと意識が飛んでしまう事ってありゃしません？」の台詞で後ろ髪をつかみ後ろ歩き（記憶に「引っ張られる」ようだ）。右腕で顔を拭く、ひょいひょいひょいと前に出て、木箱をつかむ。じーっと矢野の背を見ながら、少しずつ腰を落とす（このとき矢野も同期して腰を落とす）、壁に左手を後ろ手でついて、右手でぐいっと紐のように宙を引く（すると矢野が後ろに下がり始める）。後ろを向いて、体軽く反らせ、前傾して両太腿触り、「ヤンキーみたいなボンタン飴…」で腰を深く落とす。両手を腰の後ろに回し、尻を突き出した中腰で立ち上がる。左手を背中から回して右腕つかみ、腰を振る、右手でピロピロピロとかき混ぜる仕草、次いでぐるっと半周回る。両手外してぶらぶら。奥へ（図16）。観客見ながら、肩を少し入れ、横向いて歩く。ふわっと上向き、両手軽く上げ、右手出して何か払う仕草、左手で何か払う仕草。木箱をつかみ、矢野が山縣を跳び越すタイミングでズズッと動かす。隣の木箱を横にズズッと。もう一つズズッと。そのまま前傾で箱の臭いを嗅ぐ。もう一つズズッ。箱の臭いを嗅ぐ。箱に指を立て、ザーッと音を立てて前方に走る。そのまま曲がって壁に肩

をつけ奥へ走る、Yシャツがシャーーッと音を立てて擦れる。箱に手をつく。臭いを嗅ぐ。矢野の叫びが始まる。中野の方を見て、また臭いを嗅ぐ。一つずつくり返し臭いを嗅ぐ。右手で後ろ髪をつかんで後ろに歩く。中腰で、腕から体をねじって回転、ぐるぐる回り、上を見て何か振り払う、顔を拭う。肩を回す。一度目の「ドッグマン脳ライフ、始まってます」でしばし中腰で静止し、観客を見る。後ろに歩き、軽く首を上げる。このとき横田が大谷を見つめているが大谷は見ない。中腰。二度目の「舞台美術でさえも」で横田を見つめる（図17）。

フロアに揺れ動く身体が四以上になるともはや見通しがきかない。役者たちの身体は、一所に注目すると他が背景化・非注意化する、八つないしそれ以上のトラック[★36]において同期－非同期的なビートを刻み、その気配の全体で、観客の身体を内側から揺り動かす。トラックを構成する役者たちは互いに無関連化しつつ、しかし影響を受け合いながら変状する。観客もまた変状する。観客の思考する身体は、言語／身体／記憶を横断する複雑な記号連鎖に触発され、揺れることで、フロアの記号連鎖の一部となって「踊り」だす。

6　リフレイン

回想の群舞が過ぎる。「祭りの後」の時間が始まる。

奥の壁際にいた横田がフロア前面に出て靴と靴下を脱ぎ、話し・動き始める。その動きには、厳密ではないが次のようなストロークの反復がある。基本は中腰の前傾姿勢で、

観客席を右手で指差し→右手握り→右腕を顔の前に→右手あげて→右手開く→右手握り→右腕を下げ→右の拳で左胸をバチンと叩く→右手親指を立てて前に出す→大谷の方を

振り返る↓顔を前に戻す↓右腕垂れる。

各ストロークには歌の「こぶし」をつくるような揺れがあり、ストローク間には「ため」がある。その動きに、台詞が乗せられていく。

横田——［……］［右の拳をあげて↓開く］バイトして［右手下げ、上半身下げつつ、右手握り］ないって言ってる役者ってだい［右の拳で左胸バチンと叩く］たい［右手親指を立ててゆっくり前に出し↓ふと大谷の方を振り返る（図18）↓腕上げ下げ、片足浮いて、顔を前に戻す↓腕上げ下げ、首傾けて］実家住まいで［右手を顔の前に］プチボン［観客指差す］ボン。俺バイ［別の観客を指し］ト掛け持ち［自分の顔を指差す。揺れ、右腕垂れ、上半身揺らして、右腕を体に引きつけつつ腰を上げ］舞台は［揺れ、右手挙げ］ノーギャ［顔を揺らしつつ、右手開き］ラ。［踵・腰が持ち上がり］作［踵・腰落ち、右手握り］り笑顔に［右腕垂れ］○円［口を真一文字に閉じて、右の拳を胸へ、顔を左右にぶんと振ってから前を向き］提示［右手親指を立てて前に出す］。［……］

動きのタイミングは言葉の切れ目と同期せず、立ち上がりをずらしたり速さを変えたりしながら、言葉の合間を縫っていく。動きのシークエンスは言葉のシークエンスとの間に変動する距離をつくる（振付メモには、親指と名詞のタイミングをずらすこと、親指と大谷を振り返る動きの方向を分裂させることについてだと思われる図がある。図19）。

横田の場合に顕著だが、各役者には、それぞれに特有な動きの「リフレイン」が与えられている。中野の壁に頭をつける動き、藤倉の背を反る動きも、一種の持続するリフレインだ。

図18

このそれぞれに特異な動作のリフレインが、台詞のシークエンスと非同期的に絡まり、言葉と身体の間に距離を孕む特異な言語＝身体的形象をつくる。形象たちはフロアに布置され、自閉的に展開しながら他の影響を受けつつ変状し、多声の「演奏」を展開する。

7　多重体と思考

横田の背後で、椅子に座る上蓑が始める。

上蓑——あ、そんで彼の家に横浜線？［右脚伸ばす、左脚伸ばす］横［右腕伸ばす］須賀線？［左腕伸ばす］あれ何線だ？［顎左肩に］千葉まで延びてる［顎右肩に］やつ。

椅子に座ったまま上蓑が両腕を前に伸ばすと、「線路としての腕」が発生しかける（図20）。両肩を行き来する顎は、二つの路線＝腕を選択肢にする。左手で携帯を見るような仕草。伸ばしたままの右腕に横田が靴下を履かせる。横田の身振りは、前節から続く胸バチンのリフレインに織り込まれている。

藤倉が上蓑に応えて「ああ、横須賀線かな？　彼氏千葉の人なの？」と言う。上蓑はその台詞の始まりにかぶせて、藤倉の言葉をまったく聞かずに次の台詞を言う。

上蓑——あ、ヤバチババチバチヤバチバディズニー。チババチバチトラブルヤバチバディズニー[★37]。

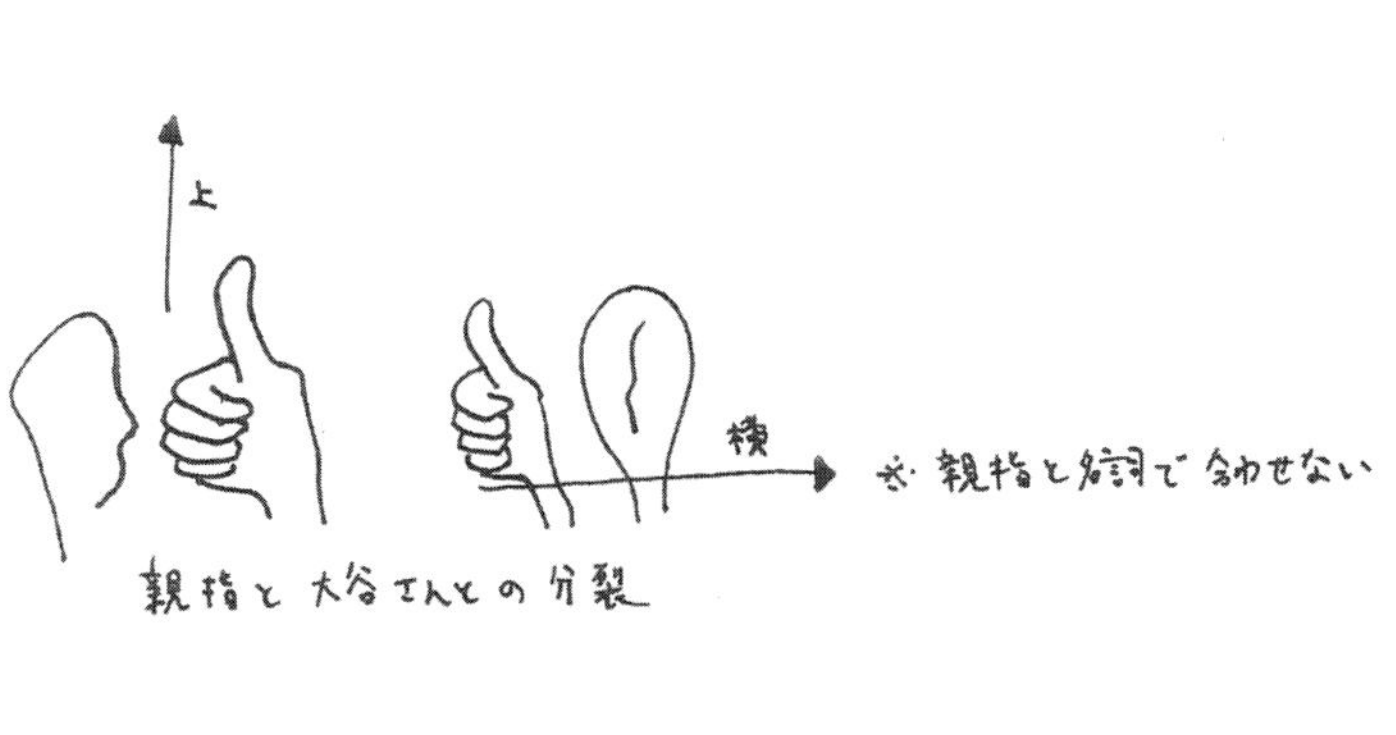

図19——「親指と大谷さんとの分裂」（『ドッグマンノーライフ』俳優（横田）による振付メモより）

藤倉は上蓑を聞く＝応答の場を共有するが、上蓑は藤倉を聞かない＝場を共有しない。二人の「会話」は以降も非対称的だ。

藤倉は両手を挙げて背中を強く反らす、固有のリフレインを続けている。中野もまた、頭頂を壁につけ不安定に揺れる固有のリフレインを続けている。横田は藤倉の隣で胸バチンのリフレインを続けている。後上方に伸びた藤倉の手が、横田のメガネに触れ、それを取る。横田は固有のリフレインを続けながら、取られたメガネを顔で受け取ろうとする。役者たちは互いに無関連化したまま、部分において物体的に連鎖している。藤倉-横田の連鎖は、上蓑の動きと知覚的に拮抗するトラック――一方に注目すると他が背景化する――でおこなわれる。この拮抗に対して、さらにもう一段非注意化した暗がりの中では、大谷の固有リフレインがダンサブルな無音楽ビートを刻み続けている。

上蓑が自身の左手を見ながら言う。「[……]あ、鉄平も仕事終わって帰宅してくるタイミン。で私もう上がり込んで飲んでるんだけど鉄平がコンビニとかで明太子パスタの大きいやつ」。「あれ大きいよねー……」と藤倉が言いかけたところで上蓑がかぶせる。「あ、鉄平って彼氏の名前なんだけど工場終わって……」。二人は同じ時空間に存在するとともに存在しない。いま・ここの単一性が応答の非対称性によって無関連的二層に分離し、いわば「同時不発的」な会話を構成する。

同じ内容の会話が、今度は中野-上蓑間で反復される。上蓑は中野に対しても台詞をかぶせ、無関連的分離が強化される。中野は足を引きずりながら後ろ歩きで上蓑に近づく。

図20

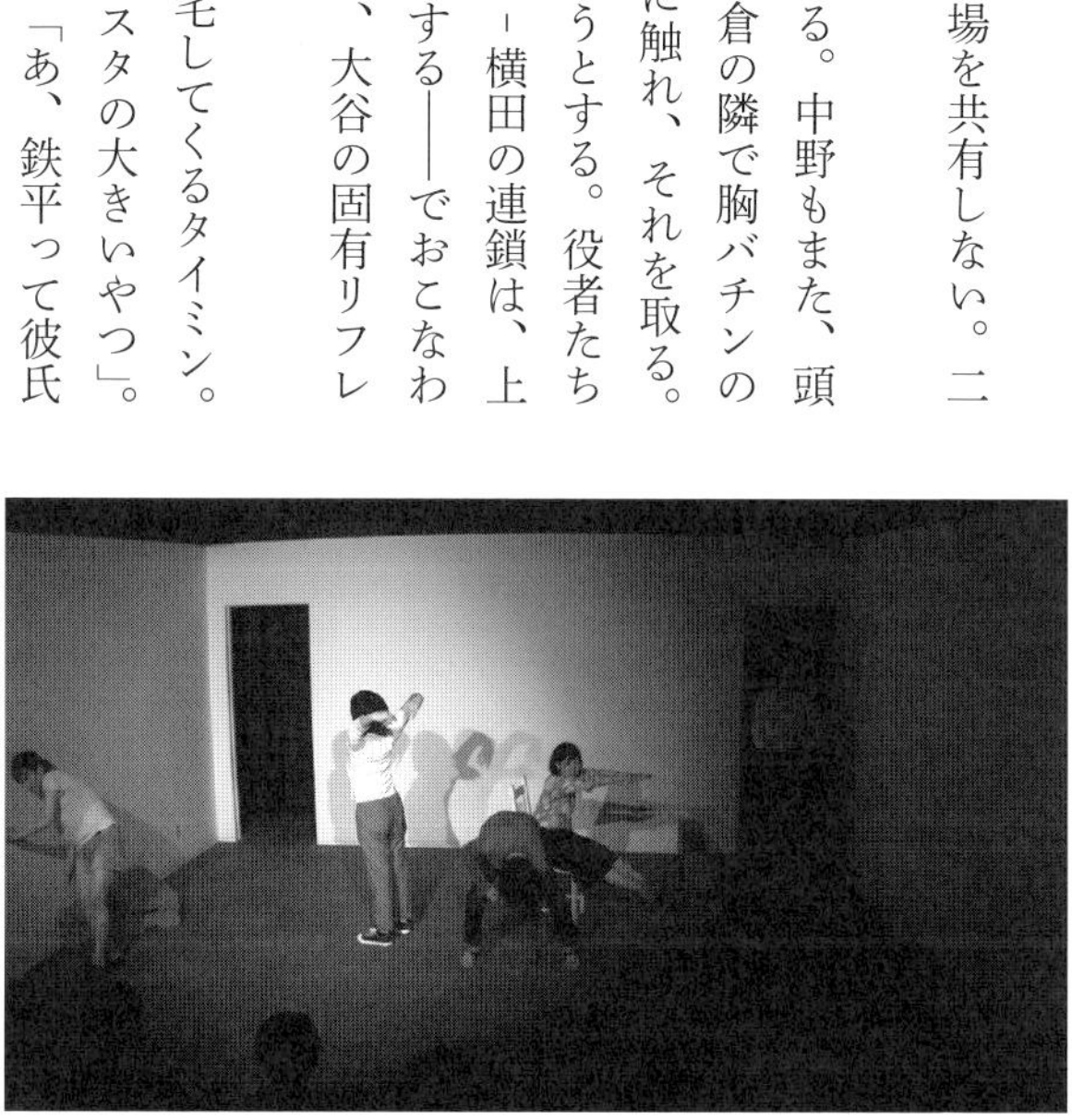

上蓑——あ、ヤバチババチバチヤバチバディズニー。チババチバチバチトラブルヤバチバディズニー。あ、ヤバチババチバチヤバチバディズニー。チババチバチバチトラブルヤバチバディズニー。あ、ヤバチババチバチヤバチバディズニー。チババチバチバチトラブルヤバチバディズニー。

上蓑が同じ台詞を三回くり返す間、中野は上蓑の肩から手にかけて指でトトトトッと「歩く」仕草をし、手の先端まで来ると観客の方を見て投げキッスをし、戻りながら背中で横田に衝突することを六回半くり返す（図21）。上蓑の言語＝身体的リフレインによって導入された、中野の新しいリフレインだ。上蓑はこれに反応しない。横田はこの直前、自身のリフレインをしながら床に落ちていた靴下を拾い、背を反らし続ける藤倉の右手に履かせている。藤倉もこれに応答しない。

このとき藤倉－横田－中野－上蓑の間に生じている連鎖関係は複雑だ。藤倉－上蓑と中野－上蓑の非対称的な「会話」、四人の身体の機械的な接触・衝突、言語＝身体的（比喩）形象の異なる場所における分有・同調（上蓑の腕の「線路」化とその上での中野の「歩行」、上蓑の擬態語「バチバチ」と中野－横田の「バチンバチン」という衝突と「千葉《チバ》」、上蓑と藤倉がともに「片手」に履く「靴下」）、藤倉－中野の台詞の反復。それぞれに異なる部分・異なる形で生じる連鎖は、個々の人格どうしの関係に回収されない。役者たちは人格的無関連性を保ったまま諸部分において多重に結合し、言語／身体／記憶の部分的連鎖を折り畳む多重体となる。

多重体に生じる出来事は、人格の回路を通らず、人間どうしの「劇」に収斂しない。しかしそれは抽象的形態を組み立てるダンスではない。諸個体を内側から分割しつつ複数の個体

図21

を横断し、言語／身体／記憶を交叉させる特異な複数の系列を作り出し・折り畳む、諸記号の超個体的連鎖としての「思考」である。[★38] 観客はこの諸記号連鎖の全体に触れて変状しつつ、理解を内側から踊ろうとする。

中野は上蓑を一方的に見つめながら踵で歩き、非対称的な「会話」を続け、腰を落として上蓑の太腿をバチバチと叩く。「私は自分に鏡越しにラリホーやれないホー」[★39]。そのまま中野の体が横にずれ、手を振り下ろす動作だけが宙にリフレインする。動作は一時的に連結し、また分解する。横田は自身のリフレインを続ける。藤倉は背中を反らし続ける。大谷は上手奥の開口部に顔を突っ込んで横たわっている。下手奥の開口部から、両手に靴下を履いた矢野が出てくる。

8　犬たち

両手を床、両足を壁につけた無理のかかる姿勢で矢野が言う（図22）。

矢野――ねいやー。いやみんながね、他のキャストがね、お客様の大切な泡立てて言うとくそつまんねえクレームの着ボイス見てこれ三輪《みのわ》さんの事じゃないって小汚え笑い顔で言ってんの。

言葉の微妙な誤用（「泡立てて言うと」、「クレームの着ボイス」、「小汚え笑い顔」）が重ねられる。その言い方は通常しない、しかし可能であるという領域だ。複数の習慣的語句が交雑し、動き始め

図22

る。矢野が両足を下ろす。四つん這いでやや痙攣する。

矢野――ぽいすー。改めまして文言を述べますとお客様への対応？というかもうちょっと細かく網の目すると言葉使い？がちょっと狭いお客さんのたてがみに触れたのかなっていうね。

過剰な婉曲表現が新たな語法を生み（「改めまして文言を述べますと」「細かく網の目」）、逆鱗《げきりん》／たてがみの言い間違いが、逆鱗に触れる／たてがみ／髪を逆立てるを圧縮しつつ、可能な用法として新たに形象化する。言語は生々しく身体との関わりを作り直す。矢野が話しかけている三輪さん＝上蓑はこの間、椅子の上に不安定に立ち上がり、また崩れ落ちて首を背もたれに掛け、椅子から落ちて四つん這いになる。中野は床に膝をついて壁に頭をつける。藤倉は背中を反らす。横田は自身のリフレインを無関係に続けている。その背後で、矢野が言う。

矢野――三輪さんこっち来て無いじゃない？実家ってひじの辺りでしょ？方言まだ抜けてないやろうし。僕も方言が完全に抜けるのには半年ぐらいはげにまっこともっこす。

「方言」という地理と結びついた言語の習慣が示唆される。地理は身体にアナロジーされる（「実家ってひじの辺りでしょ？」）。矢野は自分の口に靴下をつっこみ、モゴモゴと言い続ける。音楽★40が始まる。照明が落ちていく。ひっくり返った椅子の上に寝転ぶ上蓑が、約二分間遅れて、完全に非同期化した「応答」を返していく（図23）。

図23

上蓑――あ、なんか用すか?お、とりあえず今フラット聞いてていいですか?それとも当事者感覚?[……]あ、そんなこと私してます。してますか?ま、とりあえずまだ気持ちをゴマ和えにせず無自覚な部分をできるだけ自覚的にもう一度踊ってみます。[……]

スーパーの中間管理職だと思われる矢野は、「監督者」かつ「被監督者」であり、そのどちらにも安定しない。営業・男性・地方出身・中間管理職という構造的布置において、パートの女性との関係・他のパートとの関係・客との関係・上司との関係・「標準語」との関係・また自己言及的に演出家との関係において、何重にも拘束された身体のリアリティを、山縣は矢野に振り付けている。他者の視線を通して自らを「正しく」造形しようとして、むしろ歪形化していく身体。その身体は、無関連的なフロアの他の身体とも変状でつながっている。無論、観客とも。

ラストシーン、L字枠をつくる木箱が移動し、大谷がフロアの前にくる。すると三人の女たち(上蓑・中野・松村)はフロアの「奥」に行き、ぎりぎりまで息を止めては、前に出て吐き、また奥に戻り息を止めることをくり返す。★41 木箱は、大谷とともに観客を取り囲んでいる(図24)。どちらが「奥」か?

社会的解放が描かれるわけではない。変革の訴えもない。だが、現在がたんに肯定されているのではない。山縣は、現在の日本に生活する者たちが深く埋め込まれているところの諸習慣を、複数のレベルで滑脱させ、動く生き物にする。習慣は表象=再現されず、むしろ役者と観客それぞれの身体から直に引き出され、揺らされる。

図24

山縣の方法は、言語と身体と記憶を一定の形式に拘束する、個体史的／社会史的／自然史的習慣をリアルに揺らし、そこに潜在する動揺に働きかけ、誇張し、さらに揺らす。そのとき私たちから、見通すことのできる「未来」が消える。習慣が予示する未来の先行的輪郭が失われる。先の見えない現在のカーブに体を押し当てて高速で曲がり続けるような、力のグルーヴが現れる。私たちの言語／身体／記憶シークエンスは圧縮され、混乱し、再び遠心的に分岐し始める。それは観客を巻き込む、おそろしく楽しい群舞である。

オフィスマウンテン『ドッグマンノーライフ』（初演）
日時：二〇一六年六月一日（水）―六月一三日（月）全一四回◎会場：STスポット（横浜市）◎作・演出・振付：山縣太一◎出演・振付：松村翔子、山縣太一、上蓑佳代、中野志保実、矢野昌幸、横田僚平、藤倉めぐみ、大谷能生◎音楽：大谷能生◎音響：牛川紀政◎制作：オフィスマウンテン

★1——「山縣太一『ドッグマンノーライフ』」STスポット、http://stspot.jp/schedule/?p=394（二〇一九月六月一八日アクセス）

★2——著者が企画・参加した、山縣太一によるワークショップ「それぞれのからだことば」（二〇一六年一一月、横浜国立大学）において山縣は、各自の身体の（本人にとって気になる）特質を捉え、それを凝縮して一挙に「振付」に変える方法を示していた。

★3——「稽古場インタビュー　山縣太一×大谷能生「ドッグマンノーライフ」」『BONUS』スペシャル・イシュー、http://www.bonus.dance/special/07/（25:00–　二〇一九年八月二日アクセス）。

★4——前掲インタビュー、33:10–。

★5——本論の執筆にあたり、オフィスマウンテンから映像資材を借りることができた。記して感謝する。本作の戯曲（脚本）と俳優による振付メモは以下に採録されているが、役名と一部の語句表記が会場で販売されていたものと異なる。本論では会場販売の戯曲の表記に従いつつ、映像資料で用いられていた台詞を表す。山縣太一・大谷能生『身体《ことば》と言葉《からだ》』新曜社、二〇一九年。

★6——戯曲には一部の台詞を除いて役者の姓がそのまま示されていた。本論はこれに従う。なお当日パンフレットには役名が以下のように記されていた。山縣——Y野、大谷——軒下じめろう、松村——軒下じめろうの妻、上蓑——三輪、中野——シ・ボミ、矢野——矢野《やいの》、横田——立川、藤倉——マグミ。「三輪」以外の役名が劇中で呼ばれることはないが、Y野《わいの》と矢野《やいの》が交換可能な名前であることは劇構造上意味を持つだろう（またその名には「やいのやいの」という決まり文句が埋め込まれている）。劇中重要な位置にある「多々良さん」は、役名としては存在せず、複数の役者間を循環する。

★7——一九八〇年代後半から一九九〇年代前半にかけて、渋谷にたむろした若者不良集団のこと。後に他の地域の不良もそう呼ばれるようになった。

★8——台詞と動きは実際には「交互」ではなく「同時」に、しかし立ち上がりのタイミングをずらして非同期的に進行する。本論における記法は、台詞と動きの立ち上がりのタイミングの非同期性を強調している。

★9——figureという語には「人物の形」と「比喩表現」という言葉と身体を横断する意味がある。本論では、言葉＝身体複合体を指して「形象」という語を用いる。「形象」という語には静的な印象があるが、ここでは「象」に動きを与え返しつつ、動的・生物的イメージを指しうる概念として用いたい。

★10——一九八〇年代後半から九〇年代前半に全盛だった日本のロックバンド。

★11——「カバン語（portmanteau）」とは『鏡の国のアリス』に由来し、複数の語の一部を組み合わせて作られた語のこと。例：「しなやか（lithe）」＋「ぬるぬるしている（slimy）」→「ぬなやかな（slithy）」（ルイス・キャロル『鏡の国のアリス』河合祥一郎訳、角川文庫、二〇一〇年、一二三頁）。

★12——ジル・ドゥルーズによればカバン語は、二つの異なる系列を圧縮的に共存させながら「分岐」させる。G・ドゥルーズ『意味の論理学』上、小泉義之訳、河出文庫、二〇〇七年、八七—九六頁参照。

★13——スピノザ『エチカ』上・下、畠中尚志訳、岩波文庫、一九七五年参照。人間身体の変状に限定して言えば、スピノザの用語では「情動（affect, affectus）」だが、心理的意味に回収されないよう、ここでは「変状」を用いる。

★14——この間、横田は後頭部にメガネをかけたまま背を向け続けているが、その姿勢の「注意深さ」において、やはり環境の影響を変状として秘かに表現しているように見える。これは微細だが、現実的な感覚だ。

★15——ルビー・モレノ。テレビドラマ『愛という名のもとに』（一九九二）のヒットで有名になったフィリピン出身の女優。

★16——「多々良さん」は名の内に「リズム」を持ち、全体的に多重のリズムで構成されている本作の核を縮約的に表現する。

★17——江戸幕府五代将軍徳川綱吉によって発せられた生類殺生禁止令。特に犬の愛護に厳しかったと言われる。

★18——不倫・浮気調査を専門とした「アーウィン女性探偵会社」を連想させる。横浜を拠点に、相鉄線や京浜急行線に多くの車内広告を展開した。「ダーウィン～」は、それを動物の問題系に掛け合わせる。

★19——「死喩」については以下を参照。鍋島弘治朗『メタファーと身体性』ひつじ書房、二〇一六年、二八七—三一九頁。

★20——『渡る世間は鬼ばかり』。著名なテレビドラマシリーズ（一九九〇—）。姑による執拗な「嫁いびり」が描かれる。

★21——憎まれるような人間がかえって世で威勢をふるう、の意のことわざ。

★22——『渡る世間は鬼ばかり』の嫁役で知られる女優。

★23——プログレッシヴ・ロックの代表的バンド。

★24——本作では「☆《ほし》」等の記号がときに声に出して読まれる。

★25——Wink（バブル期に活躍した日本の女性アイドルデュオ）を連想させる。

★26——ジュディ・オング。台湾出身の著名歌手。「おんがく」と掛けられている。

★27——国際交流を目的とした日本のNGOによる船舶旅行。

★28——著名な料理研究家（一九三七—二〇一四）。テレビ番組等で活躍。

★29——ボンタンアメ（セイカ食品）。遠足お菓子の定番であったと思う。ここではヤンキー（不良）が好んで履いた、ワタリが広く裾が細い変形学生服「ボンタン」に掛けられている。

★30——あだ名、また、相撲の力士の呼び名。力士が四股《しこ》を踏む姿勢と、野糞をする姿勢も掛けられているかもしれない。

★31——水商売の女性の呼び名。オフィスマウンテン第三作『ホールドミーおよしお』（二〇一七）では「源氏名」が、名（言語）とイメージと身体の結び目として用いられる。

★32——「ポンヌフ」の語は『ホールドミーおよしお』でも用いられる。同作のポストパフォーマンス・トーク（二〇一七年五月二五日）において、「なぜ「ポンヌフ」？」と質問した著者に対して山縣は、排便は尻と地面の間に「橋」をつくる、と答えていた。それ自体驚異的な身体感覚である。

★33——ゴフマンの用語では、本番中のダンサーの「こむら返り」や文楽の「人形遣い」や多くの演劇における「観客の身体」の動きのように、その場にまぎれもなく現前しているが、活動の本筋の展開において構造的に無視される（が、ときに目障りなものとして意識される）流れのこと。同時に多数のことが起こる舞台では、認知レベルでの不可避的な選択と非注意化が生じる。山縣の演出では、この非注意トラックの潜在的な表現性こそが活用されている。Erving Goffman, *Frame Analysis: An Essay on the Organization of Experience*, Northeastern University Press, 1986. pp. 201-210. および、安川一「〈共在〉の解剖学——相互行為の経験構成」『ゴフマン世界の再構成——共在の技法と秩序』世界思想社、一九九一年、九頁参照。

★34——山縣作品では、固有名も異なる読みの可能性を分岐させる。『ドッグマンノーライフ』のタイトルには当初、「邦題：犬人間能生」という説明が付いていた（参考：「山縣太一のソロプロジェクト第二弾「ドッグマンノーライフ」に大谷能生が出演」『ステージナタリー』http://natalie.mu/stage/news/181468　二〇一九年八月二日アクセス）。これはおそらく、大谷能生《よしお》の名を、ヴィジュアル系バンド・マイナス人生オーケストラの曲「犬人間よしお」（二〇一二）を介しつつ、大谷→「犬谷」→「犬人間《ドッグマン》」とし、さらに能生《よしお》→「能生《のうライフ》」と読み替えたものだ。戯曲でしか判別できない横田の台詞の表記「ノー」→「脳《のう》」は、この読み替え可能性を示唆する。大手CDショップ・タワーレコードのポスターの有名なフレーズ「NO MUSIC, NO LIFE.」（一九九六—）も連想される。『ホールドミーおよしお』では、タイトルについて次のような驚くべき説明が与えられている。「大好きな大谷能生さんの名前を両手で両サイドからパンと叩いたらおよしおになります。／あとはしようよとおよしなさいよの意味もワインの一口目くらいは含んでいます」（「オフィスマウンテン vol.3　二〇一七年新作公演『ホールドミーおよしお』」山縣太一による公演に向けた挨拶、STスポット、http://stspot.jp/schedule/?p=3563　二〇一九年八月二日アクセス）。名は圧縮され、分裂的に分岐し、フックを掛ける。

★35——矢野は奥を、大谷は横田を見る。

★36——一つの身体の中にも複数の動きのトラックがあり、現れたり非注意化したりする。

★37——この台詞は、オフィスマウンテン第一作『海底で履く靴には紐が無い』（二〇一五）における大谷の台詞を高速でくり返している。「ポンヌフ」等の表現とともに、複数の作品をまたぐリフレインを構成する。

★38——ここでは「思考」を、特定の個体の意識内に局限されない記号連鎖（ある個体の部分が示した徴が他の個体の部分に変状的に反復・変奏され、他でもありえた潜在的な可能性を背景としつつ特定の形の連鎖を実現していくこと）という意味で用いる。

★39——ゲーム『ドラゴンクエスト』シリーズ（一九八六—）における呪文。敵を眠らせる。

★40——ここは戯曲と演出が異なる。

★41——藤倉と横田はさらに「奥」、両開口部の暗がりの中に立つ。

部分的に非言語的な思考に惹かれる。そのような思考を解き明かす芸術学をおこないたいという思いがつねにある。本書は多くの対象を貫きながら、その方法を手探りでつくろうとしてきた思考の過程だ。

本書は二〇〇五年から二〇一九年の間に執筆した文章から構成されている。今回まとめるにあたり、すべての章について加筆し、新しくしている。初出を発表順に並べると以下の通りだ。

第2章――「斬首、テーブル、反-光学――ピカソ《アヴィニョンの娘たち》」小林康夫編『美術史の7つの顔』未來社、二〇〇五年

第8章――「識別不可能性の〈大地〉――ジル・ドゥルーズ『シネマ2＊時間イメージ』」『思想』第九九九号、二〇〇七年

第9章――「バカボンのパパたち」『10＋1』第四九号、二〇〇七年／「石と鉤十字」『10＋1』第五〇号、二〇〇八年

第3章――「マティスの布置――見えないものを描く」柳澤田実編『ディスポジション：配置としての世界』現代企画室、二〇〇八年

第1章――「多重周期構造――セザンヌのクラスター・ストローク」『ユリイカ』二〇一二

あとがき

年四月号
第6章——「断層帯を貫通する——『熱海線丹那隧道工事寫真帖』」『photographers’ gallery press』第一一号、二〇一二年
第10章——「Videmus（われわれが見る）——小林耕平「タ・イ・ム・マ・シ・ン」」「ART iT」二〇一一年（http://www.art-it.asia/u/admin_ed_columns/yMlqrKv6kRTViF4Wowz2）
第11章——「幽霊のグルーヴ——憑依＝参加的不一致」core of bells「怪物さんと退屈くんの12か月——公演の記録と批評」二〇一四年（http://12months.coreofbells.biz/?p=55）
第4章——「屏風の折れ構造と「距離」——菱田春草《落葉》・《早春》を見る」『現代の眼』第六〇九号、二〇一四年
第13章——「『さらば言語よ』についての4つのノート」『ユリイカ』二〇一五年一月号
第12章——「間－時間トラベル」「Lyota Yagi | Science/Fiction | Performance」二〇一五年（https://www.lyt.jp/sf/performance.htm）
第7章——「異鳴的うなり——ロバート・スミッソン『スパイラル・ジェッティ』」西村智弘・金子遊編『アメリカン・アヴァンガルド・ムーヴィ』森話社、二〇一六年
第5章——「合生的形象——ピカソ他《ラ・ガループの海水浴場》における物体的思考プロセス」『表象』第一一号、二〇一七年
第14章——「ノー・フューチャー——『ドッグマンノーライフ』」「Writings」二〇一七年（http://hirakura.blogspot.com/2017/06/blog-post_23.html）
序　章——書き下ろし

各章のあいだには、アイディア群の断層と反響、不連続な発達が感じられるだろう。本書もまた、複数の時間をまたいで形成された複合的形象である。この間、調査・執筆・編集・印刷を通してお世話になったすべての方に、また議論を交わしたすべての方に心から感謝したい。特に本書を物体化するにあたって、編集者の神部政文氏、装丁家の山田和寛氏と細部にわたる協働ができたことをありがたく思う。なお本書の研究の一部は、JSPS科研費26870204（5・7・14章）、19K00129（序章）の助成を受けている。

この一〇年間は、三人の子育てに明け暮れた一〇年でもあり、生きることと考えることが根底から再編された。私の意識から独立した、他のものたちに多方向に引かれながらかたちづくられる生であり、そのことは本書の主題にも影響を与えている。

平倉　圭

二〇一九年八月一日　横浜にて

あ 行

か 行

さ　行

た　行

な　行

は　行

ま 行

や 行

ら 行

あ 行

か 行

さ 行

た　行

な　行

は　行

ま 行

や 行

ら 行

わ 行

秋丸知貴「近代絵画と写真（三）——後印象派・新印象派を中心に」『近代絵画と近代技術——ヴァルター・ベンヤミンの「アウラ」概念を手掛りに』.（http://tomokiakimaru.web.fc2.com/modern_painting_and_the_photography_3.html）
天野知香「過程にある絵画」『マティス展』カタログ，国立西洋美術館，2004年，8–24頁.
天野知香「マーグ画廊におけるマティス展覧会——1945年12月7日－12月29日」『マティス展』カタログ，国立西洋美術館，2004年，128–133頁.
荒川徹「包含、屈折、反響——ドナルド・ジャッドのパースペクティヴ」『表象』第8号，2014年，142–157頁.
Arnheim, Rudolf, *The Genesis of A Painting: Picasso's Guernica*, University of California Press, 1962.
Auric, Georges, *Le Mystère Picasso*, Éditions Choudens, 1957.
Bacon, Francis, *Sylva Sylvarum: Or, a Natural History in Ten Centuries*, Kessinger Publishing, 1997(1670).
Baker, George, "The cinema model," *Robert Smithson: Spiral Jetty*, edited by Lynne Cooke and Karen Kelly, University of California Press in cooperation with Dia Art Foundation, 2005, pp. 79–113.
Baker, Kenneth, "Talking with Robert Smithson," *Robert Smithson: Spiral Jetty*, edited by Lynne Cooke and Karen Kelly, University of California Press in cooperation with Dia Art Foundation, 2005, pp. 147–162.
Ballard, J. G., "The Waiting Ground," (1959), *The Complete Short Stories*, vol. 1, Fourth Estate, 2014, pp. 96–127.（J・G・バラード「待ち受ける場所」柳下毅一郎訳『J・G・バラード短編全集1』東京創元社，2016年，133–166頁.）
Barr, Jr., Alfred H., *Picasso: Fifty Years of His Art*, The Museum of Modern Art, New York, 1946.
Bateson, Gregory, *Steps to an Ecology of Mind*, The University of Chicago Press, 2000(1972).（グレゴリー・ベイトソン『精神の生態学』改訂第2版，佐藤良明訳，新思索社，2000年）.
Bateson, Gregory, *Mind and Nature: A Necessary Unity*, Hampton Press, 2002(1979).（グレゴリー・ベイトソン『精神と自然——生きた世界の認識論』改訂版，佐藤良明，新思索社，2001年.）
Bateson, Gregory and Bateson, Mary Catherine, *Angels Fear: Towards an Epistemology of the Sacred*, Hampton Press, 2005(1987).（グレゴリー・ベイトソン＋メアリー・キャサリン・ベイトソン『天使のおそれ——聖なるもののエピステモロジー』新版，星川淳訳，青土社，1992年.）
Baxandall, Michael, *Patterns of Intention: On the Historical Explanation of Pictures*, Yale University Press, 1985.
Bazin, André, "Un film Bergsonien: *Le Mystère Picasso,*" *Qu'est-ce que le cinéma?*, Éditions du Cerf, 2011(1975), pp. 193–202.（アンドレ・バザン「ベルクソン的映画，『ピカソ 天才の秘密』」『映画とは何か』上，野崎歓・大原宣久・谷本道昭訳，岩波文庫，2015年，330–346頁.）
ベンヤミン，ヴァルター「言語一般および人間の言語について」浅井健二郎訳『ベンヤミン・コレクション1　近代の意味』浅井健二郎編訳，ちくま学芸文庫，1995年，7–36頁.
ベンヤミン，ヴァルター「模倣の能力について」内村博信訳『ベンヤミン・コレクション2　エッセイの思想』浅井健二郎編訳，ちくま学芸文庫，1996年，75–81頁.
Bennett, Jane, *Vibrant Matter: A Political Ecology of Things*, Duke University Press, 2010.
Berger, John, "Clouzot as Delilah," *Sight and Sound*, 27(4), 1958, pp. 196–197.
Bernard, Émile, et al., *Conversations avec Cézanne*, édité par P.M. Doran, Macula, 1978.（P・M・ドラン編『セザンヌ回想』高橋幸次・村上博哉訳，淡交社，1995年.）
ブラック，アーチバルド『トンネルの話』平山復二郎訳，岩波書店，1939年.
Bois, Yve-Alain, "Painting as trauma," *Art in America*, June 1988, pp.130–141, 172–173.
Bois, Yve-Alain, "Kahnweiler's lesson", *Painting as Model*, MIT Press, 1993, pp. 65–97.

Bois, Yve-Alain, “On Matisse: the blinding,” translated by Greg Sims, *October*, 68, Spring 1994, pp. 60–121.

Bois, Yve-Alain, *Matisse and Picasso*, Flammarion, 1998.（イヴ＝アラン・ボア『マチスとピカソ』宮下規久朗監訳，関直子・田平麻子訳，日本経済新聞社，2000年.）

Bordwell, David, “ADIEU AU LANGAGE: 2 + 2 x 3D”, *Observations on Film Art*, September 7, 2014.（http://www.davidbordwell.net/blog/2014/09/07/adieu-au-langage-2–2-x-3d/）（デヴィッド・ボードウェル「2+2×3D――『さらば，愛の言葉よ』のナラティヴ構造」滝浪佑紀・堀潤之訳『ユリイカ』第47巻第1号，2015年1月，129–140頁.）

Brassaï, Gyula Halász, *Conversations avec Picasso*, Gallimard, 1964.（ブラッサイ『語るピカソ』飯島耕一・大岡信訳，みすず書房，1968年.）

Bruneau, Zoé, *En attendant Godard, chapitre I, chapitre II*, Editions Maurice Nadeau, 2014.（ゾエ・ブリュノー「ゴダールを待ちながら」長野督訳『ユリイカ』第47巻第1号，2015年1月，112–128頁.）

Cabanne, Pierre, *Le Siècle de Picasso*, 3, *Guernica et la guerre* (1937–1955), Nouvelle édition, Denoël, 1992.（ピエール・カバンヌ『続 ピカソの世紀――ゲルニカと戦争，そして栄光と孤独 1937–1973』中村隆夫訳，西村書店，2016年.）

Cachin, Françoise, et al., *Cézanne*, H. N. Abrams in association with Philadelphia Museum of Art, 1996.

Caillois, Roger, “Mimétisme et psychasthénie légendaire,” *Le Mythe et l'homme*, Gallimard, 1987(1938), p. 86–122.（カイヨワ，ロジェ「擬態と伝説的精神衰弱」『神話と人間』久米博訳，せりか書房，1986年，96–135頁.）

Carroll, Lewis, *Through the Looking Glass and What Alice Found There*, Harper Press, 2013(1871).（ルイス・キャロル『鏡の国のアリス』河合祥一郎訳，角川文庫，2010年.）

Changizi, Mark, *The Vision Revolution: How the Latest Research Overturns Everything We Thought We Knew about Human Vision*, BenBella Books, 2009.（マーク・チャンギージー『ひとの目，驚異の進化――4つの凄い視覚能力があるわけ』柴田裕之訳，インターシフト，2012年.）

Childs, Elizabeth C., “Robert Smithson and film: *The Spiral Jetty* reconsidered,” *Arts Magazine*, 56(2), October 1981, pp. 68–81.

Clark, Andy and Chalmers, David J., “The extended mind,” *Analysis*, 58(1), January 1998, pp. 7–19.

Clark, Andy, *Natural-Born Cyborgs: Minds, Technologies, and the Future of Human Intelligence*, Oxford University Press, 2003.（アンディ・クラーク『生まれながらのサイボーグ――心・テクノロジー・知能の未来』呉羽真・久木田水生・西尾香苗訳，春秋社，2015年.）

Clark, Andy, *Supersizing the Mind: Embodiment, Action, and Cognitive Extension*, Oxford University Press, 2008.

Clark, T. J., “Pollock's smallness,” *Jackson Pollock: New Approaches*, edited by Kirk Varnedoe and Pepe Karmel, The Museum of Modern Art, New York, 1999, pp. 15–31.

Clark, T. J., “The unhappy consciousness,” *Farewell to an Idea: Episodes from a History of Modernism*, Yale University Press, 1999, pp. 298–369.

Clark, T. J., “Phenomenality and materiality in Cézanne,” *Material Events: Paul de Man and the Afterlife of Theory*, edited by Tom Cohen et al., University of Minnesota Press, 2001, pp. 93–113.

Clark, T. J., *Picasso and Truth: From Cubism to Guernica*, Princeton University Press, 2013.

Clifford, James, *The Predicament of Culture: Twentieth-Century Ethnography, Literature, and Art*, Harvard University Press, 1988.（ジェイムズ・クリフォード『文化の窮状――二十世紀の民族誌，文学，芸術』太田好信・慶田勝彦・清水展・浜本満・古谷嘉章・星埜守之訳，人文書院，2003年.）

Cocteau, Jean, *Le Passé défini*, tome IV, journal 1955, Gallimard, 2005.

Colpi, Henri, “Comment est né “*Le Mystère Picasso*”,” *Cahiers du cinéma*, 58, avril 1956, pp. 2–9.

Conzen, Ina, ““Suspended motion”: Picasso's bathers,” *Picasso: Bathers*, Staatsgalerie Stuttgart, 2005, pp. 15–177.

Coquet, Michèle, “Le double drame de la création selon *Le Mystère Picasso* (1956) d‘Henri-Georges Clouzot,” *Gradhiva*, 20, 2014, pp. 138–167.

core of bells「「怪物さんと退屈くんの12ヶ月」について」2014年.（http://i66589.wixsite.com/coreofbells2/about）

core of bells「我々は何故隠れるに至るか」『ドキュメント｜14の夕べ‖パフォーマンスのあとさき、残りのものたちは身振りを続ける』東京国立近代美術館編，青幻舎，2013年，262–266頁.

core of bells『「怪物さんと退屈くんの12ヵ月」全記録』CHAOZ CHAOS，2015年.

Corfield, David and Fabrice Aragno (interview), “Equipment,” “Workflow,” *Canon Professional Network: Jean-Luc Godard Feature*, 2014.（http://cpn.canon-europe.com/content/Jean-Luc_Godard.do）

Cowling, Elizabeth, *Visiting Picasso: The Notebooks and Letters of Roland Penrose*, Thames & Hudson, 2006.

Dallas, Paul and Fabrice Aragno (interview), “1 + 1 = 3,” *Film Comment*, November-December 2014.（http://www.filmcomment.com/article/fabrice-aragno-interview）

de Bruyn, Eric. C. H. and Sven Lütticken, “In the vicinity of…: a dialogue on *Broken Circle/Spiral Hill* and/as cinema,” *Robert Smithson, Art in Continual Movement: A Contemporary Reading*, edited by Ingrid Commandeur and Trudy van Riemsdijk-Zandee, Alauda Publications, 2012, pp. 115–133.

Deleuze, Gilles, *Logique du sens*, Éditions de Minuit, 1969.（ジル・ドゥルーズ『意味の論理学』上・下，小泉義之訳，河出文庫，2007年.）

Deleuze, Gille, *L’Image-temps*, Éditions de Minuit, 1985.（ジル・ドゥルーズ『シネマ2＊時間イメージ』宇野邦一・石原陽一郎・江澤健一郎・大原理志・岡村民夫訳，法政大学出版局，2006年.）

Dennett, Daniel C., “Real patterns,” *The Journal of Philosophy*, 88(1), January 1991, pp. 27–51.

Derrida, Jacques, *La Vérité en peinture*, Flammarion, 1978.（ジャック・デリダ『絵画における真理』上・下，高橋允昭・阿部宏慈訳，法政大学出版局，1997–98年.）

Dickie, George, “What is art?: an institutional analysis, ” *Art and the Aesthetic: An Institutional Analysis*, Cornell University Press, 1974, pp. 19–52（ジョージ・ディッキー「芸術とはなにか――制度的分析」今井晋訳『分析美学基本論文集』西村清和編・監訳，勁草書房，2015年，36–62頁.）

Elderfield, John “Describing Matisse,” *Henri Matisse: A Retrospective*, The Museum of Modern Art, New York, 1992, pp. 13–77.

エルンスト，マックス『カルメル修道会に入ろうとしたある少女の夢』巖谷國士訳，河出文庫，1996年.

Fell, Derek, “Cézanne’s vision: the artist’s spirit lives on in his untamed refuge in Aix-en-Provence,” *The Architectural Digest*, 62(12), December 2005, pp. 110–118.

フロイト，ジークムント「ある幼児期神経症の病歴より」（1918）『フロイト著作集』第9巻，小此木啓吾訳，人文書院，1983年，348–454頁.

フロイト，ジークムント「メドゥーサの首」（1922/1940）須藤訓任訳『フロイト全集』第17巻，岩波書店，2006年，371–372頁.

Fried, Michael, “Art and objecthood,” *Artforum*, 5(10), Summer 1967, pp. 12–23.（マイケル・フリード「芸術と客体性」川田都樹子・藤枝晃雄訳『批評空間　臨時増刊号　モダニズムのハード・コア――現代美術批評の地平』1995年, 66–99頁.

Gardner, Martin, *Logic Machines and Diagrams*, McGraw-Hill Book, 1958.

Gasquet, Joachim, *Cézanne*, Bernheim-Jeune, 1921.（ガスケ『セザンヌ』與謝野文子訳，岩波文庫，2009年.）

Geertz, Hildred, *Images of Power: Balinese Paintings Made for Gregory Bateson and Margaret Mead*, University of Hawaii Press, 1994.

Gell, Alfred, *Art and Agency: An Anthropological Theory*, Clarendon Press, 1998.

Gildzen, Alex, ““Partially Buried Woodshed”: a Robert Smithson log,” *Arts Magazine*, May 1978, pp. 118–120.

Gilot, Françoise and Carlton Lake, *Life with Picasso*, Virago, 1990(1964).（フランソワーズ・ジロー，カー

ルトン・レイク『ピカソとの生活』瀬木慎一訳，新潮社，1965年.）
Goffman, Erving, *Frame Analysis: An Essay on the Organization of Experience*, Northeastern University Press, 1986(1974).
Gowing, Lawrence, "The logic of organized sensations," *Cézanne: The Late Work*, edited by William Rubin, The Museum of Modern Art, New York, 1977, pp. 55–71.（ローレンス・ガウィング「組織化された感覚の論理」1〜4，松浦寿夫訳『美術手帖』511（208–215頁）・512（166–173頁）・514（166–172頁）・515（164–170頁）, 1983年.）
Graziani, Ron, *Robert Smithson and the American Landscape*, Cambridge University Press, 2004.
行場次朗「視覚パターン認知」『認知心理学 1　知覚と運動』乾敏郎編，東京大学出版会，1995年，117–141頁.
Haraway, Donna J., *When Species Meet*, University of Minnesota Press, 2008.（ダナ・ハラウェイ『犬と人が出会うとき――異種協働のポリティクス』高橋さきの訳，青土社，2013年.）
Harmetz, Aljean, "Museums reviving 'Picasso' film, a failure in '57," *New York Times*, February 11, 1986, C11.
橋本平八『純粋彫刻論』昭森社，1942年.
林道郎「後期セザンヌ：現象学を超えて」『鹿島美術研究』年報第12号別冊，1995年，489–497頁.
Helfant, Murray H., "A Letter to the President," *Look*, July 28, 1970, pp. 48–53.
平倉圭「鳥の鳴き声を真似る」『現代思想』第 37巻12号，2009年9月，246頁.
平倉圭『ゴダール的方法』インスクリプト，2010年.
平倉圭「時間の泥――ロバート・スミッソン《スパイラル・ジェッティ》」『photographers' gallery press』第10号，2011年，106–113頁.
平倉圭・細馬宏通・畠山宗明「ゴダール，3D，そして運動――映画にとって「深さ」とはなにか?」2015年.（https://vimeo.com/ondemand/genron20150329）
菱田春草，菱田為吉宛書簡（菱田千代代筆，1911年8月29日），「書簡」『菱田春草　続』菱田春夫編，大日本絵画，1978年，48頁.
菱田春草「画界漫言（下）」『時事新報』1910年3月8日，7面.
Hobbs, Robert, *Robert Smithson: Sculpture*, Cornell University Press, 1981.
ホーフマンスタール，フーゴー・フォン「痴人と死」富士川英郎訳『ホフマンスタール選集 1　詩｜韻文劇』河出書房新社，1982年，121–140頁.
堀潤之「ゴダールのデジタル革命と動物のまなざし――『さらば，愛の言葉よ』の3D映像をめぐって」『ユリイカ』第47巻第1号，2015年1月，141–149頁.
石岡良治「抽象からテリトリーへ――ジル・ドゥルーズと建築のフレーム」『10+1』第40号，2005年，184–191頁.
Israel, Nico, *Spirals: the Whirled Image in Twentieth-century Literature and Art*, Columbia University Press, 2015.
梶智就「輪郭線という背理」『現代思想』第41巻1号，2013年1月，188–202頁.
川人光男・行場次朗・藤田一郎・乾敏郎・力丸裕『岩波講座　認知科学3　視覚と聴覚』岩波書店，1994年.
Keil, Charles, "Participatory discrepancies and the power of music," *Cultural Anthropology*, 2(3), August 1987, pp. 275–283.
木村覚・山縣太一・大谷能生「稽古場インタビュー　山縣太一×大谷能生「ドッグマンノーライフ」」『BONUS』スペシャル・イシュー（http://www.bonus.dance/special/07/）
Klady, Leonard, "Return of the centaur," *Film Comment*, 22(2), 1986, pp. 20–22.
Kohn, Eduardo, *How Forests Think: Toward an Anthropology beyond the Human*, University of California Press, 2013.（エドゥアルド・コーン『森は考える――人間的なるものを超えた人類学』奥野克巳・近藤宏監訳，近藤祉秋・二文字屋脩訳，亜紀書房，2016年.）

小泉義之『生と病の哲学——生存のポリティカルエコノミー』青土社，2012年．
國分功一郎『暇と退屈の倫理学』朝日出版社，2011年．
近藤学「マティスと制作プロセスの写真による記録／提示——1945年マーグ画廊における展覧会をめぐって」『鹿島美術研究』年報第19号別冊，2002年，502–511頁．
Krauss, Rosalind E., "Video: the aesthetics of narcissism," *October*, 1, Spring 1976, pp. 50–64.（ロザリンド・クラウス「ヴィデオ——ナルシシズムの美学」石岡良治訳『ヴィデオを待ちながら——映像，60年代から今日へ』東京国立近代美術館，2009年，184–205頁．）
Krauss, Rosalind E., "Re-presenting Picasso," *Art in America*, December 1980, pp. 90–96.
Krauss, Rosalind E., *The Optical Unconscious*, The MIT Press, 1993.（ロザリンド・E・クラウス『視覚的無意識』谷川渥・小西信之訳，月曜社，2019年．）
黒田大祐「橋本平八《石に就て》について」『広島市立大学芸術学部芸術学研究科紀要』第20号，2016年，44–52頁．
Lacan, Jacques, *Le Séminaire*, Livre XI, *Les Quatre concepts fondamentaux de la psychanalyse*, 1964, Seuil, 1973.（ジャック・ラカン『精神分析の四基本概念』ジャック＝アラン・ミレール編，小出浩之・新宮一成・鈴木國文・小川豊昭訳，岩波書店，2000年．）
Latour, Bruno, *We Have Never Been Modern*, translated by Catherine Porter, Harvard University Press, 1993.（ブルーノ・ラトゥール『虚構の「近代」——科学人類学は警告する』川村久美子訳・解題，新評論，2008年．）
Latour, Bruno, *Pandora's Hope: Essays on the Reality of Science Studies*, Harvard University Press, 1999.（ブルーノ・ラトゥール『科学論の実在——パンドラの希望』川﨑勝・平川秀幸訳，産業図書，2007年．）
Latour, Bruno, "What is iconoclash? or is there a world beyond the image wars?," *Iconoclash: Beyond the Image Wars in Science, Religion, and Art*, edited by Bruno Latour and Peter Weibel, ZKM Center for Art and Media, 2002, pp. 14–37（ブリュノ・ラトゥール「聖像衝突」『近代の〈物神事実〉崇拝について——ならびに「聖像衝突」』荒金直人訳，以文社，2017年，149–219頁．）
Lebensztejn, Jean-Claude, *Études cézanniennes*, Flammarion, 2006.（ジャン＝クロード・レーベンシュテイン『セザンヌのエチュード』浅野春男訳，三元社，2009年．）
Liberman, Alexander, "Picasso," *Vogue*, November 1, 1956, pp. 132–137, 180–181.
Libet, Benjamin, *Mind Time: The Temporal Factor in Consciousness*, Harvard University Press, 2004.（ベンジャミン・リベット『マインド・タイム——脳と意識の時間』下條信輔訳，岩波書店，2005年．）
Livingston, Paisley, *Art and Intention: A Philosophical Study*, Clarendon Press, 2005.
Lomas, David, "A canon of deformity: *Les Demoiselles d'Avignon* and physical anthropology," *Art History*, 16(3), September 1993, pp. 424–446.
Loran, Erle, *Cézanne's Composition: Analysis of His Form with Diagrams and Photographs of His Motifs*, University of California Press, 2006(1943).（アール・ローラン『セザンヌの構図』内田園生訳，美術出版社，1972年．）
Lunberry, Clark, "So much depends: printed matter, dying words, and the entropic poem," *Critical Inquiry*, 30(3), Spring 2004, pp. 627–653.
Machotka, Pavel, *Cézanne: Landscape into Art*, Yale University Press, 1996.
Maher, Brendan A., and Manfred Spitzer, "Delusions," *Symptoms of Schizophrenia*, edited by Charles G. Costello, John Wiley & Sons, 1993, pp. 92–120.
Mancusi-Ungaro, Carol C., "Jackson Pollock: response as dialogue," *Jackson Pollock: New Approaches*, edited by Kirk Varnedoe and Pepe Karmel, Museum of Modern Art, New York, 1999, pp. 117–153.（キャロル・C・マンクーシ＝ウンガロ「ジャクソン・ポロック——対話としての応答」近藤學訳『Art Trace Press』第1号，2011年，62–75頁．）
Martin, Reinhold, "Organicism's other," *Grey Room*, 4, Summer 2001, pp. 34–51.

Matisse, Henri, "Notes d'un peintre," *Écrits et propos sur l'art*, Hermann, 1972, p. 40–53.（アンリ・マティス「画家のノート」『マティス　画家のノート』二見史郎訳，みすず書房，1978年，40–56頁.）
松井みどり『アート：“芸術”が終わった後の“アート”』朝日出版社，2002年.
松本透「所蔵作品研究　「画面」とその変容——P・ピカソ作〈ラ・ガループの海水浴場〉（1955年）をめぐって」『東京国立近代美術館研究紀要』第2号，1989年，7–23頁.
Merleau-Ponty, Maurice, "Le langage indirect et les voix du silence," *Signes*, Gallimard, 1960, p. 49–104.（メルロ＝ポンティ「間接的言語と沈黙の声」粟津則雄訳『メルロ＝ポンティ・コレクション 4　間接的言語と沈黙の声』木田元編，みすず書房，2002年，37–129頁.）
Michaud, Eric, "Les sensations de Cézanne," *Critique*, 35(390), 1979, p. 953–963.
三輪健仁「《落葉》の「無－地(non-ground)」について」『菱田春草』展カタログ，東京国立近代美術館，2014年，195–200頁.
モリス，デズモンド『デズモンド・モリスの犬種事典』福山英也・大木卓監修，誠文堂新光社，2007年.
鍋島弘治朗『メタファーと身体性』ひつじ書房，2016年.
Newman, Nick and Héloïse Godet (interview), "'Goodbye to Language' star Héloïse Godet on the Godard process, watching yourself in 3D & more," *The Film Stage*, Oct 27, 2014.（http://thefilmstage.com/features/goodbye-to-language-star-heloise-godet-on-the-godard-process-watching-yourself-in-3d-more/）
大久保恭子『アンリ・マチスの「誕生」——画家と美術評論の関係の解明』晃洋書房，2001年.
岡崎乾二郎『ルネサンス　経験の条件』筑摩書房，2001年.
Oliva, Aude, Antonio Torralba and Philippe G. Schyns, "Hybrid images," *ACM Transactions on Graphics*, 25(3), July 2006, pp. 527–532.
Owens, Craig, "Photography *en abyme*," (1978), *Beyond Recognition: Representation, Power, and Culture*, University of California Press, 1992, pp. 16–30.
Owens, Craig, "Earthwords," (1979), *Beyond Recognition: Representation, Power, and Culture*, University of California Press, 1992, pp. 40–51.
Owens, Craig, "The allegorical impulse: toward a theory of postmodernism," (1980), *Beyond Recognition: Representation, Power, and Culture*, University of California Press, 1992, pp. 52–69.（クレイグ・オーウェンス「アレゴリー的衝動——ポストモダニズムの理論に向けて　第1部（前）」新藤淳訳・解題『ゲンロン1』2015年，212–231頁；同「第1部（後）」新藤淳訳・中野勉監修『ゲンロン2』2016年，258–266頁.）
Peirce, Charles Sanders, *Collected Papers of Charles Sanders Peirce*, volume II, *Elements of Logic*, edited by Charles Hartshorne and Paul Weiss, Belknap Press of Harvard University Press, 1974(1931).
Peirce, Charles Sanders, *Collected Papers of Charles Sanders Peirce*, volume IV, *The Simplest Mathematics*, edited by Charles Hartshorne and Paul Weiss, Belknap Press of Harvard University Press, 1980(1933).
パース，C・S『パース著作集2　記号学』内田種臣編訳，勁草書房，1986年.
『photographers' gallery press』第11号，photographers' gallery，2012年.
Picasso, Pablo, "Picasso speaks," *The Arts*, May 1923, pp. 315–326.
Picasso, Pablo, *Je suis le cahier: The Sketchbooks of Picasso*, edited by Arnold Glimcher and Marc Glimcher, The Atlantic Monthly Press, 1986.
Poe, Edgar Allan, "The Narrative of Arthur Gordon Pym. Of Nantucket," (1838), *Collected Writings of Edgar Allan Poe, The Imaginary Voyages*, edited by Burton R. Pollin, Twayne Publishers, 1981, pp. 53–208.（エドガー・アラン・ポー「アーサー・ゴードン・ピムの冒険」巽孝之訳『E・A・ポー』鴻巣友季子・桜庭一樹編，集英社文庫，2016年，479–745頁.）
ポー，エドガー・アラン「黄金虫」（1843）丸谷才一訳『E・A・ポー』鴻巣友季子・桜庭一樹編，集英社文庫，2016年，183–240頁.
ポー，エドガー・アラン「大鴉」（1845）『対訳　ポー詩集——アメリカ詩人選（1）』加島祥造編，岩

波文庫，1997年，140–161頁.

Poe, Edgar Allan, "The Philosophy of composition," *Critical Theory: The Major Documents*, edited by Stuart Levine and Susan F. Levine, University of Illinois Press, 2009, pp.55-76.（エドガー・アラン・ポー「詩作の哲学」（1846）『ポオ評論集』八木敏雄編訳，岩波文庫，2009年，159–184頁.）

Poggi, Christine, *In Defiance of Painting: Cubism, Futurism, and the Invention of Collage*, Yale University Press, 1992.

Pollin, Burton R., "Notes and comments," *Collected Writings of Edgar Allan Poe, The Imaginary Voyages*, Twayne Publishers, 1981, pp. 215–363.

Quinn, Edward and Roland Penrose, *Picasso at Work*, Doubleday & Company, 1964.

Raphael, Max, "The work of art and the model in nature," *The Demands of Art*, translated by Norbert Guterman, Princeton University Press, 1968, pp. 7–43.

Reff, Theodore, "Cézanne's constructive stroke," *The Art Quarterly*, 25(3), Autumn 1962, pp. 214–227.

Rewald, John, in collaboration with Walter Felichenfeldt and Jayne Warman, *The Paintings of Paul Cézanne: A Catalogue Raisonné*, Thames and Hudson, 1996.

Reynolds, Ann, *Robert Smithson: Learning from New Jersey and Elsewhere*, The MIT Press, 2003.

リルケ『ドゥイノの悲歌』（1923）手塚富雄訳，岩波文庫，1957年.

Roberts, Jennifer L., *Mirror-Travels: Robert Smithson and History*, Yale University Press, 2004.

Rohmer, Eric, "Henri-Georges Clouzot: *Le Mystère Picasso*," (1956), *Le Goût de la beauté, textes réunis et présentés par Jean Narboni*, Editions de l'Etoile, 1984, p. 143–145.（エリック・ロメール「アンリ＝ジョルジュ・クルーゾー『ピカソ――天才の秘密』」梅本洋一訳『美の味わい』勁草書房，1988年，171–175頁.）

Rosenblum, Robert, *Cubism and Twentieth-Century Art*, Harry N. Abrams, 2001(1960).

Rubin, William, "From narrative to 'iconic' in Picasso: the buried allegory in bread and fruitdish on a table and the role of *Les Demoiselles d'Avignon*," *The Art Bulletin*, 65(4), December 1983, pp. 615–649.

Rubin, William, "Picasso," *"Primitivism" in 20th Century Art: Affinity of the Tribal and the Modern*, volume I, edited by William Rubin, The Museum of Modern Art, New York, 1984, pp. 241–343.（ウィリアム・ルービン「ピカソ」米村典子・小林留美訳『20世紀美術におけるプリミティヴィズム――「部族的」なるものと「モダン」なるものとの親縁性 I』淡交社，1995年，241–343頁.）

Rubin, William, "La genèse des *Demoiselles d'Avignon*," *Les Demoiselles d'Avignon*, vol.2, Musée Picasso, Paris, 1988, p. 367–487.

Rubin, William, "The genesis of *Les Demoiselles d'Avignon*," *Les Demoiselles d'Avignon, Studies in Modern Art*, no. 3, The Museum of Modern Art, New York, 1994, pp. 13–144.

Rubio, Fernando Domínguez, "The material production of the *Spiral Jetty*: a study of culture in the making," *Cultural Sociology*, 6(2), 2012, pp. 143–161.

Ryle, Gilbert, *On Thinking*, Blackwell, 1979.（ギルバート・ライル『思考について』坂本百大・井上治子・服部裕幸・信原幸弘，みすず書房，1997年.）

『さらば，愛の言葉よ』上映パンフレット，コムストック・グループ，2014年.

佐々木敦『ゴダール原論――映画・世界・ソニマージュ』新潮社，2016年.

佐々木正人『ダーウィン的方法――運動からアフォーダンスへ』岩波書店，2005年.

沢山遼「ジャクソン・ポロック――隣接性の原理」『Art Trace Press』第1号，2011年，44–60頁.

Schefer, Jean Louis, *L'Homme ordinaire du cinéma, Cahiers du cinéma*, Gallimard, 1980.（ジャン・ルイ・シェフェール『映画を見に行く普通の男――映画の夜と戦争』丹生谷貴志訳，現代思潮新社，2012年.）

節庵（瀧精一）「文部省美術展覧会評（四）」『東京朝日新聞』1909年10月23日，6面.

Shapiro, Gary, *Earthwards: Robert Smithson and Art after Babel*, University of California Press, 1995.

Sheets-Johnstone, Maxine, "Thinking in movement," *The Journal of Aesthetics and Art Criticism*, 39(4), 1981,

pp. 399–407.（マクシーン・シーツ＝ジョンストン「動きという形の思考」瀧一郎訳『芸術としての身体——舞踊美学の最前線』尼ヶ崎彬編，勁草書房，1988年，181–204頁.）
シェリー，メアリー『フランケンシュタイン』（1818）小林章夫訳，光文社古典新訳文庫，2010年.
Shiff, Richard, “Cézanne's physicality: the politics of touch,” *The Language of Art History*, edited by Salim Kemal and Ivan Gaskell, Cambridge University Press, 1991, pp. 129–180.
Shiff, Richard, “Cézanne's blur: approximating Cézanne,” *Framing France: the Representation of Landscape in France, 1870–1914*, edited by Richard Thomson, Manchester University Press, 1998, pp. 59–80.
Shiner, Larry, *The Invention of Art: A Cultural History*, The University of Chicago Press, 2001.
Shinn, Dorothy, *Robert Smithson's Partially Buried Woodshed*, Kent State University School of Art Galleries, 1990.
Simms, Matthew, *Cézanne's Watercolors: Between Drawing and Painting*, Yale University Press, 2008.
Smithson, Robert, “The Spiral Jetty,” *Arts of the Environment*, edited by Gyorgy Kepes, George Braziller, 1972, pp. 222–232.
Smithson, Robert, *The Writings of Robert Smithson: Essays with Illustrations*, edited by Nancy Holt, designed by Sol LeWitt, New York University Press, 1979.
Smithson, Robert, *Robert Smithson: The Collected Writings*, edited by Jack Flam, University of California Press, 1996.
Smithson, Robert, et al., *Robert Smithson: Die Erfindung der Landschaft/The Invention of Landscape: Broken Circle/Spiral Hill & Film*, Snoeck, 2012.
スピノザ『エチカ』（1677）上・下，畠中尚志訳，岩波文庫，1975年.
Steinberg, Leo, “The Algerian women and Picasso at large,” *Other Criteria: Confrontations with Twentieth-Century Art*, Oxford University Press, 1972, pp. 125–234.
Steinberg, Leo, “The philosophical brothel, part 1,” *Art News*, 71(5), September 1972, pp. 20–29.（レオ・スタインバーグ「哲学的な娼窟〈1〉」岩原明子訳『美術手帖』427号，1977年12月，54–79頁.）
Steinberg, Leo, “The philosophical brothel, part 2,” *Art News*, 71(6), October 1972, pp. 38–47.（レオ・スタインバーグ「哲学的な娼窟〈2〉」岩原明子訳『美術手帖』第430号，1978年2月，230–260頁.）
Taine, John, *The Time Stream*, The Buffalo Book Company, 1946.
高階秀爾「菱田春草」（1972, 1990）『日本近代美術史論』ちくま学芸文庫，2006年，297–327頁.
田中純『過去に触れる——歴史経験・写真・サスペンス』羽鳥書店，2016年.
鉄道省熱海建設事務所『丹那トンネルの話』鉄道省熱海建設事務所，1933年.
鉄道省熱海建設事務所『丹那隧道工事誌』鉄道省熱海建設事務所，1936年.
鉄道省熱海線建設事務所『熱海線丹那隧道工事写真帖』東口・西口，鉄道省熱海線建設事務所，1927年.
Thürlemann, Felix, “The Paintings make the painter: remarks on *Le Mystère Picasso*, a film by Henri-Georges Clouzot,” *OJO: Le journal*, December 20, 2012.（http://www.picasso.fr/us/journal/clouzot/texte_article.php）
東京国立近代美術館編『ドキュメント｜14の夕べ‖パフォーマンスのあとさき，残りのものたちは身振りを続ける』青幻舎，2013年.
Truffaut, François, “Henri-Georges Clouzot: *Le Mystère Picasso*,” (1956), *Les Films de ma vie*, Flammarion, 1975, p. 224–227.
Tsai, Eugenie, “Robert Smithson: plotting a line from Passaic, New Jersey, to Amarillo, Texas,” *Robert Smithson*, organized by Eugenie Tsai with Cornelia Butler, The Museum of Contemporary Art, Los Angeles, 2004, pp. 11–31.
鶴見香織「作品目録・解説」『菱田春草』展カタログ，東京国立近代美術館，2014年，202–225頁.
内山田康「芸術作品の仕事——ジェルの反美学的アブダクションと、デュシャンの分配されたパーソン」『文化人類学』第73巻2号，2008年，158–179頁.

上崎千「Rewinding (re-spiraling) “Jetties”」シンポジウム「ランドアートの話」第8回恵比寿映像祭，2016年2月13日.

上崎千・森大志郎「「出版物＝印刷された問題（printed matter)」：ロバート・スミッソンの眺望」『アイデア』第320号，2007年1月，49–66頁.

Uroskie, Andrew V., “*La Jetée* en spirale: Robert Smithson's stratigraphic cinema,” *Grey Room*, 19, Spring 2005, pp. 54–79.

Valero-Cuevas, Francisco J., Jae-Woong Yi, Daniel Brown, Robert V. McNamara, Chandana Paul and Hood Lipson, “The tendon network of the fingers performs anatomical computation at a macroscopic scale,” *IEEE Transactions on Biomedical Engineering*, 54(6), June 2007, pp. 1161–1166.

Verdet, André, *Picasso à son image*, Galerie H. Matarasso, 1956.

Von Domarus, E., “The specific laws of logic in schizophrenia,” (1944), *Language and Thought in Schizophrenia*, edited by J. S. Kasanin, The Norton Library, 1964, pp. 104–114.

Wagstaff, Jr., Samuel, “Talking with Tony Smith,” *Artforum*, 5(4), December 1966, pp. 14–19.

Whitehead, Alfred North, *Science and the Modern World: Lowell Lectures, 1925*, Free Press, 1967.（アルフレッド・ノース・ホワイトヘッド『科学と近代世界』ホワイトヘッド著作集第6巻，上田泰治・村上至孝訳，松籟社，1981年.）

Whitehead, Alfred North, *Process and Reality: An Essay in Cosmology, Gifford Lectures Delivered in the University of Edinburgh During the Session 1927–28*, Free Press, 1978.（A・N・ホワイトヘッド『過程と実在』1・2，平林康之訳，みすず書房，1981–1983年.）

Williams, William Carlos, *Paterson*, New Directions Publishing, 1995(1946–1958).（ウィリアム・カーロス・ウィリアムズ『パターソン』沢崎順之助訳，思潮社，1994年.）

Wittgenstein, Ludwig, *Philosophische Untersuchungen / Philosophical Investigations*, translated by G.E.M. Anscombe, P.M.S. Hacker and Joachim Schulte, Wiley-Blackwell, 2009.（ルートヴィヒ・ウィトゲンシュタイン『ウィトゲンシュタイン全集8　哲学探究』藤本隆志訳，大修館書店，1976年.）

ヴェルフリン，ハインリッヒ『建築心理学序説』（1886）上松佑二訳，中央公論美術出版，1988年.

山田陽一『響きあう身体——音楽・グルーヴ・憑依』春秋社，2017年.

山縣太一・大谷能生『身体《ことば》と言葉《からだ》』新曜社，2019年.

山本浩貴＋h「新たな距離——大江健三郎における制作と思考」『いぬのせなか座』第1号，2015年，38–83頁.

柳澤田実編『ディスポジション：配置としての世界——哲学，倫理，生態心理学からアート，建築まで，領域横断的に世界を捉える方法の創出に向けて』現代企画室，2008年.

安川一「〈共在〉の解剖学——相互行為の経験構成」『ゴフマン世界の再構成——共在の技法と秩序』世界思想社，1991年，1–31頁.

四方田犬彦「ドッグ・スター・マン」『ユリイカ』第47巻第1号，2015年1月，92–96頁.

Zervos, Christian, “Conversation avec Picasso,” *Cahiers d'Art*, 7–10, 1935, pp. 173–178.

Zervos, Christian, *Pablo Picasso*, vol.2–1, Cahiers d'Art, 1967(1942).

Zoffili, Ermanno (ed.), *The First Medusa | La Prima Medusa: Caravaggio*, 5 Continents, 2011.

“Film of Picasso's work: music by Auric,” *The Times*, January 4, 1958, p. 9.

3Dコンソーシアム（3DC）安全ガイドライン部会「人に優しい3D普及のための3DC安全ガイドライン」2010年.（http://www.3dc.gr.jp/jp/scmt_wg_rep/3dc_guideJ_20111031.pdf）

序章

図1　トロブリアンド・カヌーの舳先装飾／ *Alfred Gell, Art and Agency: An Anthropological Theory*, Clarendon Press, 1998, p.70.

図2　吉祥と魔除けの紋様「コーラム」／ Ibid., p.85.

図3　ジャクソン・ポロック《秋のリズム（ナンバー30）》（1950年，メトロポリタン美術館蔵）

図4　ロバート・スミッソン《部分的に埋められた小屋》（1970年，撮影1984年，ケント州立大学図書館アーカイブ蔵）／ “Partially Buried Woodshed by Robert I. Smithson,” Kent State University Libraries. Special Collections and Archives.

図5　イダ・バグス・マデ・ジャータスーラ《火葬儀礼》（1937年）／ Hildred Geertz, *Images of Power: Balinese Paintings Made for Gregory Bateson and Margaret Mead*, University of Hawaii Press, 1994, p.35.

図6　カラヴァッジョ《メドゥーサ》（1597–98年頃，個人蔵）

図7　エドガー・アラン・ポー『ナンタケット島出身のアーサー・ゴードン・ピムの物語』（1838年）より洞窟の平面図（上）と剥がれた壁の形（下）

第1章

図1　ポール・セザンヌ《フォンテーヌブローの雪解け》（1879–80年，ニューヨーク近代美術館蔵，R413）

図2　撮影者不詳（写真，1880年頃）／ John Rewald in collaboration with Walter Felichenfeldt and Jayne Warman, *The Paintings of Paul Cézanne: A Catalogue Raisonné*, Thames and Hudson, 1996, p. 273.

図3　制作者不詳《フォンテーヌブローの雪解け》（複製画，制作年不詳）／ “386: Cezanne - Melting Snow, Fontainebleau,” Live Auctioneers, https://www.liveauctioneers.com/item/7438581_386-cezanne-melting-snow-fontainebleau（2019年6月18日アクセス）

図4　セザンヌ《森の曲道》（1902–06年，個人蔵，R889）

図5　セザンヌ《群葉の習作》（1900–04年，ニューヨーク近代美術館蔵，RWC551）

図6　セザンヌ《サント=ヴィクトワール山とシャトー・ノワール》（1904–06年，アーティゾン美術館蔵，R939）

図7　セザンヌ《サント=ヴィクトワール山とシャトー・ノワール》（図6，右上部分）

図8　クラスター・ストローク模式図（著者作成）

図9　セザンヌ《レスタックの岩》（部分，1879–82年，サンパウロ美術館蔵，R442）

図10　セザンヌ《大きな松の木と赤い大地》（1890–95年，エルミタージュ美術館蔵，R761）

図11　セザンヌ《シャトー・ノワール》（1904年頃，個人蔵，R919）

図12　セザンヌ《青い風景》（1904–06年，エルミタージュ美術館蔵，R882）

図13　セザンヌ《サント=ヴィクトワール山とシャトー・ノワール》（図6，右下部分）

図14　セザンヌ《サント=ヴィクトワール山とシャトー・ノワール》（図6，山の中腹部分）

図15　セザンヌ《ローヴの庭》（1906年頃，フィリップス・コレクション蔵，R926）

図16　セザンヌ《大きな樹々》（1902–04年，スコットランド国立美術館蔵，R904）

図17　マリリン・モンローとアインシュタインが重ね合わされた画像（Aude Oliva, Hybrid Images @ MIT Marylin and Einstein）／ http://cvcl.mit.edu/hybrid_gallery/monroe_einstein.html（2019年6月18日アクセス）

第2章

図1　パブロ・ピカソ《アヴィニョンの娘たち》（1907年，ニューヨーク近代美術館蔵）／ *The Picasso Project: Picasso's paintings, watercolors, drawings and sculpture : a comprehensive illustrated catalogue, 1885–1973,* (*PP*) *The african period, 1907–1909*, Alan Wofsy Fine Arts, 2014, p.197 [1907–728].

図2　「病気の仮面」（ペンデ族の仮面，コンゴ）／ William Rubin “The genesis of *Les Demoiselles d'Avignon,*” *Les Demoiselles d'Avignon, Studies in Modern Art*, no. 3, The Museum of Modern Art, New York, 1994, p. 117.

図3　「しゃがむ女」の頭部（図1部分）

図4　ピカソ「頭蓋骨を手にもつ学生」（1907年3

月，パリ・ピカソ美術館蔵）／ *PP, The african period, 1907–1909*, p.52 [1907–189].

図5　先天性梅毒の幼児（1870–1901年撮影）／ William Rubin “The genesis of *Les Demoiselles d'Avignon*,” p.131.

図6　ピカソ《アヴィニョンの娘たち》のための習作（1907年3–4月，バーゼル市立美術館蔵）／ *PP, The african period, 1907–1909*, p.58 [1907–216].

図7　ピカソ《アヴィニョンの娘たち》のための習作（1907年5月，バーゼル市立美術館蔵）／ Ibid., p. 84 [1907–308].

図8　ピカソ《アヴィニョンの娘たち》のための習作（1907年6月，フィラデルフィア美術館蔵）／ Ibid., p. 138 [1907–522].

図9　ディエゴ・ベラスケス《ラス・メニーナス》(1656年，プラド美術館蔵）

図10　「しゃがむ女」のための習作（1907年3月，Carnet 3, 13R，パリ・ピカソ美術館蔵）／ Ibid., p. 39 [1907–141].

図11　「しゃがむ女」のための習作（1907年3月，Carnet 3，36V，パリ・ピカソ美術館蔵）／ Ibid., p. 51 [1907–187].

図12　「しゃがむ女」のための習作（1907年3月，Carnet 3, 47R，パリ・ピカソ美術館蔵）／ Ibid., p. 56 [1907–208].

図13　ピカソ《アヴィニョンの娘たち》のための習作（図7部分）

図14　ピカソ《アヴィニョンの娘たち》のための習作（図8部分）

図15　「しゃがむ女」のための習作（1907年6月末–7月初，Carnet 13, 8V，パリ・ピカソ美術館蔵）／ Ibid., p. 188 [1907–695].

図16　「しゃがむ女」のための習作（1907年6月末–7月初，Carnet 13, 10R，パリ・ピカソ美術館蔵）／ Ibid., p. 189 [1907–699].

図17　「しゃがむ女」のための習作（1907年6月末–7月初，Carnet 13, 11R，パリ・ピカソ美術館蔵）／ Ibid., p. 189 [1907–700].

図18　「しゃがむ女」のための習作（1907年6–7月，パリ・ピカソ美術館蔵）／ Ibid., p. 189 [1907–701].

図19　「しゃがむ女」のための油彩習作（1907年7月，バーゼル市立美術館蔵）／ Ibid., p. 190 [1907–703].

図20　「しゃがむ女」の髪とカーテン（図1部分，著者撮影）

図21　「しゃがむ女」の上背部（図1部分，著者撮影）

図22　ピカソ《ヴァギナ的環境》（1902–3年，個人蔵）／ *PP, The Blue Period, 1902–1904*, Alan Wofsy Fine Arts, 2011, p.95 [1902/03–067].

図23　ピカソ《鏡の前の少女》（部分，1932年，ニューヨーク近代美術館蔵）／ *PP, Surrealism, 1930–1936*, Alan Wofsy Fine Arts, 1997, p.100 [32–033].

図24　ピカソ《シニョンに結った女》（1901年，ハーバード美術館／フォッグ美術館蔵）／ *PP, Turn of the Century, 1900–1901*, Alan Wofsy Fine Arts, 2010, p.227 [1901–396].

図25　ピカソ《母と子》（1905年，シュトゥットガルト州立美術館蔵）／ *PP, The Rose Period, 1905–1906*, Alan Wofsy Fine Arts, 2012, p.4 [1905–007].

図26　ピカソ《ヴュー・マルクの瓶，グラス，新聞》（1913年，ポンピドゥーセンター・国立近代美術館蔵）／ *PP, Synthetic Cubism, 1912–1917*, Alan Wofsy Fine Arts, 2016, p. 17 [1913–037].

図27　ピカソ《花の女》（1946年，トーマス・アマン・ファイン・アート・ギャラリー蔵）／ *PP, Liberation and Post-War Years, 1944–1949*, Alan Wofsy Fine Arts, 2000, p.71 [46–047].

図28　ピカソ《人物像》（1927年頃，ポンピドゥーセンター・国立近代美術館蔵）／ *André Breton, la beauté convulsive*, Éditions du Centre Pompidou, 1991, p.216.

図29　ピカソ《盲者の食卓》（1903年，ニューヨーク近代美術館蔵）／ *PP, The Blue Period, 1902–1904, Alan Wofsy Fine Arts, 2011*, p. 148 [1903–137].

図30　ピカソ《ラス・メニーナス（ベラスケスによる）》（1957年，バルセロナ・ピカソ美術館蔵）／ *PP, The Fifties II 1956–1959*, Alan Wofsy Fine Arts, 2001, p.126[57–069].

図31　「20世紀美術における「プリミティヴィズム」」展会場風景／ Katherine Keller / The Museum of Mordern Art Archives [IN1382. 19.]

図32　「20世紀美術における「プリミティヴィズム」」展，仏語版カタログ表紙／ *Le Primitivisme dans l'art du 20e siècle: les artistes modernes devant l'art tribal*, sous la direction de William Rubin, Flammarion, 1987.

第3章

図1　アンリ・マティス《ボウル遊び》(1908年，エルミタージュ美術館蔵)

図2　マティス《赤のハーモニー》(1908年，エルミタージュ美術館蔵)

図3　マティス《セビリアの静物II》(1910–11年，エルミタージュ美術館蔵)

図4　マティス《礁湖》(1946年，ポンピドゥーセンター・国立近代美術館蔵)

図5　マーグ画廊におけるマティス展，会場風景(1945年，マルク・ヴォー撮影)／『マティス展』カタログ，国立西洋美術館，2004年，130頁.

図6　マティス《夢》(1940年)の制作プロセス記録写真(1940年1月13日)／前掲書，140頁.

図7　マティス《夢》(1940年)の制作プロセス記録写真(1940年1月17日)／前掲書，140頁.

図8　マティス《夢》(1940年)の制作プロセス記録写真(1940年1月18日)／前掲書，140頁.

図9　マティス《夢》(1940年)の制作プロセス記録写真(1940年3月7日)／前掲書，140頁.

図10　マティス《夢》(1940年)の制作プロセス記録写真(1940年3月8日)／前掲書，140頁.

図11　マティス《夢》(1940年)の制作プロセス記録写真(1940年3月9日)／前掲書，140頁.

図12　マティス《夢》(1940年)の制作プロセス記録写真(1940年9月16日)／前掲書，140頁.

図13　マティス《夢》(1940年)の制作プロセス記録写真(1940年9月19日)／前掲書，140頁.

図14　マティス《夢》(1940年9月，個人蔵)

図15　マティス《夢》(1935年)の制作プロセス記録写真／前掲書，134頁.

図16　マティス《夢》(1935年)の制作プロセス記録写真／前掲書，134頁.

図17　マティス《夢》(1935年，ポンピドゥーセンター・国立近代美術館蔵)

図18　マーグ画廊におけるマティス展，会場風景(1945年，マルク・ヴォー撮影，番号は著者による)／前掲書，130頁より著者作成.

図19　マティス《音楽》(1909–10年，エルミタージュ美術館蔵)

図20　マティス《ルーマニアのブラウス》(1940年，ポンピドゥーセンター・国立近代美術館蔵)

第4章

図1　菱田春草《落葉》(1909年，永青文庫蔵／熊本県立美術館寄託，著者撮影)

図2　菱田春草《落葉》(1909年，永青文庫蔵／熊本県立美術館寄託，著者撮影)

図3　菱田春草《落葉》左隻第二扇(部分，1909年，永青文庫蔵／熊本県立美術館寄託)

図4　菱田春草《早春》(1911年，個人蔵)屏風を折った状態の模式図(カタログ図版より著者作成)

図5　菱田春草《早春》左隻第五・六扇(部分，1911年，個人蔵)

第5章

*印は『ミステリアス・ピカソ——天才の秘密』(アンリ=ジョルジュ・クルーゾー監督，1956年)／DVD発売：シネマクガフィン，2016年を参照した.

図1　パブロ・ピカソ《ラ・ガループの海水浴場》(1955年，東京国立近代美術館蔵)／*PP, The Fifties I 1950–1955*, Alan Wofsy Fine Arts, 2000, p.310[55–138].

図2　《ラ・ガループの海水浴場》の厚紙補修(図1部分，著者撮影)

図3　《ラ・ガループの海水浴場I》(G1)と《ラ・ガループの海水浴場II》(G2)描画プロセス／『ミステリアス・ピカソ——天才の秘密』より著者作成*

図4　《ゲルニカ》の制作過程(1937年5月11日，ドラ・マール撮影)／T.J. Clark, *Picasso and Truth: From Cubism to Guernica*, Princeton University Press, 2013, p.243.

図5　『ピカソ訪問』(ポール・エゼール監督，1950年)／ *Picasso à l'écran*, Réunion des Musées Nationaux: Centre Georges Pompidou, 1992, p.43.

図6　光でドローイングするピカソ(ジョン・ミリ撮影『ライフ』1950年1月)／“Speaking of pictures: Picasso tries new art form,” *Life*, January 30, 1950, p.10.

図7　『ミステリアス・ピカソ』より前半のドローイング撮影シーン*

図8　マックス・エルンスト『カルメル修道会に入ろうとした少女の夢』(1930年)より

図9　G1制作風景(エドワード・クイン撮影)／Edward Quinn and Roland Penrose, *Picasso at Work*, Doubleday & Company, 1964, p.98.

図10　G1制作風景(エドワード・クイン撮影)／Ibid., p.102.

図11 『ミステリアス・ピカソ』より《闘牛》*

図12 G1 s24／『ミステリアス・ピカソ』より*

図13 ピカソ《磔刑》(1930年，パリ・ピカソ美術館蔵)／ *PP, Surrealism, 1930–1936*, Alan Wofsy Fine Arts, 1997, p.10 [30–018].

図14 G1 s234／『ミステリアス・ピカソ』より*

図15 G1 s235／『ミステリアス・ピカソ』より*

図16 G1 s236／『ミステリアス・ピカソ』より*

図17 G1 s237／『ミステリアス・ピカソ』より*

図18 G1 s240／『ミステリアス・ピカソ』より*

図19 G1 s241／『ミステリアス・ピカソ』より*

図20 G1 s242／『ミステリアス・ピカソ』より*

図21 G1 s243／『ミステリアス・ピカソ』より*

図22 G1 s244／『ミステリアス・ピカソ』より*

図23 G1 s245／『ミステリアス・ピカソ』より*

図24 G1 s246／『ミステリアス・ピカソ』より*

図25 G1 s247 (G1完成ショット)／『ミステリアス・ピカソ』より*

図26 G1 s247+著者によるダイアグラム (白点線)／『ミステリアス・ピカソ』より著者作成*

図27 G1 s5／『ミステリアス・ピカソ』より*

図28 G1 s9／『ミステリアス・ピカソ』より*

図29 G1 s82／『ミステリアス・ピカソ』より*

図30 G1 s138／『ミステリアス・ピカソ』より*

図31 G1 s163／『ミステリアス・ピカソ』より*

図32 G1 s184／『ミステリアス・ピカソ』より*

図33 G1 s194／『ミステリアス・ピカソ』より*

図34 MP–G1 s232～s245のショット分割と拍／Georges Auric, *Le Mystère Picasso*, Éditions Choudens, 1957, p.62–63より著者作成.

図35 MP–G1ショット持続時間の推移 (著者作成)

図36 『ミステリアス・ピカソ』より最終ショット*

表1 MP–G1 s199～s231の台詞とショット持続時間 (著者作成) *

第6章

写真 すべて鉄道省熱海線建設事務所『熱海線丹那隧道工事写真帖』東口・西口，鉄道省熱海線建設事務所，1927年.

図1 地層断面図 (上)・掘削平面図 (下)，丹那トンネル東口7728～9127フィート／鉄道省熱海建設事務所「丹那隧道竣工図　其ノ6」『丹那隧道工事誌』鉄道省熱海建設事務所，1936年より著者作成.

第7章

図1 「四つ葉のクローバー」ループ (《ブロークン・サークル／スパイラル・ヒル》(1971年) の撮影計画より)／ *Robert Smithson: Die Erfindung der Landschaft/The Invention of Landscape: Broken Circle/Spiral Hill & Film*, Snoeck, 2012, p.54.

図2 上空から見た《スパイラル・ジェッティ》と，その南東に位置するより大きな「突堤」(著者作成)

図3 《スパイラル・ジェッティ》のためのスミッソンのドローイング (1970年)／ *Robert Smithson: Spiral Jetty*, edited by Lynne Cooke and Karen Kelly, University of California Press in cooperation with Dia Art Foundation, 2005, p.189.

図4 湖を埋め立てるトラクターショベル (1970年，ジャンフランコ・ゴルゴニ撮影)／ Ibid., p.184.

図5 反転J型で完成された当初の突堤 (1970年，ジャンフランコ・ゴルゴニ撮影)／ Ibid., p.193.

図6 「エアターミナル・サイトの開発に向けて」誌面 (『アートフォーラム』1967年夏号)／ *Artforum*, 5(10), Summer 1967, p. 39.

図7 スミッソン「ターミナル・エリア・コンセプト」のためのドローイング (1966年)／ Ann Reynolds, *Robert Smithson: Learning from New Jersey and Elsewhere*, The MIT Press, 2003, p.136.

図8 ブランクーシが書いたジェイムズ・ジョイスの「渦巻状の肖像」(1929年)／ James Joyce and Constantin Brâncuşi, *Tales Told of Shem and Shaun: Three Fragments from Work in Progress*, Black Sun Press, 1929.

図9 『スパイラル・ジェッティ』撮影のためのスミッソンのドローイング (1970年)／ *Robert Smithson: Spiral Jetty*, p.98.

図10 ヘリコプターの上昇につれて平面的な「ダイアグラム」に変わっていく突堤 (『スパイラル・ジェッティ』より)／ Ibid., p.174.

図11 ヘリコプターの上昇につれて平面的な「ダイアグラム」に変わっていく突堤 (『スパイラル・ジェッティ』より)／ Ibid., p.174.

図12 突堤の上を走るスミッソンとヘリコプターの影 (『スパイラル・ジェッティ』より)／ Ibid., p.175.

図13 スミッソンの背にヘリコプターが接近する (『スパイラル・ジェッティ』より)／ Ibid., p.175.

図14　空撮シークエンス2-ショット2（著者作成）
図15　空撮シークエンス2-ショット3（著者作成）
図16　空撮シークエンス2-ショット4（著者作成）
図17　空撮シークエンス2-ショット5（著者作成）
図18　放たれるレンズフレア（『スパイラル・ジェッティ』より）／ Ibid., p.178.
図19　空撮シークエンス2-ショット6（著者作成）
図20　スミッソンがヘリコプター会社のパイロットに宛てたと思われるドローイング（1970年）／ Ibid., p.178.
図21　場面は突然スタジオに移る（『スパイラル・ジェッティ』より）／ Ibid., p.183.
図22　スパイラル・ジェッティに関する博物館のためのドローイング（1971年）／*Robert Smithson*, organized by Eugenie Tsai with Cornelia Butler, The Museum of Contemporary Art, Los Angeles, 2004, p. 68.
図23　足の切断された兵士の写真（『ルック』1970年7月28日号）／ Murray H. Helfant, "A Letter to the President," *Look*, July 28, 1970, p.51.
図24　タリートンの広告（『ルック』1970年7月28日号）／ Ibid., p. 27.

第8章

図1　『モーゼとアロン』（ダニエル・ユイレ，ジャン＝マリー・ストローブ監督，1974–75年）／ DVD発売：紀伊國屋書店，2006年.

第9章

図1　赤塚不二夫「催眠術の呪いなのだ」／赤塚不二夫『天才バカボン8』竹書房，1995年，177頁.
図2　ルートヴィヒ・ウィトゲンシュタイン「うさぎ – あひるの頭」（ウィトゲンシュタイン『哲学探究』より）／『ウィトゲンシュタイン全集8　哲学探究』藤本隆志訳，大修館書店，1976年，385頁.
図3　ウィトゲンシュタイン「ストンボロー邸」（1928年）／『ウィトゲンシュタインの建築』バーナード・レイトナー編，青土社，1996年，114頁.
図4　橋本平八《石に就て》（1928年，個人蔵／三重県立美術館寄託）／『橋本平八と北園克衛展――異色の芸術家兄弟』三重県立美術館協力会・世田谷美術館，2010年，H-52頁.

第10章

図1　小林耕平《タ・イ・ム・マ・シ・ン》（「14の夕べ」2012年9月5日，東京国立近代美術館，前澤秀登撮影）
図2　「タイムマシン」オブジェクトについて話す小林耕平（右奥）と山形育弘（前澤秀登撮影）
図3　《タ・イ・ム・マ・シ・ン》より小林（左手前）と映像の小林’（前澤秀登撮影）
図4　《タ・イ・ム・マ・シ・ン》よりオブジェクト群に取り囲まれる小林’と反省的字幕（前澤秀登撮影）
図5　《タ・イ・ム・マ・シ・ン》よりリモコン操作を試みる小林（左）と山形（前澤秀登撮影）
図6　「タイムマシン」オブジェクトの1つ（前澤秀登撮影）

第11章

図1　フロアの中心に横たわる「死体」（前澤秀登撮影）
図2　プラダンの裏へ電動ヤスリのコードが伸びる（前澤秀登撮影）
図3　フードを被った人物が携帯電話で指示を呟く（前澤秀登撮影）
図4　飲食店に予約電話をかけ続ける男と赤いコートの女（前澤秀登撮影）
図5　ガラ袋の陰でおこなわれる応援団風の八拍子動作（前澤秀登撮影）
図6　「Last Days of Humanity」フライヤー／ core of bells「2014年core of bells月例企画『怪物さんと退屈くんの12ヵ月』第三回公演「Last Days of Humanity」」http://coreofbells.biz/?p=2584（2019年7月24日アクセス）

第12章

図　すべて『タイムトラベル』記録映像（山城大督撮影・編集，2014–2015年）より／「Lyota Yagi | Science/Fiction | Performance」https://www.lyt.jp/sf/performance.htm（2019年7月24日アクセス）

第13章

*印は『さらば言語よ』（ジャン＝リュック・ゴダール監督，2014年）／ Jean-Luc Godard, *Goodbye to Language*, DVD発売：Studiocanal, 2014を参照した.
図1　鏡の前の女と男（『さらば言語よ』より）*
図2　『さらば言語よ』宣伝用スチル写真／©ALAIN SARDE/WILDBUNCH

図3　手前に突き出すワイパー（『さらば言語よ』より）＊
図4　逆光で衣服を身に着ける女（『さらば言語よ』より）＊
図5　掛布団の襞（『さらば言語よ』より）＊
図6　男と女がベンチに座って画集を見ている（『さらば言語よ』より）＊
図7　二つの光景に両眼が裂かれる（『さらば言語よ』より）＊
図8　黒い帽子とトレンチコートの男女が重なる（『さらば言語よ』より）＊
図9　男が女の尻を擦る（『さらば言語よ』より）＊
図10　別の男女によってくり返されるショット（『さらば言語よ』より）＊
図11　斜めに傾くダッシュボード（『さらば言語よ』より）＊
図12　排便する男と前に立つ女（『さらば言語よ』より）＊
図13　『さらば言語よ』撮影風景／©ALAIN SARDE /WILDBUNCH
図14　犬の顔のクロースアップ（『さらば言語よ』より）＊
図15　歩く犬（『さらば言語よ』より）＊
図16　ロクシーの赤い首輪（『さらば言語よ』より）＊
図17　メアリー・シェリーとパーシー・シェリー（『さらば言語よ』より）＊

第14章

図1　『ドッグマンノーライフ』稽古風景（高木一機撮影）
図2　『ドッグマンノーライフ』公演記録映像（2016年6月10日公演）より
図3　「ローリング→ピーンとポンヌフ」（『ドッグマンノーライフ』俳優（横田）による振付メモより）
図4　「アゴで渡る　橋の移築の美」（『ドッグマンノーライフ』俳優（横田）による振付メモより）
図5　『ドッグマンノーライフ』公演記録映像より
図6　『ドッグマンノーライフ』公演記録映像より
図7　『ドッグマンノーライフ』公演記録映像より
図8　『ドッグマンノーライフ』公演記録映像より
図9　『ドッグマンノーライフ』公演記録映像より
図10　『ドッグマンノーライフ』公演記録映像より
図11　「右　文鳥―見る，左　おまんじゅう―食べる」（『ドッグマンノーライフ』俳優（中野）による振付メモより）
図12　『ドッグマンノーライフ』公演記録映像より
図13　『ドッグマンノーライフ』公演記録映像より
図14　『ドッグマンノーライフ』公演記録映像より
図15　『ドッグマンノーライフ』公演記録映像より
図16　『ドッグマンノーライフ』公演記録映像より
図17　『ドッグマンノーライフ』公演記録映像より
図18　『ドッグマンノーライフ』公演記録映像より
図19　「親指と大谷さんとの分裂」（『ドッグマンノーライフ』俳優（横田）による振付メモより）
図20　『ドッグマンノーライフ』公演記録映像より
図21　『ドッグマンノーライフ』公演記録映像より
図22　『ドッグマンノーライフ』公演記録映像より
図23　『ドッグマンノーライフ』公演記録映像より
図24　『ドッグマンノーライフ』公演記録映像より

平倉　圭（ひらくら・けい）
1977年生．横浜国立大学大学院都市イノベーション研究院准教授．専門は芸術学．美術家としても活動をおこなう．東京大学大学院学際情報学府博士課程修了．博士（学際情報学）．ヴィクトリア大学ウェリントン客員研究員（2023-24年）．著書に『ゴダール的方法』（インスクリプト，2010年，第2回表象文化論学会賞受賞）ほか．

かたちは思考する
芸術制作の分析

2019年9月26日　初　版
2025年1月15日　第5刷

［検印廃止］

著　者　平倉《ひらくら》　圭《けい》

発行所　一般財団法人　東京大学出版会
代表者　中島隆博
153-0041　東京都目黒区駒場4-5-29
https://www.utp.or.jp/
電話　03-6407-1069　Fax　03-6407-1991
振替　00160-6-59964

印刷所　株式会社精興社
製本所　牧製本印刷株式会社

ISBN 978-4-13-010143-1　Printed in Japan